# GESTÃO DA CADEIA DE SUPRIMENTOS INTEGRADA À TECNOLOGIA DA INFORMAÇÃO

SISTEMA FECOMÉRCIO-RJ
SENAC RIO DE JANEIRO



Editora Senac Rio de Janeiro
Rua Pompeu Loureiro, 45/11º andar
Copacabana – Rio de Janeiro
CEP: 22061-000 – RJ
comercial.editora@rj.senac.br
editora@rj.senac.br
www.rj.senac.br/editora

**Publisher**
Manuel Vieira
**Editora**
Karine Fajardo
**Produção editorial**
Camila Simas, Cláudia Amorim, Jacqueline Gutierrez e Roberta Santiago
**Revisão** Cecilia Setubal

Impressão: Bartira Gráfica e Editora S.A.

2ª edição revista e atualizada: novembro de 2013

**Dados Internacionais de Catalogação na Publicação (CIP)**
**(Câmara Brasileira do Livro, SP, Brasil)**

Gomes, Carlos Francisco Simões
Gestão da cadeia de suprimentos integrada à tecnologia da informação / Carlos Francisco Simões Gomes, Priscilla Cristina Cabral Ribeiro. -- 2. ed. revista e atualizada -- São Paulo : Cengage Learning ; Rio de Janeiro: Editora Senac Rio de Janeiro, 2013.

Bibliografia.
ISBN 978-85-221-1491-7

1. Cadeia de suprimentos - Administração 2. Comércio eletrônico 3. Distribuição - Canais 4. Logística (Organização) 5. Tecnologia da informação I. Título, Ribeiro, Priscilla Cristina Cabral. II. Título.

13-07790 CDD-658.5

**Índices para catálogo sistemático:**

1. Cadeia de suprimentos : Logística : Administração de empresas 658.5
2. Logística empresarial : Administração de empresas 658.5

# GESTÃO DA CADEIA DE SUPRIMENTOS INTEGRADA À TECNOLOGIA DA INFORMAÇÃO

2ª edição
revista e atualizada

Carlos Francisco Simões Gomes

Priscilla Cristina Cabral Ribeiro

CENGAGE Learning

Senac

CENGAGE Learning

**Gestão da cadeia de suprimentos integrada à Tecnologia da Informação – 2ª edição revista e atualizada**

**Carlos Francisco Simões Gomes e Priscilla Cristina Cabral Ribeiro**

Gerente editorial: Patricia La Rosa

Supervisora editorial: Noelma Brocanelli

Supervisora de produção gráfica: Fabiana Alencar Albuquerque

Editora de desenvolvimento: Viviane Akemi Uemura

Copidesque: Miriam dos Santos

Revisão: Raquel Benchimol Rosenthal

Diagramação e projeto gráfico: PC Editorial Ltda.

Capa: Sérgio Bergocce

Ilustração da capa: Sérgio Bergocce

Editora de direitos de aquisição e iconografia: Vivian Rosa

Analista de conteúdo e pesquisa: Milene Uara

Pesquisa iconográfica: Renate Hartifiel



© 2004, 2014 Cengage Learning. Todos os direitos reservados.

ISBN-13: 978-85-221-1491-7

**Cengage Learning**
Condomínio E-Business Park
Rua Werner Siemens, 111 – Prédio 20 – Espaço 4
Lapa de Baixo – CEP 05069-900 – São Paulo – SP
Tel.: (11) 3665-9900 – Fax: (11) 3665-9901
SAC: 0800 11 19 39

Para suas soluções de curso e aprendizado, visite **www.cengage.com.br**.

# Sumário

# Prefácio

Recebi com grande satisfação o convite para prefaciar a segunda edição do livro *Gestão da Cadeia de Suprimentos Integrada à Tecnologia da Informação*, de autoria dos professores Carlos Francisco Simões Gomes e Priscilla Cristina Cabral Ribeiro. A obra coloca ao alcance dos leitores todo o conhecimento e a experiência em logística, cadeia de suprimentos e tecnologia da informação acumulados pelos autores ao longo dos vários anos de ensino, pesquisa e consultoria. Esses anos de experiência acadêmica e empresarial redundaram no enriquecimento do conteúdo do livro por meio da inserção de exemplos reais, atuais, pertinentes e ilustrativos dos conceitos e das situações teóricas apresentadas na obra.

O professor Carlos Simões tem um longo histórico de atividades profissionais voltadas à utilização da tecnologia da informação no desenvolvimento de sistemas de apoio à tomada de decisão, principalmente aqueles dirigidos ao planejamento, à gestão e à análise de cadeias de suprimento. Ele chefiou o Departamento de Engenharia de Sistemas do Centro de Análises de Sistemas Navais (Casnav) da Marinha do Brasil, sendo que, atualmente, exerce atividades de pesquisa e ensino na Universidade Federal Fluminense (UFF), no Instituto Brasileiro de Mercado de Capitais (Ibmec) e na Universidade Veiga de Almeida (UVA). Sua sólida formação matemática na área de pesquisa operacional empresta ao livro, nas passagens em que isso se faz necessário, o formalismo metodológico e as ferramentas analíticas quantitativas indispensáveis ao projeto, à operação e à análise de cadeias de suprimentos. Priscilla Ribeiro é uma jovem e talentosa professora e pesquisadora do Departamento de Engenharia de Produção da Universidade Federal Fluminense (TEP/UFF). Sua trajetória acadêmica, que passa por algumas das mais prestigiosas instituições universitárias e reconhecidos grupos de pesquisa do país, lhe assegurou um cabedal de conhecimentos teóricos e práticos que estão refletidos no conteúdo do livro. Além disso, sua experiência internacional permite que ela contextualize seu conhecimento em um quadro analítico que extrapola o cenário brasileiro do setor. É essa dupla de pesquisadores que se dispôs a compartilhar seus conhecimentos com o leitor por meio deste livro.

A obra que está em suas mãos, leitor, é uma edição revista e atualizada do trabalho original lançado por esses mesmos autores em 2004. Os dados e as informações da maioria dos capítulos foram atualizados, sendo que o Capítulo 2, apesar de manter a mesma estrutura daquele da primeira edição, apresenta novos autores e os casos – ao fim do livro – são completamente novos e envolvem aspectos variados do uso de tecnologias de informação em sistemas logísticos. Essas atualizações e o fato de o livro estar chegando à segunda edição atestam claramente que os assuntos que ele aborda, além de continuarem atuais em sua importância para as organizações, vêm evoluindo continuamente. O livro está dividido em cinco capítulos, além de apresentar cinco apêndices com assuntos acessórios aos capítulos centrais. Os que tratam de logística, funções da logística, cadeia de suprimentos, tecnologia da informação e sistemas de informação na logística e, finalmente, o capítulo de criptografia e certificação digital no comércio eletrônico, percorrem assuntos absolutamente vitais para assegurar a competitividade de qualquer organização inserida em mercados crescentemente concorrenciais.

A evolução da função logística e o ganho de importância que a gestão das cadeias de suprimentos têm recebido na estrutura organizacional e na estratégia das empresas não são fortuitos. Eles simplesmente confirmam o fato de que a competitividade de uma organização contemporânea não se constrói somente com ações intraorganizacionais, mas repousa cada vez mais nos resultados dos mecanismos de coordenação e nos processos de negócio que ela adota no interior da sua cadeia de suprimentos. Dessa forma, parece cada vez mais claro que, no futuro, a competição não se estabelecerá entre empresas, mas, sim, entre as cadeias de suprimentos das quais as empresas participam. Sob esse ponto de vista, não basta que a empresa seja eficiente; é vital que toda a cadeia de suprimentos trabalhe de forma coordenada para ser igualmente eficiente. É nesse ponto que a tecnologia da informação ganha toda a sua importância. O planejamento, a operação e a análise de cadeias de suprimentos modernas e eficientes – com todas as implicações em termos de mudanças nos processos de negócio que elas suscitam – não podem prescindir das modernas tecnologias de informação. São elas que permitem explorar na sua plenitude as potencialidades das novas oportunidades de negócio geradas pelo surgimento do conceito sistêmico intrínseco à noção de cadeia de suprimentos. O comércio eletrônico é um exemplo paradigmático dessas novas oportunidades de negócio.

É nesse contexto de importância estratégica e contemporaneidade que este livro se situa. Esta é uma obra importante para estudantes, professores, pesquisadores e profissionais de empresas desejosos de conhecer os aspectos teóricos e práticos da logística e das cadeias de suprimentos. O livro é especialmente útil para apontar como as novas tecnologias de informação impactam e podem ser utilizadas para melhorar o desempenho das cadeias de suprimentos. Trata-se, portanto, de material de interesse acadêmico e empresarial.

Aos leitores, deixo agora o prazer de descobrir os conhecimentos e ensinamentos contidos neste livro.

Boa leitura!

*Prof. Dr. Mário Otávio Batalha*
Coordenador e pesquisador do Programa de
Pós-graduação em Engenharia de Produção da UFSCar
Coordenador do Grupo de Estudos e Pesquisas Agroindustriais (Gepai)
da UFSCar

Capítulo 1

# Logística

Este capítulo apresenta inicialmente um panorama da evolução da logística, de como começou no âmbito militar e teve, posteriormente, seus conceitos aplicados à área empresarial. Define também uma proposta de como fazer a integração logística, bem como um *checklist* das etapas e funções que devem ser seguidas para um perfeito planejamento logístico. Além disso, aponta, por meio de indicadores, como é possível fazer uma mensuração dos resultados e, por meio de algumas formulações básicas, demonstra como os cálculos dos estoques podem ser efetuados. É apresentada ainda uma visão da logística no cenário brasileiro.

## 1.1 Definição de logística

Para Dias (2012, p. 5):

> a logística administra e coordena os recursos de toda a movimentação de materiais e equipamentos da empresa, coordenando a compra, a movimentação, a armazenagem, o transporte e a distribuição física, assim como gerenciando todas as informações de cada fase do processo.

A logística é o processo de gerenciar estrategicamente a aquisição, a movimentação e o armazenamento de materiais, peças e produtos acabados (e os fluxos de informações correlatos) por meio da organização e de seus canais de marketing, de modo a poder maximizar as lucratividades presentes e futuras com o atendimento dos pedidos a baixo custo.

> A logística é o processo de gerenciar estrategicamente a aquisição, a movimentação e o armazenamento de materiais, peças e produtos acabados.

A logística empresarial estuda como a gerência pode incrementar o nível de rentabilidade dos serviços de distribuição aos clientes e/ou consumidores, por meio de planejamento organizado e controle efetivo das atividades de movimentação e armazenagem, objetivando facilitar o fluxo de produtos.

Para o Council of Supply Chain Management Professionals (CSCMP), logística é:

> o processo de planejar, implementar, e controlar os procedimentos para estoques e transporte efetivos e eficazes de bens e serviços, relacionando a isso informações do ponto de origem ao ponto de consumo, com o propósito de atender aos requisitos dos clientes.

De acordo com essas definições e outras existentes, entende-se a logística como a integração das funções: serviço ao cliente, localização de unidades, administração do estoque, dos transportes, armazenagem e uso de recursos da Tecnologia da Informação (TI).

Portanto, a logística tem como finalidade:

- entregar o pedido perfeito;
- atender às necessidades e expectativas do cliente;
- reduzir custos da empresa com movimentação de produtos;
- otimizar o tempo da operação, além de reduzir os erros e as perdas consequentes de um processo falho (DIAS, 2012); e
- gerenciar o fluxo de produtos de maneira eficiente e eficaz, por meio do uso de recursos da TI.

Na opinião de Alvarenga e Novaes (2000), para o estudo da logística, o enfoque sistêmico é bastante vital, pois os problemas advindos desse setor são múltiplos e de visões antagônicas: marketing, produção, comercialização, transporte, finanças etc. Assim, longe de ser um modismo, os conceitos da Teoria de Sistemas e, na prática, o enfoque sistêmico constituem um dos pilares básicos da logística aplicada.

No enfoque sistêmico, é muito importante identificar com clareza as relações de causa e efeito entre os elementos que formam o sistema. De nada adianta conhecer os detalhes, caso não se conheçam as variáveis que influem na base dos problemas.

A Teoria de Sistemas procura definir princípios e propriedades que sejam comuns a qualquer tipo de sistema.

Os sistemas têm sete características básicas:

1. São formados por componentes que interagem.

Os componentes que formam o sistema (subsistemas) não são meramente colocados juntos, em uma simples justaposição de elementos um ao lado do outro.

2. Quando estão otimizados, os componentes também o estão.

A otimização do conjunto (sistema) não necessariamente coincide com a agregação da otimização dos componentes (subsistemas), mas não se pode considerar isoladamente cada componente do sistema e otimizá-lo separadamente, porque, desse modo, não se alcançam as consequências práticas.

Podem-se impor restrições exógenas, permitindo que se chegue às melhores soluções, mas respeitando as chamadas condições de contorno.

3. Todo sistema tem, no mínimo, um objetivo.

O conhecimento humano tem se desenvolvido e progredido seguindo o processo iterativo de tentativa e erro. Os sistemas precisam ter um objetivo bem definido, e, ao se projetar um deles, é necessário definir claramente o que se pretende com sua criação.

Para resolver problemas logísticos, a definição de objetivos implica, quase sempre, compatibilizar metas conflitantes de setores diversos (vendas *versus* produção etc.).

4. A avaliação do desempenho de um sistema exige medida(s) de rendimento.

As medidas de rendimento são variáveis ou parâmetros para se definir e identificar nossa posição no processo evolutivo e se os objetivos foram alcançados. Os problemas semânticos são deixados de lado e é valorizado o processo de como mensurar o rendimento na prática e avaliá-lo corretamente. A variável prazo de entrega, por exemplo, deve ser uma das medidas incluídas no nível de serviço desejado. Essa variável pode ser mensurável ou quantificável em dias, horas etc., conforme a necessidade, podendo, então, fazer parte do nível de serviço ou da medida de rendimento do sistema.

5. Sistemas criados pelo homem requerem planejamento.

O planejamento envolve as seguintes etapas:

- identificar claramente os componentes (subsistemas), formando uma estrutura adequada à análise;
- considerar cada componente um sistema também;
- instituir com clareza o objetivo pretendido;

- estabelecer as medidas de rendimento do sistema e definir as variáveis que vão representá-las;
- criar alternativas viáveis, envolvendo processos e/ou tecnologias diferentes que abranjam uma gama de rendimento. Descartar, de imediato, apenas as alternativas que se mostrem inegavelmente inviáveis;
- analisar as implicações de todas as alternativas em cada um dos componentes (subsistemas);
- otimizar os subsistemas de forma integrada;
- calcular o rendimento e o custo, para todas as alternativas, de cada componente ou subsistema;
- integrar os subsistemas de cada uma das alternativas, de forma a produzir soluções consistentes para o sistema; e
- avaliar as alternativas por meio da relação custo-benefício, custo-nível de rendimento ou outra metodologia de avaliação econômica.

6. A manutenção de seu nível de desempenho requer controle permanente.

Para manter um sistema, a fim de que ele continue a desempenhar adequadamente suas funções, sem perder seus objetivos e sem degradar seu nível de serviço, é necessário estabelecer controles que o mantenham no rumo certo. Em uma empresa, cada setor é obrigado a fazer concessões para se adaptar ao sistema que está sendo implantado. Não se pode deixar que cada subsistema se autocontrole isoladamente: ele pode se desvirtuar, e, assim, podem ocorrer desvios dos objetivos a serem alcançados.

O controle é efetuado pela garantia dos objetivos pretendidos; não se pode deixar que eles mudem ao sabor das circunstâncias. Atuamos, então, sobre as variáveis que influem no rendimento, nos custos e na interação do sistema com o ambiente externo. Do ponto de vista prático, estabelecemos controle de qualidade, controle de custos, de prazos de entrega, controle jurídico (contratos, pendências, responsabilidades) etc. Há, assim, um *feedback* (retroalimentação) no sistema, permitindo que se façam as correções de rumo, de forma a garantir os objetivos desejados.

7. Interação do sistema com o ambiente.

Tudo aquilo em que o gerente, ou seja, o responsável pelo sistema, não pode efetivamente interferir faz parte do que se chama de ambiente ou mundo externo. O ambiente limita o desenvolvimento livre de determinado sistema por meio de restrições, premissas, normas, diretrizes etc.

Há restrições reais e fictícias, sendo estas últimas muito perigosas porque impedem, muitas vezes, a evolução e o progresso. Portanto, é preciso ter cautela ao considerá-las, enquanto não forem realmente concretas.

Uma das características do enfoque sistêmico é não se restringir a apenas uma solução viável, mas ampliar a análise do estudo de soluções alternativas. Isso deve ser considerado principalmente quando há restrições técnicas, operacionais ou socioeconômicas, sendo necessário selecionar um número variado de alternativas no início do processo.

A logística é a função da empresa que se preocupa com a gestão do fluxo físico do suprimento de matérias-primas, assim como com a distribuição dos produtos finais aos clientes.

Para a melhor definição do papel da função logística dentro das empresas, são mostradas a seguir as diversas atividades da logística e suas respectivas funções.

**OBSERVAÇÃO:**

O verdadeiro engenheiro de sistemas se caracteriza por sua amplitude de conhecimento, principalmente sua flexibilidade para maximizar o uso de cada sistema ou situação com as ferramentas e as metodologias adequadas. Vale ressaltar que não há uma ferramenta universal idônea para a resolução de qualquer tipo de problema.

## 1.2 Histórico de logística

A logística teve seus primeiros indícios na Grécia antiga, quando, com o distanciamento das lutas, foi necessário um "estudo" para abastecer as tropas com armas, alimentos e medicamentos, além de estabelecer os acampamentos. Na Antiguidade, os combatentes eram praticamente autossuficientes. Não havia apoio em profundidade; ele se limitava à retaguarda, e grande parte do abastecimento era obtida por pilhagem dos territórios conquistados.

A logística teve seus primeiros indícios na Grécia antiga, quando, com o distanciamento das lutas, foi necessário um "estudo" para abastecer as tropas com armas, alimentos e medicamentos, além de estabelecer os acampamentos.

Napoleão se interessou pelo apoio logístico. Sofreu por falta de víveres e rações, entre outros itens, durante a campanha contra a Rússia, uma vez que se afastou muito de suas fontes de suprimento e se abasteceu dos territórios ocupados.

Clausewitz, em seu livro *A arte da guerra*, reconheceu as atividades que sustentam a guerra, porém não empregou a palavra *logística*. O primeiro a utilizá-la foi o barão Antoine Henri de Jomini, contemporâneo de Clausewitz e general de Napoleão, tendo esse termo provavelmente se originado do vocábulo francês *loger*, que significa "alocar".

Em 1888, logística torna-se matéria na escola norte-americana de guerra naval, e, em 1917, tem seu primeiro tratado científico apresentado pelo tenente-coronel Thorpe, do corpo de fuzileiros navais dos Estados Unidos, no livro *Logística pura: a ciência da preparação para a guerra.*

De acordo com Bowersox e Closs (2001), antes da década de 1950 as empresas executavam, normalmente, a atividade logística de maneira puramente funcional. Dessa forma, não existia nenhum conceito ou teoria formal de logística integrada.

Segundo os citados autores, foram diversos os obstáculos e também as melhorias à ampla adoção da logística. Primeiramente, antes da grande difusão dos computadores e de técnicas quantitativas, não havia motivo para se acreditar que funções logísticas pudessem ser integradas ou que a integração auxiliasse no aprimoramento do desempenho total das empresas. Entretanto, depois da presença emergente da TI, surgiram os primeiros aplicativos e ocorreu o aperfeiçoamento das funções logísticas, como processamento de pedidos, previsões, controle de estoque, transporte, entre outras.

Posteriormente, o ambiente econômico volátil contribuiu para as mudanças abrangentes, mediante a contínua pressão de elevar os lucros, que se iniciaram em meados da década de 1950. Assim, a combinação entre tecnologia e pressão econômica resultou em uma transformação da prática logística que perdura até os dias de hoje.

Por último, Bowersox e Closs (2001) observaram que a dificuldade de quantificar o retorno financeiro sobre o investimento obtido impedia que a administração das empresas entendesse o custo real de estoque, o que resultava também na dificuldade de adoção da logística.

Para esses autores, da década de 1980 ao início dos anos 1990, a prática logística passou por um renascimento que envolveu mais mudanças do que as ocorridas nas décadas anteriores. Os mais importantes mecanismos propulsores destas foram: (1) uma mudança significativa nas regulamentações; (2) a comercialização do microcomputador; (3) a revolução da informação; (4) a adoção dos movimentos da qualidade em grande escala; e (5) o desenvolvimento de parcerias e alianças estratégicas.

Por sua vez, para Boyson et al. (1999, apud Di Serio et al., 2007), a evolução conceitual da logística subdivide-se em quatro estágios distintos:

(1) Logística subdesenvolvida: até os anos 1970, as atividades de logística tinham como foco a eficiência da distribuição física dentro das atividades de transporte, armazenagem, controle de inventário, processamento de pedidos e expedição.

(2) Logística incipiente: nos anos 1980, o foco foi a integração entre as funções de logística, a fim de maximizar sua eficiência. Esse estágio enfatiza o transporte e a armazenagem.
(3) Logística interna integrada: nos anos 1990, surgiram novos canais de distribuição e novos conceitos de processo produtivo. Nessa década, houve busca da competitividade pela adoção de métodos quantitativos de controle de qualidade, da oferta de serviços aos clientes, da formulação de equipes internas interfuncionais e na segmentação da base da cadeia.
(4) Logística externa integrada: desde o início do século XXI, tem-se verificado preocupação maior com as interfaces entre os integrantes da cadeia de suprimentos (CS). O foco é o aprimoramento da previsão de demanda e o planejamento colaborativo entre os elos da CS, e o aumento de investimentos em sistemas de compartilhamento de informação para gerir os elos da cadeia.

Masters e Pohlen (1994) realizaram outra análise, a qual identificava uma evolução da Gestão da Cadeia de Suprimentos (GCS) em três estágios: (1) busca da eficiência em armazenamento e transportes, caracterizada por uma visão funcional da logística, predominante nos anos 1960 e 1970; (2) preocupação com a integração interna das operações e oferta de serviços ao cliente, presente nos anos 1980; e (3) visão sistêmica da CS, caracterizada pela integração externa com os parceiros na cadeia, comum nos anos 1990.

Por outro lado, para Dias (2012), a partir da década de 1980 e com os novos sistemas de *Manufacturing Resource Planning* (MRP), começou a surgir o conceito de logística integrada, impulsionado principalmente pela tecnologia da informática e pelas exigências crescentes do desempenho em serviços de controle de inventário, distribuição, transportes e seus custos de entrega.

As abordagens dos mencionados autores compartilham a mesma tendência das práticas acentuadas na GCS no século XXI, que são: a visão holística da empresa, a agilidade na resposta ao cliente, a sincronização das atividades e a troca de informações entre os elos da cadeia em um ambiente altamente dinâmico.

## 1.3 Logística integrada

Há alguns anos, prevalecia na logística o conceito individualizado do estudo de transporte, estoque e armazenagem, mas atualmente é a logística integrada que predomina. Esse sistema (integrado) consiste no relacionamento entre for-

A logística integrada consiste no relacionamento entre fornecedor, suprimentos, produção, distribuição e cliente, havendo um fluxo de materiais e outro de informações.

necedor, suprimentos, produção, distribuição e cliente, havendo um fluxo de materiais e outro de informações.

Ao inserir logística em seus negócios, o empresário deve ter em mente outras três etapas: (1) suprimento, a fim de obter matéria-prima na quantidade exata, com menos custo e mantendo a qualidade; (2) administração de produção, definindo com o marketing o quanto produzir, o que e para quem; e (3) distribuição, tendo em vista todo o processo de embalagem, transporte e movimentação.

A satisfação do cliente, hoje, não se resume a apenas oferecer-lhe um produto de qualidade superior. Isso não é mais elemento diferenciador; deve ser uma característica intrínseca do produto, assim como menores preço e prazo de entrega, garantia de cumprimento do prazo e regularidade no atendimento, além de ausência de avarias nos bens. Para isso, há a troca de informações, muitas vezes via *Electronic Data Interchange* (EDI) ou intercâmbio eletrônico de dados, que permite um contato eficiente entre fornecedor e cliente; o controle de estoques pelo fornecedor, por meio do *Vendor Managed Inventory* (VMI); e a rastreabilidade e identificação de bens pela *Radio Frequency Identification* (RFID) ou identificação por radiofrequência.

Diferente do proposto por Boyson et al. (1999, apud Di Serio et al., 2007), a logística integrada, segundo Hasegawa (1997), começou no final da década de 1950, nos Estados Unidos, quando uma companhia de navegação comercial aérea propôs transportar a produção de uma indústria farmacêutica por avião, com redução final de custos. A empresa implantou o processo com certa cautela, mas um estudo demonstrou que a adoção do frete aéreo diminuiria os tempos de suprimento e, como consequência, os estoques, reduzindo perdas e danos.

As empresas, entretanto, perceberam que não adiantava ter somente o custo integrado, mas todo o processo. Esse conceito busca resolver os conflitos, por exemplo: a área de marketing estimula o lançamento de produtos diferenciados, enquanto a área de produção prefere os padronizados, em grande volume, para não ter problemas. É preciso integrar as funções marketing, produção e transportes.

A integração de funções se relaciona diretamente com a necessidade de estreitar o relacionamento entre clientes e fornecedores, levando a empresa a administrar um processo de cadeias e a obter informações, diretamente com o cliente, sobre o que ele deseja comprar.

OBSERVAÇÃO:

*Flow time* é o tempo que o produto leva para passar por toda a cadeia.

A evolução tecnológica criou o conceito de "tempo real para um produto", definido como o tempo decorrido entre o projeto do produto (estar na prancheta) e o tempo para esse novo produto estar nas mãos do consumidor.

Diante disso, surgiu a ideia de otimizar e agilizar o processo, tornando-o mais eficiente, por meio de fornecimento em cadeia, ou seja, canais de distribuição mais rápidos, agregando valor e não custo ao produto. Esse processo decreta o fim dos grandes estoques para ter um fluxo mais eficiente.

Assim, é preciso haver integração eficaz entre a área de produção e a de comercialização, pois, se a área de suprimentos não conseguir se adequar com precisão às necessidades da produção, poderá haver perdas irreparáveis quanto a vendas ou até mesmo matérias-primas ou produtos acabados.

A localização das plantas industriais e a dos depósitos dos produtos prontos também é estrutura de responsabilidade do departamento de logística, bem como a gestão de seus estoques.

A expansão do mercado sem um estudo logístico, tendo como base somente a visão comercial, ou seja, sem analisar localização geográfica da indústria e dos fornecedores, pode levar à anulação dos esforços por essa ampliação.

Atualmente, entretanto, utiliza-se a logística integrada, como foi afirmado. Nela, todas as funções – desde o suprimento físico até a distribuição física, ou seja, da saída da matéria-prima do produtor até a entrega do produto final no varejo – estão integradas em um único sistema: a CS. Dessa forma, logística e distribuição passam a ser a mesma atividade, a administração de todos os assuntos relacionados com o transporte dos produtos, sua disponibilização no mercado e todas as transações entre fornecedores e clientes. As empresas passaram a denominar essas operações de logística, mas algumas ainda as nomeiam distribuição.

## 1.4 Etapas do processo logístico

A logística pode ser definida como a integração da administração de materiais com a distribuição física; por conseguinte, as duas maiores etapas do processo logístico são: suprimento físico (administração de materiais) e distribuição física.

Observa-se que as atividades inerentes a essas duas grandes etapas do processo logístico são praticamente iguais, diferindo-se apenas pelo fato de o suprimento físico lidar com matérias-primas, e a distribuição física, com produtos acabados.

São três as etapas do processo logístico em seu todo: suprimento, produção e distribuição física.

O processo logístico em seu todo apresenta três etapas:

- suprimento;
- produção; e
- distribuição física, que engloba uma série de atividades.

As principais atividades da distribuição física são:

- projeto, especificações e métodos de produção dos produtos;
- programação;
- processamento de pedidos;
- fabricação;
- gestão de estoques;
- controle de qualidade;
- manutenção; e
- transporte/expedição.

Observa-se que a última definição mostra a logística como uma função com atuação bem mais ampla em um sistema produtivo, sendo responsável por praticamente todas as atividades ligadas diretamente à operacionalização da produção.

## 1.5 Logística e suas funções

Segundo Ballou (2006), a logística encerra atividades-chave e de suporte. As atividades-chave são:

- serviço ao cliente: coopera com o marketing para determinar as necessidades e os desejos dos clientes quanto ao desempenho logístico;
- transporte: seleção do modal e serviço de transporte, consolidação de fretes e definição de roteiros, programação de veículos, seleção de equipamento, processamento das reclamações e auditoria de frete;
- gestão de estoques: políticas de estocagem de matérias-primas e produtos acabados, previsão de vendas no curto prazo, variedade de produtos nos pontos de estocagem e estratégias *Just in Time* (JIT), de empurrar e de puxar; e
- fluxo de informação e processamentos de pedidos: procedimento de interface entre ordens de compra e estoques, métodos de transmissão de informações e regras sobre pedidos.

As atividades de suporte, por sua vez, são secundárias e relacionam-se diretamente com as atividades primárias; são elas:

- armazenagem: determinação do espaço, *layout* do estoque e desenho das docas, configuração do armazém e localização do estoque;
- manuseio de materiais: seleção do equipamento, normas de substituição de equipamento, procedimentos para separação de pedidos, alocação e recuperação de materiais;
- compras: seleção de fonte de suprimentos, momento da compra, quantidade das compras;
- embalagem de proteção: projetada para manuseio, estocagem e proteção contra perdas e danos;
- cooperação com produção/operação: especificação de quantidades agregadas, sequência e prazo do volume da produção, programação de suprimentos para produção; e
- manutenção de informação: coleta, armazenamento, manipulação de informações, análise de dados e procedimentos de controle.

Cabe ressaltar que as atividades-chave tradicionalmente eram consideradas as principais, quando a logística ainda era um conceito de práticas individualizadas. Com o tempo, conforme verificado anteriormente, as principais foram agregadas de novas funções, como as de suporte. Apesar de autores como Ballou (2006) dividi-las dessa forma, com o suceder dos fatos, observa-se que os custos ainda recaem sobre as atividades de transporte, mas as demais funções podem ser consideradas principais, na medida em que, pela integração, se a empresa não investir tempo e recursos, todo o sistema ficará comprometido.

A atividade logística, como qualquer sistema, deve:

- ter seu desempenho monitorado;
- apresentar um objetivo, subdividido em metas e submetas;
- ser eficaz;
- buscar a eficiência; e
- tomar decisões corretivas para recolocar o sistema nos objetivos e/ou melhorar a eficiência.

Um gerenciamento logístico para acrescentar valor ao produto (bem ou serviço) de uma empresa deve ter como objetivos:

- diminuir prazos de entrega;
- aumentar a confiabilidade (prazos e quantidades) da entrega e, consequentemente, evitar quebras na programação;

- reduzir os níveis de estoque, sem que incorra em aumento do custo de transportes;
- realizar a escolha certa do sistema de distribuição, da estrutura da armazenagem e dos equipamentos e TIs de gestão de centros de distribuição (CDs) e armazéns;
- reduzir problemas de qualidade, de fabricação e de manuseio excessivo dos bens;
- reduzir os preços dos produtos e torná-los estáveis. Manter o comprometimento com o cliente;
- decidir por terceirizar ou não suas atividades logísticas, de acordo com os custos que essas incorrem e com seu *corebusiness*;
- evitar fluxos reversos de produtos pós-venda (erros de entrega, *recalls*, erros de venda); e
- ajudar o planejamento.

A empresa, para ter sucesso com o gerenciamento logístico, deve:

- proteger-se contra o exagero do controle funcional;
- formalizar o processo logístico;
- ser flexível;
- quantificar as análises de localização de instalações de fábricas, estoques e armazéns e de rotas de transportes;
- conhecer o estado da arte das tecnologias de processo, de materiais, da informação, de produtos e serviços e de gestão;
- buscar um relacionamento longo e de confiança com seus clientes e fornecedores;
- elencar medidas de desempenho para a avaliação e o desenvolvimento de fornecedores;
- realizar escolhas entre custos de manutenção de estoques e de transportes; e
- conhecer melhor o mercado e seus clientes e diminuir seus estoques com base nessas informações.

O desempenho logístico é afetado por:

- quantidade a ser obtida;
- programação do recebimento das compras;
- localização dos fornecedores (fornecedores próximos minimizam tempo de entrega); e
- apresentação física das mercadorias.

### 1.5.1 Desempenho logístico

O desempenho é, teoricamente, uma variável-síntese de múltiplas dimensões, que expressa o grau de sucesso ou fracasso de uma empresa em relação à(s) outra(s) ou a si própria, em determinado período. Os indicadores do desempenho logístico permitirão identificar como a empresa acompanha e controla seu sistema. Quanto mais abrangente e completo for o elenco de indicadores de desempenho, melhor será o processo de monitoramento e, consequentemente, maior sua capacidade de responder aos desafios do ambiente competitivo. Esses indicadores são classificados como a seguir.

- Custos: conjunto de indicadores em duas abordagens, ou seja, o custo total, voltado para a análise do sistema logístico como um todo, e o custo dos componentes, dirigido à análise funcional das atividades logísticas.
- Ativo: medidas de desempenho dos ativos da empresa (giro de estoque, por exemplo).
- Serviço ao cliente: indicadores para medir o impacto dos serviços do ponto de vista do cliente (porcentagem de entregas no prazo, por exemplo).
- Eficiência: razão entre *input* (insumos) e *output* (resultados) de dado processo de transformação, considerando um processo eficaz.
- Entregas: sem atrasos, sem erros, completas, dentro do prazo.
- Flexibilidade: na produção, para evitar erros de formação de lotes de novos pedidos.
- Compartilhamento de informações com as empresas da CS (VIEIRA e MACHADO, 2008).
- Qualidade: relaciona-se com as características intrínsecas ao produto/serviço.
- *Benchmarking*: refere-se ao processo gerencial utilizado para monitorar e medir o próprio desempenho no que se refere à concorrência.

As funções da logística, com relação à abordagem gerencial, podem ser resumidas em: estoques, serviço ao cliente, armazenagem, localização e transporte e uso de TIs e SIs, como será discutido no Capítulo 2.

> Com relação à abordagem gerencial, as funções da logística podem ser resumidas em: estoques, serviço ao cliente, armazenagem, localização e transporte e uso de TIs e SIs.

### 1.5.2 Indicadores de desempenho

Os indicadores de desempenho são padrões expressos – não necessariamente – por uma função matemática, que permitem quantificar, mensurar e avaliar, em termos quantitativos e/ou qualitativos, a eficiência e/ou a eficácia de um processo gerador de um produto e/ou serviço. A grande questão proposta por Corrêa (2010), que discute em seu livro que, para se melhorar o desempenho de qualquer atividade ou agente da cadeia de suprimentos, são necessários indicadores. Os indicadores de desempenho podem ser divididos em dois grupos, a saber:

- indicadores operacionais; e
- indicadores financeiros.

Os indicadores devem, ainda, apresentar as seguintes características:

- avaliar a eficiência de todo o sistema (medindo-o como um todo e, quando possível, mensurando os subsistemas); e
- ser quantificáveis – expressos por escalas.

## Medida, parâmetro, índice, eficácia, eficiência e produtividade

- Medida é um valor numérico da propriedade ou característica de uma entidade (produto, serviço, processo etc.), obtida em determinado período.
- Parâmetros são certas medidas ou coeficientes que descrevem alguma característica de uma população, como o desvio padrão, a média, o coeficiente de regressão etc.
- Índice é uma medida idealizada para mostrar as variações de rendimento de um subsistema operacional em um período específico.
- Eficácia é a extensão em que os objetivos são alcançados, ou seja, o quanto as necessidades e os objetivos de grupos de interesse da organização são obtidos.
- Eficiência é quão economicamente os recursos da organização são utilizados quando provêm de determinado nível de satisfação dos clientes, e de outros grupos de interesse, quanto a necessidades e objetivos (CORRÊA, 2010).
- Produtividade é a quantidade de serviço realizado com qualidade durante um período.

## Lista de indicadores para a avaliação do desempenho logístico

**a) Custos logísticos** (veja o item 1.8 – Custos e logística)

- Análise do custo total e comparação do real *versus* orçado.
- Análise de tendência e lucratividade por linha de produto (e mercado).

- Custo:
  - unitário;
  - como percentual das vendas;
  - de transporte – suprimento;
  - de transporte – entrega;
  - de armazenagem;
  - administrativo;
  - de processamento de pedidos; e
  - de pessoal direto.

**b) Ativos**

- Giro de estoque.
- Custo de manutenção de estoque.
- Nível de estoque (dias).
- Retorno de ativos e de investimentos.

**c) Qualidade**

- Frequência de avarias.
- Valor de avarias.
- Valor de crédito pleiteado.
- Quantidade de devoluções por produto.
- Custo de devoluções por produto.

**d) Produtividade**

- Unidades carregadas por funcionário.
- Programas de metas.
- Custo de mão de obra por unidade.
- Pedidos por atendente (central de atendimentos, por exemplo).
- Índice de produtividade.
- Pedidos por representante de vendas (ou vendedor).
- Análise comparativa com padrões históricos.

**e)** ***Benchmarking*** (veja o Apêndice D)

- Custos logísticos.
- Desempenho dos ativos.
- Serviço ao cliente.
- Produtividade.
- Qualidade.

- Estratégia logística.
- Adoção de tecnologia.
- Operações:
  - de transporte;
  - de armazenagem; e
  - de processamento de pedidos.

**f) Serviço ao cliente**

- Porcentagem da quantidade entregue do total de pedidos.
- Faltas de produtos.
- Erros nas entregas de pedidos (documentos, *mix* de produtos etc.).
- Cumprimento do prazo.
- Pesquisas sobre o consumidor (retorno dos dados referentes à força de vendas).
- Ordens pendentes.
- Tempo do ciclo de pedidos.
- Retorno do cliente.

**g) Definições de modelo**

- Simplificação da realidade com um propósito.
- Veículo para uma visão estruturada da realidade.
- Representação substitutiva da realidade.
- Representações simplificadas da realidade que preservam, para determinadas situações e enfoques, uma equivalência adequada.

**h) Elementos comuns em tomada de decisão**

- Decisor: refere-se ao indivíduo ou grupo de indivíduos responsável pela escolha.
- Objetivo (o que se pretende alcançar):
  - reconhecimento do problema;
  - definição do problema ou definição da situação-problema; e
  - construção do modelo.
- Escala de valor ou preferência: é a maneira como o decisor selecionará a(s) alternativa(s).
- Soluções ou alternativas (as possíveis respostas para o problema):
  - solução do modelo;
  - criação e avaliação das alternativas; e
  - validação do modelo.

- Estudo da natureza e do problema: as condições do ambiente e a compreensão dos fatores que influenciam o problema.
- Consequências: resultados da implementação da alternativa escolhida.
- Conclusão: o modelo nunca poderá ser igual à realidade, pois, então, não seria modelo e sim a própria realidade. Os modelos existem justamente pela dificuldade de se trabalhar a realidade.

## 1.6 Interações das funções logísticas na empresa

A logística, em sua função de tratar da otimização dos fluxos de operações dos sistemas produtivos, atua interagindo com outros setores das empresas, trocando informações e gerenciando conflitos porventura existentes.

A função logística interage basicamente com quatro setores em uma empresa, a saber:

- **Marketing:**
  - produtos ofertados;
  - formação do preço;
  - modos de distribuição; e
  - prazos de entrega.
- **Finanças:**
  - necessidades de giro do estoque; e
  - políticas de investimento.
- **Controle da produção:**
  - orçamentos;
  - planejamento dos custos de revenda; e
  - quadros demonstrativos, em todos os níveis.
- **Gestão de recursos humanos:**
  - políticas de recrutamento e formação de pessoal.

A logística, estrategicamente, ocupa uma posição intermediária entre produção e marketing, por meio – entre outros estudos – dos canais de distribuição, devendo, então, ser criadas atividades de interface entre a logística e esses dois setores.

A confiança e a velocidade de entrega do pedido acarretam a diminuição dos estoques e, consequentemente, de seu custo.

A produção e a distribuição devem, assim, trabalhar em conjunto, e os custos da produção devem ser estudados combinados com os de distribuição, buscando a otimização conjunta.

Os produtos se dividem em bens:

- de consumo; e
- industriais.

Um produto tem seu ciclo de vida composto por:

- introdução – vendas são pouco volumosas, com estoques restritos;
- crescimento – vendas crescem;
- maturidade – vendas não se alteram; e
- declínio – vendas diminuem.

**OBSERVAÇÃO:**

A relação peso-volume, ou seja, densidade, influencia a forma de armazenagem e a decisão pelo modal de transporte.

## 1.7 Logística no Brasil

A logística, no Brasil, está passando por mudanças, tanto no que diz respeito a práticas empresariais como a eficiência, qualidade e disponibilidade de infraestrutura de transportes e comunicações – elementos fundamentais para a logística moderna. É um período de riscos (dada a complexidade das modificações que precisam ser implementadas) e oportunidades (espaços significativos para melhorias na qualidade do serviço e aumento da produtividade).

A abertura comercial e a expansão do comércio internacional permitiram haver uma demanda logística internacional, área para a qual o país nunca havia se preparado, tanto sob o aspecto burocrático, como o de infraestrutura. Por outro lado, a retração do processo inflacionário induziu uma das mais importantes mudanças na prática da logística empresarial, qual seja: o crescente movimento de cooperação entre clientes e fornecedores na CS, dentro do conceito de *Supply Chain Management* (SCM) ou Gestão da Cadeia de Suprimentos (GCS).

A inflação estimula as práticas especulativas no processo de compras, impossibilitando qualquer tentativa de integração na CS, bem como a eficiente administração dos ativos, dada a concentração da demanda nas compras de fim de mês.

No caso do setor varejista, a Associação Brasileira de Supermercados (Abras) liderou o movimento ECR Brasil, com empresas de bens de consumo duráveis, com o objetivo de reduzir custos e melhorar a qualidade de serviços. Com a entrada de grandes grupos varejistas no Brasil, como o Walmart, o processo de modernização entrou em desenvolvimento. Segundo o ECR Brasil (2012), "na realidade, ECR é mais uma filosofia, ou talvez uma postura de negócios, na qual as empresas se dispõem a compartilhar problemas, dificuldades e informações, implantando em conjunto as melhores soluções possíveis dentro de seu contexto operacional e estratégico".

As ferramentas de ECR* são aplicadas na Europa, na Ásia, na América do Norte e em quase todos os países da América Latina com alguma expressão econômica.

As reduções de custos conseguidas, somente com a eliminação de ineficiências, são em média de 6% a 10% do volume total de negócios da cadeia de abastecimento considerada. Esse número reflete os ganhos das empresas que integram o processo e normalmente agregam-se ao resultado líquido das operações.

Pilotos realizados nas indústrias e nos supermercados no Brasil constataram, por exemplo:

- redução de estoques de 25 para 15 dias, acompanhada de diminuição de faltas de produtos de 15% para 4%;
- aplicação de EDI resultante da redução do número de visitas, erros e tempo de espera e conferência;
- com o uso da entrega programada noturna, quando as entregas são pré-agendadas entre indústria e varejo, viabilização da redução do tempo de carregamento em 69% e do aumento da produtividade palete/homem/hora em 80%.

Em relação ao transporte, no Brasil, ele é dependente de forma exagerada do modal rodoviário, o segundo mais caro, após o aéreo, sendo responsável por mais de 58% da carga transportada (t/km). Caso se migre desse transporte para o ferroviário, serão economizados mais de US$ 1 bilhão por ano.

O transporte brasileiro depende muito do modal rodoviário, responsável por mais de 58% da carga transportada. A migração para o transporte ferroviário representaria uma economia de mais de US$ 1 bilhão por ano.

Cabe acrescentar que o volume transportado de carga teve crescimento de 70%, com a movimentação de 278 bilhões de toneladas por quilômetro útil (TKU) em 2010, ante os 162 bilhões de TKU transportados em 2001. Por sua vez, a receita líquida das concessionárias quase triplicou no período, aumentando de

*Efficient Consumer Response.

R$ 3,5 bilhões para R$ 9,5 bilhões, mesmo em plena crise financeira internacional (FLEURY, 2012a).

Além da análise evolutiva, um estudo do desempenho do modal ferroviário brasileiro pode ser aperfeiçoado por meio de uma comparação internacional. Com 29 mil km e uma densidade média de 3,5 km de trilhos por mil km$^2$ de área territorial, a malha ferroviária do Brasil não atende a um significativo número de estados, e cerca de 50% das linhas férreas estão concentradas em São Paulo, Minas Gerais, Rio de Janeiro e Rio Grande do Sul (ILOS, 2012b). Em comparação, a malha dos Estados Unidos é sete vezes mais densa que a brasileira, registrando 24,7 km de via por mil km$^2$ de área territorial e cobrindo praticamente todo o território norte-americano (CIA, 2011). Na China, a situação é parecida com a dos Estados Unidos, e os 8,3 km de via por km$^2$ de área territorial abrangem grande parte do país (NBSC, 2011).

Além de dificultar a captação de novas cargas, a baixa densidade da malha também impacta a produção do modal ferroviário. Enquanto os trens nos Estados Unidos circulam, em média, 1.470 km por viagem e carregam 2,72 trilhões de toneladas por ano (t/ano), as ferrovias no Brasil transportam dez vezes menos – 278 bilhões de TKU, a uma distância média de 639 km. Na China, a produção é de 2,8 trilhões de TKU, tendo percorrido, em média, 759 quilômetros por viagem (AAR, 2011; ANTT, 2011; Ministério das Ferrovias da China, 2011 apud FLEURY, 2012a).

As privatizações de portos e ferrovias e a nova legislação em relação a dutos levam à redução de custos e ao aumento de produtividade e de melhoria de serviços. Nas rodovias, por causa da competitividade com outros modais e da pressão pelas crescentes exigências por qualidade de serviços pelos embarcadores, as transportadoras estão passando por um processo de modernização que implica adoção de modernas tecnologias da informação, como roteirizadores, EDI, rastreamento por satélite etc. Por conseguinte, passa-se de uma visão de transportes para a perspectiva de Prestadores de Serviços Logísticos (PSLs), preparando-se para um novo ambiente competitivo no setor brasileiro de logística.

## 1.8 Custos e logística

A logística permite o aumento da eficiência e, como consequência, dos lucros, por meio de custos de distribuição menores. A redução dos estoques e, consequentemente, a do capital de giro empenhado, bem como os custos pagos pela manutenção dos estoques, são ganhos resultantes da logística. O estoque existe porque não sabem exatamente a quantidade que se deve fabricar; como a manufaturação não é instantânea, soma-se a isso o fato de as entregas também não o serem, e estarem sujeitas a óbices dos transportes.

O custo dos estoques é dividido em:

- seguros;
- armazenagem, transporte e entrega, carga e descarga;
- deterioração, obsolescência, dano e furto;
- confecção de embalagem (encomenda ou produção);
- processo de aquisição (processamento e envio de pedidos);
- falta (somatório dos prejuízos por vendas perdidas e despesas por atrasos); e
- vendas perdidas, por cancelamento de pedidos dos clientes dada a falta do produto e/ou insatisfação.

O custo de armazenagem, em particular, é afetado pela redução do tempo:

- entre o cliente pedir e receber a mercadoria; e
- de planejamento da produção.

O estoque, por vezes, oculta problemas, tais como:

- falta de informações dos clientes; e
- considerações incorretas sobre sazonalidades.

Ao analisarmos os custos da gestão, encontramos as causas a seguir.

- Despesas de:
  - tratamento de pedidos adquiridos;
  - armazenagem e estoque;
  - confecção e embalagem;
  - carga e descarga;
  - transporte, movimentação e entregas; e
  - confecção.
- Erros em:
  - mercadoria e quantidade fornecidas;
  - local de entrega; e
  - confecção de embalagem.

A logística pode utilizar o princípio da exclusividade como um método para identificar os custos de cada cliente. A pergunta que se faz é: quais custos exclusivos seriam evitados se não houvesse esse cliente?

Uma ideia que ganha forma com o uso correto da logística é não mais ratear despesas considerando produtos, mas fazer um estudo levando em conta as atividades, ou seja, o *Activity Based Cost* (ABC), e identificar os geradores de custo.

Existe, ainda, outra ferramenta que permite a redução de custos: é o *benchmarking* nos concorrentes, isto é, verificar como os concorrentes estão obtendo ganhos de produtividade ao realizarem tarefas semelhantes às da nossa empresa.

Os custos logísticos são influenciados pelos seguintes fatores básicos:

- concorrência globalizada;
- alterações populacionais, acarretando mudança localizada da demanda;
- aumento ou diminuição da quantidade de matérias-primas;
- despesa com mão de obra; e
- entregas:
  - customização;
  - mais rapidez;
  - infraestrutura;
  - embarques internacionais;
  - competência logística; e
  - rastreabilidade de produtos (FDC, 2013).

A administração dos custos consiste em identificar as despesas e os conflitos existentes, pois:

- o aumento do número de armazéns pode reduzir os gastos com transporte, se o percurso de entrega for menor;
- o maior número de armazéns pode onerar o processamento de pedidos;
- transporte lotado minora o custo de envio de um produto, mas a demora até completar o transporte pode ser inaceitável para o cliente; e
- transporte lotado com insumos para uma indústria pode acarretar diminuição das despesas com transporte (recebimento) de um insumo, mas levar à manutenção de um estoque elevado de insumos e encarecer o custo de estoque.

O sistema japonês (usado pela empresa Toyota) do *kanban* (que significa cartão) preconiza que os insumos devem chegar na quantidade e no momento exatos de serem utilizados. A ideia do *just in time* (JIT) é suprir produtos para a linha de produção, para os depósitos ou o cliente, quando eles forem necessários.

Se as necessidades de material ou produtos e os tempos de ressuprimento forem conhecidos com exatidão, pode-se evitar o uso de estoques. O fornecedor deve ser considerado uma extensão de nossa fábrica.

Um JIT é vantajoso quando:

- os produtos têm alto valor unitário e necessitam de nível superior de controle;
- necessidades ou demandas são conhecidas com alto grau de certeza;
- os tempos de reposição são curtos e conhecidos; e
- não há benefícios econômicos no suprimento de quantidades maiores que as requeridas.

Segundo o sistema japonês *kanban* (que significa cartão) os insumos devem chegar na quantidade e no momento exatos de serem utilizados.

O suprimento é dividido em três tarefas:

- inicialização e transmissão das ordens (pedidos);
- transporte dos carregamentos até o local da fábrica; e
- manutenção dos estoques nas plantas.

O suprimento e a distribuição devem ser agrupados em uma única organização. A localização dos fornecedores é fundamental na logística, uma vez que é o ponto de partida geográfico para a entrega dos bens.

Toda empresa, para sobreviver, necessita procurar uma vantagem na competitividade, qual seja:

- da produtividade; e
- do valor: pessoas atribuem valores diferentes a benefícios diferentes. (Um grupo de clientes pode atribuir alto valor a um benefício, ao contrário de outro grupo de clientes.)

A parte competitiva pode ser identificada com as seguintes perguntas:

- Com quem estamos sendo comparados pelos clientes potenciais e reais?
- Com quem queremos ser comparados?
- O que o cliente deseja?
- Quais as necessidades e preferências do cliente?
- Quais os fatores críticos de sucesso para se chegar ao status de fornecedor principal?
- Como os clientes nos classificam em relação a nossos concorrentes?
- Como os clientes se comunicam com a empresa?

As respostas a essas perguntas criam critérios de comparação entre nossa empresa e os concorrentes. No entanto, a empresa necessita atribuir importância relativa aos critérios para saber que linha de ação vai adotar para superar os concorrentes. A atribuição de pesos – representando a importância relativa – aos critérios de decisão é extremamente útil.

Ao adotar a ferramenta do *benchmarking*, a empresa deve adotar as seguintes posturas:

- disposição de trabalhar com parceiros;
- comprometimento com a melhora contínua, inovação e mudança;
- quantificação dos processos em tempo e custo e buscar sua redução; e
- compromisso com a gerência de qualidade total.

## Sobressalentes

O dimensionamento da quantidade de sobressalentes afeta o tempo de parada e/ou interrupção de um processo. O correto dimensionamento visa a garantir que as peças estejam na quantidade, na hora e no local necessários. Da mesma forma que a falta de sobressalentes acarreta prejuízos, o excesso também o faz, seja por custo de armazenamento, seja por parte do capital estar indisponível quando alocado em um material não utilizado. O gerenciamento do estoque objetiva, então:

- contribuir para aumentar a disponibilidade dos equipamentos; e
- reduzir custos de compra e de armazenamento.

É importante observar que os dois objetivos do gerenciamento de estoque são conflitantes, pois a garantia do aumento de disponibilidade é feita com um excesso de sobressalentes que não permite diminuir os custos de compra e armazenamento, e a redução desses últimos custos pode resultar em uma disponibilidade menor pela falta de sobressalentes.

Cálculo da Disponibilidade

A disponibilidade de um equipamento é calculada pela relação:

$$\frac{TMF}{TMF \quad TMR}$$

Em que:

D = disponibilidade;
TMF = tempo médio entre falhas; e
TMR = tempo médio para reparo.

No modelo que se segue, empregam-se:
a taxa de falhas:

$$\lambda = \frac{1}{TMF}; \text{ e}$$

e a taxa de reparos:

$$\mu = \frac{1}{TMR}$$

Ressalta-se que o custo de armazenagem deve ser reduzido ao máximo e é preciso trocar quantidade de estoque por informação do cliente.

## Formulações matemáticas úteis

**a)** Cálculo do Lote Econômico de Compra (LEC):

$$LEC = \sqrt{\frac{2AS}{Pi}}$$

Em que:

LEC = lote econômico de compra;
A = quantidade anual de uso de um produto (demanda anual);
S = custo de elaboração do pedido (a ordem pode e deve ter mais de uma unidade do produto);
P = preço unitário do produto; e
i = porcentagem do preço unitário do pedido que é gasto na manutenção do estoque.

Essa fórmula simples tem como limitação a necessidade de:

- atendimento de toda a demanda;
- taxa de demanda conhecida, constante e contínua; e
- tempos de ressuprimento conhecidos e constantes.

*Exemplo numérico*

Cálculo do LEC com demanda anual de 2 mil unidades e custo de elaboração do pedido de 50 unidades monetárias, preço unitário de 20 unidades monetárias e custo de manutenção do estoque de 30% do preço.

$$\text{LEC} = \sqrt{\frac{2 \times 2.000 \times 50}{20 \times 0{,}3}} = 182{,}50 \text{ que se aproxima para 183 unidades.}$$

**OBSERVAÇÃO:**

**Com demanda anual de 2 mil unidades e LEC de 183 unidades, teremos: 2.000 ÷ 183 ≅ 11 pedidos por ano.**

**b)** Cálculo do ponto de ressuprimento ou de reposição, considerando que o ponto de reposição é o momento de início do processo de ressuprimento:

$$PR = D \times \left(T + \frac{P}{2}\right) + ES$$

Em que:

PR = ponto de ressuprimento;
D = demanda diária média;
T = tempo médio de ressuprimento;
P = período entre duas contagens sucessivas (quando se verifica o estoque); e
ES = estoque de segurança.

*Exemplo numérico*

Cálculo do PR com demanda diária de 10 unidades, tempo médio de ressuprimento de 10 dias, período entre duas verificações sucessivas do estoque de 8 dias e estoque de segurança de 5 unidades:

$PR = D \div (T + P \div 2) + ES = 10 \div (10 + 8 \div 2) + 5 = 145$ unidades.

**c)** Cálculo do custo anual de reposição:

$$CT = \frac{SA}{L} + \frac{PLi_c}{2}$$

Em que:

CT = custo anual de reposição;
S = custo de elaboração do pedido;
A = demanda anual;

P = preço unitário do produto;
L = lote de reposição; e
$i_c$ = custo unitário de manutenção, expresso pela percentagem do custo unitário.

Ou:

CT = [(custo de aquisição do pedido) × (demanda total no ano)] ÷ lote de reposição) + (custo unitário de manutenção anual [valor em percentagem]) × (valor do item) × (lote de reposição ÷ 2).

*Exemplo numérico*

Cálculo do CT com custo de aquisição do pedido de 20 unidades monetárias por pedido, demanda total no ano de 2 mil unidades, lote de reposição de 183 unidades, custo unitário de manutenção anual de 30% e valor do item de 20 unidades monetárias.

CT = (20) × (2.000 ÷ 183) + (0,3) × (20) × (183 ÷ 2) = 218,57 + 549 = 767,57 (unidades monetárias) – para um lote de reposição de 183 unidades.

**d)** Fórmula básica da suavização exponencial:

Previsão = a × (demanda real) + (1 – a) × (previsão anterior)

Observa-se que o valor de *a*, na prática, varia de 0,1 a 0,3.

*Exemplo numérico*

Com demanda real do item, por mês, de 166 unidades, previsão calculada de 200 unidades e valor de *a* fixado em 0,2, a previsão do próximo mês é:

Previsão = 0,2 × 166 + (1 – 0,2) × 200 = 193,2 ≈ 193 unidades.

**e)** Cálculo do nível de risco associado à manutenção de estoque:

$$1 - [(C_f) \div (C_f + C_e)]$$

Em que:

$C_f$ = custo da falta;
$C_e$ = custo de excesso.

*Exemplo numérico*

Com o custo da falta de um produto de US$ 50,00 e o custo do excesso desse mesmo produto de US$ 40,00, o nível de risco é: 1 – [50 (50 + 40)] = 0,4444 ou 44,44%.

A previsão de demanda é a tentativa de acertar o desejo do mercado em um futuro bem próximo. Para a previsão da evolução da demanda, é importante considerar se:

- a evolução de consumo é constante;
- ocorre consumo sazonal;
- a evolução de consumo ocorre com tendência; e
- existe consumo irregular.

**f1)** Método do último período:

É o mais simples de todos e sem fundamento matemático. Consiste em utilizar como previsão para o próximo período o valor real do período anterior. Esse modelo é bastante utilizado por empresas pequenas e por administradores sem conhecimento técnico. Considere a Tabela 1.1.

**Tabela 1.1** – Demanda mensal

| DEMANDAS DA EMPRESA "A" | | | |
|---|---|---|---|
| **Mês** | **Quantidade** | **Mês** | **Quantidade** |
| Janeiro | 2.500 | Maio | 2.850 |
| Fevereiro | 2.200 | Junho | 2.900 |
| Março | 2.650 | Julho | 3.000 |
| Abril | 2.800 | Agosto | ??? |

Fonte: Elaborada pelos autores.

*Exemplo numérico*

Para o método do último período, repete-se o mês de julho, logo, a previsão para agosto é de 3 mil unidades.

**f2)** Método da média aritmética:

Nesse, a previsão do próximo período é obtida pelo cálculo da média aritmética do consumo dos períodos anteriores. O resultado desse modelo nos mostrará valores menores que o ocorrido, caso o consumo tenha a tendência crescente, e maiores, se o consumo tiver tendência decrescente nos últimos períodos.

*Exemplo numérico*

Considerando a Tabela 1.1, temos:

De janeiro até julho ➔ **2.700** unidades = [(2.500 + 2.200 + 2.650 + 2.800 + 2.850 + 2.900 + 3.000)/7]

Logo, a previsão para agosto é de 2.700.

**f3)** Método da média ponderada:

Nesse método, a previsão do próximo período é obtida por meio da ponderação dada a cada período, sendo que o período mais próximo recebe peso maior. Desse modo, vamos reduzindo os pesos para os períodos mais distantes. A soma das ponderações deve ser sempre 100%. Os valores das ponderações como regra geral devem ter um peso de 40% a 60% para o período mais recente, e para o último período, 5%. A alocação será sempre função da sensibilidade do administrador em relação às variáveis e mudanças de mercado. Esse modelo tende a eliminar algumas das fragilidades apresentadas nos anteriores.

$$\text{Previsão} = \Sigma D_i \star P_i$$

Em que:

D = demanda;

P = ponderação; e

i = mês.

*Exemplo numérico*

Ponderação: abril – 5%; maio – 15%; junho – 30%; julho – 50%.

Previsão para agosto: 2.938 unidades = 0,5 ⋆ 3.000 + 0,3 ⋆ 2.900 + 0,15 ⋆ 2.850 + 0,05 ⋆ 2.800.

**f4)** Método da média dos mínimos quadrados:

Esse modelo é o que melhor nos orienta para fazermos uma previsão, pois é um processo de ajuste que tende a se aproximar dos valores existentes, minimizando as distâncias entre cada consumo realizado. A vantagem se dá em razão de ele se basear na equação da reta $Y = a + bx$ para o cálculo da previsão de demanda, o que permite traçar uma tendência bem realista do que poderá ocorrer, com a projeção da reta. Usando a equação da reta, temos de calcular os valores de **a**, **b** e **x** em que:

$$\Sigma Y = n \star a + \Sigma x \star b$$

$$\Sigma xY = \Sigma x \star a + \Sigma x^2 \star b$$

$$Y = ax + b$$

Em que:

n = número de períodos;

Y = demanda mensal; e

x = meses.

*Exemplo numérico*

Com base na Tabela 1.1 e na fórmula anterior, obtêm-se as tabelas 1.2 e 1.3 a seguir.

**Tabela 1.2** – Períodos e demandas

| TABULAÇÃO DOS DADOS DE VENDAS PARA ELABORAÇÃO DAS EQUAÇÕES | | | | | |
|---|---|---|---|---|---|
| **Quantidade de períodos** | **Período** | **Y** | **X** | **X²** | **XY** |
| 1 | Janeiro | 2.500 | 0 | 0 | 0 |
| 2 | Fevereiro | 2.200 | 1 | 1 | 2.200 |
| 3 | Março | 2.650 | 2 | 4 | 5.300 |
| 4 | Abril | 2.800 | 3 | 9 | 8.400 |
| 5 | Maio | 2.850 | 4 | 16 | 11.400 |
| 6 | Junho | 2.900 | 5 | 25 | 14.500 |
| n = 7 | Julho | 3.000 | 6 | 36 | 18.000 |
| | Σ | 18.900 | 21 | 91 | 59.800 |

Fonte: Elaborada pelos autores.

**Tabela 1.3** – Cálculo dos parâmetros

| TABULAÇÃO DOS DADOS DE VENDAS PARA ELABORAÇÃO DAS EQUAÇÕES | | | | | |
|---|---|---|---|---|---|
| **Quantidade de períodos** | **Período** | **Y** | **X** | **X²** | **XY** |
| 7 | Σ | 18.900 | 21 | 91 | 59.800 |

Fonte: Elaborada pelos autores.

Considerando $\Sigma Y = n \star a + \Sigma x \star b$, com os dados da Tabela 1.3, obtemos:

$$18.900 = 7 \star a + 21 \star b$$

Por sua vez, considerando $\Sigma xY = \Sigma x \star a + \Sigma x^2 \star b$, com os dados da Tabela 1.3, obtemos:

$$59.800 = 21^a + 91 \star b$$

Resolvendo o sistema linear com essas duas equações, obtemos:

$$Y = ax + b \text{ , sendo: } a = 2.367,9 \text{ e } b = 110,7\text{; então:}$$

$$Y = 2.367,9 + 110,7x$$

Logo, a previsão para agosto, sendo x = 7, é de 3.143 unidades.

# Exercícios

1. Calcule o lote econômico, sabendo que: a quantidade anual de uso de um produto é de 2.000 unidades; o custo de elaboração do pedido é de 81,25 unidades monetárias; o preço unitário do produto é de 30 unidades monetárias; e a porcentagem do preço unitário do pedido gasta na manutenção do estoque é de 30%.

   Com base no lote econômico, quantos pedidos deverão ser feitos por ano?

   **Resposta:** LEC = 190 unidades.

   Número de pedidos = 11.

2. Calcule o ponto de ressuprimento, sabendo que: o período em que se verifica o estoque é a cada 6 dias; o tempo médio de ressuprimento é de 33 dias; a demanda diária do produto é de 6 unidades; e o estoque de segurança é de 6 unidades.

   **Resposta:** PR = 222 unidades.

3. Calcule o custo total anual de reposição, sabendo que: o valor do lote de reposição é de 191 unidades do produto; o custo de aquisição do pedido é de 82 unidades monetárias por pedido; a demanda total no ano é de 2.000 unidades; o custo unitário de manutenção anual é de 30%; e o valor do item é de 30 unidades monetárias.

   **Resposta:** CT = 1.718,14 unidades monetárias.

4. Utilizando o conceito de suavização exponencial, considere que a demanda real de um item é de 165 unidades por mês. Um estudo feito em sua empresa estimou um consumo de 180 unidades do seu produto no mês que vem; você não quer perder essa oportunidade de venda e ao mesmo tempo não quer ficar com excesso. Considerando um valor prático de segurança de 0,2, estime uma previsão para o próximo mês.

   **Resposta:** P = 177 unidades.

# Resumo do capítulo

## Definição de logística

- A logística é o processo de gerenciar estrategicamente a aquisição, a movimentação e o armazenamento de materiais, peças e produtos acabados (e os fluxos de informações e serviços correlatos), pela organização e por seus canais de marketing, de modo a poder maximizar as lucratividades presentes e futuras por meio do atendimento dos pedidos a baixo custo.
- Uma das características do enfoque sistêmico é não se restringir a apenas uma solução viável, mas ampliar a análise do estudo de soluções alternativas. Isso deve

ser considerado principalmente quando há restrições técnicas, operacionais ou socioeconômicas, sendo necessário, no início do processo, selecionar um número variado de alternativas.

- A logística é a função da empresa que se preocupa com a gestão do fluxo físico do suprimento de matérias-primas, assim como com a distribuição dos produtos finais aos clientes. Para melhor definir a função logística dentro das empresas, mostram-se a seguir as diversas atividades da logística e suas respectivas funções.

## Histórico de logística

- A logística teve seus primeiros indícios na Grécia antiga, quando, com o distanciamento das lutas, foi necessário um "estudo" para abastecer as tropas com armas, alimentos, medicamentos, além de estabelecer os acampamentos. No início do século XX, havia a preocupação com o escoamento da produção agrícola — fase denominada "do campo ao mercado". As "funções integradas" foram uma fase, do começo da década de 1960 até os primeiros anos da década de 1970, com uma visão integrada, incluindo custo total e abordagem de sistemas, foco mais amplo, transportes, distribuição, armazenagem, estoque e manuseio de materiais.
- Da década de 1970 até a metade dos anos 1980, houve a fase do "foco no cliente", ressaltando produtividade e custos de estoques, a qual foi incluída no ensino nos cursos de Administração de Empresas.

## Logística integrada

- A satisfação do cliente hoje não se resume a oferecer-lhe um produto de qualidade superior, como também menores preço e prazo de entrega, garantindo cumprimento do prazo e regularidade no atendimento. Usa-se a troca de informações, muitas vezes via *Electronic Data Interchange* (EDI) ou intercâmbio eletrônico de dados, que permite um contato eficiente entre fornecedor e cliente.
- A evolução tecnológica criou o conceito de "tempo real para um produto", definido como o tempo decorrido entre o projeto do produto (estar na prancheta) e o tempo para esse novo produto estar nas mãos dos consumidores.

## Etapas do processo logístico

- As duas grandes etapas do processo logístico são o suprimento físico (administração de materiais) e a distribuição física.
- Observa-se que as atividades inerentes a essas duas grandes etapas do processo logístico são praticamente as mesmas, diferindo pelo fato de o suprimento físico lidar com matérias-primas, e a distribuição física, com produtos acabados.

- As principais atividades da distribuição física são: projeto, especificações e métodos de produção dos produtos; programação; processamento de pedidos; fabricação; gestão de estoques; controle de qualidade; manutenção; e transporte/expedição.

## Logística e suas funções

- Os indicadores do desempenho logístico permitem identificar como a empresa monitora e controla seu sistema.
- As funções da logística, enquanto abordagem gerencial, podem ser resumidas em: estoques, serviço ao cliente, armazenagem, localização e transportes e o uso de tecnologias e sistemas de informação.
- Os indicadores para avaliar o desempenho logístico são: custos logísticos, ativos, qualidade, produtividade, *benchmarking* e serviço ao cliente.

## Interações das funções logísticas na empresa

- A logística, em sua função de tratar da otimização dos fluxos de operações dos sistemas produtivos, atua interagindo com outros setores das empresas, trocando informações e gerenciando conflitos porventura existentes.

## Logística no Brasil

- A logística no Brasil está passando por mudanças, tanto no que diz respeito a práticas empresariais como a eficiência, qualidade e disponibilidade de infraestrutura de transportes e comunicações – elementos fundamentais para a logística moderna. É um período de riscos (dada a complexidade das modificações que precisam ser implementadas) e oportunidades (espaços significativos para melhorias na qualidade do serviço e aumento da produtividade).

# Capítulo 2

# Funções da logística

Em prosseguimento à discussão, têm-se como principais funções logísticas: serviço ao cliente, transporte, localização, armazenagem e estoques, que serão comentadas a seguir.

## 2.1 Serviço ao cliente

Conforme afirmação de Emmet (2007), o serviço ao cliente é a habilidade da empresa em exceder, de maneira constante e consistente, as necessidades e expectativas do consumidor.

A implantação de um serviço ao cliente efetivo tem o intuito de melhorar o desempenho da empresa. Como consequência, ele pode ser um diferencial e tornar-se um componente-chave na obtenção de vantagens competitivas. Seus benefícios podem ser relacionados com base na cadeia de serviços-lucro (HESKETT e SASSER, 2010).

Em um universo de empresas de um mesmo mercado competitivo, que oferecem o mesmo produto, com preço, qualidade e *lead time* similares, é possível que se comprove a veracidade de tal citação, pois o serviço ao cliente seria o responsável, neste caso, por proporcionar vantagens competitivas à empresa.

Segundo Scott et al. (2011), a cadeia de serviços-lucro (*service profit chain*) demonstra a ligação fundamental entre desempenho e serviço ao cliente. Esta afirmação revela que o serviço interno de qualidade (*internal service quality*), referente a um tratamento de alta qualidade ao pessoal interno, tem como consequência a satisfação dos funcionários, pois estes também gostam de ser tratados com o mesmo valor e respeito que os consumidores. Um tipo de relacionamento que proporciona não só uma lealdade do quadro de funcionários à empresa, mas também um aumento em sua produtividade.

Com base nesse conceito, os autores concluem que os funcionários podem fornecer um valor maior ao serviço externo (*external service value*), o que proporciona, por parte do cliente, maior satisfação e fidelidade, e, da empresa, um crescimento de receita e rentabilidade.

Um comportamento fiel do consumidor explica as diferenças no desempenho financeiro da empresa mais que qualquer outro fator, devendo-se pontuar que a satisfação do cliente é o fator principal que leva à sua fidelidade com a organização (REICHHELD, 2003).

Mesmo que uma CS seja consistente, há um esforço para que se consiga lidar com as mudanças frequentes que remetem a demanda e oferta. Para Frei (2006), essas mudanças podem ser denominadas "variabilidade" e dividem-se em quatro categorias: chegada, pedido, capacidade e esforço.

A variabilidade de chegada está relacionada com a frequência de pedidos para que os produtos sejam retirados do armazém de fornecimento. Quando essa frequência é bem maior que a habitual, implicam-se maiores custos, pois os funcionários deverão receber por turnos extras de trabalho. A variabilidade de pedido, por sua vez, refere-se às ocasiões em que o cliente almeja um atendimento diferenciado e deseja que o fornecedor lhe dê a opção de receber o produto de forma mais ágil que o normal.

Por outro lado, a variabilidade de capacidade remete às tarefas que devem ser executadas pelo cliente para que o produto possa ser recebido. Um fabricante que fornece para o comércio varejista, por exemplo, pode ter alguns clientes muito qualificados na previsão e no planejamento de demanda, mas outros que não sejam qualificados. Com isso, o fabricante terá de considerar esta variação do nível de capacidade do cliente quando introduzir a previsão futura em seu sistema de planejamento. Por último, a variabilidade de esforço consiste nos diferentes níveis de energia que o cliente gasta no recebimento do produto. Veja esse caso ilustrativo: um varejista, por causa das estruturas locais, pode ter menos gastos no recebimento do que um concorrente seu.

Frei (2006) argumenta que cada categoria deve ter uma estratégia correspondente que acomode ou, então, reduza a variabilidade. Teoricamente, essas estratégias garantem tanto uma experiência positiva ao cliente como a manutenção de uma CS eficiente.

Segundo Scott et al. (2011), deve-se levar em consideração quem são os clientes-chave (*key customers*), pois, se, por um lado, eles geralmente representam apenas 20% do total de clientes, por outro, representam 80% do volume de negócios. Os autores ainda dizem que as empresas, normalmente, priorizam os consumidores que possam agregar maior valor à organização e que esses clientes são percebidos por seu valor de tempo de vida (*lifetime value*), ou seja, o quão duradoura pode ser sua relação com a empresa.

Além de serem mais rentáveis, esses clientes funcionam como "promotores ativos" da empresa, porque, por meio de propagandas informais, podem influenciar a empresa de maneira positiva na obtenção de novos consumidores (REICHHELD, 2003). Essa citação torna claro que nem todos os consumidores são considerados de maneira equivalente. Logo, é muito difícil oferecer a mesma qualidade de serviço a todos, pois os clientes-chave se sentiriam insatisfeitos.

Segundo Scott et al. (2011), para se construir um relacionamento com os consumidores-chave, é necessário ter funcionários que atuem como embaixadores, tanto internamente quanto externamente na organização. Além da excelência em suas atividades executadas, é de suma importância que tenham a habilidade de ouvir e lidar com as emoções do cliente, para que o serviço exceda o esperado. Ainda segundo os autores, algumas medidas para o melhoramento desse serviço podem ser tomadas, como:

- recrutamento de pessoas com as habilidades requisitadas;
- realocamento de pessoal de uma função para outra;
- remoção dos incapazes de mostrar as habilidades requisitadas; e
- treinamento para aprimoramento de habilidades.

Ainda conforme Scott et al. (2011), na entrega de produtos e serviços, pode-se aumentar a satisfação do cliente e gerar novos negócios. Para tal, três elementos devem ser considerados: entregar o prometido, atender e superar as expectativas do cliente, e recuperar possíveis falhas de serviço.

Para que seja possível a entrega prometida, essa deve ocorrer no tempo certo – *delivery on time* (OT) – e na quantidade certa – *delivery in full* (IF). A entrega OT é calculada quando ambas as partes (fornecedor e cliente) chegam a um acordo sobre o horário de entrega. Se, em um mês, cem entregas são feitas e cinco delas não são efetuadas no tempo correto, o cálculo será de 95 / 100 ou 95% de entrega OT. Por outro lado, a entrega IF mensura a habilidade do fornecedor em satisfazer a quantidade solicitada pelo cliente. Se, em um mês, mil unidades devem ser entregues, mas apenas 900 o são, logo, há um cálculo de 90% de entrega IT. Esses dois resultados devem, então, ser combinados, fazendo-se *on time in full* (OTIF). No caso exemplificado, esse índice OTIF seria $0{,}95 \times 0{,}90 = 0{,}855$ ou 85,5%. Quanto mais próximo de 100% for o resultado, o quão próximo do ideal serão realizadas as entregas no período determinado.

Em relação ao segundo elemento, para que o serviço fornecido esteja acima do esperado pelo cliente é difícil, pois, com o tempo, a percepção de desempenho que há por parte do cliente em relação à empresa acaba caindo. Para minimizar esse problema, podem ser adotadas medidas como um gerenciamento das expectativas (para que não aumentem tanto) do cliente e um melhoramento mais rápido e positivo do serviço prestado.

Certas normas para atender ou superar as expectativas do cliente são fundamentais; são elas:

- conhecer os procedimentos, os produtos e os serviços da empresa;
- fornecer informações corretas aos clientes;
- enfatizar os benefícios dos produtos e serviços oferecidos;
- comunicar de maneira efetiva; e
- executar operações de maneira eficiente.

Logo, torna-se necessário que a empresa passe a evoluir com os consumidores. Uma vez que esses podem se transferir para diferentes mercados geográficos e usar novas tecnologias, é importante que a organização acompanhe essas mudanças, ou corre o risco de perder o cliente.

Por último, em relação à recuperação de falhas de serviço, o mais importante é o modo como a organização lida com problemas e reclamações. Edwards (2006) identificou que as reclamações propiciam aos consumidores a resolução de seus problemas de maneira mais rápida e efetiva. Essas reclamações por parte dos compradores também são cruciais na detecção do que deve ser melhorado no serviço, na medida em que apresentam um direito de resposta livre. Finalmente, e talvez o mais importante, os clientes que tiverem um bom atendimento na solução de seus problemas podem se tornar fiéis embaixadores da organização.

É importante que a empresa forneça esse serviço de suporte da maneira mais clara possível, para que ele seja entendido por todas as pessoas envolvidas no negócio. Também é necessário habilidades de gerenciamento para que se possa administrar a relação com o cliente, por mais desafiadora que seja. Esse serviço, em vez de ser usado como ferramenta de denúncia, deve ser tratado como um modo de melhorar os processos do negócio e promover a fidelidade do cliente.

Ao se retornar ao início das discussões, nas considerações sobre *service profit chain*, o ponto de partida era ter eficiência nos processos operacionais, o que, teoricamente, guiaria os funcionários na oferta de serviços internos e externos de alta qualidade em todas as interações com o consumidor. No entanto, no momento em que a satisfação do consumidor não é obtida, torna-se necessária a utilização de um serviço de recuperação e suporte dos processos, de modo a levar a organização de volta ao *service profit chain*. Por fim, o consumidor existe por este motivo: melhorar o desempenho do negócio.

## 2.2 Transporte

### 2.2.1 Aspectos gerais

De acordo com dados do Ministério dos Transportes (MT), no ano 2003, foram executados serviços de manutenção em 38,1 mil km da malha rodoviária federal, cuja qualidade apresentava os seguintes indicadores referentes àquele ano: 47% em mau estado, 35% em estado regular e 18% em boas condições. Até o ano de 2006, a execução dos serviços de manutenção da malha alcançou 45,1 mil km. Iniciativas como essa proporcionaram melhorias nas rodovias, a saber: 38% em mau estado, 31% em estado regular e 31% em boas condições. Em 2010, a extensão das rodovias que estavam sob manutenção atingiu (até julho daquele ano) 53,7 mil km. Ao final do exercício, estima-se que a qualidade da malha pavimentada atinja 57% em boas condições, 30% em estado regular e 13% em mau estado. Foram concluídos aproximadamente 2,7 mil km de novas vias rodoviárias e 3,3 mil km (até 2010, data do último balanço fornecido) encontram-se em execução.

As ações desenvolvidas no subsetor ferroviário envolvem a construção de novos trechos e a recuperação ou eliminação de pontos críticos, principalmente no espaço urbano. Os resultados principais apresentados pelos concessionários podem ser expressos quanto a produção de transporte, índice de acidentes, evolução da frota e investimentos realizados. De 2003 a 2010 (até julho), os investimentos realizados totalizaram R$ 19,8 bilhões, enquanto, no período, de 1996 a 2002, foram investidos apenas R$ 4,4 milhões. A aplicação de recursos do setor público em ferrovias cresceram substancialmente entre 2003 e 2010 (até outubro), totalizando R$ 5,1 bilhões. No período de 1995 a 2002, os investimentos públicos foram de R$ 673,1 milhões.

Os investimentos realizados no subsetor hidroviário se concentraram na conclusão das eclusas de Tucuruí, no rio Tocantins, no Pará, e na construção de terminais hidroviários na Amazônia. Até 2003, existiam apenas quatro terminais hidroviários adequados para o transporte seguro de cargas e passageiros na região. No período de 2003 a 2010 (até julho), foram investidos no subsetor R$ 2,2 bilhões. O programa de financiamento do Fundo da Marinha Mercante (FMM) às empresas brasileiras para construção de embarcações e de unidades industriais para construção naval comprometeu R$ 19 bilhões em recursos no período de 2003 a 2010 (até setembro).

Em relação ao crescimento das dutovias, pode-se fazer uma comparação dos balanços de 2003 e 2011 fornecidos pela Transpetro (subsidiária integral da Petrobras). Em 2003, a empresa detinha 43 terminais e 10 mil km de gasodutos e oleodutos. Com o aumento da exploração de petróleo e gás, a empresa, em 2011, mostrou um crescimento considerável em relação a 2003, detendo 48 terminais e 14 mil km de gasodutos e oleodutos. De acordo com as previsões da empresa, de 2011 a 2015 os investimentos próprios totalizarão US$ 5,5 bilhões.

Segundo dados de uma pesquisa do Instituto de Logística e Supply Chain (ILOS) (2010), 56% do consumo de diesel do Brasil provêm de veículos de carga e é de 62,7% a representatividade do transporte rodoviário na matriz de transportes brasileira.

### 2.2.2 Operações e modais de transporte

Segundo Coyle et al. (2011), o transporte é um importante elemento de nossa sociedade, que afeta todos de forma direta ou indireta. Uma prova disso é que os bens consumidos, os meios de subsistência econômica, a mobilidade e o entretenimento das pessoas são impactados por essa atividade. O crescimento da maioria dos países industrializados é atribuído, em parte, aos benefícios derivados da produção em massa e à divisão ou especialização do trabalho que a viabiliza. Essa atividade pode resultar no fornecimento excessivo de um produto em determinada região e sua demanda em outra. Nesse contexto, ocorre a inserção das atividades de transporte, que desempenham a função de estabelecer uma conexão entre suprimento e demanda, tratando-se de produção em massa.

O governo – agente determinante nessa função logística – deseja um serviço de transporte confiável e amplo, pois o crescimento da economia está intimamente ligado a este setor. Para tal, ele tende a promover maiores investimentos nas vias de transporte e uma regulação nos preços oferecidos pelas transportadoras. Segundo dados da União (2012), a receita destinada ao MT foi de R$ 3,5 bilhões em 2011.

Na integração entre logística e TI, a internet proporciona a troca de informações referentes ao transporte em tempo real, entre fornecedores e clientes. Assim, problemas inesperados são notificados rapidamente, para não comprometer o tempo ou a quantidade de entrega. Além disso, essa tecnologia possibilita melhor monitoramento e rastreamento da carga. Paoleschi (2009) define carga como qualquer material a ser transportado, independentemente de seu tipo, formato, tamanho ou embalagem. Ainda de acordo com o autor, a carga geral é embarcada e transportada com acondicionamento, marca de identificação e contagem de unidades. No entanto, ela pode ser:

- solta: inclui os volumes acondicionados em dimensões e formas diversas. Há perdas de tempo em sua manipulação, carregamento e descarregamento, por causa da grande quantidade de volumes pequenos sujeitos a perdas e avarias;
- unitizada: é uma carga constituída de materiais (embalados ou não) arranjados e acondicionados, possibilitando a movimentação e armazenagem como uma só unidade, por meios mecanizados;
- a granel: refere-se às cargas líquidas ou secas embarcadas e transportadas sem acondicionamento, marca de identificação e contagem de unidades (petróleo e trigo, por exemplo);
- frigorificada: nessas cargas, há a necessidade de refrigeração ou congelamento para que as qualidades essenciais do produto sejam conservadas durante a viagem; e
- perigosa: essas podem danificar meios de transporte ou, também, outras cargas, pondo em risco os responsáveis pela manipulação do produto. Essas cargas são subdivididas como produtos explosivos, inflamáveis, radioativos etc.

Para Paoleschi (2009), embalar uma carga é dar forma à sua apresentação, proteção, movimentação e utilização, a fim de que ela possa ser comercializada e manipulada durante seu ciclo de vida. A embalagem primária tem finalidade de identificar o produto, informando suas características e modo de uso. Além disso, é responsável por proporcionar uma aparência atraente à mercadoria para que esta atinja bons níveis de venda. A embalagem secundária, por sua vez, objetiva unitizar as embalagens primárias em pequenos volumes e de maneira uniforme, o que possibilita a manipulação mais adequada da mercadoria. Conforme o autor, sempre que possível, as cargas devem ser unitizadas, para facilitar seu transporte e proporcionar maior proteção às mercadorias, seja por meio de contêineres, *big bags* ou paletes.

A paletização refere-se à utilização de plataformas de madeira ou estrados destinados a suportar cargas fixadas por cintas, permitindo movimentação mecânica pelo uso de garfos de empilhadeiras ou guindastes específicos.

Na conteinerização, a carga é disposta em um contêiner (cofre de carga), que é um recipiente feito de material resistente o suficiente para suportar o uso repetitivo, propiciar segurança e fácil carregamento/descarregamento por meio de equipamentos adequados.

Segundo o citado autor, ainda merecem destaque os *mariner-slings*, que são cintas sintéticas dispostas de tal maneira que formam uma rede. Normalmente, são utilizados para sacarias, podendo seguir com a carga até o destino ou, então, somente até o porão do navio. Há ainda os *big bags*, que são sacos também de material sintético, com fundo circular ou quadrado, destinados a produtos industrializados em grãos ou em pó. Embora sejam reaproveitáveis e apresentem capacidade de até duas toneladas, seu custo é maior quando comparado aos *mariner-slings*.

No que se refere a meios de transporte, Sadjady (2011) classifica as rodovias, ferrovias, aerovias, hidrovias e dutovias como os cinco principais tipos. Para ele, o transporte digital pode ser também interpretado como um meio de transporte, embora não seja reconhecido por muitos. Em relação aos modais de transporte, serão levadas em conta as análises desse mesmo autor.

As rodovias, no Brasil, surgiram na década de 1950, com os objetivos de integração nacional e estabelecimento da indústria automobilística no país. Suas vantagens, desvantagens e melhorias podem ser observadas a seguir.

- Vantagens ➔ manuseio mais simples, cargas menores, alta competitividade, pelas distâncias curtas e médias, grau elevado de adaptação, serviço porta a porta, frequência e disponibilidade de serviços, velocidade, custos mais baixos de embalagem e grande cobertura geográfica.
- Desvantagens ➔ aumento no preço com a distância percorrida, espaço limitado em peso e cubagem, sujeição à circulação do trânsito e à regulamentação.
- Melhorias possíveis ➔ carrocerias, sistemas semiautomáticos, aumento no uso de contentores e paletes padrão, bem como uso de GPS e sistemas de comunicação de rádio e de satélite (DIAS, 2012).

O transporte ferroviário foi iniciado entre o fim do século XIX e início do século XX, mas, apesar de ter sido estruturado há mais tempo, ainda apresenta limitações quanto à sua versatilidade e flexibilidade. Veja a seguir suas vantagens, desvantagens e melhorias.

- Vantagens ➔ longas distâncias e maior tonelagem; serviços expressos; produtos de baixo valor e alta densidade; pouca interferência de tráfego.
- Desvantagens ➔ serviços e horários, pouca flexibilidade, distâncias curtas e cargas pequenas; grande dependência de outros transportes; custo elevado de movimentação de carga e descarga.
- Melhorias ➔ aumento da velocidade de trajeto/cargas e descargas; comboios mais frequentes; aperfeiçoamentos de equipamento dos terminais; uso de Sistemas de Informação (SIs) (DIAS, 2012).

O transporte aéreo, por sua vez, é um dos mais rápidos e eficientes, ainda que implique custos altos e nem todos os aviões consigam transportar cargas grandes. Embora os aviões despendam pouco tempo no ar, podem desperdiçar um tempo relativamente grande no chão (no carregamento e descarregamento, com atrasos, congestionamentos e liberação de voo, por exemplo). No entanto, caso a mercadoria tenha valor alto, seja altamente perecível, seu tempo de entrega seja muito limitado, ou também em situações de emergência, os custos podem ser justificados.

- Vantagens ➔ velocidade; cumprimento de prazos para longa distância; produtos de alto valor e grandes distâncias; flexibilidade e frequência entre cidades.
- Desvantagens ➔ pouca flexibilidade (trabalha terminal a terminal); mais lento que o rodoviário para pequenas distâncias; elevado custo para a maioria das mercadorias; tempos de coleta e entrega, manuseio no solo; dimensões físicas dos porões de carga dos aviões; taxas de frete altas.
- Melhorias ➔ melhor adaptação ao multimodal, transportando partes de veículos rodoviários; SIs mais sofisticados; cargas e descargas nos terminais (DIAS, 2012).

Por outro lado, o serviço de transporte hidroviário é limitado, pois, geralmente, são necessários transportes complementares após o desembarque, acrescido do fato de que nem todos os países apresentarem vasta rede hidrográfica ou acesso ao mar. Além disso, a ação pode ser afetada pelas condições climáticas e a velocidade de deslocamento é lenta, fazendo que esse meio seja utilizado quando há um tempo flexível de entrega. Esse meio pode ser subdividido em: fluvial (rios e canais); costeiro e intercosteiro; por lagos; e por águas internacionais. Embora ofereça como vantagem a possibilidade de transporte de grandes cargas a baixo custo, muitas vezes são necessários acordos comerciais com outros países por causa do uso de águas vizinhas. De acordo com Paoleschi (2009), o modal hidroviário (fluvial) brasileiro destina-se, geralmente, ao transporte de soja, óleo vegetal, trigo, milho, açúcar, cana-de-açúcar, sorgo, madeira. Nas regiões Sul e Sudeste, é importante no que remete à integração com os países do bloco do Mercosul. Suas vantagens, desvantagens e possíveis melhorias são citadas a seguir.

- Vantagens ➔ competitividade para produtos de baixíssimo custo; longas distâncias; grandes volumes.
- Desvantagens ➔ velocidade reduzida; pouca flexibilidade; limitação a zonas com orla marítima, lagoas ou rios navegáveis.
- Melhorias ➔ associação a sistemas de armazenagem em terminal; melhor funcionamento sempre que inserido em plataformas multimodais (DIAS, 2012).

Conforme Sadjady (2011), o modal dutoviário é usado para o transporte de volumes grandes por distâncias longas. Geralmente, eles são destinados ao transporte de um único produto durante sua vida útil. A variedade de produtos transportada pelas tubulações é muito limitada, podendo-se destacar: gás natural; petróleo bruto e alguns de seus derivados refinados; água; e produtos químicos. Suas vantagens, desvantagens e melhorias são:

- Vantagens ➔ longa vida útil; pouca manutenção; uso reduzido de mão de obra; rapidez; ponto a ponto para líquido e gases; custos de movimentação e perdas baixos.
- Desvantagens ➔ ausência de adaptabilidade para todos os produtos; investimento inicial elevado.
- Melhorias ➔ sistemas de construção por módulos e mais rápidos e controle de avarias e contaminações.

Por fim, o transporte digital é o meio mais rápido. Além de sua velocidade alta, esse modal tem grande acessibilidade e flexibilidade. No entanto, apenas uma gama limitada de produtos pode ser enviada por essa modalidade, incluindo energia elétrica e produtos, tais como textos, fotos, músicas, filmes, software e todos outros aqueles compostos de dados.

Para Farahani et al. (2011), qualquer um dos seis modos de transporte mencionados pode ser uma opção viável para a empresa ou pessoa que deseje movimentar os produtos de um ponto para outro. Os expedidores podem levar vários fatores em consideração na escolha dos modais adequados, mas as necessidades da empresa e dos clientes, as características dos modos de transporte e a natureza do comércio são os principais fatores que devem ser levados em conta. Para esses autores, várias combinações intermodais são possíveis de acordo com o objetivo da empresa, seja este redução de custos, tempo ou outro qualquer.

Contudo, o transporte envolve despesas que são influenciadas por diversos fatores. Bowersox, Closs e Cooper (2007) definiram certas variáveis que influenciam na mensuração dos custos dessa atividade, sendo elas: distância, peso, densidade, capacidade de acondicionamento, manuseio, riscos e mercado.

A distância contribui diretamente para as despesas variáveis, como mão de obra, combustível e manutenção, e exerce grande influência sobre os custos de transportes. No fator peso, o custo por unidade de peso diminui à medida que o tamanho da carga aumenta, em razão dos custos fixos de coleta, entrega e administração que são distribuídos pelo peso incremental, além do limite do tamanho do veículo. Assim, pequenas cargas devem ser consolidadas em volumes maiores para maximizar as economias de escala.

A densidade é uma combinação de peso e volume; ambos são importantes, uma vez que os custos de transporte são geralmente cotados por unidade de peso. No entanto, como o trabalho e o combustível necessários no transporte não são influenciados significativamente pelo peso, uma densidade maior de produtos permite uma redução dos custos por unidade de peso.

O acondicionamento refere-se à forma como as mercadorias se encaixam em equipamentos de transporte. Pacotes de tamanhos e formatos diferentes podem não se encaixar bem, resultando em desperdício de capacidade cúbica. Os itens com formas retangulares podem ser mais bem acomodados dentro de um veículo do que os de formas irregulares. Contudo, equipamentos de manuseio especial podem ser necessários para carregar e descarregar caminhões, vagões ou navios. Além disso, a maneira como os produtos são fisicamente agrupados (em caixas, por exemplo), para transporte e armazenagem, influenciam o custo de manuseio.

O risco inclui as características do produto que podem resultar em danos e reclamações. Sendo assim, os transportadores devem ter um seguro para se proteger contra esses fatores ou aceitar a responsabilidade financeira por possíveis prejuízos. O uso de embalagens mais resistentes pode minimizar esse tipo de problema.

Em relação aos fatores de mercado, se há transporte da origem até o destino, consequentemente deve ocorrer retorno à origem. Caso não seja transportada nenhuma carga no caminho de volta, os custos referentes ao transporte de volta deverão ser inclusos no transporte de ida. Nesse fator, são consideradas as variáveis rota e sazonalidade. A rota considera a movimentação entre os pontos e busca uma carga de retorno; se o veículo volta vazio, todos os custos são da ida. Apesar dos esforços dos agentes, ainda há uma dificuldade em contrabalançar carregamentos na ida e na volta. A sazonalidade influencia esse equilíbrio, na medida em que a direção e a estação do ano contribuem para o desequilíbrio nos carregamentos.

### 2.2.3 Terceirização logística, Prestadores de Serviços Logísticos (PSLs) e Operadores Logísticos (OLs)

Ramalho et al. (2011) relatam que a logística deixou de ser atividade acessória nas organizações e passou a ser considerada agregadora de valor. Com isso, as exigências dos clientes impuseram novos requisitos às atividades logísticas, no que se refere a qualidade, velocidade e custos. Diante disso, para esses autores, a terceirização tem sido realizada com o objetivo de reduzir custos, aumentar o desempenho e evitar ou postergar necessidades de investimento.

O desenvolvimento da indústria dos PSLs está diretamente relacionado com a evolução da necessidade das empresas na terceirização logística e, também, com o aumento da exigência dessas empresas por soluções lógicas mais complexas, cujos resultados são oferecidos de forma completa.

Segundo Maia (2009), a denominação PSL é utilizada para determinar qualquer empresa que preste serviços de natureza logística a outras, independentemente do tipo e complexidade dessa operação. Portanto, uma transportadora, uma empresa de armazéns gerais, uma consultoria de logística ou um operador logístico, por exemplo, serão denominados PSLs.

Em 2001, Novaes, em seu livro, afirmava que o termo PSL abrangeria todo tipo de atividade logística por mais simples que fosse, não refletindo necessariamente os avanços tecnológicos e operacionais que servissem de sustentação à GCS.

Em paralelo, a Associação Brasileira de Movimentação e Logística (ABML), em 1999, definiria que, para uma empresa prestadora de serviços logísticos receber a classificação de OL, ela deveria, no mínimo, prestar simultaneamente serviços nas três atividades básicas: controle de estoque, armazenagem e gestão de transportes. Se a empresa atendesse a tais atividades, os demais serviços que poderiam ser oferecidos constituiriam possíveis diferenciais entre ela e os demais OLs.

De forma mais ampla, o conceito de OL está relacionado com as competências disponibilizadas pelo operador para atender a seus clientes, sendo sua classificação como OL algo inerente a sua capacidade de oferecer determinados serviços e não às atividades efetivamente prestadas por ele para um cliente específico (COSTA, 2007).

Observa-se que a armazenagem e o transporte compõem um conjunto de serviços, que devem ser oferecidos de maneira coordenada e integrada pelo operador. Este fará as adaptações de ativos, bem como de sistemas de informações e comunicações necessários à execução desses serviços, sempre de acordo com as características e necessidades do cliente, de forma a permitir maior eficiência da CS.

Em consequência da ampliação de serviços e diversificação de atividades, os operadores podem ter origem em diversos setores como: transporte, armazenagem, departamento interno de logística, empresa de entrega expressa e outros. Segundo Novaes (2001), o OL se diferencia do simples PSL, pelo fato de oferecer uma gama maior de atividades logísticas que são conduzidas de forma coordenada, uma vez que o termo prestador de serviço logístico envolve a execução de qualquer função logística, mesmo as mais convencionais, como o transporte ou apenas a armazenagem propriamente dita. Logo, fica implícito no uso do termo OL um grau de sofisticação e avanço compatível com o observado nas modernas CSs. Diante disso, os PSLs tradicionais se diferenciam dos OLs no gerenciamento de suas atividades, pois os PSLs só executam e o OL integrado, além de executar, as gerenciam.

No passado, as empresas sempre buscavam PSLs tradicionais que executassem uma única atividade logística – ou o transporte ou a armazenagem. Todavia, a evolução contínua do mercado logístico tem levado ao desenvolvimento de diferentes tipos de provedores logísticos, tais como os operadores logísticos (*Third-Party Logistics* – 3PL), que surgiram em razão da necessidade de uma gestão mais ampla das atividades logísticas, e, recentemente, os integradores logísticos (*Fourth-Party Logistics* – 4PL), os quais emergiram por causa da busca por uma integração abrangente das funções logísticas, a qual muitas vezes engloba toda a CS, ou seja, a logística interna e externa (LIMA, 2004).

É importante ressaltar que três partes estão envolvidas no OL – o embarcador, o prestador de serviço e seus transportadores –, enquanto, no integrador logístico, a cooperação pode ser estendida a parceiros adicionais (LIMA, 2004).

No começo dos anos 1980, o termo *Third-Party Logistics* (3PL) era utilizado como sinônimo de subcontratação de elementos do processo logístico. Naquela época, tornou-se mais frequente a execução de duas ou mais atividades logísticas a serem executadas de forma coordenada, levando alguns autores a associar a expressão 3PL a organizações com capacidade de fornecer mais de um tipo de serviço logístico de modo integrado.

Lima (2004) esclarece que poucos operadores apresentam habilidade para administrar todas as funções ou atividades que são terceirizadas pelos clientes, então, os embarcadores muitas vezes usam mais de um 3PL para satisfazer suas necessidades de terceirização logística. Assim, os clientes designam um de seus operadores ou uma empresa de consultoria para atuar como integrador logístico para gerenciar e coordenar os diferentes PSLs utilizados por eles.

Ainda segundo esse autor, os negócios dos OLs estão passando por profundas transformações e, para continuar no mercado, eles terão de adicionar novos serviços baseados em TI. Além disso, precisarão tornar seus serviços internos mais eficientes para atender à necessidade de integração da CS, pois, atualmente, os clientes buscam por 3PLs que assumam as funções dos 4PLs.

Como os PSLs não operam em toda a CS, restringindo-se a alguns processos desta, verifica-se uma lacuna no mercado de prestadores. O integrador logístico surgiu em decorrência dessa demanda do cliente por soluções completas de GCS que agregassem maior valor a ela. Esse "integrador logístico" tem sido denominado de *Fourth-Party Logistics* (4PL).

Um 4PL é um PSL com meios próprios, mas que também faz a agregação de meios de outros PSLs. Ele funciona, perante o cliente, como o contratador único, porém, para efetuar as operações, necessita recorrer a recursos de empresas externas, que ele subcontrata. O prestador de serviços do tipo 4PL realiza um contrato único que gere e integra todos os tipos de recursos necessários, inspeciona, administra e fiscaliza todas as funções dos 3PLs que contrata. No processo, segue a CS, no qual o 4PL procura somar vantagens competitivas por efeito de gestão e agregação de terceiros. É importante ressaltar que esse tipo de prestador de serviços consegue operar em espaços geográficos mais alargados, em curtos espaços de tempo, nas condições adequadas e a um custo teoricamente mais baixo (CARVALHO e ENCANTADO, 2006).

Diante do aumento da complexidade das atividades logísticas, do aprimoramento da TI e da maior necessidade de integração da CS, surge, como explicado, uma nova demanda de mercado conhecida como *Fourth-Party Logistics* (4PL).

De acordo com Costa (2007), um 4PL pode ser definido como um agente integrador e gestor da cadeia logística da empresa contratante, que opera várias empresas associadas às funções delegadas, explicitando, assim, a elevada complexidade de sua operação. Diante disso, como ocorre com o 3PL, somente um OL é capaz de atender aos requisitos de atuação de um 4PL, diante da grande necessidade da utilização de recursos especializados. Assim, a quantidade de iterações existentes dentro de uma rede logística deve ser muito elevada, ou seja, com complexidade alta para que o operador atue como um 4PL.

Os integradores logísticos gerenciam de modo centralizado toda a CS para uma organização, seguindo o que há de melhor no que se refere a OLs, prestadores de serviços de tecnologia, especialistas da CS ou consultores, buscando, assim, oferecer uma solução única e integrada, o que não pode ser alcançado apenas por um 3PL. Dessa forma, o 4PL torna-se uma entidade localizada entre um fabricante e o OL, administrando o 3PL em benefício do fabricante e, consequentemente, reduzindo a importância do 3PL para a CS.

Para Lima (2004), o 4PL atua como uma interface entre o embarcador e vários PSLs, realizando um novo tipo de parceria entre embarcadores e provedores de serviços, de modo a atingir a crescente necessidade dos embarcadores de terceirizar atividades táticas e estratégicas, assim como o lado operacional da CS.

Outra diferença entre um 4PL e um 3PL reside no grau de utilização da TI e no grau de subcontratação. O 4PL fundamenta-se em informações, coordenando vários prestadores de serviços com base em ativos em prol de seus clientes. Por conseguinte, um 4PL tem grande foco na utilização de informação, de TI e na comunicação para ajudar na competitividade da CS.

Por causa dessa necessidade, vários OLs têm buscado aumentar sua capacidade para atender às novas demandas do mercado. Para alcançar esse objetivo, podem-se fazer parcerias ou investir em novas tecnologias.

Lima (2004) relata que, para atuar como 4PL, observa-se a formação de parcerias, alianças estratégicas ou *joint ventures* entre OLs e consultorias, OLs e empresas de TIs ou, ainda, entre o OL e empresas clientes.

Assim, observa-se uma tendência para que o embarcador venha a terceirizar todos os seus processos da *supply chain*, desenvolvendo parceria com uma única organização – o integrador logístico –, que auxiliará a empresa na busca pela solução mais eficiente para sua CS.

Para Lima (2004), o 4PL proporciona, ainda, aumento de receitas e redução de custos operacionais, de custos de oportunidade e de capital fixo, enquanto os prestadores de serviços logísticos tradicionais tendem a se concentrar somente na redução de custo operacional e transferência de bens.

Nesse mercado, surgiu uma nova classe de prestadores de serviço, o *Fifth-Party Logistics* (5PL), que foi desenvolvido para servir o mercado do *e-business* (negócio eletrônico), integrando os 3PL e os 4PL e promovendo o encontro entre PSLs e seus potenciais clientes. Os fornecedores de 3PL e 4PL geram todas as partes da CS, e o cliente, mediante um portal infomediário, acede os serviços logísticos complementares à sua atividade principal, de modo que o parceiro infomediário trate de promover o melhor encontro e as melhores transações entre oferta e procura. Em uma fase mais avançada, o 5PL poderá ser realmente o gestor de todas as fases de uma CS para modelos de negócio eletrônico (CARVALHO e ENCANTADO, 2006).

Segundo Vivaldini (2008), a tendência dos contratos entre PSL e clientes tem sido a de exigir maior cobertura geográfica e mais atividades logísticas ofertadas. Esse cenário é um desafio para os PSLs, e, no longo prazo, a tendência do mercado é de prover oportunidades para novas empresas de logística, voltadas a processos mais amplos, concentradas na coordenação e na integração das atividades, como os 4PLs e os 5PLs.

Com relação aos contratos entre os PSLs, Neves (2009) conceitua gestão de contratos de PSLs como o gerenciamento do processo de contratação por completo, envolvendo todas as suas fases, desde a elaboração da minuta do contrato e seus anexos até o término do prazo contratual. Segundo o autor, os contratos servem para administrar possíveis conflitos e devem ser entendidos não apenas como proteção legal, mas também como documento de trabalho. Visto isso, um bom contrato maximiza as vantagens e minimiza as desvantagens da parceria, além disso, ele serve para direcionar a parceria e estabelecer regras de trabalho, visando a um processo de melhoria contínua.

Quanto à atuação dos provedores logísticos, anteriormente citados, o desempenho do 3PL geralmente agrega valor apenas à atividade logística, uma vez que sua limitação de atuação, principalmente quanto à integração das diversas funções, não permitirá ao operador agregar valor. É importante ressaltar que a presença de agregação de valor na logística é clara, pois a disponibilidade de recursos e as capacidades presentes no operador serão muito influentes para um melhor desempenho logístico (COSTA, 2007).

Adicionado ao que foi afirmado, esse autor ainda comenta que o 4PL atua, de maneira quase completa, na cadeia logística, extrapolando as atividades logísticas quanto à agregação de valores, pelo fato de a atuação desse operador ser muito ampla.

Por fim, para se obter uma melhor percepção dos diferentes tipos de PSLs, na figura a seguir observa-se um esquema que relaciona os diferentes tipos às descrições de suas respectivas gestões.

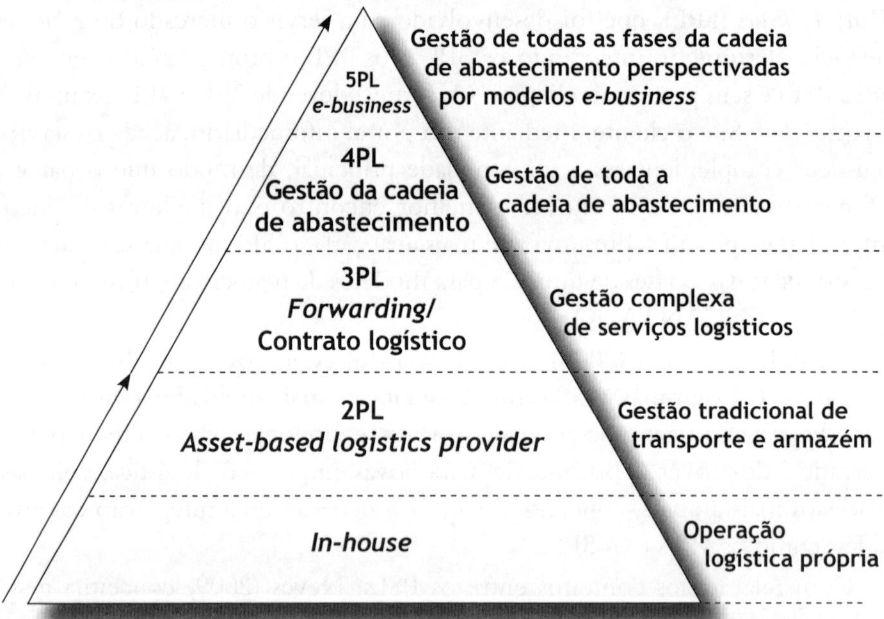


Fonte: Carvalho e Encantado, 2006.

**Figura 2.1** – Tipos de PSL.

É importante ressaltar que a base da Figura 2.1, representada por *in-house*, é caracterizada pelas empresas que tratam de transporte, armazenamento, equipamento de *handling*, entre outros. Além disso, a empresa tem, também, o *staff* para processar as funções logísticas. Para Carvalho e Encantado (2006), essa é a forma tradicional de fazer logística, que pode ser realmente eficiente e eficaz, se a empresa se mantiver atenta às flutuações do mercado e se pretender tratar internamente todas as atividades. Para os autores, esse é um modo de atuação muito mais coincidente com uma lógica industrial do que com uma lógica econômica baseada no conhecimento.

Carvalho e Encantado (2006) ainda acrescentam, na Figura 2.1, o PSL conhecido como *Asset-Based Logistic Provider* (2PL), que se baseia na gestão das funções de logística tradicional, como o transporte e o armazenamento discutidos anteriormente.

Por fim, é importante ressaltar que a empresa que não conta com infraestrutura suficiente para sua atividade logística pode contratar um PSL para fornecimento dos transportes e/ou dos serviços básicos. A principal razão para a escolha desse tipo de PSL é o baixo custo de aquisição e/ou baixo investimento de capital.

Diante do exposto, conclui-se que os PSLs tradicionais ou 2PL são organizações que executam apenas uma atividade logística, ou o transporte ou a armazenagem; elas realizam somente a parte operacional da atividade, podendo também realizar essas duas atividades simultaneamente. Quanto aos OLs, esses executam e gerenciam duas ou mais atividades logísticas de forma coordenada. Em uma abordagem completa, pode-se observar que os 3PLs têm competência para prestar simultaneamente serviços nas três atividades, a saber: controle de estoques, armazenagem e gestão de transportes. Por fim, os integradores logísticos são empresas que reúnem e gerenciam recursos, capacidades e tecnologias próprias e de outros prestadores de serviços, a fim de proporcionar a integração total da CS.

Nesse contexto, observa-se o Quadro 2.1, que apresenta, resumidamente, as diferenças gerais entre os PSLs principais.

**Quadro 2.1** – Diferenças entre 3PL, 4PL e 5PL

| Informações/PSLs | 3PL | 4PL | 5PL |
|---|---|---|---|
| Atividades oferecidas | Presta serviços nos estoques, na armazenagem e na gestão de transportes | Gerenciamento da Cadeia de Suprimentos | Presta serviços no mercado do *e-business* e integra o 3PL e o 4PL |
| Uso de TIs | Não necessariamente | Sim | Sim |
| Integração da Cadeia de Suprimentos | Não; os serviços são executados de forma coordenada | Sim | Sim |

Fonte: Freitas e Ribeiro, 2011.

Contudo, quanto à discussão dos conceitos de PSLs e OLs, observa-se uma polêmica na literatura. Fleury e Ribeiro (2001a), por exemplo, afirmaram uma proximidade entre esses dois termos, enquanto Lima (2004) e Novaes (2001) se posicionaram a favor da distinção deles. Nesse caso, nem mesmo a ordem cronológica é suficiente para identificar a situação real dos conceitos de PSLs e OLs, pressupondo-a como subjetiva. Tem-se observado que persistem as diferenças entre eles nas publicações técnicas, as quais afirmam que os OLs incluiriam os PSLs, enquanto outros autores de textos científicos consideram o contrário.

### 2.2.4 PSLs e OLs: contextualização no Brasil

Em 2010, o Prêmio ILOS de Logística publicou um quadro apresentando o mercado brasileiro de operadores logísticos composto no total de 134 OLs. Com base nesse quadro, foi realizada uma busca por informações sobre os OLs brasileiros que atuam no país.

Na análise do raio de atuação no território nacional, observou-se que houve uma divisão em duas atividades, armazenagem e distribuição, ou seja, a região foi relacionada de acordo com as áreas de atividades em que os PSLs executam seus trabalhos. Diante disso, pode-se dividir o estudo em três partes: a primeira relaciona os PSLs que atuam de forma geral em todo o território nacional, a segunda representa os que exercem função em regiões específicas e a última acrescenta a porcentagem dos que operam em todo o território nacional ao grupo dos que trabalham na região Sudeste também. Essa adição é justificada pela necessidade de analisar, no contexto total, qual a participação dos PSLs no Sudeste com relação às atividades que eles realizam.

Para o primeiro grupo, do total de 134 OLs, 77 pertencem ao seguinte estudo: 9 executam a atividade de armazenagem em todo o território nacional, representando 6,72% dos OLs, enquanto 36 executam a distribuição, representando 26,87% do total. Além disso, acrescenta-se que 23,88% dos OLs executam as duas atividades logísticas por todo o território brasileiro. Em uma análise geral, pode-se observar que a distribuição é mais atuante no âmbito nacional que a armazenagem.

Quanto ao segundo grupo, compreendido pelos OLs atuantes nas regiões do Brasil, constatou-se que, no mesmo total de 134 OLs, 67 deles foram analisados. Diante disso, 31 deles executam a armazenagem na região Sudeste, ou seja, 23,13%. A distribuição, por sua vez, é realizada por 10 deles, representando uma porcentagem de 7,46%. Tem-se, ainda, nesse grupo, que 19,40% dos OLs efetuam ambas as atividades e que, especificamente, no âmbito regional compreendido pelo Sudeste, a atividade de armazenagem é a mais realizada por parte dos OLs.

Por último, tem-se a soma dos dois primeiros grupos, resultando na informação de que 29,85% dos OLs brasileiros realizam a atividade de armazenagem e 34,33% atuam na distribuição logística na região Sudeste, enquanto a soma das duas atividades citadas é de 43,28%. Como essa última análise compreende a todos os OLs atuantes nesse grupo, verifica-se que há mais OLs realizando a distribuição que a armazenagem na região Sudeste brasileira.

O Quadro 2.2 pode resumir o que foi apresentado anteriormente, a fim de oferecer uma maior compreensão sobre o assunto.

**Quadro 2.2** – Porcentagem dos OLs atuantes em atividades logísticas no Brasil

| **Operadores logísticos** | **Atividades executadas** | | |
|---|---|---|---|
| **Região de atuação** | **Armazenagem** | **Distribuição** | **Armazenagem e distribuição** |
| Território nacional (Grupo 1) | 6,72% | 26,87% | 23,88% |
| Região Sudeste (Grupo 2) | 23,13% | 7,46% | 19,40% |
| Território nacional e região Sudeste (Grupo 3) | 29,85% | 34,33% | 43,28% |

Fonte: Ribeiro, Meyer, Freitas, 2012.

Nota-se que houve uma restrição de dados com relação à atividade de transporte, uma vez que ela não foi abordada no quadro do ILOS, de forma que se pudesse realizar um raciocínio similar, como o realizado nas outras atividades. É importante ressaltar, ainda, a limitação obtida pela ausência de informações sobre esse assunto nos meios de comunicação.

Diante da análise realizada, conclui-se que, entre os OLs brasileiros, 29,85% deles atuam no Sudeste executando a atividade de armazenagem, e 34,33% deles têm atividades na mesma localização realizando a distribuição. Essa informação é relevante, pois atribui-se a importância da região analisada com relação ao espaço geográfico desses OLs.

## 2.3 Localização

### 2.3.1 Histórico

Segundo Farahani e Hekmatfar (2009), o estudo da teoria de localização começou formalmente em 1909, quando Alfred Weber, no processo de instalação de um armazém, levou em conta qual seria a melhor localização da unidade para que a distância até os consumidores principais fosse minimizada. Daí em diante, as decisões relacionadas com localização passaram a ganhar destaque.

Como modelos iniciais de localização, citam-se os de Weber, de Lösch e de Thünen. Em 1826, Thünen criou o primeiro modelo referente à questão espacial na produção agrícola. Esse considerava a existência de concorrência quanto a usos alternativos do solo para a agricultura, isolando os fatores econômicos mais relevantes e procurando simplificar a realidade com a adoção de hipóteses de uniformidade. Além disso, representou a situação de localização espacial por meio de círculos concêntricos, os quais ficaram conhecidos como os anéis de von Thünen (LOPES, 2001).

De acordo com Vieira et al. (2007), Thünen considerou que o único fator a diferenciar o custo de produção seria o gasto de transporte do produto até a cidade. Leme (1990) afirma que, no modelo original, o fator desaglomerativo é a renda da terra, enquanto no modelo modificado o fator desaglomerativo passa a ser o custo do trabalho por unidade de produto.

O modelo de Lösch, por sua vez, considerava que a escolha locacional deveria buscar o maior lucro possível, não o menor custo. Lösch criou o Cone da Demanda, com base na ideia de ausência de concorrentes e no fato de que o número de produtores estaria de acordo com o mercado a que atendem (LOPES, 2001). Conforme Vieira et al. (2007), esse sistema propõe uma hierarquia entre as áreas de mercado, ou seja, começa pelas áreas menores e induz sucessivamente a áreas de mercado maiores.

Segundo Conceição et al. (2012), os primeiros autores a solucionarem um problema real de grande escala foram Geoffrion e Graves (1974) usando a decomposição de Bender para 17 grupos de produtos, 14 fábricas, 45 centros de distribuição e 121 regiões de consumo. Essa decomposição é uma abordagem que permite explorar a estrutura de grandes problemas matemáticos de programação com estruturas variáveis e complexas (GEOFFRION, 1972).

Geoffrion et al. (1982) propuseram um modelo requintado no qual produtos diferentes encomendados pelos clientes podem ser supridos não apenas por uma fonte, mas por várias. A outra vantagem desse modelo é permitir o carregamento de um custo unitário variável para cada produto ou grupo de produtos. Teoria que contribuiu para a aplicação de técnicas de otimização que possibilitam a resolução de grandes problemas logísticos por meio de computadores.

Conforme Conceição et al. (2012), os problemas de localização têm atraído profissionais de várias áreas engajados na descoberta de possíveis soluções para as questões. As pesquisas têm concentrado abordagens diferentes, tais como algoritmos exatos, meta-heurísticas (algoritmos evolutivos, algoritmos genéticos etc.), modelos de simulação, modelos geográficos, análise de envoltória de dados (*Data Envelopment Analysis* – DEA), lógica, modelos qualitativos, modelos de decisão e de índices geográficos de concentração.

### 2.3.2 Localização de instalações

De acordo com Farahani et al. (2009), os problemas de localização englobam uma série de recursos que possibilita minimizar os custos e satisfazer a demanda gerada pelos clientes. Logo, as decisões de localização das instalações são elementos cruciais para o planejamento estratégico de empresas públicas e privadas, pois interferem tanto nos processos como nas demais operações logísticas. No entanto, os custos altos associados à aquisição de propriedades e a construção das instalações tornam os projetos de localização e de relocação investimentos de longo prazo.

A escolha do local para uma fábrica pode ocasionar um impacto significativo sobre a competitividade estratégica da empresa quanto a custo operacional, nível de serviço, velocidade de entrega e flexibilidade (YANG e LEE, 1997; CORREIA et al., 2010).

Segundo Zarinbal (2009), a distância é uma descrição numérica de quão longe os objetos estão em dado momento no tempo. Na física ou no cotidiano, distância pode se referir a um comprimento físico, um intervalo de tempo, ou ser estimada com base em outros critérios.

Tratando-se dos fatores que influenciam a escolha da localização e são relacionados à distância, Corrêa (2010) relacionou as proximidades com o fornecedor de suprimento (material), fonte de mão de obra e clientes como os principais pontos em uma escolha. No entanto, outro fator que deve ser considerado é a proximidade com os concorrentes, na medida em que poderia levar a uma diminuição de mercado e, consequentemente, dos lucros.

Em relação aos ambientes físico e de negócios, fatores como preço, qualidade e disponibilidade de espaço físico (inclusive para futuras expansões), serviços de utilidade pública (como água, energia elétrica e telecomunicações, por exemplo), incentivos fiscais, impactos ambientais e sistema de transporte, devem ser considerados. Além disso, é importante que o local tenha uma infraestrutura que possibilite uma boa qualidade de vida aos funcionários, como área de lazer, educação, transporte e moradia (CORRÊA, 2010).

No entanto, conforme o autor citado, o fator mais importante que deve ser levado em questão é a aceitação do negócio pela comunidade da região, o que pode ser algo difícil, dependendo das diversidades entre a cultura local e a política da empresa.

### 2.3.3 Técnicas de localização

Ogryczak (2000) dividiu os modelos de classificação nas quatro categorias a seguir.

- Modelos analíticos: baseiam-se em uma grande quantidade de hipóteses simplificadoras, como o custo fixo de localização da instalação. As distâncias de viagem seguem a métrica de Manhattan.
- Modelos contínuos: são os mais antigos, lidam com representações geométricas da realidade e baseiam-se na continuidade da área de localização. O problema de Weber é mais clássico nessa área, no qual as distâncias são traçadas em linha reta ou pelas métricas euclidianas. Nesse tipo de modelo, os clientes geralmente são tratados como pontos no espaço. Essa suposição é válida quando as dimensões dos clientes são pequenas em relação a suas distâncias e instalação.
- Modelos de rede: são compostos de conexões e nós, com distâncias mensuradas considerando o menor caminho. Modelos como o *1-median*, *un-weighted*, *2-center* e *q-criteria L-median* são muito conhecidos nessa área.
- Modelos discretos: caracterizam-se por um conjunto discreto de possíveis locais com potencial de abrigar as unidades a serem instaladas. Modelos como o de cobertura, *N-median* e *un-capacitated* são bem conhecidos. Assim como em modelos contínuos, todo tipo de funções de distância pode ser usado aqui, o que poderia ser explicado de maneira exógena (HAMACHER e NICKEL, 1998; FOUARD e MALANDAIN, 2005).

Para Conceição et al. (2012), nas instalações, as localizações variam muito quanto a modelos computacionais, pressupostos fundamentais, complexidade matemática, algoritmos, formulação matemática e desempenho computacional. Em geral, o problema de localização se encontra classificado como discreto e contínuo.

Em relação aos problemas de instalação de localização de uma única unidade (*single facility location problem* – SFLP), para Bidkhori (2009), ao se localizar uma instalação em um plano único, muitas vezes há o desejo de minimizar as funções que envolvem distâncias euclidianas ou retilíneas entre as novas unidades e as existentes com conhecidos locais no plano. A função de objetivo inicial está em considerar a distância total ou os custos totais de viagem.

Segundo Bidkhori (2009), um número interessante de problemas de localização de uma unidade se faz presente e é passível de análise, seja ela qualitativa ou quantitativa.

Na análise qualitativa, o método de pontuação é popular e de fácil uso, consistindo nas seguintes etapas:

- relação de todos os fatores importantes e com impacto sobre a decisão de localização;
- atribuição de um peso apropriado (entre 0 e 1) a cada fator de acordo com sua importância;
- atribuição de uma pontuação (entre 0 e 100) para cada local no que diz respeito a cada elemento identificado na etapa 1;
- cálculo da pontuação ponderada para cada fator de cada local, multiplicando seu peso pela pontuação correspondente; e
- cálculo da soma das pontuações ponderadas para cada local e escolha de uma localização com base nesses resultados.

Apesar de essa análise ser subjetiva, uma decisão de localização final deve também ter em conta as medidas objetivas, como as despesas de transporte, a carga, e os custos de operação (HERAGU, 1997).

Na análise quantitativa, várias técnicas estão disponíveis para resolver o problema de localização de uma única unidade. Deve-se levar em conta o objetivo esperado na escolha da respectiva técnica. O modelo de localização MiniMax, por exemplo, é apropriado para a determinação da localização de uma unidade de serviço de emergência, na qual o objetivo é minimizar a distância máxima percorrida entre a instalação e qualquer cliente.

Conforme Bidkhori (2009), as técnicas quantitativas podem facilmente considerar os custos de transporte e operacionais. No entanto, fatores intangíveis, como a atitude de uma comunidade com as empresas, o trabalho de caráter agitado e a confiabilidade dos prestadores de serviços auxiliares, são difíceis de mensurar. Sendo assim, muitas empresas utilizam uma análise híbrida, na qual tanto as análises qualitativas como as quantitativas são consideradas.

Na análise híbrida, são considerados os fatores objetivos, subjetivos e os críticos. O significado dos dois primeiros é claro; no entanto, o dos críticos precisa de alguma discussão. Em cada decisão de localização, pelo menos um fator determina se um local será considerado para avaliação ou não. Por exemplo, se uma fábrica utiliza água de maneira intensa em seus processos de manufatura, um sítio que não apresente um suprimento confortável desse recurso será descartado das possibilidades de alocação.

De acordo com Daneshzand e Shoeleh (2009), em um problema referente à alocação de várias instalações (*multifacility location problem* – MFLP), a primeira condição clara é que pelo menos duas unidades devem ser alocadas. A segunda é que cada unidade nova instalada tenha conexão com, no mínimo, uma unidade também alocada. Se a primeira ou a segunda condição não for satisfeita, deve-se considerar a instalação de apenas uma unidade (SFLP). Ostresh (1977) representou algumas aplicações de MFLP, a saber:

- um sistema de armazéns deve ser criado para servir um conjunto de regiões predeterminadas;
- estabelecimentos industriais e comerciais tendem a ser mais concentrados do que o esperado com base na minimização dos custos de transporte; e
- em organizações grandes, como o governo federal, a comunicação *face to face* deve ocorrer entre níveis de hierarquia adjacentes.

Daneshzand e Shoeleh (2009) classificaram os diferentes tipos de MFLP e suas propriedades:

- área de solução: discreta, contínua;
- localizações das instalações: plana ou esfera;
- tipo de distância: retilínea, euclidiana, quadrática, distância *lp*;
- parâmetros: deterministas, estocásticos; e
- como as instalações são assumidas: ponto, região.

Conforme Azarmand e Jami (2009), o problema de localização-alocação (*Location-Allocation Problem* – LAP) é referente ao local de um conjunto de novas dependências de forma que o custo de transporte para os clientes seja minimizado a um número ideal de unidades, as quais devem ser dispostas em uma área de interesse, a fim de satisfazer a demanda dos consumidores. Esse problema ocorre em muitas configurações práticas, nas quais se oferecem serviços homogêneos, como a determinação e localização de armazéns, centros de distribuição, centros de comunicações e instalações de produção. Desde que o LAP foi proposto por Cooper (1963) e se espalhou para uma rede ponderada por intermédio de Hakimi (1964), muitos modelos desse problema foram apresentados, principalmente por Badri (1999).

De acordo com Azarmand e Jami (2009), quanto ao número de unidades, deve-se levar em conta os SFLPs e os MFLPs. Em relação ao tipo de instalação, no caso mais simples, todas devem ser idênticas no que diz respeito ao tamanho e à espécie de serviço oferecido. No entanto, existem casos em que as instalações diferem entre si (por exemplo, hospitais e unidades menores cuidados de saúde). Os modelos de localização-alocação podem ser diferenciados em serviços únicos e multisserviços, com base na quantidade oferecida. Também, pode ser levada em consideração a capacidade das unidades em suprir uma demanda infinita ou limitada, sendo classificados esses problemas como *uncapacitated* e *capacitated*.

Para Azarmand e Jami (2009), o conjunto de localizações elegíveis tem três representações possíveis: discreta, contínua e de rede. Os modelos de espaço contínuos são referidos como sítio de geração de parâmetros, e os discretos são expostos como padrões de seleção de sítio, desde que se tenha um conhecimento dos sítios candidatos. Os modelos de rede, por sua vez, podem ser tanto contínuos como discretos, o que varia de acordo com suas conexões e nós. Os LAPs apresentam algumas variáveis, como número, capacidade e tipo de instalações, bem como a quantidade de alocação de instalações para clientes.

Com relação ao problema de atribuição quadrática (*Quadratic Assignment Problem* – QAP), conforme Bayat e Seghi (2009), o custo de implantação de uma unidade depende das distâncias de outras instalações e também de como será a interação dessa nova unidade com as demais. O QAP foi introduzido por Koopmans e Beckman em 1957, quando tentavam modelar um problema de localização de instalações. Esse problema pertence à classe dos *NP-completed problems* e é considerado um dos mais difíceis problemas de otimização combinatória. No entanto, estratégias de soluções exatas para os QAPs têm sido malsucedidas no tratamento de problemas amplos. Conforme Bayat e Seghi (2009), esse problema ainda merece estudos mais aprofundados, pois até o ano de 2005 foram poucos os artigos publicados (em comparação aos demais problemas) que remetem a sua aplicação prática e suas soluções.

Em referência aos problemas de cobertura (*Covering Problems* – CP), Fallah et al. (2009) afirmam que os serviços recebidos dependem da distância entre o consumidor e as instalações. Em um CP, o cliente pode receber serviços de uma instalação se sua distância em relação à unidade for igual ou menor do que um número (chamado raio de cobertura) predefinido. Esses problemas são muito conhecidos na programação binária, e sua solução é dada em forma de uma rede de gráficos.

Church e ReVelle (1974) modelaram a maximização do CP, dividindo-o em dois ramos: redes de árvore e redes genéricas. Além disso, os CPs foram classificados em duas categorias (total e parcial) com base na cobertura total ou somente de alguns pontos de demanda.

Os CPs têm várias aplicações como: projetos de circuitos de comutação; recuperação de dados; balanceamento da linha de montagem; localização de redes aéreas de defesa (na guerra); distribuição de produtos; localização de armazéns; e localização de instalações de serviço de emergência (FRANCIS et al., 1992).

Para melhor explicação desse tipo de problema, Fallah et al. (2009) propôs um exemplo, no qual são considerados os pontos de demanda A, B, C e D. A distância entre cada dois pontos de demanda é mostrada no seu arco de ligação. Para que o ponto A receba cobertura (supondo sua distância de cobertura como 5), é necessário localizar, no mínimo, uma instalação com distância menor ou igual à de A. No universo das instalações I, II e III propostas, apenas a II conseguiria cobrir o ponto de demanda A.

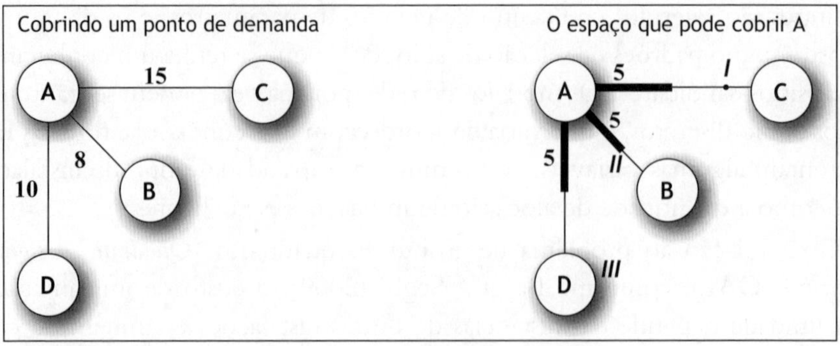


Fonte: Fallah et al. (2009).

**Figura 2.2** – Pontos de demanda.

Segundo Jamshidi (2009), o problema médio de localização (*median location problem* – MLP) é considerado o principal no que remete à localização e à alocação, e seu estudo é focado na teoria dos gráficos. Esse problema tem a intenção de encontrar os pontos médios entre os pontos candidatos, de maneira que a soma dos custos possa ser minimizada por essa função-alvo. Os MLPs abrangem a implantação de estabelecimentos de serviços públicos, incluindo escolas, hospitais, bombeiros, ambulâncias e postos de auditoria técnica de carros.

Conforme Jamshidi (2009), Fermat, no século XVII, propôs, um problema para minimizar a soma das distâncias, no qual um triângulo foi considerado (três pontos no plano), e o objetivo foi o de encontrar um ponto entre os três vértices, de modo que a soma das distâncias entre o ponto escolhido pudesse ser minimizada pelos três ângulos do triângulo.

O problema foi desenvolvido por Alfred Weber e foi introduzido novamente no século XX. Weber chamou os pontos de clientes (ou locais de demanda) e definiu o ponto médio relativo a estes como ponto de serviço, de modo a minimizar as distâncias a serem percorridas. Essa questão foi considerada o primeiro problema de localização-alocação, o qual, mais tarde, foi introduzido para várias instalações e desenvolvido para mais de três pontos. Para Leme (1990), no entanto, esse tipo de problema tem aplicação inviável considerando-se as circunstâncias brasileiras, na medida em que os transportes são vinculados às redes de transporte e a função de custo transporte-distância não é linear (na proposta de Weber, essa função é linear, passando pela origem, e o transporte se dá em linha reta).

No problema central (*central problem* ou *p-center problem*), uma diferente estratégia é discutida. Em vez de se tentar minimizar a quantidade de instalações de acordo com dada distância, o objetivo é tentar reduzir a distância com um número específico de instalações, sem diminuir a área de cobertura (DASKIN, 1995).

Nesse modelo, cada ponto de demanda tem um peso. Esses pesos, por sua vez, podem ter diferentes interpretações, como tempo por unidade de distância, custo por unidade de distância ou perda por unidade de distância (DASKIN, 1995). Por conseguinte, o problema estaria buscando um centro para minimizar o tempo, o custo ou a perda.

Biazaran e Seyedi Nezhad (2009) classificaram esse tipo de modelo como segue:

- área de solução: plano, rede;
- rede: de árvore ou gráfico geral;
- capacidade da instalação: limitada ou ilimitada;
- número de centros: um ou mais;
- tipo de demanda: apenas em nós ou em conexões e nós; e
- possíveis localizações: em qualquer lugar da rede ou apenas em nós.

Melo et al. (2009) relacionam os vários problemas práticos de localização com a diversidade de tipos de instalações, em que cada um desempenha um papel específico (produção, armazenagem, por exemplo) e há um fluxo natural de materiais entre elas. Um conjunto de instalações da mesma espécie e função é, geralmente, indicado por uma camada ou um escalão, de modo que seja definido um tipo de hierarquia entre elas. Para Bastani e Kazemzadeh (2009), nesse sistema, há *m* níveis, sendo o nível 1 o mais baixo nível de serviço, e o nível *m*, o mais alto. No entanto, Melo et al. (2009) ressaltam que, do ponto de vista da análise de núcleo local, pouca importância tem sido dada não apenas aos fluxos de intracamadas, mas também à possibilidade de fluxos diretos de camadas superiores aos clientes (ou para as camadas que não estejam imediatamente abaixo).

Segundo Melo et al. (2009), embora os principais modelos de localização estejam longe de aproximar os problemas reais do planejamento estratégico da CS, eles têm funcionado como base para a construção de outros modelos que incluam outras decisões da GCS, além da localização.

## 2.4 Armazenagem

De acordo com Dias (2012, p. 49), "o armazém, o galpão, o depósito, central de distribuição, [...] está diretamente ligado a uma logística integrada, e não se pode separá-lo". Deve-se ter claro que são duas funções da logística complementares, mas diferentes, com o mesmo grau de importância para a manutenção do nível de serviço logístico.

Para Machado e Sellitto (2012), a armazenagem é etapa essencial na CS, e seu desempenho pode afetar a produção e a distribuição. Os autores ainda afirmam que, por meio da instalação de tecnologias como *Warehouse Management System* (WMS) ou Sistemas de Gerenciamento de Armazéns (SGAs), há como obter uma vantagem competitiva na armazenagem, impactando, de forma positiva, essas duas atividades. Além disso, a armazenagem cria soluções para os problemas da localização de produtos, o que proporciona maior interação entre o suprimento, a produção e a distribuição. Essa função logística também é importante para a manutenção de inventários, facilitando o controle destes ao disponibilizar a quantidade existente de produtos e o local no qual se encontram.

Existem muitas definições a respeito de armazenagem e estocagem, de forma que, muitas vezes, ambas as palavras são empregadas com o mesmo significado. Neste livro, a armazenagem será usada como o processo de guardar e movimentar uma mercadoria dentro de uma instalação, até o momento em que seja transportada. Por outro lado, a estocagem representará a colocação de um produto dentro dessa instalação.

Segundo Abbasi (2011), as despesas de armazenamento, proteção, deterioração, perda e seguro, embalagem e administração promovem gastos altos de manutenção de estoques. No custo logístico total, os inventários podem representar de 25% a 40%. No entanto, esses são mantidos pelas seguintes razões:

- amparar a empresa contra variações inesperadas na demanda do cliente e no *lead time*, bem como melhorar o serviço ao cliente;
- obter uma economia de escala no que remete a compra, transporte e fabricação em grandes volumes, reduzindo o custo por unidade;
- atender às variações de demanda do mercado;
- cobrir contingências como greves, incêndios e inundações. Em tais situações, o inventário garante o fornecimento normal durante um período;
- eliminar possíveis gargalos de produção; e
- proteger contra as variações de preço, principalmente as referentes à matéria-prima.

Para o mesmo autor, os armazéns podem ser classificados por:

- estágio na CS: podem abrigar matéria-prima, bens semiacabados ou acabados;
- área geográfica: refere-se à área de abrangência do armazém, podendo ser cidades, estados ou países;

- tipo de produto: o armazenamento pode ser dedicado a produtos individuais de determinadas classes;
- área: relacionado ao tamanho da instalação; e
- sistemas: nessa classificação, as atividades podem ser feitas de forma manual, automatizada ou automática (quando todo o serviço é efetuado por robôs).

Sugere-se a utilização de outros métodos de estudo e classificação que desenvolvemos, a saber: por operações, por posse, por itens específicos ou quanto ao uso, por procedimentos de preservação, por sistemas (mecanizados, semiautomatizados e automatizados), por estrutura de armazenagem, pelo tipo de estrutura da distribuição.

Quanto às operações, essas consistem em: recebimento, manuseio no armazém, estocagem, *picking*, expedição e transferência de informações.

O recebimento ou descarga, para alguns autores (BOWERSOX, CLOSS e COOPER, 2007), é a primeira atividade de manuseio de um bem e, na maioria dos armazéns, é realizada mecanicamente, usando uma combinação de empilhadeiras, esteiras rolantes e processos manuais. Caso o bem esteja empilhado no fundo de uma carreta, o procedimento típico é dispor manualmente os produtos em paletes ou em uma esteira rolante. Caso o produto esteja unitizado em paletes ou em contêineres, as empilhadeiras são utilizadas para movimentar a carga do veículo até a doca, o que possibilita uma redução de tempo na operação do armazém.

O manuseio no armazém, segundo os autores citados anteriormente, consiste em movimentações realizadas internamente. Depois do recebimento e da locomoção para um local de espera, o produto circula dentro do armazém, seja para ser estocado ou para ser direcionado ao processamento do pedido, ao fim do qual, os produtos solicitados são separados e, depois, movimentados para um local de embarque/expedição. Essas atividades podem ser denominadas transferência e separação.

A movimentação ou manuseio de materiais procura atingir os seguintes objetivos: eliminar o manuseio, quando possível; minimizar distâncias e estoque de produtos em processos; propiciar um fluxo uniforme, livre de gargalos; e minimizar perdas com refugo, quebra, desperdício e desvio (BRAGA e PIMENTA, 2008). Segundo esses autores, é na área de movimentação que as soluções para os problemas devem ser buscadas. O modo pelo qual os materiais são localizados, estocados e movimentados tem uma influência decisiva sobre como é efetivamente utilizado o espaço para a estocagem.

No setor de movimentação ocorre a denominada atividade de *picking*, a qual é responsável pela coleta do *mix* correto de produtos, em suas quantidades exatas na área de armazenagem. Essa atividade é crucial no processo de armazenagem por causa da necessidade de um trabalho manual e movimentação de materiais intensiva e pela redução do tempo de ciclo. Nesse sistema, é traçada uma estratégia de coleta e separação de produtos de modo a atender às exigências de produtividade e flexibilidade do sistema (BRAGA e PIMENTA, 2008).

A movimentação de materiais é a atividade que ocorre com maior frequência no processo de armazenagem. Por esse motivo, é necessário investir: em estruturas de armazenagem que facilitem o manuseio de materiais; em processos automatizados; na utilização de tecnologias de informação que facilitem a comunicação entre clientes e fornecedores; em terceirização; na criação de alianças entre empresas da cadeia; bem como na manutenção e modernização das instalações de armazenagem.

A estocagem de materiais está diretamente relacionada ao *layout* do armazém. Assim, deve-se fazer um planejamento para estocar os materiais, levando em consideração seu peso, sua rotatividade e a necessidade ou não de armazenamento especial. A rotatividade de materiais é o principal fator que deve ser levado em conta na estocagem, pois os materiais com alta rotatividade devem ser posicionados mais próximos da saída do armazém ou em locais de fácil acesso. Os produtos com baixa rotatividade podem ser armazenados em locais mais distantes e em prateleiras mais altas. A estocagem também deve seguir uma sequência crescente de utilização; itens que serão usados em um curto período devem ser dispostos acima dos que serão usados posteriormente. Além disso, o processo de estocar materiais deve seguir regulamentações de Saúde e Segurança; por exemplo, produtos tóxicos exigem um armazenamento especial.

Essa atividade apresenta somente um nível considerado ótimo de estocagem. Pick et al. (2011) afirmam que esse nível é o que garante: material suficiente para atender às vendas esperadas; a não necessidade de excessos de capital; e o uso de níveis aceitáveis de rupturas de estoque. O processo de estocagem depende da variedade de produtos; do volume de entrada e saída de materiais; do tamanho e *layout* do armazém; além da frequência dos pedidos na entrega e na saída e na comunicação entre os elos envolvidos na estocagem (fornecedores e clientes).

A estocagem na logística compreende dois tipos: a ativa e a estendida. A estocagem ativa é utilizada para o reabastecimento rápido de materiais e, por esse motivo, exige uma distribuição em fluxo ou *cross-docking*. Segundo Bowersox et al. (2007), a estocagem estendida acontece quando os materiais são estocados em períodos mais longos do que o necessário para o reabastecimento normal dos clientes. Essa modalidade é aplicada quando o fornecedor compra uma quantidade maior do que a demandada e para armazenar produtos que sofrem especulações no mercado, como o café, o petróleo, outras *commodities* e itens com variação da demanda ao longo do ano.

A expedição ou o embarque é o momento em que se verifica o pedido e carregamento para proceder ao transporte. Os equipamentos envolvidos são esteiras rolantes ou empilhadeiras, que levam o produto para a carreta ou o contêiner.

A transferência de informações possui o papel de auxiliar a tomada de decisão na GCS e permite harmonizar as três áreas operacionais distintas, a fim de alcançar os objetivos desejados. Nesse sentido, a tecnologia da informação facilita a transferência de informações em toda a CS. Neste contexto, é cada vez mais imperativo o desenvolvimento de mais e melhores sistemas capazes de manipular e tratar de forma adequada a informação nas organizações de modo a permitir maior eficiência na tomada de decisões com o suporte da tecnologia (ORNELLAS e CAMPOS, 2008).

Para Lambert et al. (2010), o uso de Tecnologia da Informação (TI) na logística permite reduzir o *lead time* do ciclo do pedido, diminuir o custo de estocagem e armazenamento, portanto, criar um sistema robusto para que as informações sejam confiáveis, permitindo a obtenção de dados para a tomada de decisões e a realização do planejamento estratégico. Para Neto e Sacomano (2010), a TI, seu uso eficaz e a integração entre sua estratégia e a do negócio vão além da ideia de ferramenta de produtividade, sendo, muitas vezes, fator crucial de sucesso. A transferência de informações possibilita o desenvolvimento de processos integrados que vão além da fronteira do armazém, envolvendo diversas empresas, o que pode ser facilitado pela internet.

Os armazéns normalmente são classificados com base na propriedade. Um armazém particular é operado pela empresa que tem a mercadoria manuseada e armazenada nas instalações. Um armazém público, por outro lado, atua como uma empresa independente, que oferece uma gama de serviços contratados, como armazenamento, manuseio e transporte. Os operadores de armazéns públicos normalmente fornecem um cardápio de serviços relativamente padronizados aos clientes. Os armazéns terceirizados, que são uma extensão personalizada dos armazéns públicos, combinam os benefícios dos armazéns contratados e particulares (BOWERSOX, CLOSS e COOPER, 2007).

O fato de um armazém particular ser operado pela empresa que tem a mercadoria manuseada não significa que suas instalações também sejam da empresa. Elas podem ser alugadas ou próprias. Algumas vezes, não se encontram dependências com as características adequadas para a armazenagem dos produtos desejados, enfrentando-se problemas como prateleiras inadequadas, limitações em docas de recebimento e expedição, entre outros. Nesses casos, deve-se construir uma instalação adequada, caracterizando um armazém particular.

Nesses armazéns, o controle sobre as atividades é maior, uma vez que a gerência tem controle direto das operações, facilitando a integração logística e o equilíbrio entre as operações. Pode-se afirmar que os armazéns particulares também são mais flexíveis, na medida em que seguem a mesma política operacional da empresa, auxiliando quanto a contratações, horas extras e horários de operação para se adequar a clientes ou produtos específicos.

Os armazéns particulares normalmente são considerados menos dispendiosos do que os armazéns públicos, porque as instalações privadas não são operadas com o objetivo de obter lucro. Como resultado, os componentes de custo fixo e variável de um armazém particular podem ser inferiores aos de suas contrapartes contratadas (BOWERSOX, CLOSS e COOPER, 2007).

Armazéns particulares podem ainda oferecer benefícios intangíveis. Ainda segundo Bowersox, Closs e Cooper (2007), esse tipo de armazém pode estimular no cliente as percepções de capacidade de resposta e estabilidade, uma vez que trazem o nome e a marca da empresa.

Os armazéns públicos são amplamente utilizados nos sistemas logísticos e, por isso, abrangem uma série de serviços e tipos de mercadorias. Podem ser classificados em mercadorias gerais, refrigerados, *commodities* especiais, retidos na alfândega, bem como produtos e móveis residenciais.

Por uma perspectiva financeira, o armazenamento público pode ser capaz de gerar custo operacional inferior ao de instalações privadas. Esse diferencial no custo variável pode resultar de escalas de salários mais baixos, melhor produtividade e compartilhamento de despesas gerais entre clientes.

O armazenamento público oferece flexibilidade em relação ao tamanho e à quantidade de armazéns, permitindo, assim, que os usuários respondam às demandas dos fornecedores, dos clientes e as sazonais. Pode apresentar também o potencial de compartilhar economias de escala, uma vez que as necessidades combinadas dos usuários podem ser alavancadas. Essa alavancagem divide os custos fixos e pode justificar o investimento em equipamentos de manuseio de novas gerações. Pode alavancar também os transportes, oferecendo a consolidação de carga dos diversos clientes (BOWERSOX, CLOSS e COOPER, 2007).

Os armazéns terceirizados combinam as características de funcionamento dos particulares e dos públicos. Assim, ao mesmo tempo que esses armazéns podem oferecer os benefícios da experiência, podem proporcionar flexibilidade e economias de escala por meio de compartilhamento de recursos administrativos, de mão de obra, dos equipamentos e de informações entre clientes.

Há, ainda, a distribuição em rede, que seria a combinação de instalações privadas, particulares e terceirizadas. É utilizada por empresas que ocupam somente partes do armazém ao longo do ano, e, em determinada época, fazem uso de toda a sua capacidade. Para não ter uma estrutura ociosa, utilizam-se armazéns públicos para atender à demanda de pico, e, desse modo, contam ao longo do ano com armazéns particulares e terceirizados.

Em contraste com a visão de Bowersox, Closs e Copper (2007), Ballou (2006) apresenta outras definições para armazenagem pública e privada, além de definir armazenagem arrendada. Segundo o autor, armazém público é um espaço alugado por seu proprietário para armazenar itens de diversas empresas diferentes. Nesse tipo de armazenagem, as empresas pagam taxas mensais por utilizar aquele espaço para estocar seus produtos, e essas taxas são definidas seguindo critérios de volume de produtos, tempo de utilização do espaço, número de itens separados no *mix* de produtos, necessidades de restrição de armazenagem de alguns produtos, tamanho médio do pedido expedido e montante de trabalho burocrático realizado.

Pode-se dizer que a armazenagem pública apresenta custos altamente variáveis para quem utiliza o espaço, sendo, então, menos indicada para empresas que apresentem um volume substancial de negócios e de volume constante. Por outro lado, as que buscam flexibilidade e melhor serviço ao cliente são mais indicadas para armazenagem pública.

A armazenagem arrendada apresenta compromissos e contratos de longo prazo diferentes da armazenagem pública, sendo assim, as taxas são cobradas em períodos regulares. Nesse tipo de armazenagem, a empresa que arrenda o terreno deve adquirir os equipamentos necessários para a realização das atividades de armazenagem, portanto, outro custo para ser avaliado no momento da definição do tipo de armazenagem.

Na armazenagem privada, todos os custos são diretamente seus, uma vez que detém o terreno e os equipamentos necessários para a execução das atividades de armazenagem. Vale observar que, para que seja uma alternativa economicamente viável para a empresa, é necessário um volume considerável de itens.

No Quadro 2.3, estão apresentados os conceitos dos tipos de armazenagem descritos pelos dois autores apresentados.

**Quadro 2.3** – Comparação dos conceitos de armazenagem pública, privada, arrendada e terceirizada

| Autores | Pública | Privada | Arrendada | Terceirizada |
|---|---|---|---|---|
| **Bowersox, Closs e Cooper (2007)** | É operado como uma empresa independente, que oferece uma gama de serviços contratados, como armazenamento, manuseio e transporte. | É operado pela empresa que detém a mercadoria manuseada, o que não significa que as instalações do armazém também sejam da empresa. Elas podem ser alugadas ou próprias. | | É uma extensão personalizada dos armazéns públicos, combinam os benefícios dos armazéns contratados e particulares. |
| **Ballou (2006)** | É um espaço alugado por seu proprietário para armazenar itens de diversas empresas diferentes. Nesse tipo de armazenagem, as empresas pagam taxas mensais por utilizar aquele espaço para estocar seus produtos. | Todos os custos provêm da empresa, a qual tem o terreno e os equipamentos necessários para a execução das atividades de armazenagem. | Apresenta compromissos e contratos de longo prazo, sendo assim, as taxas são cobradas em prazos regulares. A empresa que arrenda o terreno deve adquirir os equipamentos necessários para realizar as atividades de armazenagem. | |

Fonte: Ambrogi (2011).

Pode-se perceber que os conceitos diferem segundo os autores, e que cada um deles apresenta tipos de armazenagem diferenciados. A armazenagem pública, para Ballou é caracterizada como um espaço alugado por empresas para armazenar seus produtos, sendo que ela paga uma taxa mensal e não tem que se preocupar com as operações e equipamentos para tal. Ainda, para Ballou (2006), na armazenagem privada, o espaço destinado ao armazém é da empresa, enquanto para Bowersox, Closs e Cooper (2007), o terreno não deve ser da empresa necessariamente. Além disso, Ballou (2006) classifica a armazenagem arrendada, enquanto o terceiro tipo para Bowersox, Closs e Cooper (2007) seria o terceirizado, cabendo ressaltar que ambos têm características em comum e outras específicas da classificação.

A decisão de distribuição dos itens estocados em diversos armazéns não é fácil, e deve ter por base as seguintes perguntas: quantos armazéns devem ser estabelecidos e que tipos de propriedade de armazém devem ser utilizados em mercados específicos para que a distribuição em rede não se torne mais custosa do que a centralização em um único armazém?

Os armazéns podem ser classificados, também, pela característica do produto que é alocado na instalação. Os armazéns de mercadorias gerais são projetados para manusear produtos embalados, como eletrônicos, papel, alimentos, eletroportáteis e suprimentos residenciais. Armazéns refrigerados normalmente oferecem capacidade de congelamento ou resfriamento projetada para proteger produtos alimentícios, médicos, fotográficos e químicos, que exigem temperaturas adequdas. Armazéns de *commodities* especiais são projetados para lidar com materiais a granel ou itens que exigem manuseio especial, como pneus ou roupas. Armazéns de produtos retidos na alfândega são licenciados pelo governo para armazenar produtos antes do pagamento de impostos ou de encargos de importação/exportação (BOWERSOX, CLOSS e COOPER, 2007).

Em relação à classificação quanto a sua utilização, os armazéns podem ser: de uso geral; frigoríficos; a granel para produtos desembalados e em alto volume; para guarda de materiais inflamáveis; entrepostos alfandegários, licenciados pelo governo para armazenar os bens sem pagamentos de impostos ou taxas efetuados, o que ajuda a reduzir o valor do estoque da empresa; para armazenar produtos agrícolas, como grãos e algodão, geralmente mantidos em armazéns especiais; galpões; abrigos transitórios; elevados; subterrâneos ou cobertos com terra.

Por sua vez, a classificação por itens específicos (borracha, tintas, lubrificantes, pneus, entre outros) ocorre por questões mercadológicas, localização dos estoques para clientes específicos e compatibilidade de produtos (odores dos produtos e demais características que exijam seu isolamento ou produtos de armazenagem de caráter muito específico).

Quanto à classificação por procedimentos de preservação da embalagem, há a preocupação com o controle ambiental, o manuseio e uso dos mesmos acessórios de armazenagem.

Segundo Bowersox, Closs e Cooper (2007), os sistemas de manuseio de materiais podem ser classificados como mecanizados, semiautomatizados, automatizados e orientados pela informação. Os sistemas mecanizados mais comumente empregados são: empilhadeiras de modo geral, empilhadeiras paleteira manual, cabos de reboque (*towlines*), rebocadores, esteiras rolantes e carrosséis. Os sistemas semiautomatizados incluem: veículos guiados automaticamente (AGVs), separação computadorizada, robótica e estantes dinâmicas. Os sistemas automatizados concentram-se em separação de pedidos de caixas principais e em estocagem/coleta automatizada. Por fim, os sistemas orientados pela informação apresentam um conceito de manuseio relativamente novo, em que é utilizado manuseio mecanizado controlado pela tecnologia de informação.

A integração entre equipamentos de movimentação, estocagem e espaço físico é essencial no armazém. Os conjuntos de estantes, estruturas cantiléver, porta-paletes e outros são módulos de estocagem. A decisão sobre a utilização destes dependerá das características dos materiais a serem armazenados (BRAGA e PIMENTA, 2008).

Portanto, após a definição de qual será o critério de armazenamento e quais os equipamentos a serem utilizados, devem-se determinar quais estruturas serão necessárias. Paoleschi (2009) definiu as estruturas de armazenagem como elementos básicos para a paletização e um uso melhor do espaço disponível, uma vez que atendem aos mais diversos tipos de cargas. São estruturas constituídas por perfis em "L" e em "U", tubos modulares e perfurados, dispostos para formar estantes, berços ou outros dispositivos de sustentação de cargas. O autor identificou os principais tipos de estruturas a seguir.

- Convencional: utilizado quando as cargas dos paletes forem variadas, possibilitando a acomodação da carga em qualquer lugar da estrutura sem restrições. Embora necessite de uma área grande para corredores, proporciona seletividade e rapidez na operação.
- Para corredores estreitos: com a redução dos corredores, há uma otimização no aproveitamento do espaço. Contudo, investimentos altos são necessários para a montagem da estrutura e, em caso de panes ou defeitos na empilhadeira, o acesso aos paletes fica comprometido em consequência da redução de espaço.
- Para transelevadores: também otimiza o espaço útil e aumenta a densidade de carga no local, pois possibilita o aproveitamento do espaço vertical. Além disso, proporciona rapidez na movimentação e induz maior segurança no manuseio do palete, automação e controle do sistema FIFO – *first in, first out* (primeiro a entrar, primeiro a sair).
- Autoportante: elimina a necessidade de construção prévia de um edifício e permite um aproveitamento vertical. O tempo de investimento e construção é menor, pois a própria estrutura de armazenagem será utilizada como suporte do fechamento lateral e da cobertura.
- Deslizante: a estrutura fica em forma de blocado e é mais segura, pois os corredores são abertos apenas quando necessário. A estrutura de armazenagem é fixada sobre carros móveis motorizados eletricamente, que se movimentam sobre trilhos aplicados no piso.

Em relação às estruturas de armazenamento dinâmicas, Paoleschi (2009) define como característica principal a rotação automática dos estoques, proporcionando pôr em prática o sistema FIFO. Esses sistemas são inclinados, funcionando com roletes, nos quais as peças são dispostas de um lado e retiradas do outro, e há também um sistema para contenção, seguindo, assim, a lógica do FIFO. O palete é posicionado no trilho e desliza de uma extremidade a outra, na qual há uma parada de contenção. Esse sistema permite grande concentração de carga e necessita somente de dois carregadores. Embora a estrutura envolva custos altos, é muito utilizada no setor de alimentos, por causa do prazo de validade dos produtos perecíveis.

A estrutura cantiléver é um sistema utilizado para armazenagem de peças de grande comprimento, como madeiras, perfis trefilados, tubos, PVC. Se o preço for elevado, seguirá os moldes de uma árvore metálica, permitindo manusear muitos perfis de uma única vez. Se sua estrutura for formada de cantoneiras perfuradas, em que o armazenamento é frontal, ela será bem mais barata, mas seu carregamento e descarregamento serão manuais.

O *push-back* consiste em uma estrutura na qual o palete é deslocado sobre um trilho com vários níveis, possibilitando o armazenamento de até quatro paletes na profundidade. Esse sistema possibilita velocidade grande de movimentação, densidade alta de armazenagem e economia total no armazenamento de cargas diferentes. Os paletes são posicionados nos corredores, de forma que qualquer nível pode ser descarregado sem a necessidade de movimentação do nível inferior. Essa estrutura possibilita maior produtividade operacional, fluxos de materiais mais ágeis, operações de inventário eficientes e utilização do sistema LIFO – *last in/first out* (último a entrar/primeiro a sair) nas operações de transferência de mercadoria.

A estrutura *flow rack* é manual e, por isso, de baixa altura. Ela mantém sempre uma caixa à disposição do usuário como se fosse um supermercado. Por ser de baixa altura, é comum montá-las em um porta-palete, sendo que a parte superior funciona como atacado, e a inferior, como varejo. Sua estrutura é composta de trilhos com roletes para facilitar o deslocamento e a seletividade de grande quantidade de pequenos itens armazenados em caixas.

Apesar de essas discussões auxiliarem inicialmente as empresas nas decisões de encontrar o armazém com características mais adequadas a seus produtos e o melhor modo de gerenciá-lo, a questão básica é: como estruturar sistemas de distribuição capazes de atender de forma econômica aos mercados distantes geograficamente das fontes de produção, com alto nível de serviço?

As instalações de armazenagem podem ser consideradas estruturas de distribuição, que dependerão da localização dos estoques. Nas estruturas escalonadas ou indiretas, há um ou mais armazéns centrais e um conjunto de armazéns ou centros de distribuição avançados próximos das áreas de mercado. Nas estruturas diretas, os produtos são expedidos de um ou mais armazéns centrais diretamente para os clientes. A entrega é direta e há centralização de grande parte ou de toda a linha de produtos, instalações centrais, transporte confiável e rápido. As instalações intermediárias permitem fluxos rápidos de produtos aliados a baixos custos de transporte. As estruturas classificam-se como: *break-bulk, transit point, cross-docking* e *merge in transit*.

Em relação à consolidação e ao *break-bulk*, o objetivo é a redução do custo do transporte, utilizando a capacidade de armazenamento para aumentar as economias de escala no embarque. No processo de consolidação, o depósito recebe os materiais provenientes de um número de fontes. Esses materiais são combinados em um único carregamento com um destino específico. O armazém permite que as remessas possam ser consolidadas tanto no movimento de entrada quanto no de saída, o que proporciona custos de operações de transporte e entrega mais baixos e minimiza o tempo gasto.

Um operador de *break-bulk* recebe uma única remessa grande e providencia a entrega para vários destinos. Uma economia de escala é alcançada por transportar uma remessa mais consolidada. O armazém *break-bulk* divide os pedidos e organiza a entrega local. Ambos os processos de consolidação e *break-bulk* promovem uma eficiência no transporte.

O *transit point*, como é denominado, é uma instalação de transferência de produtos, de "passagem", que não mantém estoques, há a separação de entregas, que já chegam ao armazém consolidadas. Sua diferença para as demais estruturas está no fato de os produtos terem destinos predefinidos, estarem pré-alocados aos clientes e poderem ser imediatamente expedidos para entrega local. A estrutura é simples, permite baixo investimento e gerenciamento simples, além de o custo de manutenção ser relativamente baixo.

O objetivo do *cross-docking* é a combinação de inventários de múltiplas origens em um pedido para determinado cliente (BOWERSOX, CLOSS e COOPER, 2007). Os varejistas fazem uso extensivo de operações de *cross-docking* para reabastecer os estoques de movimento rápido da loja. O produto é recebido e descarregado na instalação, e, logo após, é classificado por loja de destino. Subsequente à classificação, a mercadoria é transferida para veículos e depois entregue aos varejistas. Esse sistema leva à redução de custos de estoque e prazos de entrega, diminuindo o tempo de armazenamento. Os produtos *cross-docking*, normalmente, são os perecíveis, como frutas e legumes, carne e peixe, que precisam ser movimentados rapidamente pela CS.

O *merge in transit* é uma extensão do *cross-docking* que utiliza os sistemas de *just in time* e *postponement*. Conforme Pires (2004), essa instalação é aplicada para coordenar o processo de distribuição de tal forma que os componentes de produtos de alto valor agregado possam ser reunidos em um local próximo ao consumidor final. Tal processo tende a evitar estoques intermediários e, consequentemente, custos mais elevados, mas requer atenção especial quanto à integração de todo o sistema. Nos *postponements*, os armazéns também podem adiar a configuração do produto acabado por meio de complementação da embalagem final, rotulagem ou leve manufatura. Essas últimas atividades somente são realizadas depois que a ordem de pedido é efetuada.

Conforme Abbasi (2011), o equipamento e as pessoas são componentes importantes relacionados com a armazenagem. O equipamento consiste na manipulação de dispositivos como: paleteiras, transportadores e todos os hardwares e softwares utilizados nas funções de armazenagem, empilhadeiras, carrinhos hidráulicos, transelevadores e garras de papelão, que podem diferir de um armazém para outro.

De acordo com Abbasi (2011), a definição do local de instalação do armazém é importante dentro das operações logísticas e desempenha uma função estratégica na CS. Alguns dos principais fatores que influenciam o processo de instalação são:

- configuração do terreno e os custos de desenvolvimento;
- mensuração de custos de construção;
- atitudes da comunidade e do governo local em relação ao armazém;
- disponibilidade e acesso aos serviços de transporte;
- potencial de expansão;
- perigos do local (incêndio, roubo, inundação etc.);
- quantidade de trabalho local e taxas referentes a essa atividade;
- congestionamento de tráfego em torno do local;
- valor publicitário do sítio; e
- impostos em relação ao local e ao funcionamento do armazém.

Para o autor citado, a decisão do local é realizada em dois níveis. O primeiro envolve a localização de todos os armazéns existentes, em que deve ser encontrado um novo para equilibrar os custos de transporte, de estoque, processamento de pedidos etc. No segundo nível, após a determinação da região geográfica geral, deve ser decidido se o depósito será nas proximidades das cidades ou das regiões industriais.

Diante de todos os fatores discutidos, entende-se que a função armazenagem é complexa e exige uma gestão integrada com os demais aspectos da empresa.

## 2.5 Estoque

Para Corrêa (2010, p. 269): "Estoques são acúmulos de recursos materiais entre etapas de um processo de transformação. Os níveis de estoques variam quando os fluxos de entrada e de saída da etapa variam um em relação ao outro."

Segundo Assaf Neto (2009) há causas de surgimento de estoques, como:

- manutenção do fluxo produtivo: em caso de interrupção no fornecimento de matéria-prima, o estoque garante que as atividades de produção continuem normais por um tempo determinado. No entanto, pode-se concluir que, no caso da utilização de produtos perecíveis como matéria-prima (leite ou frutas, por exemplo) nos processos produtivos, a manutenção de estoques pode não ser vantajosa;
- particularidades econômicas de cada setor: em certos setores, a produção encontra-se concentrada em determinadas épocas do ano. Todavia, a quantidade de produtos ofertada pode ser maior do que a demanda, resultando em uma estocagem para que o preço de venda não caia;
- previsões de aumento de preço: tratando-se do aumento grande no preço, os custos de estocagem são justificados, pois lucros futuros maiores serão obtidos; e
- política de venda: a manutenção de estoques também pode ser justificada quando o fornecedor propõe a venda de uma quantidade maior de produtos a um preço por unidade menor.

Para Gianesi e Biazzi (2011), os estoques são necessários na medida em que os processos de suprimento e de demanda não podem ser sincronizados de modo que as taxas de demanda e suprimento sejam idênticas em cada instante.

Corrêa (2010) afirma que as causas de surgimento de estoque podem ser divididas como evitáveis e inevitáveis. As primeiras devem ser fortemente combatidas, e, no caso das inevitáveis, os estoques devem ser dimensionados de maneira que seja possível lidar com elas.

Em relação à classificação dos itens dentro do estoque, a curva ABC é muito utilizada. Nessa, os itens são divididos geralmente em três classes: A (itens de maior valor); B (itens de valor intermediário); e C (itens de menor valor), o que resulta em um maior controle de estoque (BRITO, 2010).

De acordo com Ribeiro, Silva e Benvenuto (2006), em qualquer ponto das operações geradas pelas etapas dos processos de compra e venda, os estoques executam um papel importante na flexibilidade operacional da empresa, pois concedem suporte às atividades de entrada e saída. Segundo o autor, os estoques têm a função de garantir o abastecimento de materiais à empresa e proporcionar economias de escala, respectivamente. Na primeira função, os efeitos causados por demora ou atrasos no fornecimento de materiais, sazonalidade e riscos de dificuldade de fornecimento serão neutralizados ou, então, minimizados. Na segunda, as economias de escala são ocasionadas pela compra ou produção de lotes econômicos, pela flexibilidade no processo produtivo e pelo atendimento das necessidades de forma rápida e eficiente.

Conforme Simchi-Levi, Kaminsky e Simchi-Levi (2003), uma CS normalmente é composta de fornecedores e fabricantes, os quais transformam matérias-primas em produtos acabados, e de centros de distribuição (CDs) e depósitos, dos quais os produtos acabados são enviados para os clientes. Isso implica a existência de diferentes tipos de estoques na CS, a saber; de matérias-primas; em processo; e de produtos acabados. No entanto, Corrêa (2010), além desses três tipos, também definiu o estoque de materiais para manutenção, reparo, consumo e movimentação como um dos tipos principais.

Diversos motivos, como custos elevados e a diversidade crescente no número de produtos, estão fazendo com que as empresas apresentem a necessidade de diminuir seus estoques. No entanto, essa redução deve ser feita de modo a não alterar a disponibilidade de produtos aos clientes (WANKE, 2008).

Entretanto, de acordo com Brito (2010), a manutenção de baixos níveis de estoque não envolve, necessariamente, ganhos altos, de forma que outros aspectos devem ser considerados para que esse processo logístico de estocagem traga resultados benéficos. Sendo assim, outras questões como quanto pedir, quando pedir e quanto manter devem ser consideradas.

Conforme Gianesi e Biazzi (2011), a decisão sobre o que deve ser suprido, em que quantidade e em que momento é tomada com base na gestão de estoques, que consiste em agir sobre o processo de suprimento, uma vez que pouca ação normalmente pode ser realizada sobre o processo de demanda. A equação básica que define a quantidade necessária de suprimento é dada por:

$$S = D + E_f - E_i$$

Em que:

$S$ = quantidade de suprimento;

$D$ = demanda prevista;

$E_f$ = estoque final desejado; e

$E_i$ = estoque inicial.

Isso significa que, para a decisão de suprimento ser tomada, é necessário conhecer o estoque atual inicial, a estimativa da demanda futura e o estoque final desejado.

Gianesi e Biazzi (2011) definiram três objetivos principais para a gestão de estoques, a saber:

- maximizar o nível de serviço ou o atendimento da demanda pela disponibilidade do material em estoque;
- maximizar o giro de estoques ou o investimento em estoques e seus custos correspondentes; e
- maximizar a eficiência operacional, reduzindo os custos do processo de suprimento (aquisição, transferência ou produção dos materiais).

No entanto, para os dois autores citados, os três objetivos são conflitantes, ou seja, a implantação de um objetivo implicará um pior desempenho relacionado aos dois outros. Dessa forma, deve-se saber qual ou quais objetivos serão priorizados e em que medida, o que varia de empresa para empresa.

Para Ballou (2006), devem-se considerar diversas modalidades de previsões para que se tenham informações básicas para o planejamento e controle de todas as áreas funcionais de uma empresa, nas quais permeia o balanceamento de estoques. Entre as previsões de demanda existem a de natureza espacial e temporal, a regular e a irregular, e também a de demanda dependente e independente.

A demanda espacial é indispensável para planejar a localização dos armazéns e alocar neles a quantidade certa de mercadorias. A demanda temporal, por sua vez, refere-se às variações que existem com o passar do tempo, como o crescimento e o decréscimo nas taxas de venda, a sazonalidade do padrão da demanda e as flutuações gerais, que podem ser causadas por inúmeros fatores.

Alguns produtos apresentam demandas irregulares, ou seja, sofrem influências sazonais, aleatórias ou de tendências. Esses produtos, geralmente, são aqueles que estão entrando ou saindo de uma linha de produção e podem representar até 50% dos produtos de uma empresa; eles constituem um problema muito especial de previsão de demanda.

A demanda dependente deriva das exigências especificadas em programas de produção. Por exemplo, o número de novos pneus a serem encomendados de um fornecedor é um múltiplo de carros novos que um fabricante disponibilizará. A demanda independente, por outro lado, origina-se de muitos clientes, a maioria dos quais faz compras individuais apenas de uma fração do volume total distribuído pela empresa. O entendimento das demandas dependente e independente substitui a necessidade de previsão, pois a demanda é conhecida antecipadamente.

Conforme Ballou (2007), são vários os métodos para previsão de estoques e estes são categorizados como: qualitativos, de projeção histórica e causais.

Os métodos qualitativos recorrem a julgamento, intuição, pesquisas ou técnicas comparativas, a fim de produzir estimativas quantitativas sobre o futuro. Os fatores que afetam a previsão são, em geral, não quantitativos, flexíveis e subjetivos. É possível que os dados históricos não estejam ao alcance ou que tenham relevância escassa para a previsão. A natureza não científica desses métodos dificulta sua padronização ou mesmo a validade de sua exatidão. Contudo, tornam-se necessários para prever o sucesso de novos produtos, mudanças de políticas de governo ou o impacto de uma nova tecnologia. São usados para previsões de médio a longo alcance.

Nos métodos de projeção histórica, há um número razoável de dados históricos, e a tendência e variações sazonais nas séries de tempo são estáveis e bem-definidas; com isso, a projeção desses dados no futuro pode representar um modo eficiente de previsão de curto prazo. Considera-se a premissa de que o padrão de tempo futuro será uma repetição do passado, pelo menos em sua maior parte. Em geral, esse tipo de previsão garante bons resultados.

Os métodos de projeção histórica incentivam o uso de modelos matemáticos e estatísticos, como a série de tempo. Esses modelos detectam mudanças com base na atualização, ou seja, sempre que dados novos tornam-se disponíveis, uma característica que lhes permite adaptar-se a mudanças nos padrões de tendências e sazonais. No entanto, quando se trata de mudança rápida, os modelos apenas sinalizam tal alteração após sua ocorrência; logo, as projeções por tais modelos podem retardar mudanças fundamentais nas séries de tempo e não são eficientes na sinalização de mudanças fundamentais antes da respectiva ocorrência.

Os métodos causais sustentam que o nível da variável de previsão é derivado do nível de outras variáveis relacionadas. Por exemplo, se o serviço ao cliente tem um efeito positivo sobre as vendas, conhecendo-se o nível de serviço oferecido, é possível projetar os níveis de venda. Logo, pode-se dizer que o serviço "causa" vendas.

Os modelos causais têm realmente efetividade na antecipação de grandes mudanças nas séries de tempo e na previsão exata para períodos de médio e longo alcance. Alguns métodos causais têm formato estatístico, como no caso de modelo de regressão e econométrico; e descritivo, como ocorre nos modelos de entrada e saída. O grande problema desses métodos é o fato de eles indicarem variáveis verdadeiramente causais.

Os Sistemas de Planejamento e Controle da Produção (SPCP) são essenciais para a gestão de estoques, e, segundo Godinho Filho e Fernandes (2006), um dos mais importantes e utilizados SPCPs é o sistema MRP (*Material Require-*

*ments Planning*). Conforme Corrêa (2010), o MRP é um sistema empurrado que auxilia na coordenação dos suprimentos e do consumo dos itens de estoque. No MRP, um sistema computacional calcula, de acordo com os planos de produção futura, as necessidades de materiais, possibilitando um dimensionamento do quê, quando e quanto produzir e comprar.

No entanto, mesmo com a utilização do MRP são suscitadas incertezas dentro da empresa, pois não há como saber ao certo se sua demanda será atendida pelos fornecedores, que também terão dúvidas sobre as necessidades futuras de seus clientes e apenas terão informações referentes aos pedidos no momento em que eles entrarem. Nota-se, então, ser imprescindível um compartilhamento de informações para que problemas desse tipo não ocorram, fato que propiciou o desuso do MRP.

Com a evolução das TIs nos anos 1980, aplicativos integrados que auxiliam não apenas o cálculo de materiais, mas também o planejamento e o controle de outros recursos de manufatura e distribuição (com o desenvolvimento do *Distribution Resource Planning* – DPR), foram implantados nos MRPs. A extensão do MRP foi denominada planejamento de recursos de manufatura II (*Manufacturing Resource Planning* – MRPII). Nos anos 1990, com o advento da evolução das plataformas computacionais, módulos de outras funções dentro da organização, como finanças, contabilidade, vendas, marketing e recursos humanos, foram integrados ao MRPII. Essas soluções de maior escopo e robustez são conhecidas como planejamento de recursos empresariais (*Enterprise Resource Planning* – ERP) (CORRÊA, 2010).

Dessa forma, os sistemas integrados de gestão empresarial ERP tornaram-se uma das ferramentas importantes utilizadas na gestão de negócios. Conforme Corrêa (2010, p. 377), os "ERPs são aplicativos com base em tecnologia da informação que integram aplicativos em vendas, gestão de pedidos, manufatura, finanças, contabilidade, recursos humanos, distribuição e outras funções da empresa em um grande sistema integrado, com dados compartilhados e visibilidade ao longo do empreendimento como um todo".

Para Oliveira e Hatakeyama (2012), esses sistemas contribuem para a eficiência das empresas, pois oferecem resultados superiores por meio da administração integrada dos recursos, automatização dos processos e melhor fluxo de informações. Os autores concluem que o ERP ultrapassa as atribuições departamentais e oferece uma interface com todas as atividades realizadas, desde o pedido de compra, incluindo a logística de entrega e até a pós-venda, com serviços ao cliente.

Além das discutidas anteriormente, uma das grandes questões é a estocagem de reposição, que depende do ciclo de vida das peças (materiais ou produtos) a serem estocadas. A demanda de reposição das peças pode ser afetada pelos seguintes fatores: tamanho e idade da "população" dos produtos finais e características das peças e de suas falhas (REGO e MESQUITA, 2011). Além disso, esses autores sugerem que devem ser tomadas as seguintes decisões quando se trata de estoque de reposição: estocar ou não, pois demandas muito baixas levam o gestor a questionar se a peça deve ou não ser estocada; pedidos iniciais, pois a incerteza quanto ao crescimento da demanda dificulta o planejamento desses pedidos; e controle dos estoques, pois, ao decidir que determinado produto deve ter estoque, é necessário uma rotina para reposição dos estoques, considerando custo, nível de atendimento, comportamento da demanda.

O funcionamento do processo de estocagem dependerá de dois tipos de sistemas: o de revisão contínua ou o de revisão periódica. No sistema de revisão contínua, os pedidos de reposição de materiais podem ser realizados a todo instante, uma vez que os estoques são continuamente monitorados e sabe-se o nível de estocagem em qualquer momento. Nesse sistema, o armazém recebe um item para armazenar, elevando o nível de estocagem; à medida que o tempo passa, o item é consumido até que o nível chegue a um valor necessário para emitir nova ordem de reposição. No sistema de revisão periódica, por sua vez, as ordens são emitidas em intervalos de tempo predeterminados. O sistema de revisão contínua permite trabalhar com estoques menores, mas o sistema de revisão periódica pode permitir trabalhar com economias de escala, por emitir pedidos de vários tipos de materiais ou produtos ao mesmo tempo (SILVA, BARBOZA e MARUJO, 2008).

Diante disso, os autores citados no parágrafo anterior apresentaram dois sistemas distintos de reposição de estocagem: revisão contínua e revisão periódica. A escolha de um desses dependerá de como a empresa opera no setor de armazenagem e da relação dela com seus fornecedores. Além disso, pode-se operar com os dois sistemas de estocagem ao mesmo tempo, pois determinados materiais podem operar no sistema de reposição contínua, e outros, no de reposição periódica.

Os autores Rego e Mesquita (2011) apresentam que, além dos dois sistemas apresentados nos parágrafos anteriores, existe outro sistema: o sistema de estoque base. Nesse, que tem como parâmetro a base ou patamar de estoque "B", a cada retirada do estoque, realiza-se um pedido de igual quantidade para repor a base, mantendo-se a posição do estoque (estoque em mãos + ordens em aberto) constante.

Por fim, de modo geral, há um consenso entre as empresas quanto à minimização dos estoques. As empresas têm o desafio de encontrar um equilíbrio entre custos e objetivos. É importante destacar que nem sempre é possível atender plenamente aos clientes. O atendimento das necessidades dos clientes no que se refere à reposição de materiais e/ou produtos deve ser satisfeito dentro dos limites razoáveis de custos. As empresas devem estar cientes de que se sua meta é repor os estoques com menor tempo e maior disponibilidade, terão que arcar com custos maiores de transportes e estoques (GUARNIERI e HATAKEYAMA, 2010).

**Formulações matemáticas úteis**

a) A produtividade pode ser mensurada da seguinte forma:

$$\text{Produtividade} = \frac{\text{QT produzida}}{\text{Recursos}}$$

$$\text{Produtividade} = \frac{\text{QT produzida}}{\text{Homens} - \text{hora}}$$

$$\text{Produtividade} = \frac{\text{QT produzida}}{\text{Máquinas} - \text{hora}}$$

*Exemplo numérico*

Durante determinado período, a empresa X fabricou 2 mil unidades, enquanto a empresa Y produziu mil unidades. Nesse período, a empresa X trabalhou dois turnos de 8 horas, com 15 empregados cada. Enquanto isso, a empresa Y trabalhou apenas um turno, de 8 horas, com 10 empregados. Que empresa foi mais produtiva?

| Empresa | Unidades | Turnos | Horas | Empregados | Total de HH | Produtividade |
|---|---|---|---|---|---|---|
| X | 2.000 | 2 | 8 | 15 | 240 (= 2 × 8 × 15) | 8,34 (= 2.000 ÷ 240) |
| Y | 1.000 | 1 | 8 | 10 | 80 (= 1 × 8 × 10) | 12,5 (= 1.000 ÷ 80) |

Fonte: Elaborada pelos autores.

b) Método de ponderação qualitativa:

$$N_i = \sum_{j=1}^{k} F_{ij} P_j$$

Em que:

$F_{ij}$ = Fator, em que i refere-se à localidade e j ao particular fator; e
$P_j$ = Peso correspondente ao fator j.

- A empresa Xpto-RS está avaliando a possibilidade de instalar sua nova unidade de produção em cinco cidades (Uruguaiana, Pelotas, Porto Alegre, Caxias do Sul e Passo Fundo) no estado do Rio Grande do Sul. Uma análise dos seis fatores considerados críticos para sua instalação em cada cidade resultou no quadro a seguir.

| Fator avaliado | Peso | Nota atribuída para cada fator avaliado | | | | |
|---|---|---|---|---|---|---|
| | | Uruguaiana | Pelotas | Porto Alegre | Caxias do Sul | Passo Fundo |
| Disponibilidade de mão de obra | 1 | 8 | 6 | 9 | 10 | 7 |
| Isenção tributária | 2 | 10 | 8 | 5 | 10 | 10 |
| Índice de Desenvolvimento Humano (IDH) | 3 | 7,8 | 8 | 8,5 | 9 | 8,5 |
| Facilidade de suprimento | 4 | 9 | 8,8 | 9 | 8,5 | 9 |
| Presença sindical | 5 | 10 | 6,5 | 3 | 7,5 | 5 |
| Acessibilidade | 6 | 7,5 | 8 | 9 | 8 | 8 |
| **Total** | | **182,4** | **194,2** | **154** | **161,5** | **174** |

Fonte: Elaborado pelos autores.

- Estabeleça uma forma de fazer uma análise qualitativa de cada cidade, de modo a selecionar somente três, para a próxima etapa.

c) Método do ponto de equilíbrio:

**Ponto de equilíbrio (*Break-even point*)** ➔ é o volume de vendas para o qual o lucro é zero.

**Margem de contribuição unitária** ➔ é o excesso do preço de venda em relação a custos e despesas variáveis; destina-se a amortizar os custos e despesas fixos e a formar o lucro da empresa. É representada pela diferença entre as receitas e os custos variáveis.

**Equação do lucro** ➔ L = MCU × volume de vendas – CFT.

Em que:

MCU = margem de contribuição unitária; e

CFT = custo fixo total.

- **Custos diretos:**
  - podem ser diretamente apropriados a cada tipo de objeto, no momento de sua ocorrência;
  - podem ser imediatamente apropriados a um só produto ou a um serviço; mão de obra alocada diretamente a um serviço; e

- exemplo: custos de transporte de processos de entrega, para determinado cliente.

♦ **Custos indiretos:**
- não podem ser apropriados diretamente a cada tipo de objeto no momento de sua ocorrência;
- dependem de cálculos, rateios ou estimativas para serem divididos e apropriados em diferentes produtos ou serviços; e
- exemplo: custos de tecnologia da informação utilizada em um processo logístico que atenda a diversos clientes.

♦ **Custos casuais:**
- ocorrência eventual;
- multa, penalidade imposta; valor fixo ou proporcional ao não cumprimento do contrato;
- custo total = custo fixo + custo variável;
- custo fixo = independe das quantidades produzidas;
- custo variável = depende das quantidades produzidas pela operação;
- custo fixo unitário = custo fixo ÷ quantidade de operação; e
- maior a quantidade, menor o custo fixo unitário = "economia de escala".

*Exemplo numérico*

♦ A Xpto-RS está avaliando a possibilidade de instalar sua nova unidade de produção nas três cidades selecionadas (Caxias do Sul, Uruguaiana e Passo Fundo) no estado do Rio Grande do Sul. Uma análise detalhada dos custos incorridos resultou no quadro a seguir, e sabe-se que há uma expectativa de demanda de 20 mil unidades.

♦ Estabeleça uma forma de avaliar a cidade quanto ao custo total de × quantidades a serem produzidas.

| Local | CF (por ano) | CV unitário |
|---|---|---|
| Caxias do Sul | R$ 145.000,00 | R$ 45,00 |
| Uruguaiana | R$ 380.000,00 | R$ 28,00 |
| Passo Fundo | R$ 650.000,00 | R$ 14,00 |

CF = custo fixo; CV = custo variável.

Fonte: Elaborado pelos autores.

| Local | CF (ano) | CV unitário | 10 mil unidades | 20 mil unidades |
|---|---|---|---|---|
| Caxias do Sul | R$ 145.000,00 | R$ 45,00 | 595.000 = 10.000 × 45 = 450.000 + 145.000 | 1.045.000,00 |
| Uruguaiana | R$ 380.000,00 | R$ 28,00 | 660.000 = 10.000 × 28 = 28.000 + 380.000 | 940.000,00 |
| Passo Fundo | R$ 650.000,00 | R$ 14,00 | 790.000 = 14 × 10.000 = 140.000 + 650.000 | 930.000,00 |

CF = custo fixo; CV = custo variável.

Fonte: Elaborado pelos autores.

# Exercícios

**Dados de produção:**
**Preço de venda ➔ R$ 1,20.**
**Custos variáveis unitários ➔ R$ 1,00.**
**Custos fixos anuais ➔ R$ 120.000,00.**

1) Qual a margem de contribuição unitária?
**Resposta:** R$ 0,20.

2) Qual o ponto de equilíbrio?
**Resposta:** 120.000/0,20 = 600.000 unidades.

3) Se as vendas forem de 400 mil unidades, qual será o lucro?
**Resposta:** Não, pois é inferior ao ponto de equilíbrio.

# Resumo do capítulo

## Serviço ao cliente

- Serviço ao cliente é a habilidade de a empresa exceder, de maneira constante e consistente, as necessidades e expectativas do consumidor, o que pode ser um diferencial e um componente-chave na obtenção de vantagens competitivas.
- Os empregados podem fornecer um valor maior ao serviço externo (*external service value*), o que proporciona, por parte do cliente, maior satisfação e fidelidade, e, por parte da empresa, crescimento de receita e rentabilidade.
- No mercado, há mudanças frequentes entre a demanda e a oferta. Para Frei (2006), essas mudanças denominam-se "variabilidade" e estão divididas em quatro categorias: chegada, pedido, capacidade e esforço.

- Segundo Scott et al. (2011), deve-se levar em consideração os clientes-chave (*key customers*), pois eles são percebidos por seu valor de tempo de vida (*lifetime value*), ou seja, por quão duradoura é sua relação com a empresa. Eles são como "promotores ativos" da empresa porque, por meio de propagandas informais, podem influenciá-la de maneira positiva na obtenção de novos consumidores.
- Deve-se construir um relacionamento com os consumidores-chave. Para isso, são necessários funcionários que atuem como embaixadores, tanto internamente quanto externamente na organização.
- Três elementos devem ser considerados para aumentar a satisfação do cliente e gerar novos negócios: entregar o prometido, atender e superar as expectativas do cliente e recuperar possíveis falhas de serviço.
- Há normas para atender ou superar as expectativas do cliente, as quais são de suma importância, como: conhecer os procedimentos da empresa e seus produtos e serviços; fornecer informações corretas aos clientes; enfatizar os benefícios dos produtos e serviços oferecidos; comunicar de maneira efetiva; e executar operações de maneira eficiente.
- Na recuperação de falhas de serviço, o mais importante é o modo como a organização lida com problemas e reclamações, a fim de que os consumidores tenham seus problemas resolvidos de maneira mais rápida e efetiva, para que se detecte o que deve ser melhorado no serviço e para que os clientes que tiverem bom atendimento na solução dos problemas possam se tornar fiéis embaixadores da organização.

## Transporte

- De acordo com o MT, no fim do exercício de 2010 estimava-se que a qualidade da malha pavimentada atingisse 57% em boas condições, 30% em estado regular e 13% em mau estado. Foram concluídos aproximadamente 2,7 mil km de novas vias rodoviárias e 3,3 mil km (até 2010, data do último balanço fornecido) encontram-se em execução. Os investimentos do setor público em ferrovias cresceram substancialmente no período entre 2003 e 2010 (até outubro), totalizando R$ 5,1 bilhões. Os investimentos realizados no subsetor hidroviário foram concentrados na conclusão das eclusas de Tucuruí, no rio Tocantins, no Pará, e na construção de terminais hidroviários na Amazônia. No período de 2003 a 2010 (até julho), foram investidos no subsetor R$ 2,2 bilhões. O programa de financiamento do FMM às empresas brasileiras para construção de embarcações e de unidades industriais para construção naval destinou R$ 19 bilhões ao setor no período de 2003 a 2010 (até setembro). Em relação ao crescimento das dutovias, pode-se fazer uma comparação dos balanços de 2003 e 2011 fornecidos pela Transpetro. De acordo com as previsões da empresa, de 2011 a 2015 os investimentos próprios totalizarão US$ 5,5 bilhões.

## Localização

- As decisões de localização das instalações são elementos críticos no planejamento estratégico de empresas públicas e privadas, pois interferem tanto nos processos como nas demais operações logísticas.
- Os fatores que influenciam a escolha da localização e que são relacionados a distância são: proximidade da fonte de suprimento (material), da fonte de mão-de-obra, dos clientes e dos concorrentes; o fator mais importante é a aceitação do negócio pela comunidade local – algo difícil porque depende das diversidades entre a cultura local e a política da empresa.
- Os modelos de localização podem ser divididos em quatro categorias: modelos analíticos, modelos contínuos, modelos de rede e modelos discretos.
- Os problemas de localização podem ter análises qualititativas e quantitativas. Na análise qualitativa, o método de pontuação é popular e de fácil uso, mas deve-se usar medidas objetivas, como custos de transporte, carga e custos de operação. Na análise quantitativa, várias técnicas estão disponíveis para resolver o problema de uma única unidade, e deve-se levar em consideração o objetivo esperado na escolha da respectiva técnica. Como há fatores objetivos e subjetivos na análise de localização, as empresas costumam usar uma análise híbrida, na qual tanto as qualitativas quanto as quantitativas são consideradas.
- A armazenagem abrange desde a administração do espaço necessário para se manter estoques até a etapa essencial na CS, e seu desempenho pode afetar a produção e a distribuição.
- Armazenagem não é o mesmo que estocagem; a primeira refere-se ao processo de guardar e movimentar a mercadoria dentro de uma instalação até o momento em que é transportada. A estocagem representa a colocação de um produto dentro dessa instalação.
- Os armazéns podem ser classificados por estágio na CS, área geográfica, tipo de produto, área, sistemas, operações, posse, classificação por itens específicos ou em razão do uso, por procedimentos de preservação, por sistemas (mecanizados, semiautomatizados e automatizados), por estrutura de armazenagem e por tipo de estrutura da distribuição.
- As operações em um armazém são: recebimento, manuseio no armazém, estocagem, *picking*, expedição e transferência de informações.
- A integração entre equipamentos de movimentação, estocagem e espaço físico é essencial no armazém, assim como conjuntos de estantes, estruturas *cantilever*, porta-paletes e outros são módulos de estocagem.
- As estruturas de armazenagem são elementos básicos para paletização e melhor uso do espaço disponível. Constituídas por perfis em L/U, tubos modulares e perfurados,

dispostos a formar estantes, berços ou outros dispositivos de sustentação, essas estruturas atendem aos mais diversos tipos de carga e podem ser convencionais, para corredores estreitos, para transelevadores, autoportante e deslizante.

## Armazenagem

- As instalações de armazenagem podem ser consideradas estrutura de distribuição que dependerão da localização dos estoques. Estas podem ser estruturas escalonadas ou indiretas, onde há um ou mais armazéns centrais e um conjunto de armazéns ou centros de distribuição avançados próximos das áreas de mercado, e estruturas diretas, em que os produtos são expedidos de um ou mais armazéns centrais diretamente para os clientes.
- As instalações intermediárias possibilitam fluxos rápidos de produtos aliados a baixos custos de transporte e podem ser: *break-bulk*, *transit point*, *cross-docking* e *merge-in-transit*.
- Os equipamentos a serem utilizados em um armazém são: paleteiras, transportadores e todos os hardwares e softwares utilizados em armazenagem, empilhadeiras, carrinhos hidráulicos, transelevadores e garras de papelão.
- A definição do local de instalação do armazém é importante para as operações logísticas e desempenha função estratégica na cadeia de suprimentos.

## Estoque

- Os estoques podem ser acúmulos de recursos materiais entre etapas de um processo de transformação ou produtos finais prontos para comercialização.
- O surgimento do estoque tem causas como manutenção do fluxo produtivo; particularidades econômicas de cada setor; previsões de aumento de preço; e política de venda.
- Existem diferentes tipos de estoque na cadeia de suprimentos: estoque de matérias-primas; estoque em processo; estoque de produtos acabados; e estoque de materiais para manutenção, reparo, consumo e movimentação.
- Com o objetivo de reduzir estoques sem que se altere a disponibilidade de produtos aos clientes, deve-se considerar questões como: quando pedir e quanto manter.
- A gestão de estoques é importante para a decisão de quanto manter, e deve-se considerar diversos tipos de previsão para que se tenham informações básicas para o planejamento e o controle de todas as áreas funcionais de uma empresa em que permeia o balanceamento de estoques.
- A previsão de demanda pode ser de natureza espacial e temporal, regular e irregular, e também de demanda dependente e independente.

- Existem vários métodos para previsão de estoques, os quais podem ser divididos em três categorias: qualitativa, de projeção histórica e causal.
- Para a gestão de estoques, os Sistemas de Planejamento e Controle da Produção (SPCP) são essenciais, e um dos mais importantes e utilizados é o MRP, que evoluiu para MRPII e, depois, para ERP.
- O ERP ultrapassa as funções departamentais e oferece interface com todas as atividades realizadas, desde o pedido de compra, incluindo a logística de entrega, até o pós-venda, com serviços ao cliente.
- A reposição de estoques é uma das grandes questões da estocagem, e depende do ciclo de vida das peças (materiais ou produtos) a serem armazenadas. A demanda de reposição das peças pode ser afetada pelo tamanho e pela idade da "população" dos produtos finais, além das características das peças e de suas falhas.
- Há tipos distintos de reposição de estoque: o sistema de revisão contínua, o sistema de revisão periódica e o sistema de estoque-base.
- O ponto fundamental é equilibrar a minimização de estoques com o atendimento das necessidades dos clientes no que se refere à reposição de materiais e/ou produtos, que devem ser satisfeitas dentro dos limites razoáveis de custos. A empresa deve estar ciente de que se sua meta é repor os estoques com menor tempo e maior disponibilidade, terá de arcar com custos maiores de transporte e estoque, criando um *trade-off* entre essas duas funções logísticas.

Capítulo

# Cadeia de Suprimentos (CS)

O primeiro passo para implantar o *e-business* (negócio eletrônico) é entender como funciona o processo de negócios da empresa. O *e-business* é a automação e/ou informatização de cada parte desse processo, que é feito de forma manual e está sujeito a erros humanos. Em um primeiro momento, o foco é o fluxo de pedidos. O fluxo de materiais é obviamente impossível de ser digitalizado, mas o *e-business* pode ajudar a traçar rotas mais econômicas e a determinar um ritmo mais eficiente.

> O *e-business* é a automação e/ou informatização de cada parte do processo de negócios das empresas, que, por ora, é feito de forma manual e está sujeito a erros humanos.

Neste capítulo, o leitor, com base nos conceitos básicos verificados nos capítulos anteriores, observará como eles são integrados na busca da otimização da cadeia logística. Serão, então, apresentados os preceitos que regem a cadeia logística e quais aspectos não devem ser esquecidos, de tal forma que a cadeia seja eficiente. Será salientada a importância da parceria com os fornecedores e com os clientes, para otimizar serviços e reduzir custos.

## 3.1 *Supply Chain Management* (SCM) ou Gestão da Cadeia de Suprimentos (GCS)

> "A CS representa uma rede de organizações, por meio de ligações, nos dois sentidos, dos diferentes processos e atividades que produzem valor na forma de produtos e serviços que são colocados nas mãos do consumidor final." (Christopher, 1997 p. 13)

Para Christopher (1997, p. 13):

> a CS representa uma rede de organizações, por meio de ligações, nos dois sentidos, dos diferentes processos e atividades que produzem valor na forma de produtos e serviços que são colocados nas mãos do consumidor final.

O foco da GCS está nos processos de compra entre fabricantes, atacadistas e varejistas.

A GCS é o controle de materiais, informações e finanças dentro do processo que vai do fornecedor ao consumidor, passando pelo fabricante, atacadistas e varejistas. A GCS envolve a coordenação e a integração desse fluxo em diferentes empresas. Notadamente, o foco da GCS está nos processos de compra entre cada um dos elos. Por exemplo: o fabricante comprando de seus fornecedores, os atacadistas comprando de vários fabricantes, os varejistas comprando de vários atacadistas. É um processo muito mais relevante no âmbito B2B (*Business-to-Business*), negócios entre empresas.

Um grande grupo de autores discutiu os conceitos e as abordagens da CS, e observa-se que há, dentro da preocupação com sua conceituação, três focos diferentes. Um conjunto de autores trabalha com a CS sendo uma estrutura que sustenta relacionamentos entre agentes, processos de negócios e não somente um conjunto de operações como a logística. Há outro grupo que, considerando a empresa como foco, adiciona à opinião anterior o detalhamento das atividades, a montante (*upstream*) e a jusante (*downstream*). Por fim, pode-se observar que há alguns autores que apresentam a questão das redes de empresas como um entendimento da CS. Atualmente, a pesquisa no campo da GCS tem evoluído de interesses centrais em torno de processos logísticos/operações por meio de incorporação de conceitos teóricos e pesquisa em planejamento estratégico, organização industrial, economia institucional (custos de transação), relacionamentos interorganizacionais e sistema de gestão do conhecimento (RIBEIRO, 2009).

Apesar do interesse crescente na GCS, antes da discussão desse conceito, houve a disseminação da ideia de logística integrada, que une a logística de suprimentos (*inbound*), a logística interna à empresa e a logística de distribuição (*outbound*). O que diferencia a logística integrada da GCS é que, na última, adiciona-se a relação com fornecedores e clientes, discutindo-se modelos de gestão, contratos e coordenação, o que não ocorre na logística, cuja preocupação, o foco, está nas operações. Além disso, há uma confusão entre os conceitos de logística e de transporte, esquecendo-se da gestão de estoque, armazenagem e localização, entre outros tópicos que estão dentro da discussão de logística, como abordado no capítulo anterior. Assim, utilizando a teoria dos conjuntos, conforme Pires (2004), pode-se entender que o transporte está contido na logística, assim como ela está contida na GCS.

Para finalizar essa comparação de conceitos, podemos concluir pelas afirmações anteriores que o termo CS possui amplitude maior que o termo logística, por englobar as atividades desta adicionadas às questões de planejamento e gerenciamento das operações e relações comerciais entre os agentes.

É preciso lembrar que a GCS não é integração vertical, o que era, no passado, uma estratégia. Hoje, cada empresa concentra-se em "seus negócios", ou seja, nas atividades que realiza com sucesso e nas quais realmente tem uma vantagem diferencial. O restante é adquirido externamente, ou seja, obtido fora da empresa. A GCS pode ser dividida em três fluxos principais:

- de produtos;
- de informações; e
- financeiro.

Certamente, essa tendência tem muitas implicações para o gerenciamento logístico, não sendo menos importante o desafio de integrar e coordenar o fluxo de materiais de uma variedade de fornecedores, muitas vezes localizados fora do país, e, ao mesmo tempo, gerenciar a distribuição do produto acabado por vários intermediários.

Houve um tempo em que as empresas viam seus fornecedores e clientes como adversários e procuravam reduzir seus custos ou aumentar seus lucros à custa de seus parceiros. Atualmente, as empresas que atuam dessa forma percebem que a simples transferência de custos para os parceiros não as torna mais competitivas. As empresas de ponta reconheceram a falácia dessa abordagem e procuram tornar a CS competitiva como um todo, com o valor que elas adicionam e os custos que elas reduzem em geral.

O gerenciamento da logística preocupa-se primeiro com a otimização de fluxos dentro da organização, enquanto a GCS reconhece que a integração interna por si só não é suficiente. Nesse quadro, surgiu o termo colaboração, que tem sido uma prática nas empresas para a melhoria de suas operações e resultados em suas CS. De forma geral, colaboração pode ser representada dentro de um contexto comportamental e físico. O contexto comportamental envolve confiança, comprometimento, reciprocidade, flexibilidade, interdependência, entre outros aspectos relacionais referentes a pessoas e a forma como as organizações se interagem por meio dessas pessoas. O contexto físico envolve: ações conjuntas e compartilhamento de dados em geral (como informações estratégicas e operacionais, custos e incentivos etc.) (VIEIRA et al. 2010).

O gerenciamento da logística preocupa-se primeiro com a otimização de fluxos dentro da organização, enquanto a GCS reconhece que a integração interna por si só não é suficiente.

Podemos definir colaboração sendo duas ou mais empresas trabalhando juntas ao longo do tempo (com base na confiança, flexibilidade, reciprocidade, interdependência, comprometimento, comunicação aberta, conhecimento do parceiro e no longo tempo) por meio de decisões conjuntas, compartilhando informações logísticas e comerciais, custos e benefícios, e com o objetivo de atender às necessidades dos clientes (VIEIRA et al., 2010).

Quanto ao regime do gerenciamento logístico, o objetivo é unir o mercado, a rede de distribuição, o processo de fabricação e a atividade de aquisição, de tal modo que os clientes sejam servidos com níveis cada vez mais altos, ainda assim mantendo os custos baixos. Talvez pelo fato de a logística ser uma área que faz o elo entre as vendas (marketing) e de a produção (estratégia) ser um campo de estudo em que a colaboração possa evidenciar maiores reduções de custos ou aumento da margem de lucro por meio de maior volume de transações entre parceiros ao longo de uma CS.

Com a estabilidade das economias em desenvolvimento, a customização em massa, a busca pelas empresas em fidelizar os clientes e o encurtamento do ciclo de vida, o gerenciamento logístico e a CS precisaram de uma nova forma de gestão. De modo particular, os ciclos de vida curtos têm exigido prazos menores, obrigando a rever os paradigmas de prazo. O que era de curto prazo no passado pode não o ser mais no presente.

> O prazo real é o tempo consumido desde a prancheta, passando pela aquisição de material, fabricação e montagem, até a entrega do produto final.

Diante de tais mudanças, a empresa que busca ofertar produtos de ciclo de vida curto e com produção flexível para atender a essa nova demanda precisa enxugar seu *lead time* (definido como o período decorrido entre o recebimento do pedido do cliente e a entrega do produto). Entretanto, no ambiente atual, existe uma perspectiva mais ampla que precisa ser considerada.

O prazo real é o tempo consumido desde a prancheta, passando pela aquisição de material, fabricação e montagem, até a entrega do produto final. Esse é o conceito de prazo estratégico, e gerenciar esse tempo é a chave do sucesso no gerenciamento das operações logísticas.

Existem situações em que o ciclo de vida do produto é menor que o prazo estratégico, fazendo a vida útil do produto no mercado ser menor que o tempo necessário para projetar, fazer aquisições, fabricar e distribuir o mesmo produto. O meio de alcançar o sucesso em tais mercados é acelerar o movimento por meio da CS e tornar todo o sistema logístico mais flexível e sensível a esses mercados em mutação rápida.

Na organização de uma cadeia mais ágil, é possível melhorar as atividades das CSs. Segundo Paiva (2007), essas atividades podem ser separadas das atividades da GCS em quatro categorias: planejamento, compras, produção e entrega.

Essa divisão não significa que a GCS substitui outros setores da empresa, mas, sim, que se integra com essas áreas para obter mais eficiência nas operações da organização.

O planejamento tem como atividades: a previsão de demanda, a precificação e a gestão de inventário. A primeira refere-se à criação de previsões realistas de quanto produto será necessário e onde. A segunda está relacionada à participação do processo de valoração do produto, e a última tem como objetivo determinar a quantidade de material que será armazenada e seu fluxo, para atingir as metas planejadas.

A segunda categoria apresenta duas atividades: seleção de fornecedores e contas a pagar. A primeira refere-se à avaliação dos possíveis fornecedores, tendo em vista o melhor preço e a garantia de um fluxo correto de materiais. Já a segunda tem como objetivo integrar o fluxo de materiais, cada vez mais complexo, com as atividades de contas a pagar.

A produção constitui a terceira categoria e tem como atividades: desenvolvimento de produtos, cronograma de produção e gestão de instalações. A primeira busca participar desde a fase de idealização do produto, com o objetivo de influenciar um desenvolvimento compatível com uma otimização dos custos logísticos. A segunda tem como função influenciar ou até definir o cronograma de produção (em função da demanda) para redução de custos da operação. A terceira tem como objetivo apoiar a gestão de equipamentos, suprimentos e consumíveis.

Por fim, há a quarta categoria, a entrega, que engloba as atividades: gestão de transportes e gestão de pedidos e entregas. Aquela faz referência à coordenação da movimentação de materiais pelos diversos meios disponíveis e a segunda atividade refere-se à coordenação que, junto às áreas administrativas, deve ordenar os pedidos dos clientes, para melhorar os tempos de entrega, mantendo os custos operacionais sob controle.

Para atender às expectativas dos clientes, a organização atual deve se organizar no sentido de saber quais são os objetivos e como alcançá-los. A responsabilidade de fazer acontecer não deve ser somente de uma pessoa, mas de uma equipe, principalmente na questão dos serviços. Deve haver uma multifuncionalidade, ou seja, as equipes devem trazer à discussão temas de pontos de vista amplos, sendo sempre apoiadas pela alta gerência.

A GCS tem representado uma nova e promissora fronteira para empresas interessadas na obtenção de vantagens competitivas, de forma efetiva, e pode ser considerada uma visão expandida, atualizada e, sobretudo, holística da administração tradicional de materiais, abrangendo a gestão de toda a cadeia produtiva de uma forma estratégica e integrada. A GCS pressupõe, fundamentalmente, que as empresas devem definir suas estratégias competitivas e funcionais por meio de seus posicionamentos (tanto como fornecedores quanto como clientes), dentro das cadeias produtivas nas quais se inserem. Assim, é importante ressaltar que o escopo da GCS abrange toda a cadeia produtiva (que é um conceito diferente da definição de CS), incluindo a relação da empresa com seus fornecedores e clientes, não apenas com seus fornecedores.

Na integração entre todos os agentes de uma CS, é preciso alinhar a busca por uma competitividade alta com a integração e a colaboração com os parceiros da CS, levando a uma gestão desta cadeia equilibrada e afim com as regras da convivência de empresas parceiras. O sucesso ou fracasso desse alinhamento estratégico dependerá do suporte de seus processos e recursos. Então, pode-se concluir que todas as estratégias, inclusive a competitiva, devem estar alinhadas para formarem uma estratégia global coordenada, e as diferentes funções em uma empresa devem estruturar apropriadamente seus processos e recursos para que possam executar essas estratégias com êxito.

Para isso, Chopra e Meindl (2004) propuseram etapas pelas quais uma empresa deve passar para atingir o alinhamento estratégico, a saber:

- compreender o cliente (atendimento das necessidades e definição dos custos e do nível de serviço a ser ofertado);
- entender a CS (para qual tarefa sua CS foi designada, uma vez que existem diferentes tipos de CS); e
- realizar o AE (reestruturação ou alteração da CS para atender com sucesso a seus clientes).

Há uma importante mudança no paradigma competitivo com a inserção da GCS, ao considerar que a competição no mercado ocorre, de fato, no nível das cadeias produtivas, e não apenas no das unidades de negócios (isoladas). Essa mudança resulta em um modelo competitivo, com base no fundamento de que, atualmente, a competição ocorre, realmente, entre "unidades de negócios virtuais", ou seja, entre CS. Atualmente, as mais efetivas práticas na GCS visam obter uma "unidade de negócio virtual", providenciando, assim, muitos dos benefícios da tradicional integração vertical, sem as comuns desvantagens referentes a custo e perda de flexibilidade inerente a ela. Uma unidade de negócios virtual é, então, formada pelo conjunto de unidades (geralmente representadas por empresas distintas) que compõe determinada cadeia. Uma unidade de negócios

> Há uma importante mudança no paradigma competitivo com a inserção da GCS, na medida em que considera que a competição no mercado ocorre, de fato, no nível das cadeias produtivas, e não apenas no nível das unidades de negócios (isoladas).

pode, desse modo, participar de diversas unidades de negócios virtuais, como é o caso de várias empresas de autopeças que atuam em unidades virtuais de negócios lideradas por grandes montadoras.

Do ponto de vista prático, o modelo enfatiza que cada elemento dessa unidade virtual de negócios deve se preocupar com a competitividade do produto perante o consumidor final e com o desempenho da cadeia como um todo. Isso resulta em uma necessidade de gestão integrada da CS, requerendo um estreitamento nas relações e a criação conjunta de competências distintas por suas unidades (empresas).

Em face do exposto, conclui-se que os objetivos da GCS são:

- maximizar e tornar realidade as potenciais sinergias entre as partes da cadeia produtiva, de forma a atender ao consumidor final mais eficientemente, tanto pela redução dos custos como pela adição de valor aos produtos finais;
- tornar os custos menores com a diminuição do volume de transações de informações e papéis e de transporte e estocagem;
- diminuir a variabilidade da demanda de produtos e serviços;
- levar o produto correto ao local certo, com menor custo;
- adicionar valor aos produtos por meio da criação de bens e serviços customizados e do desenvolvimento conjunto de competências distintas, pela cadeia produtiva e pelos esforços, para que fornecedores e clientes aumentem a lucratividade; e
- reduzir estoques e diminuir o número de fornecedores.

Práticas eficazes na GCS têm sido implantadas em todo o mundo, para simplificação e obtenção de uma cadeia produtiva mais eficiente. Os resultados positivos têm sido conquistados, principalmente, mediante procedimentos como os relacionados a seguir.

a) Reestruturação e consolidação do número de fornecedores e clientes: significa reestruturar (geralmente com redução) o número de fornecedores e clientes, construindo e aprofundando as relações de parceria com o conjunto de empresas com as quais, realmente, se deseja desenvolver um relacionamento colaborativo e com resultado sinérgico.
b) Divisão de informações e integração da infraestrutura com clientes e fornecedores: a integração de sistemas de informações/computacionais e a

utilização crescente de sistemas como o EDI, entre fornecedores, clientes e OLs, têm permitido a prática, por exemplo, da reposição automática do produto na prateleira do cliente, ou resposta rápida ao cliente (ECR – *Efficient Consumer Response*). Tais práticas têm proporcionado, sobretudo, trabalhar com entregas *just in time* e diminuir os níveis gerais de estoques. Além disso, a utilização de representantes permanentes (*in plant representatives*) junto aos clientes tem facilitado, também, o balanceamento entre suas necessidades e a capacidade produtiva do fornecedor, bem como uma agilidade maior na resolução de problemas.

**OBSERVAÇÃO:**

Os sistemas de informação consistem em um conjunto de componentes inter-relacionados, desenvolvidos para coletar, processar, armazenar e distribuir informação para facilitar a coordenação, o controle, a análise, a visualização e o processo decisório.

c) Desenvolvimento conjunto de produtos: o envolvimento dos fornecedores desde os estágios iniciais do desenvolvimento de novos produtos (*early supplier involvement*) tem proporcionado, principalmente, uma redução no tempo e nos custos de desenvolvimento dos produtos.

d) Considerações logísticas na fase de desenvolvimento dos produtos: representam a concepção de produtos que facilitem o desempenho da logística da cadeia, geralmente também envolvendo a escolha de um OL/PSL eficiente para administrá-la.

e) Integração das estratégias competitivas na cadeia produtiva: implica a compatibilização da estratégia competitiva e das medidas de desempenho da empresa à realidade e aos objetivos da cadeia produtiva como um todo.

Para implantar a GCS, é necessário perfazer alguns passos como os a seguir:

a) Fazer uma análise completa do relacionamento da empresa com seus fornecedores. Para isso, é necessária a criação de um diagrama em que apareçam todos os fornecedores e todos os tipos de materiais que a empresa compra. Para cada tipo de fornecedor ou de material, é feito um fluxograma com a rotina de pedidos e orçamentos.

b) Criar um relacionamento digital entre as empresas, com base na análise realizada anteriormente. É necessária a criação de um padrão de formulários para cada tipo de fornecedor que se pretende atingir. Nesse formulário estarão dispostos campos para preenchimento, como preço, tipo de material ou código do produto, quantidade, formas e prazos de entrega – enfim, todas as informações relevantes para que cada fornecedor possa compor sua oferta. Do mesmo modo, é realizada uma padronização para essas respostas, em um formulário que todos os fornecedores devem preencher. Isso dependerá do caso, pois pode haver inúmeros tipos de formulários, um para cada compra, ou até mesmo um formulário universal, útil para tudo, de acordo com o diagrama da relação empresa-fornecedores.

c) Estruturar tecnicamente o fluxo de comunicação. A empresa deve optar por uma tecnologia, um padrão de software a ser implantado para o funcionamento desse fluxo. Da mesma forma, é imprescindível dimensionar a necessidade de hardware. Nessa etapa, entram questões como a compatibilidade entre os sistemas das empresas fornecedoras e da empresa cliente, a acessibilidade, o nível de segurança e as possibilidades de atualização e evolução do sistema. A empresa também pode optar por uma solução de *Application Service Provider* (ASP): em vez de adquirir, ela apenas aluga os softwares e a estrutura de hardware.
d) Implantar esse sistema e testá-lo.

## 3.2 As organizações e a GCS

O conceito de gerenciamento logístico integrado, que, estendido às relações entre os agentes envolvidos nas transações, leva ao conceito de GCS, pelo qual os fluxos de informações e materiais entre a fonte e o usuário são coordenados e gerenciados como um sistema, é agora amplamente entendido, quando não amplamente implantado. A lógica da ligação entre cada fase do processo, à medida que os materiais e os produtos se deslocam em direção ao cliente, tem por base os princípios da otimização. Em outras palavras, o objetivo é a maximização do serviço ao cliente, ao mesmo tempo que se minimizam os custos e se reduzem os ativos detidos no fluxo logístico.

De fato, as empresas de ponta já compreenderam há muito tempo que o único objetivo do negócio é gerar produtos lucrativos e que esses, não os insumos, devem compor a base da maneira como as empresas se organizam, bem como se planejam e são controladas.

Ocorre com muita frequência, em instituições tradicionais, o excesso de estoque. Isso não apenas incorre em um peso financeiro e uma deformação do capital de giro, como também oculta a visibilidade da demanda final. Dessa forma, considerando-se o fluxo por meio da CS, as atividades anteriores podem não ter uma visão clara da demanda real das atividades posteriores, uma vez que tudo o que elas veem é um pedido gerado pelo ponto de ressuprimento, que lhes chega com pouco ou nenhum aviso.

Mais uma vez, o problema é que a organização tradicional normalmente identifica os custos somente na base funcional e, mesmo assim, em um nível muito alto de agregação. Portanto, os custos totais de transporte podem ser conhecidos, mas não necessariamente, uma vez que eles variam de acordo com as categorias de clientes ou as características das entregas, como: entrega de uma central para um centro regional de distribuição ou entrega local para um supermercado. Quando houver tentativas de estimar os custos dos produtos, normalmente será necessário adotar os procedimentos incipientes de rateio. Mais recentemente, surgiu bastante interesse na "contabilidade do ciclo total" e no "custeio baseado na atividade", sendo ambos tentativas de apontar custos onde realmente ocorrem, tornando, assim, mais fácil sua identificação no fluxo logístico total. Vale ressaltar que esse problema não precisaria existir; ele existe apenas porque os métodos de custeio são destinados a monitorar os custos funcionais ou dos insumos, em vez dos custos do processo.

> A organização tradicional normalmente identifica os custos somente na base funcional e, mesmo assim, em um nível muito alto de agregação. Isso é um problema.

O processo para atender à demanda dos clientes começa com o fornecimento de insumos que fluem pelas operações de fabricação ou montagem e continuam até a distribuição para os clientes. Logicamente, a maneira ideal de gerenciar esse processo é considerá-lo uma entidade, e não o fragmentar em seções estanques. Contudo, isso é mais ou menos o que acontece nas empresas tradicionais, como tem-se observado, o que não somente é ineficiente, mas realmente conduz a uma perda de eficácia competitiva.

Para se obter uma fluidez uniforme pelo fluxo logístico, é necessária uma orientação que facilite o gerenciamento do processo de ponta a ponta. O princípio pode ser comparado ao gerenciamento de um processo industrial, no qual, para assegurar a realização de uma eficiência ótima, o processo inteiro é gerenciado e controlado como um sistema, não como uma série de atividades adjacentes independentes.

Os custos desses processos fragmentados para uma organização – na verdade, para a economia como um todo – somente podem ser obtidos por estimativas, mas devem ser gigantescos.

As atividades de distribuição e transporte são executadas em série, em vez de em paralelo. Cada função executa sua tarefa e depois passa o pedido para a próxima função.

### 3.2.1 Desenvolvimento logístico na organização

A atividade logística é essencialmente uma orientação de planejamento, ou melhor, o processo de gerenciamento logístico provoca a união dos planejamentos da produção com o planejamento das necessidades de materiais em uma direção e com os planejamentos das necessidades de distribuição em outra.

O objetivo de qualquer organização deveria ser o de assegurar a produção somente do que o mercado demanda, e que as compras fornecessem para a produção o imprescindível para satisfação de suas necessidades imediatas.

Um sistema de gerenciamento do pedido do cliente é uma estrutura de planejamento que liga o sistema de informações ao fluxo físico de materiais necessários para atender à demanda. Para conseguir a obtenção desse sistema, exige-se um gerenciamento centralizado das previsões, do planejamento das necessidades, das compras e do controle de materiais e da produção.

A redução de atividades desnecessárias à produção, e que não adicionam valor, pode ser obtida por meio do sistema de processamento de pedidos. Devem-se procurar as oportunidades de combinação dos processos e de integração de grupos de pessoas diferentes, que realizam tarefas diversas, a fim de reduzir papéis e relatórios.

> A redução de atividades desnecessárias à produção, e que não adicionam valor, pode ser obtida por meio do sistema de processamento de pedidos.

Algumas empresas deram nome à equipe que se encarrega da execução dos pedidos. A Digital, segundo Christopher (1997, p. 203), por exemplo, definiu "grupo de execução dos pedidos". O princípio que norteia essa ideia é substituir uma estrutura organizacional de gerenciamento dos pedidos, em que a responsabilidade de cada atividade está distribuída por toda a empresa, por atividades que devem ser agrupadas organizacionalmente.

Sendo assim, o "grupo de execução dos pedidos" pode ter pessoas dos escritórios comerciais ou de vendas, controle de crédito e contabilidade, programação da produção e do transporte, ou seja, todos os envolvidos na conversão do pedido em caixa.

Os resultados podem ser registrados no curto prazo, pois todas as pessoas trabalhando em torno de um pedido conseguem detectar os problemas e eliminar os gargalos. Com isso, extinguem-se as rivalidades interdepartamentais, surgem novos métodos de tratar as questões difíceis e os problemas do serviço ao cliente podem ser resolvidos.

A globalização da indústria, envolvendo a coordenação de fluxos complexos de materiais e informações de diferentes fontes e pontos de fabricação no exterior para vários mercados, demonstrou o quanto estavam incongruentes as estruturas existentes. Isso demonstra que a força motriz das transformações organizacionais é a logística.

Para competir e sobreviver no mercado global, é necessária uma organização orientada para a logística e para a GCS. Com isso, o olhar passa a ser mais para o processo e para as relações internas e externas às empresas, tendo um gerenciamento dos fluxos de trabalhos interfuncionais e interempresas.

As inovações na TI auxiliam as mudanças organizacionais, pois a rede de informações define a estrutura da organização. A informação que flui do mercado, em uma ponta do fluxo, para as fontes de fornecimento, em outra ponta, cada vez mais, determinará a configuração da organização – e não o contrário. Nesse caso, o uso de TIs, como o EDI acoplado ao ERP, pode auxiliar na troca de pedidos mais rápida e no consequente atendimento eficaz das demandas, em especificações atualizadas e que respeitem o prazo determinado pelos clientes.

As empresas, futuramente, desempenharão somente aquelas atividades na cadeia de valor avaliadas como capazes de promover uma vantagem diferencial, enquanto todas as outras atividades serão executadas por subcontratados, coprodutores e parceiros logísticos. Nesse caso, a coordenação dos fluxos de materiais entre as entidades da CS será uma prioridade-chave, realçando, mais ainda, o papel central da logística como uma tarefa gerencial orientada para o processo.

Na organização em transformação, é preciso derrubar os "muros" que tradicionalmente fragmentam a organização e impedem o atendimento às necessidades dos clientes em uma base eficaz de custo. A única maneira pela qual tão significativa transformação pode ser alcançada é por meio da iniciativa do nível de topo da organização. A excelência em logística foi obtida nas empresas que realizaram o processo de transformação de cima para baixo, observaram a formação de parcerias, tornaram-se mais colaborativas e cooperativas e alinharam suas estratégias de negócios com as dos clientes em suas GCS.

> Na organização em transformação, é preciso derrubar os "muros" que fragmentam a organização e impedem o atendimento às necessidades dos clientes em uma base eficaz de custo – e isso só pode ser feito por meio da iniciativa do nível de topo da organização.

## 3.2.2 Parcerias logísticas

É cada vez maior, em muitas empresas, o reconhecimento de que a parceria e a cooperação proporcionam melhores resultados do que o interesse próprio e o conflito.

O pensamento tradicional da área de compras tem se inclinado para a opinião de que é preferível ter várias fontes de fornecimento para um único item. Nessa situação, argumenta-se que uma fonte de fornecimento exclusiva não é confiável, elevando os custos de transação na CS e estimulando comportamentos oportunistas por parte dos fornecedores.

A qualidade é o primeiro item atingido, quando o relacionamento baseia-se somente em negociações sobre o preço. O fornecedor procura minimizar seus custos e oferecer apenas a especificação básica. Em situações como essa, o comprador incorre em custos adicionais de inspeção de recebimento e retrabalhos. A qualidade do serviço também é afetada quando o fornecedor não dirige a devida prioridade ao pedido do cliente.

> Muitas empresas reconhecem cada vez mais que a parceria e a cooperação proporcionam melhores resultados que o interesse próprio e o conflito.

Quanto mais estreito o relacionamento entre fornecedor e comprador, maiores serão as chances de as habilidades de cada parte serem aplicadas para benefício mútuo. Muitas empresas descobriram que, com a forte cooperação com os fornecedores, podiam melhorar o projeto do produto, praticar engenharia de valor dos componentes e geralmente descobrir meios mais eficientes de trabalharem juntos. Atualmente, observa-se, na dinâmica das relações entre organizações, a união entre a cooperação e a coopetição nas CSs, que resulta em um conceito muito discutido na literatura de GCS: a coopetição, que são práticas logísticas colaborativas entre empresas foco rivais. A perspectiva é a escolha dos parceiros, e a capacidade de coordenar atividades colaborativas passa a ser importante para reduzir incertezas e riscos e vislumbrar oportunidades. Osarenkhoe (2010, p. 217) afirma que "a estratégia de coopetição torna os recursos internos das empresas mais atrativos e aumenta as fatias de mercado dos atores envolvidos". Com isso, os relacionamentos competitivos oferecem a vantagem de uma combinação da inovação em algumas áreas, como um resultado da competição, enquanto a empresa tem acesso a novos recursos de uma consequente cooperação.

> Atualmente, o que se tem nos relacionamentos na GCS é a coopetição.
> O sucesso da empresa depende de como gerenciar seus relacionamentos no fluxo logístico.

### 3.2.3 Desenvolvimento de fornecedores

São muitas as vantagens da abordagem proativa para o desenvolvimento de fornecedores, não somente quanto a redução de custos, como também sob o ponto de vista do marketing. Muitas empresas, por exemplo, estão descobrindo que o fornecedor é uma fonte crescente de inovação do produto ou do processo. Elas estão percebendo que, ao manterem o fornecedor envolvido no processo de desenvolvimento do produto no estágio inicial, sempre haverá a possibilidade de introdução de uma nova perspectiva que leve a soluções inovadoras.

Os fornecedores devem ter um desenvolvimento que se alinhe com o dos clientes, tendo sempre em mente que a vantagem competitiva é cada vez mais uma função da eficiência e eficácia da CS. Essa relação esclarece o ponto comentado anteriormente, segundo o qual quanto maior a colaboração, em todos os níveis, entre fornecedores e clientes, maior será a probabilidade de obtenção de alguma vantagem.

**OBSERVAÇÃO:**

Cada vez mais, verifica-se que a vantagem competitiva de uma empresa depende da utilização de novas tecnologias e/ou metodologias associadas a novos ambientes de desenvolvimento de produto, apoiados principalmente pela utilização de ferramentas computacionais.

Em geral, o comprador sofisticado de hoje está procurando uma garantia de que o fornecedor possa satisfazer consistentemente a padrões de qualidade predeterminados. Normalmente, isso incentiva o fornecedor a ganhar um certificado de um órgão apropriado, como o da International Standards Organization (ISO) ou do British Standards Institute (BSI). Uma vez que o cliente não fará mais inspeção de recebimento, e provavelmente operará em algum tipo de gerenciamento de estoque *just in time*, a necessidade da garantia total da qualidade pelo fornecedor é imperativa.

> Mantendo o fornecedor envolvido no processo de desenvolvimento do produto no estágio inicial, as empresas têm percebido que sempre há possibilidade de introdução de uma nova perspectiva que leve a soluções inovadoras.

O resultado final de tal colaboração, muito frequentemente, é mensurado por menores custos de materiais, qualidade mais alta, prazos menores de fornecimento e estoques mais baixos.

As CSs globais, para serem eficientes, devem evitar longos prazos entre a solicitação do produto e seu fornecimento. Além disso, o nível de estoque de insumos e produtos deve ser o mínimo possível para atender às variações de demanda do cliente e às oscilações do mercado.

Para obter sucesso, a empresa precisa ter uma visão de longo prazo de suas operações, instalações, equipamentos e produtos, seja essa estendida por décadas, seja até mesmo por séculos no futuro. Ela precisa também estabelecer uma negociação, a qual é parte importante da gestão de relacionamento em qualquer CS ou processo de negociação que frequentemente tem de ocorrer entre os parceiros. As soluções, nesse caso, devem possibilitar uma interdependência entre os agentes de uma mesma CS, resultando em relações de ganha-ganha, ganha-perde, perde-perde, ou seja, cada negociação pode variar. Com isso, os resultados são:

- ganha-ganha: em que há uma relação de cooperação;
- ganha-perde: em que há competição entre os agentes; e
- perde-perde: em que os relacionamentos são mais justos.

Na gestão de relacionamento, Corrêa (2010) apresenta os principais objetivos que segmentam os fornecedores de acordo com sua importância para a empresa, e também delineia as formas de relacionamento adequadas para cada segmento, de modo a maximizar os resultados das interações entre a empresa e seus fornecedores, tendo como variáveis os Custos de Transação (CT) e as competências centrais. Esses custos referem-se aos totais associados a uma transação, excetuando-se o mínimo preço possível do produto, e são dependentes de quatro variáveis:

- número de fornecedores potenciais;
- especificidade de ativos dedicados à transação;
- nível geral de incerteza em torno da transação; e
- frequência com a qual a transação ocorre.

Nesse relacionamento, os CTs podem ser altos quando há poucos fornecedores, especificidade elevada dos ativos, alto nível de incerteza e maior frequência das transações. A competência central é o conjunto de habilidades e tecnologias, fontes de vantagem competitiva sustentável e controle seguro sobre elas.

Segundo o referido autor, podem-se segmentar os fornecedores pelo tipo de relacionamento que se tem com eles em níveis de controle, como explicado a seguir.

- Mercado ➔ relacionamentos menos estratégicos, com relações tênues entre os parceiros, cuja interdependência não é grande.
- Estratégico ➔ relacionamentos mais estreitos entre parceiros, uma vez que a interdependência estratégica entre eles é muito grande.

- Dependência ➔ cliente depende de relativamente poucos fornecedores, relacionamentos medianamente próximos.
- Risco ➔ relacionamentos em geral próximos, com fornecedores que provavelmente virão a ser estratégicos.

Para Corrêa (2010), para se realizar a pontuação e avaliação do fornecedor, as medidas a seguir podem ser utilizadas.

- Tempo de espera para reposição ➔ à medida que eleva o tempo de espera para reposição de um fornecedor, a quantidade de estoque de segurança, que precisa ser mantida pelo comprador, também aumenta.
- Desempenho no prazo ➔ afeta a variabilidade do tempo de espera: um fornecedor confiável tem baixa variabilidade de tempo de espera, enquanto um fornecedor não confiável tem alta variabilidade.
- Flexibilidade de estoque ➔ quantidade de variação no número de pedidos que um fornecedor pode tolerar sem deixar que outros fatores de desempenho sejam prejudicados; afeta o nível de estoque de segurança.
- Frequência de entrega ➔ assim como o mínimo de lotes, oferecido pelo fornecedor, afeta o tamanho de cada lote de reposição pedido por uma empresa, seu aumento resulta em maior estoque cíclico da empresa, e a frequência, em maior estoque de segurança.
- Qualidade de fornecimento ➔ quando piora, resulta na elevação da variabilidade de fornecimento de componentes disponíveis para uma empresa, aumento do estoque de segurança e custo de manutenção associado a ele.
- Custo de transporte dos produtos que chegam ➔ incluso na escolha de um fornecedor, principalmente se este for do exterior; consideram-se distância, modo de transporte e frequência da entrega.
- Condições de pagamento ➔ prazo em que o pagamento deverá ser feito e descontos por quantidade, que reduzem custo unitário, mas tendem a aumentar o tamanho de lote exigido.
- Capacidade de coordenação de informações ➔ afeta a qualidade que uma empresa tem de equilibrar oferta e demanda, diminuindo o estoque mantido e as vendas perdidas, por causa da indisponibilidade do produto em estoque.
- Potencial de colaboração ➔ grande parte do custo é fixada no projeto, e a capacidade de colaboração de um fornecedor é significativa.
- Taxas de câmbio, impostos ➔ as taxas podem afetar preços de componentes, principalmente em cadeias globais.

- Viabilidade de fornecedor ➔ ele pode realmente cumprir com a promessa feita de entregar o produto? Nesse caso, o preço é a variável considerada, em adição às anteriores, com o impacto sobre o custo total como ponto-chave da análise.

As práticas da gestão colaborativa apresentam desvantagens e vantagens semelhantes. As principais desvantagens destacadas são a dificuldade de implantação e os altos investimentos, necessários para o estabelecimento da rotina dos processos. A principal vantagem é a redução de falhas de comunicação e dos pedidos de mercadoria (PELLEGRINOTTI, 2011).

Os métodos retrógrados com excesso de burocracia e papéis precisam ser eliminados e substituídos por métodos práticos, de baixo custo, com menor risco de erros e que levem a resultados satisfatórios na operação logística, com maior rapidez no atendimento aos clientes. A tecnologia e a inovação devem ser continuamente aplicadas de forma a aumentar a produtividade. Se a empresa não buscar o aumento da produtividade pela tecnologia, a concorrência o fará.

## 3.3 Terceirização (*outsourcing*) na CS

> *Outsourcing* é uma prática na qual parte do conjunto de produtos e serviços utilizados por uma empresa (na realização de uma cadeia produtiva) é providenciada por uma empresa externa, em um relacionamento cooperativo e interdependente.

Um conceito importante na GCS é o de *outsourcing*, o qual começou com áreas tidas como periféricas (como a de informática) e hoje é aplicado a áreas como manufatura, manutenção, logística e marketing. *Outsourcing* é uma prática na qual parte do conjunto de produtos e serviços utilizados por uma empresa (na realização de uma cadeia produtiva) é providenciada por outra, externa, em um relacionamento cooperativo e interdependente. A empresa fornecedora desenvolve e continuamente melhora a competência e a infraestrutura para atender ao cliente, do qual abre mão total ou parcialmente. O cliente continua, entretanto, a manter uma estreita e cooperativa integração com o fornecedor. É importante observar que a visão contemporânea de *outsourcing* vai além das práticas rotuladas de "subcontratação" ou "terceirização", frequentemente conduzidas no Brasil e no mundo. *Outsourcing* significa, essencialmente, a opção por uma relação de parceria e cumplicidade com um ou mais fornecedores da cadeia produtiva, em uma decisão, em geral, estratégica, abrangente e de difícil reversão. Por sua vez, subcontratação (ou terceirização) tem a conotação de apenas um negócio, uma decisão operacional, mais restrita e relativamente de mais fácil reversão.

## 3.4 Suprimento físico e distribuição física

Ao se pensar em distribuição física, é necessário conhecer os objetivos e interesses de suprimento dos consumidores, pois o sistema de distribuição física de um é o sistema de suprimento físico de outro. Muitas empresas, como as cadeias de lojas de varejo ou empresas de serviço – transportadoras, financeiras, entre outras –, estão geralmente preocupadas com a eficácia de seu sistema de suprimento.

Na distribuição física, segundo Novaes (2007), há duas abordagens: uma voltada aos aspectos logísticos; e outra com origem no marketing. A visão logística tem como foco as operações de transporte e as demais envolvidas na gestão dos fluxos de produtos dos fornecedores para os clientes. Na perspectiva do marketing, há a discussão das relações entre os agentes no canal de distribuição, a comercialização dos produtos e os serviços a ela associados. Os setores envolvidos são: o departamento de vendas do fabricante, o atacadista, o varejo e os serviços pós-venda (montagens e assistência técnica).

Os objetivos e as funções dos canais de distribuição são:

- assegurar rápida disponibilidade do produto nos segmentos do mercado identificados como adequados;
- intensificar o potencial de vendas do produto em questão, permitindo sua exposição máxima;
- buscar cooperação dos parceiros para tamanho de lotes, paletização/embalagem, condições de descarga, tempo de entrega;
- certificar-se de um nível de serviço preestabelecido pelos parceiros da CS;
- garantir um fluxo rápido e preciso entre os elementos participantes; e
- buscar redução de custos, atuando em conjunto.

> A rede logística é a representação físico-espacial dos pontos de origem e destino das mercadorias, bem como de seus fluxos e demais aspectos relevantes, de modo a possibilitar a visualização do sistema logístico no seu todo.

A rede logística é a representação físico-espacial dos pontos de origem e destino das mercadorias, bem como de seus fluxos e demais aspectos relevantes, de modo a possibilitar a visualização do sistema logístico no seu todo.

O conceito de rede é sempre algo abstrato, um conjunto de nós que devem ser atendidos por ligações (meios de transportes), nas quantidades preestabelecidas. O departamento de marketing da empresa quase sempre tem uma visão abstrata da rede: conhece os canais de distribuição, os clientes e suas localizações, e sabe que os produtos devem ser deslocados desde as fábricas e os armazéns até eles, sempre com a preocupação com os custos logísticos, de forma a não provocar reações negativas no departamento de finanças.

Essa rede idealizada pelo setor de marketing quase sempre mistura detalhes secundários com aspectos essenciais, sob uma ótica específica – a mercadológica –, ao passo que a logística é de natureza sistêmica.

Na empresa, há um terceiro setor, cujas decisões são adotadas de maneira diferente do setor de marketing: a área de finanças. De forma sistêmica, o pessoal de logística fará o papel de intermediador entre marketing e finanças, levando a uma solução que satisfaça a ambos e à empresa no seu todo.

Ambos os setores em uma empresa podem ter conflitos em momentos de discussão de determinados pontos, como o nível de serviço (prazo de entrega ao cliente), que, para o marketing, deve ser o mais curto possível, mas, para o setor de finanças, tanto faz – não é uma preocupação imediata.

Para o setor de marketing, em relação aos modais a serem utilizados, a escolha recai sobre o aéreo, por ser mais nobre e mais rápido; o setor de finanças, por sua vez, preferirá o mais econômico.

O setor de logística fará a harmonização desses dois extremos, levando a uma solução de consenso.

O nível de serviço, a política de estoques, os custos etc. diferem bastante entre o setor de suprimento e a distribuição física. É possível, no entanto, coordenar, em certos casos, o transporte de insumos com a transferência/distribuição de produtos acabados, de maneira a aproveitar o retorno dos veículos. Com isso, os custos são reduzidos, pois parte da frota deixa de retornar vazia a seus pontos de origem.

O desenho da rede de suprimentos, de um lado, e o da rede de distribuição física, de outro, devem ser realizados de forma separada, sempre que possível. Em um segundo instante, procuram-se integrar as duas redes, caso seja possível.

## Desenho da rede de suprimentos

O estudo das redes de suprimentos vem acontecendo há muito tempo. Para Hofstede (2006), as palavras cadeia e rede enfatizam dois aspectos relacionados com colaboração. Elas são cadeias de fluxos de produtos e pagamentos fluindo em direções diferentes, por intermédio de parceiros. Essa perspectiva destaca aspectos mais fortes, tais como logística, fluxos de dinheiro e informações relacionadas aos produtos. Simultaneamente, as cadeias de produtos são redes de organizações que têm inter-relações formais com as demais, com ênfase em aspectos mais leves, tais como confiança e incentivos. Dada a dificuldade no uso da expressão "cadeias e redes", o autor usa a contração "*netchains*".

Nos estudos de redes e de cadeias (*Chain and Network Science* – CNS), as redes são consideradas um total de atores entre uma indústria e/ou indústrias relacionadas, as quais podem trabalhar juntas para adicionar valor aos consumidores (OMTA, TRIENEKENS, BEERS, 2002). Os atores podem ser distinguidos em um nível micro, no qual o ator é uma pessoa, um produtor individual, um empreendedor, ou em nível meso, em que os atores são agregações de indivíduos trabalhando juntos por um objetivo comum, ou seja, empresas, institutos de pesquisa e agências de governo. A abordagem de rede tem uma perspectiva da dinâmica dos relacionamentos entre os agentes em um ambiente de rede de negócios e socioeconômico. Conceitos menos visíveis e menos tangíveis, como confiança, poder, núcleo de competências e ambiente socioeconômico, são vitais nessas abordagens. Um aspecto importante é o caráter recíproco dos relacionamentos entre os atores (LAZZARINI et al, 2001). De acordo com Powell (1990, p. 303), "nas redes a forma de alocação de recursos e as transações não ocorrem por trocas discretas e nem por uma ordem oficial, mas por meio de redes de indivíduos engajados em ações recíprocas e que sejam mutuamente positivas".

Möller e Halinen (1999) apresentam quatro níveis de resultados no gerenciamento complexo de redes de negócios e relacionamentos, que são: indústrias como redes (visão da rede), empresas nas redes (gerenciamento das redes), carteiras de relacionamentos (gerenciamento das carteiras) e relacionamentos de troca (gerenciamento de relacionamento).

Para delinear a rede, são necessárias algumas observações sobre as características. Uma grande dificuldade é o fato de as origens do suprimento serem muito variadas. Podem ser vários os critérios, como: tipo do terminal, nos casos em que os suprimentos são transferidos de outros meios de transporte (portos marítimos ou fluviais, aeroportos, pátios ferroviários, terminais intermodais); tipo de fornecedor (indústria ou produtor, atacadista ou intermediário, jazida da própria empresa); e geografia (estados, capitais, regiões do interior, municípios, países/importação).

Para cada problema específico, haverá um conjunto de causas, que dependerá da natureza dos produtos, da diversificação da linha de produção da empresa, da dispersão geográfica etc.

Os destinos dos suprimentos são, em geral, as unidades de produção da empresa (fábricas) e os armazéns ou depósitos. A distribuição espacial dos nós (pontos de origem, fábricas, depósitos ou armazéns etc.) na representação gráfica deve ser feita por meio de esquemas, garantindo, no entanto, a visualização das condições reais do problema. É necessário um desenho claro da rede, mas isso é muito complicado, pois, para ser feito em escala exata, com as ligações seguindo os percursos reais (estradas) etc., será de difícil compreensão. Se for muito criativo sem relação físico-espacial com a rede real, poderá dificultar a percepção dos que nela estiverem inseridos. Outro aspecto a evitar é o cruzamento de muitos pontos na rede.

> Os destinos dos suprimentos geralmente são as unidades de produção da empresa (fábricas) e os armazéns ou depósitos.

Como apoio a uma decisão, torna-se necessário usar a metodologia adequada. Muitas decisões erradas têm como causa a inadequação de uma metodologia, que pode ser útil para determinado horizonte de tempo, mas inadequada para um horizonte de tempo maior. Logo, a dilatação de prazo pode ser uma causa de previsão errada.

Em logística, existem dois somatórios de tempo cruciais para a eficiência dos processos, a saber:

- **prazos logísticos**, formados pela soma do tempo de aquisição dos insumos mais o tempo de manufatura do produto final a partir desses insumos, acrescido do tempo de entrega ao cliente; e
- **ciclo do pedido do cliente**, que é a soma do tempo decorrido entre o pedido do cliente e o recebimento de seu produto.

Os suprimentos vêm para a produção e para o estoque. O desafio está em igualar o prazo logístico ao ciclo do pedido do cliente. A logística deve diminuir o intervalo entre a produção e a demanda, de modo que os consumidores tenham bens e serviços quando e onde quiserem e na condição física que desejarem.

## Desenho da rede de distribuição

O ramo da logística denominado *distribuição física* trata da movimentação, estocagem e processamento dos pedidos dos produtos finais. A ele compete o desafio do prazo logístico. Cabe ressaltar que os custos de transporte e os de estocagem são fatores de risco para a vida do produto.

> A distribuição física é responsável pela movimentação, estocagem e processamento dos pedidos dos produtos finais.

Os fluxos de produtos incluem o movimento de bens de um fornecedor a um comprador, bem como os serviços envolvidos. O fluxo de informações envolve a transmissão e recepção de pedidos, bem como a atualização do *status* de entrega e da situação do estoque. O fluxo financeiro consiste em crédito, agenda de pagamentos e consignação e posse de títulos. Como normalmente uma empresa trabalha comprando e vendendo, é usual designar a GCS *upstream* como aquela em que a empresa é cliente, e a GCS *downstream* como aquela em que a empresa é fornecedora.

> O processo de desenho da rede é análogo ao de suprimento, mas a rede de distribuição geralmente é mais complexa que a de suprimentos.

O processo de desenho da rede é análogo ao de suprimento; entretanto, a rede de distribuição é mais complexa que a de suprimentos, embora haja exceções.

Na distribuição física, os pontos de origem da mercadoria são constituídos pelas fábricas e pelos depósitos próprios ou de terceiros. Os pontos de destino podem ser classificados segundo os mesmos critérios definidos para o ponto de origem da rede de suprimentos. Isso ocorre porque as características das duas redes são opostas.

O sistema de distribuição física tem sido tradicionalmente limitado junto à capacidade de processar informação. No período do processamento manual de informações, o processamento da distribuição física tinha dificuldades no registro de transporte. A introdução do moderno processamento de informação eletrônica permite o uso geral de previsão sistemática e técnicas de controle de estoques, que ainda estão embasadas no controle individual de manter a unidade de estoque. O novo equipamento para processamento de informações mostra aquisição e comunicação e permite ao usuário seguir passos quase integrados no controle de distribuição.

Nessa discussão, há a abordagem de canais de distribuição – proposta por Novaes (2007) – pela ótica do marketing, que divide os canais em: verticais, híbridos e múltiplos.

Nos canais verticais, a responsabilidade é transferida de um segmento da CS para outro e os estoques exercem a função de pulmão. O atacadista tem por funções desconsolidar os lotes completos provenientes de vários fabricantes e vender os produtos em pequenos lotes aos varejistas. Este último, por sua vez, teria o papel principal no canal, por dispor de contato direto com o consumidor. O problema é a falta de conhecimento do produto pelo vendedor. A solução é utilizar OLs sofisticados (venda direta do fabricante) e manufatura flexível (lotes menores).

Nos canais híbridos, uma parte das funções ao longo do canal é executada em paralelo por dois ou mais elementos da CS. A questão a ser definida, que não é fácil de resolver, é sobre como calcular compensação financeira aos elementos da CS que realizam novas funções. O varejo não executa mais as funções junto ao consumidor, é preciso elucidar os custos envolvidos; no entanto, é quem tem a liderança. O problema é a duplicidade de atuação de alguns dos elementos da cadeia.

Os canais múltiplos se caracterizam quando o consumidor usa mais de um canal de distribuição (por exemplo, compra de um *notebook*). Nesse caso, o problema reside na fidelização do cliente, por meio da criação de uma ligação mais estável e duradoura entre seu estabelecimento e o consumidor. Os conflitos ocorrem quando os distribuidores "invadem" o mercado do outro. A solução é demarcar nitidamente os produtos e os modelos a serem comercializados em cada canal.

Essa iniciativa tem como base o funcionamento conjunto de todos os componentes da cadeia de produtos de consumo de massa – fornecedores, atacadistas, distribuidores, intermediários e varejistas –, a fim de aumentar o valor dos produtos que oferecem aos consumidores.

A cadeia de distribuição tradicional está estruturada sem ligações entre todos os seus componentes, e baseia-se em uma estratégia de *push* – em oposição à do ECR, *pull*.

A satisfação e o atendimento à demanda dos clientes, com maior eficiência, são a base conceitual de toda a estratégia. A cadeia de distribuição tradicional está estruturada sem ligações entre todos os seus componentes e baseia-se em uma estratégia de *push*, ou seja, o fornecedor disponibiliza o máximo de mercadorias no canal de distribuição com descontos, e o varejista tem de vender as mercadorias com promoções, para evitar excesso de estoque. Essa estratégia é contrária à do *Efficient Consumer Response* (ECR), ou resposta eficiente ao consumidor, uma vez que ele utiliza a *pull*, que consiste na produção das mercadorias em quantidade adequada ao que o supermercado demandar, de acordo com a busca do consumidor. Com a estratégia da cadeia de distribuição tradicional, há grandes perdas em suas interfaces.

Para evitar isso e atingir os objetivos do ECR, é preciso construir uma cadeia de distribuição mais ágil e eficiente na transmissão de informações entre seus componentes e nos processos logísticos responsáveis pelo fluxo das mercadorias no canal.

O uso de TIs como o *Exchange Data Information* (EDI), ou intercâmbio eletrônico de dados, que consiste na troca de dados entre dois computadores via telecomunicações, estreita ainda mais as relações entre os agentes da cadeia, realizando trocas de informações relativas à movimentação de mercadorias e seus respectivos pagamentos entre eles. Com isso, todos podem tomar decisões de áreas como marketing, produção, logística, compras, entre outras, reduzindo o custo total da cadeia de distribuição.

A consequência do uso do ECR é o compartilhamento dos ganhos por todos os elementos, inclusive o consumidor, que, além de ter os produtos a custos menores, conquista a vantagem de tê-los com melhor qualidade. Com isso, os estoques passam a ser menores e, entre a produção e o momento da compra, reduzem-se em aproximadamente 42%.

Em 1997, com a criação da Associação ECR Brasil, o sistema ECR foi introduzido no país, graças ao apoio e à liderança de diversas entidades, com destaque para a Associação Brasileira de Atacadistas e Distribuidores (Abad) e a Associação Brasileira dos Supermercados (Abras). Para isso, algumas alterações foram necessárias para se adaptar à realidade brasileira, pois é um modelo importado. Ela é dirigida por um Comitê Executivo composto de 22 grandes empresas industriais fornecedoras de supermercados e 22 empresas comerciais do atacado e varejo. Fazem parte da organização sete comitês, que estão implantando as ferramentas e processos do sistema ECR, a saber: Comitê de Padronização, Comitê de Reposição Eficiente, Comitê de Gerenciamento de Categorias, Comitê do Consumidor, Comitê de Comércio Eletrônico, Comitê de Educação e Comitê de Mensuração. Uma pesquisa inicial, que teve seu princípio no segundo semestre de 1997, mostrou a condição da CS brasileira, na época, possibilitando melhor desencadeamento das operações logísticas e implantação do ECR. Entre essas operações, estavam: padronização de paletes; criação de esquemas de troca; normatização e transportes urbano e interurbano; padronização de identificação de caixas e paletes; difusão da utilização de EDI na logística; desenvolvimento de normas aduaneiras comuns; e aperfeiçoamento.

No Brasil, o objetivo do ECR é promover a uniformização de toda a logística e distribuição, a fim de reduzir custos causados por desperdícios, retrabalhos e ineficiências em cada etapa da cadeia distributiva e repassar os benefícios ao consumidor. Esse objetivo será alcançado se representantes da indústria, do atacado e do varejo trocarem informações a respeito de suas operações para reduzir a ineficiência na produção, venda, compra e distribuição de mercadorias. Segundo Dib (1997), é preciso observar o ECR como um todo e acrescentar-lhe uma série de ferramentas, como gerenciamento de categoria, entrega direta em loja e custeio baseado em atividades.

> No Brasil, o objetivo do ECR é promover a uniformização de toda a logística e distribuição, a fim de reduzir custos causados por desperdícios, retrabalhos e ineficiências em cada etapa da cadeia de distribuição e repassar os benefícios ao consumidor.

Um dos detalhes a serem observados é o abastecimento diário dos clientes, uma vez que eles podem ter uma necessidade desse tipo, diminuindo os custos logísticos. Outra questão importante é o fato de que a adoção do ECR pressupõe a troca de informações entre as empresas.

## 3.5 Logística reversa

A logística de fluxos de retorno, ou logística reversa, visa à eficiente execução da recuperação de produtos e tem como propósitos a redução, a disposição e o gerenciamento de resíduos tóxicos e não tóxicos. A implantação de estratégias e de programas de logística reversa em uma empresa exige muito empenho e vontade de ultrapassar grandes dificuldades. Desenvolver projetos de logística reversa em toda a CS ainda é uma tarefa difícil. São poucos os exemplos de como empresas conduziram programas desse tipo na CS.

A logística de fluxos de retorno (ou reversa) visa à eficiente execução da recuperação de produtos e tem como propósitos a redução, a disposição e o gerenciamento de resíduos tóxicos e não tóxicos.

A ideia de sustentabilidade ambiental segue o seguinte histórico:

- anos 1970 – redução da poluição dos setores produtivos;
- anos 1980 – reciclagem de resíduos;
- anos 1990 – redução do uso dos recursos no fluxo de material – lei de responsabilidade do produtor; e
- século XXI – da gestão ambiental à responsabilidade social corporativa.

A Figura 3.1 mostra o processo da logística reversa:

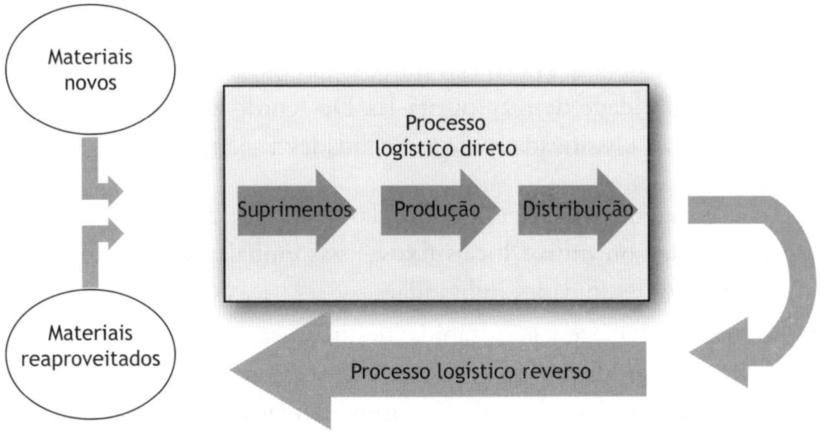


Fonte: Elaborada pelos autores.

**Figura 3.1 – Representação esquemática dos processos logísticos direto e reverso**

O uso de embalagens retornáveis tem sido proposto como uma medida para aumentar o lucro das empresas e obter resposta ambiental positiva (redução do impacto). Em muitos casos, essa embalagem pode ser realmente econômica e trazer muitos benefícios ambientais.

As embalagens podem ser fabricadas de diversos materiais, incluindo plástico, papelão, alumínio ou até aço. A seleção do material da embalagem abrange a análise dos seguintes itens:

- ciclo de vida da embalagem;
- capacidade de peso;
- estocabilidade;
- resistência química;
- temperatura de operação;
- flamabilidade;
- exigências de limpeza e higienização;
- certificação governamental;
- especificações dimensionais exigidas;
- características de segurança;
- fatores externos; e
- reciclagem.

Adicionalmente, ainda devem ser analisados os diferentes custos para os vários tipos de embalagens. Ao se considerarem embalagens retornáveis ou não, devem ainda ser analisadas as diversas funções nas quais serão empregadas e que interferem na capacidade de reaproveitá-las. De acordo com a aplicação, as embalagens podem ser classificadas para as finalidades a seguir.

- Armazenagem: embalagens utilizadas para armazenar produtos em almoxarifados ou outros locais fixos. Essas embalagens devem permitir a locomoção de unidades individuais.
- Estantes de armazenagem rápida: destinam-se a estoques intermediários na linha de produção ou em todo o processo de fabricação do produto. As embalagens devem ser de fácil movimentação e permitir deslocamentos tanto de uma como de várias unidades, de acordo com o processo.
- Distribuição: embalagens utilizadas para transportar materiais entre o fabricante e o comprador. Essas embalagens devem garantir grande segurança ao produto transportado, pois, ao longo do transporte, serão enfrentadas diversas condições.

O tipo de embalagem depende, portanto, de diversas propriedades, como estocabilidade, capacidade, fácil acesso para o transporte e aspectos de segurança.

Quando a empresa considera as embalagens retornáveis, muitos fatores-chave podem ser considerados. O uso de embalagens retornáveis – ou descartáveis – influencia diretamente toda a CS. Consequentemente, a embalagem escolhida tem reflexos em várias empresas. Os fatores a serem considerados são muitos, mas estes são os mais importantes:

- estocabilidade, em todos os tipos de transporte;
- resistência mecânica;
- fácil acesso e locomoção;
- travas de segurança; e
- dimensões internas e externas.

Os diversos processos de recuperação de produtos e materiais são classificados, por alguns autores, nos cinco níveis conceituais a seguir.

- Limpeza e reparos: para armazenar um produto com a finalidade de reutilização. Essa alternativa é comum em diversas empresas, como as de vagões ferroviários, *trailers*, contêineres de transporte e outros automóveis.
- Remanufatura: refabricação dos produtos. Nos setores de comunicações e telecomunicações, por exemplo, moderniza-se o produto e ele fica "como novo".
- Canibalização: retirada de peças de um equipamento danificado e/ou ultrapassado, mas ainda com componentes utilizáveis, e colocação em outros equipamentos (muito comum em oficinas ou parques de reparos).
- Reciclagem de material de empacotamento: o exemplo mais comum são as caixas de papelão.
- Energia: por meio de incinerações, esse calor é usado para produzir energia.

## Formulações matemáticas úteis

**a)** Cálculo do custo total considerando o custo da viagem:

$$CT = Caq \times EM \times i + NV \times CTR$$

Em que:

CT = custo total;

Caq = custo unitário de aquisição por produto até determinado estágio da cadeia;

EM = estoque médio;
i = taxa de oportunidade do capital (manter o estoque);
NV = número de viagens por ano;
CTR = custos (fixos) associados a cada viagem ou ressuprimento.

*Exemplo numérico*

Calcule o custo total considerando o custo da viagem, em que: custo unitário de aquisição por produto até determinado estágio da cadeia é de R$ 1,00; estoque médio é de 20 unidades; taxa de oportunidade do capital é de 20%; número de viagens por ano é de 12; e custos (fixos) associados a cada viagem ou ressuprimento são de R$ 20,00.

$CT = Caq \times EM \times i + NV \times CTR$

$1 \times 20 \times 0{,}2 + 12 \times 20 = R\$\ 244{,}00.$

**b)** Cálculo do custo de armazenagem de determinado item em estoque:

$$CAmi = EM \times PM \times TE \times CAmu$$

Em que:

CAmi = custo de armazenagem;
EM = estoque médio;
PM = preço médio;
TE = tempo em estoque; e
CAmu = custo de armazenagem unitário.

*Exemplo numérico*

Calcule o custo de armazenamento, em que: estoque médio é de 50 unidades; preço médio é de R$ 50,00; tempo em estoque é de 7 dias; e custo de armazenagem unitário é de R$ 2,00.

$CAmi = EM \times PM \times TE \times CAmu$

$= 50 \times 50 \times 7 \times 2 = 35.000{,}00.$

# Resumo do capítulo

- Para Christopher (1997, p. 13), "a CS representa uma rede de organizações, por meio de ligações nos dois sentidos, dos diferentes processos e atividades que produzem valor na forma de produtos e serviços que são colocados nas mãos do consumidor final".
- A GCS, ao contrário do gerenciamento logístico, que está preocupado com os fluxos internos, preocupa-se com o gerenciamento de fluxos externos à empresa.
- A GCS é o controle de materiais, informações e finanças dentro do processo que vai do fornecedor ao consumidor, passando por fabricante, atacadistas e varejistas. É um processo muito mais relevante no âmbito B2B, ou negócios feitos entre empresas.
- O conceito de CS é uma extensão da logística. O gerenciamento da logística preocupa-se primeiro com a otimização de fluxos dentro da organização, enquanto a GCS reconhece que a integração interna por si só não é suficiente.
- O encurtamento do ciclo de vida tem criado sérios problemas para o gerenciamento logístico. Tradicionalmente, prazo (*lead time*) é definido como o período decorrido entre o recebimento do pedido do cliente e a entrega do produto. Existem situações em que o ciclo de vida do produto é menor que o prazo estratégico, fazendo com que a vida útil do produto no mercado seja menor que o tempo necessário para projetar, fazer aquisições, fabricar e distribuir o mesmo produto.
- No gerenciamento da logística, destacam-se, segundo Christopher (1997, p. 23), três pontos-chave: encurtar o fluxo logístico, melhorar a visibilidade do fluxo logístico; e gerenciar a logística como um sistema.
- No passado, a justificativa para a existência desses estoques consistia no princípio da proteção, ou seja, no propósito de proteger a produção, a distribuição e o marketing contra as flutuações da demanda. O segundo tema faz sentido na questão da integração dos setores. Devem-se remover as barreiras organizacionais que se constituem na raiz do problema. O terceiro tema está relacionado com o gerenciamento das interligações da cadeia de eventos que conectam o mercado fornecedor ao cliente.
- A GCS também introduz uma importante mudança no paradigma competitivo, ao considerar que a competição no mercado ocorre, de fato, no nível das cadeias produtivas, e não apenas no nível das unidades de negócios (isoladas). Isso resulta em uma necessidade de gestão integrada da CS, requerendo um estreitamento nas relações e a criação conjunta de competências distintas por suas unidades (empresas).

⅄ Em face do exposto, conclui-se que os objetivos da GCS são:

- maximizar e tornar realidade as potenciais sinergias entre as partes da cadeia produtiva, de forma a atender ao consumidor final mais eficientemente, tanto pela redução dos custos como pela adição de valor aos produtos finais;
- tornar menores os custos com a diminuição do volume de transações de informações e papéis, dos custos de transporte e estocagem;
- diminuir a variabilidade da demanda de produtos, serviços e outros;
- levar o produto correto ao local certo, com menor custo;
- adicionar valor aos produtos, com a criação de bens e serviços personalizados, o desenvolvimento conjunto de competências distintas, a cadeia produtiva e os esforços, para que tanto fornecedores como clientes aumentem a lucratividade; e
- reduzir estoques e diminuir o número de fornecedores.

## Divisão de informações e integração da infraestrutura com clientes e fornecedores

A integração de sistemas de informações/computacionais e a utilização crescente de sistemas, como o EDI, entre fornecedores, clientes e OLs, têm permitido a prática, por exemplo, da reposição automática do produto na prateleira do cliente (*efficient consumer response*). Além disso, a utilização de representantes permanentes (*in plant representatives*) junto aos clientes tem facilitado, também, o melhor balanceamento entre suas necessidades e a capacidade produtiva do fornecedor, bem como maior agilidade na resolução de problemas.

## Desenvolvimento conjunto de produtos

O envolvimento dos fornecedores desde os estágios iniciais do desenvolvimento de produtos (*early supplier involvement*) tem proporcionado, principalmente, redução no tempo e nos custos de desenvolvimento dos produtos.

## Considerações logísticas na fase de desenvolvimento dos produtos

Representam a concepção de produtos que facilitem o desempenho da logística da cadeia produtiva, geralmente envolvendo também a escolha de um OL/PSL eficiente para administrá-la.

## Integração das estratégias competitivas na cadeia produtiva

Implica a compatibilização da estratégia competitiva e das medidas de desempenho da empresa à realidade e aos objetivos da cadeia produtiva como um todo.

Para implantar a GCS, é necessário seguir alguns passos, como:

- fazer uma análise completa do relacionamento da empresa com seus fornecedores; e
- criar um relacionamento digital entre as empresas com base na análise feita anteriormente, o qual depende do diagrama da relação empresa-fornecedores.

Da mesma forma, é necessário dimensionar a necessidade de hardware. Nessa etapa, entram questões como a compatibilidade entre os sistemas das empresas fornecedoras e os da empresa cliente, a acessibilidade, o nível de segurança e as possibilidades de atualização e evolução do sistema. A lógica da ligação entre cada fase do processo, à medida que os materiais e produtos se deslocam em direção ao cliente, baseia-se nos princípios da otimização. Em outras palavras, o objetivo é a maximização do serviço ao cliente, ao mesmo tempo que se minimizam os custos e se reduzem os ativos detidos no fluxo logístico.

Isso não somente incorre em um peso financeiro e uma deformação do capital de giro como também oculta a visibilidade da demanda final. Mais recentemente, surgiu muito interesse na "contabilidade do ciclo total" e no "custeio baseado na atividade", sendo ambos tentativas de apontar custos onde realmente ocorrem, tornando, assim, mais fácil sua identificação no fluxo logístico total. Esse problema não precisaria existir; ele existe apenas porque os métodos de custeio são destinados a monitorar os custos funcionais ou dos insumos, em vez dos custos do processo.

Para obter uma fluidez uniforme pelo fluxo logístico, é necessária uma orientação que facilite o gerenciamento do processo de ponta a ponta.

## Desenvolvimento logístico na organização

- A atividade logística é essencialmente uma orientação de planejamento, ou melhor, o processo de gerenciamento logístico provoca a união dos planejamentos da produção com o planejamento das necessidades de materiais em uma direção e com os planejamentos das necessidades de distribuição em outra.
- Um sistema de gerenciamento do pedido do cliente é uma estrutura de planejamento que liga o sistema de informações ao fluxo físico de materiais necessários para atender à demanda. Para conseguir a obtenção desse sistema, exige-se um gerenciamento centralizado das previsões, do planejamento das necessidades, das compras e do controle de materiais e da produção.
- A redução de atividades desnecessárias à produção e que não acrescentam valor pode ser conseguida pelo sistema de processamento de pedidos.
- Algumas empresas deram nome à equipe que se encarrega da execução dos pedidos. A Digital, segundo Christopher (1997, p. 203), por exemplo, a definiu como "grupo de execução dos pedidos".

- As inovações na TI auxiliam as mudanças organizacionais, pois a rede de informações define a estrutura da organização. A informação que flui do mercado, em uma ponta do fluxo para as fontes de fornecimento em outra ponta, cada vez mais determinará a configuração da organização, e não o contrário.
- A coordenação dos fluxos de materiais entre as entidades da CS será uma prioridade-chave, realçando ainda mais o papel central da logística como tarefa gerencial orientada para o processo.
- A única maneira pela qual tão significativa transformação pode ser alcançada é a iniciativa do nível de topo da organização. A qualidade do serviço também é afetada quando o fornecedor não dá a devida prioridade ao pedido do cliente.
- Muitas empresas descobriram que, pela forte cooperação com os fornecedores, poderiam melhorar o projeto do produto, praticar engenharia de valor dos componentes e descobrir meios mais eficientes de trabalharem juntos.
- Essa é a lógica que acentua a emergência do uso do conceito de "coprodução", que se define como: "o desenvolvimento de um relacionamento de longo prazo com um número limitado de fornecedores, com base na confiança mútua".
- A filosofia da coprodução é considerar o fornecedor uma extensão da fábrica do cliente, com ênfase em um fluxo contínuo e em um canal de suprimentos "sem costuras" de ponta a ponta. Por exemplo, muitas empresas estão descobrindo no fornecedor uma fonte crescente de inovação do produto ou do processo, e estão percebendo que, ao manterem o fornecedor envolvido no processo de desenvolvimento do produto no estágio inicial, sempre haverá a possibilidade de introdução de uma nova perspectiva que leve a soluções inovadoras.
- As CS globais, para serem eficientes, devem evitar longos prazos entre a solicitação do produto e seu fornecimento; além disso, o nível de estoque de insumos e produtos deve ser o mínimo possível para atender às variações de demanda do cliente e às oscilações do mercado.
- Por vezes, os tempos de trânsito decorrem de demoras na expedição de produtos na alfândega, além de demora no deslocamento da carga, principalmente se percorrer grandes distâncias, como uma viagem Japão-Brasil de navio. Deve-se evitar o grande estoque de produtos no mar. É preciso sempre identificar a vantagem do uso de mais de um modal de transporte.
- Alguns cenários parecem impossíveis. Por exemplo:
  - entregas realizadas pelos fornecedores com perfeita qualidade e no tempo determinado pelo cronograma;
  - planejamento dos clientes com os fornecedores, realizado pelo intercâmbio eletrônico de dados, para que as atualizações de pedidos pelos clientes não incorram em mudança brusca de demanda para os fornecedores;

- atenuação da sazonalidade na cadeia de produção, distribuição, oferta e procura junto aos consumidores.

- *Outsourcing* é uma prática na qual parte do conjunto de produtos e serviços utilizados por uma empresa (na realização de uma cadeia produtiva) é providenciada por uma outra, externa, em um relacionamento cooperativo e interdependente.

- A rede logística é a representação físico-espacial dos pontos de origem e destino das mercadorias, bem como de seus fluxos e demais aspectos relevantes, de modo a possibilitar a visualização do sistema logístico no seu todo.

- O departamento de marketing da empresa quase sempre tem uma visão abstrata da rede: conhece os canais de distribuição, os clientes e suas localizações, e sabe que os produtos devem ser deslocados desde as fábricas e armazéns até eles, sempre com a preocupação com os custos logísticos, de forma a não provocar reações negativas no departamento de finanças.

- Na empresa, há um terceiro setor que raciocina de forma diferente do setor de marketing: a área de finanças.

- O desenho da rede de suprimentos, de um lado, e o da rede de distribuição física, de outro, devem ser realizados de forma separada, sempre que possível.

  Uma grande dificuldade é o fato de as origens do suprimento serem muito variadas. Para cada problema específico, haverá um conjunto de causas que dependerá da natureza dos produtos, diversificação da linha de produção da empresa, dispersão geográfica etc.

- Os destinos dos suprimentos são, em geral, as unidades de produção da empresa (fábricas) e os armazéns ou depósitos.

- A distribuição espacial dos nós (pontos de origem, fábricas, depósitos ou armazéns etc.) na representação gráfica deve ser feita por meio de esquemas, mas garantindo a visualização das condições reais do problema. Em logística, existem dois prazos que são cruciais para a eficiência do processo, quais sejam:

  - prazos logísticos, formados pela soma do tempo de aquisição dos insumos mais o tempo de manufatura do produto final a partir desses insumos, somado ao tempo de entrega ao cliente; e

  - ciclo do pedido do cliente, que é o tempo decorrido entre o pedido do cliente e o recebimento de seu produto.

  O desafio está em igualar o prazo logístico ao ciclo do pedido do cliente.

## Desenho da rede de distribuição

- O ramo da logística denominado *distribuição física* trata da movimentação, estocagem e processamento dos pedidos dos produtos finais. A ele compete o desafio do prazo logístico. Os custos de transporte e estocagem são fatores de risco para a vida do produto.

- O fluxo de informações envolve a transmissão e recepção de pedidos, bem como a atualização do *status* de entrega e da situação do estoque.
- O processo de desenho da rede é análogo ao de suprimento; entretanto, a rede de distribuição é mais complexa que a de suprimentos, embora haja exceções.
- Na distribuição física, os pontos de origem da mercadoria são constituídos pelas fábricas e pelos depósitos próprios ou de terceiros.
- No período do processamento manual de informações, o processamento da distribuição física tinha dificuldades no registro de transporte. A iniciativa tem como base o funcionamento conjunto de todos os componentes da cadeia de produtos de consumo de massa – fornecedores, atacadistas, distribuidores, intermediários e varejistas –, a fim de aumentar o valor dos produtos que oferecem aos consumidores.
- A estratégia de *push* é contrária à do ECR, uma vez que ele utiliza a *pull*, a qual consiste na produção das mercadorias em quantidade adequada ao que o supermercado demandar, de acordo com a busca do consumidor. Com a estratégia da cadeia de distribuição tradicional, há grandes perdas em suas interfaces.
- Para evitar isso e atingir os objetivos do ECR, é preciso construir uma cadeia de distribuição mais ágil e eficiente na transmissão de informações entre seus componentes e nos processos logísticos responsáveis pelo fluxo das mercadorias no canal.
- A consequência do uso do ECR é o compartilhamento dos ganhos por todos os elementos, inclusive o consumidor, que, além de comprar os produtos a custos menores, conquista a vantagem de tê-los com melhor qualidade.

  Uma pesquisa inicial, que teve seu início no segundo semestre de 1997, mostrou a atual condição da CS brasileira, possibilitando melhor desencadeamento das operações logísticas e implantação do ECR. No Brasil, o objetivo do ECR é promover a uniformização de toda a logística e distribuição, a fim de reduzir custos causados por desperdícios, retrabalhos e ineficiências em cada etapa da cadeia distributiva e repassar os benefícios ao consumidor. Um dos detalhes a serem observados é o abastecimento diário dos clientes, uma vez que eles podem ter uma necessidade desse tipo, diminuindo os custos logísticos. Outra questão importante é o fato de a adoção do ECR pressupor a troca de informações entre as empresas.

## Logística reversa

- A logística de fluxos de retorno, ou logística reversa, visa à eficiente execução da recuperação de produtos. Existem poucos exemplos de como empresas conduziram programas desse tipo na CS.
- O uso de embalagens retornáveis tem sido proposto como uma medida para aumentar o lucro da empresa e obter resposta ambiental positiva (redução do impacto).

- Estantes de armazenagem rápida: destinam-se a estoques intermediários na linha de produção ou em todo o processo de fabricação do produto. As embalagens devem garantir grande segurança ao produto transportado, pois, ao longo do transporte, serão enfrentadas diversas condições.

Capítulo

# Tecnologia e Sistema de Informação na logística

Este capítulo descreverá a integração dos conceitos de logística, apresentados nos capítulos 1 e 2, e principalmente o de CSs, mostrado no Capítulo 3, com o comércio eletrônico (CE).

Serão apresentados os conceitos básicos do CE e das demais Tecnologias da Informação (TIs). Posteriormente, esses conceitos serão ampliados, definindo-se os tipos de transações, as características do CE, bem como a importância da internet no CE e os tipos de empresas que operam com CE. Será descrito como circulam os dados no CE e quais são as novas tecnologias virtuais, além de como a economia e a telefonia celular interagem com o CE. Neste capítulo, o leitor se familiarizará com os termos usados nas gerações da telefonia móvel e sua integração com o CE. Nos dois últimos itens deste capítulo, o conceito de cliente, apresentado nos capítulos anteriores, será ampliado para englobar o relacionamento com o cliente via web.

**OBSERVAÇÃO:**

Web é o ambiente da internet e também significa a troca de informações entre computadores com base no protocolo TCP/IP. É a forma mais abrangente e barata de intercâmbio de dados até então criada, permitindo alcance global e compatibilidade entre centenas de sistemas.

## 4.1 Conceitos

A informação pode ser de interesse geral ou de determinados grupos, no que se refere a seus usuários, ou, ainda, pode ser mais técnica ou operacional, em relação à sua característica. Essa união de tipos diferentes de informações constitui os chamados Sistemas de Informação (SIs). Esses sistemas são muito variados, geralmente delineados para cumprir uma função bastante específica, com capacidade de se comunicar entre si para trabalhar em conjunto.

> Há duas abordagens para a conceituação de Sistema de Informação empresarial: uma o considera um sistema de interação entre os setores de uma empresa, inserindo-o na Teoria de Sistemas; a outra interpretação o relaciona somente ao uso da informática.

A utilização da TI vem se mostrando um fator de diferenciação estratégica nas organizações. É nesta era da informação, importante tanto para os sistemas de informação internos de cada empresa como para os aspectos administrativos, que as organizações vivem hoje em dia. O mercado passou a buscar profissionais que, por meio da TI, apoiassem a empresa em seus negócios, em sua forma de competitividade e tivessem uma visão muito mais ampla, para que o resultado esperado da empresa atendesse ao mesmo tempo as finalidades internas e externas da organização (SILVA, 2008; BARROS, 2009). Sua implantação deve ser realizada de forma adequada, para que os objetivos organizacionais sejam alcançados da melhor maneira possível.

O uso das informações depende da cultura, do mercado, do segmento e de outros aspectos relacionados ao negócio ou à atividade. As escolhas precisam ser realizadas para evitar gastos desnecessários, perda de desempenho e competitividade da empresa do mercado (ALECRIM, 2008).

Para a informação agregar valor a uma empresa ou a um indivíduo, é necessário incorporar novos modelos de gestão com o objetivo de agilizar a produção. Isso é feito por meio do uso apropriado de recursos da TI, ou seja, é preciso utilizar ferramentas, sistemas ou outros meios que façam das informações um diferencial competitivo.

Inicialmente, a computação era como um mecanismo que possibilitava automatizar determinadas tarefas em grandes empresas e nos meios governamentais. Com o avanço tecnológico, as "máquinas gigantes" começaram a perder espaço para equipamentos cada vez menores e mais potentes. A evolução das telecomunicações permitiu que, aos poucos, os computadores passassem a se comunicar, mesmo estando em lugares muito distantes geograficamente. Como consequência, tais máquinas deixaram de simplesmente automatizar tarefas e passaram a lidar com informação (ALECRIM, 2008).

A TI engloba toda a tecnologia utilizada para criar, armazenar, trocar e usar informação em seus diversos formatos, tais como dados corporativos, de áudio, imagens, vídeo, apresentações multimídia e outros meios, incluindo os que não foram criados ainda. Verifica-se, assim, que a TI é a difusão social da informação em larga escala de transmissão, a partir de sistemas tecnológicos inteligentes. Dessa maneira, a informática se transforma em TI integrando seus emergentes e modernos recursos, que estão fundamentados nos seguintes componentes: hardware e seus dispositivos e periféricos; software e seus recursos; sistemas de telecomunicações; e gestão de dados e informações (REZENDE, 2011).

Tecnologia da Informação, conhecida pela sigla TI, envolve algumas grandes áreas de conhecimento, bastante distintas entre si, cada uma com seu universo de ciências aplicadas e formação profissional diferenciados. Em linguagem simples, pode-se dividir a TI em três grandes áreas de conhecimento, sendo que as duas primeiras áreas compõem a infraestrutura sobre a qual a informação navega, a saber:

- microcomputadores e periféricos;
- redes de comunicação internas e externas; e
- sistemas de informação.

O conceito de TI engloba hardware, software, telecomunicações, automação, recursos multimídia, recursos de organização de dados, sistemas de informação, serviços, negócios, usuários e as relações complexas envolvidas em coleta, uso, análise e utilização da informação.

Pereira e Laurindo (2007, p. 354) afirmam que "a TI pode ser definida como a convergência da eletrônica, computação digital e telecomunicações". Em paralelo, para Alecrim (2004), a:

> Tecnologia da Informação (TI) pode ser definida como um conjunto de todas as atividades e soluções providas por recursos de computação. Na verdade, as aplicações para TI são tantas – estão ligadas às mais diversas áreas – que existem várias definições e nenhuma consegue determiná-la por completo. Por exemplo, a empresa deve saber lidar também com segurança, com disponibilidade, com o uso de sistemas (eles realmente devem fazer o que foi proposto), com tecnologias (qual é a melhor para determinada finalidade) e com recursos humanos qualificados.

Turban, Rainer e Potter (2005, p. 5) afirmam que a TI, em um contexto amplo, é "um conjunto dos componentes tecnológicos individuais, normalmente organizados em sistemas de informação baseados em computador (SIBC)". Após essa afirmação, os autores colocam uma observação muito pertinente a este livro: "con-

"SI é o conjunto formal de processos que, operando sobre uma coleção de dados estruturada de acordo com as necessidades de uma empresa, organiza, elabora e distribui (parte da) informação necessária para a operação da referida empresa e para as atividades de direção e controle correspondentes, apoiando, ao menos em parte, a tomada de decisões necessária para desempenhar as funções e processos do negócio da empresa, de acordo com sua estratégia" (REZENDE, 2000).

vém observar que os dois termos – TI e SI – não são exatamente sinônimos, embora sejam empregados como se fossem" (TURBAN, RAINER e POTTER, 2005, p. 5).

Em 2004, com outros autores (McLean e Wetherbe), Turban afirma que a TI pode ser vista como um subsistema de um SI, mas logo a seguir coloca que TI pode ser usada para denominar um SI. Contudo, ao fim de suas definições, afirma que a TI "pode até mesmo ser usada em um sentido mais amplo, para descrever um conjunto de diversos sistemas de informação, usuários e gestão de uma empresa inteira" (TURBAN, MCLEAN e WETHERBE, 2004 p. 40). Será essa a definição que os autores adotarão em toda obra citada e a que será usada neste livro.

Laudon e Laudon (2007) definem SIs como um conjunto de componentes inter-relacionados trabalhando juntos para coletar, recuperar, processar, armazenar e distribuir informação com a finalidade de facilitar o planejamento, o controle, a coordenação, a análise e o processo decisório em empresas e outras organizações. Além disso, os autores dividem e esclarecem os conceitos diferentes de informação e dados. Informação diz respeito à forma como os dados são apresentados, ou seja, de forma útil à análise e interpretação. Os dados são fatos brutos que representam eventos que estão ocorrendo nas organizações ou no ambiente físico, antes de serem organizados de tal modo que as pessoas e organizações possam usá-los.

A união de SI com TI resulta em "um grupo de telas e relatórios, habitualmente gerados na unidade de TI, que possui a maioria dos recursos de processamento de dados e gerencia a tecnologia da informação da empresa e seus recursos, gerando informações profícuas e oportunas aos clientes e/ou usuários" (PRATES, 1994).

Alguns autores diferem TI e SI, restringindo à primeira apenas os aspectos técnicos, enquanto ao segundo corresponderiam as questões relativas ao fluxo de trabalho, pessoas e informações envolvidas. Neste ponto, torna-se importante destacar, conforme relatam Turban, Rainer e Potter (2005), a diferença entre os conceitos de dados, informação e conhecimento. Dados são itens referentes a uma descrição primária de objetos, atividades e transações que são gravados, classificados e armazenados, mas não chegam a ser organizados de forma a transmitir algum significado específico. A informação consiste, por sua vez, em todo conjunto de dados organizados no intuito de terem sentido e valor para seu destinatário. O conhecimento, por outro lado, consiste em dados e informações organizados e processados para transmitir compreensão, experiência, aprendizado acumulado e técnica, quando se aplicam a determinado problema ou atividade.

Turban, Rainer e Potter (2003) veem as mesmas atividades para o SI, assim como Laudon e Laudon (2007), e acrescentam que um SI abrange entradas (dados) e saídas (relatórios, cálculos), processa essas entradas e gera saídas que são enviadas para o usuário ou outros sistemas. Esses autores seguem a mesma linha de raciocínio e explicam as atividades anteriores, adicionando uma, o processamento, explicando-os assim:

- entrada: onde ocorre a captura dos dados brutos de dentro da organização ou de seu ambiente externo;
- processamento: onde há a conversão desses dados brutos em informação; e
- saída: onde há a transferência das informações processadas às pessoas que as utilizarão.

Gomes e Gomes (2012) afirmam que os SIs englobam Sistemas de Apoio à Decisão (SADs), Sistemas de Informação Gerencial (SIGs), Sistemas Especialistas (SEs), Sistemas de Apoio à Decisão em Grupo, Sistemas de Informação para Executivos e Sistemas Especialistas para Suporte. Pereira (2007) estabelece a mesma relação, ao declarar que os SADs são partes integrantes do SIG, que pertence a um grupo ainda maior, ou seja, os Sistemas de Informação (SI). De acordo com essa e com outras afirmações anteriores, pode-se concluir que os SI são partes das ferramentas de gestão. Assim, os SI incluem os SIG, que abrangem os SAD, tipos de SI que auxiliam nas tomadas de decisão da empresa. Como as ferramentas de gestão são TIs e como os SIs fazem parte dessas ferramentas, logo, os SI são partes da TI.

O conceito de SI tem relação com a Teoria Geral de Sistemas de Ludwig von Bertalanffy. Isso ocorre porque os sistemas são um conjunto de elementos interdependentes em interação, visando atingir um objetivo comum. Eles são divididos em subsistemas, que auxiliarão o sistema a atingir um objetivo comum. Os sistemas podem ser abertos – aqueles que sofrem influências do meio e, com suas ações, influenciam o meio – ou fechados, quando não sofrem influências do meio, nem o alteram com suas ações internas.

TI, segundo Prates (1994), é apenas um componente do SI, como informação, práticas de trabalho e recursos humanos.

Nos SIs, há características da informação que se está trabalhando, que não são dados, a saber:

- frequência ➔ quantas vezes a informação é oferecida dentro de determinado período;
- intensidade ➔ número de caracteres que somos capazes de receber, compreender e retransmitir dentro de determinado período;
- redundância/eficiência ➔ excesso de informação que se tem por unidade de elemento de dado; é uma segurança contra erros no processo de comunicação;
- custo-benefício ➔ informação que deve ser produzida apenas se proporcionar um resultado equivalente a, pelo menos, seu custo, agregando valor ao processo;
- disponibilidade ➔ local e momento em que a informação está disponível; e
- transmissão ➔ manter eficiência, passando a informação por um mínimo de pontos de transmissão, para que a informação chegue a seu destino sem distorções, omissões ou excessos e no tempo oportuno.

Nas empresas, os componentes são diversas áreas de trabalho, ou atividades, necessárias para o funcionamento adequado da empresa como um todo. Nessas organizações, há níveis de decisão, de acordo com a hierarquia existente dentro da empresa, a associação entre a posição ocupada na estrutura e a abrangência da informação que é veiculada. Nessa divisão, há três SIs para cada nível: Sistemas de Informação Transacional (SITs), SIGs e SADs (ROSINI e PALMISANO, 2011).

Os SITs são aqueles SIs de mais baixo nível, que atendem ao nível operacional da organização. Podem ser utilizados por todos os profissionais da empresa e têm como função executar e cumprir os planos elaborados por todos os outros sistemas, pois servem como base para entrada de dados (*inputs*). Os dados têm origens diferentes e resultam em informações rotineiras e repetitivas como: ordens de venda, reserva de hotel, ordens de pagamento, níveis de manutenção, ordens de embarque, entrada de títulos no contas a pagar e a receber. A atuação, quanto à hierarquia da empresa, está no nível operacional, em que os recursos e os objetivos são predefinidos e altamente estruturados.

Segundo Rosini e Palmisano (2011), para apoio ao SIG, os Sistemas Especialistas (SEs) e Sistemas de Automação (SAs) estão presentes. Os SEs são sistemas que atendem às necessidades de informação do grupo de especialistas da organização em qualquer nível. Por sua vez, os SAs inicialmente auxiliaram os trabalhadores mais simples, mas podem ser considerados especialistas. Nessa dinâmica, os especialistas são pessoas com formação superior, participantes de grupos de trabalhos muito específicos, que auxiliam na estruturação dos SEs com seus conhecimentos técnicos, e, assim, esses SIs têm como tarefa a criação de novas informações e de novos conhecimentos. O programa computacional permite, por meio de linguagem formal própria, relacionar dados de um banco de memória com grande quantidade de informações sobre determinada especialidade. É realizada uma codificação dos conhecimentos humanos específicos de uma área de conhecimento para que a máquina os associe (ROSINI e PALMISANO, 2011). Deve-se armazenar o conhecimento estratégica e adequadamente para simular os melhores especialistas humanos de uma área específica ou até mesmo para que o SE seja utilizado para treinar seres humanos que estão iniciando sua atuação em dada área de conhecimento. O sistema contém fatos (dados) e regras para usar no processo de tomar decisões, e apresenta um mecanismo de inferência, que contém um intérprete que decide como aplicar as regras para gerar novos conhecimentos. Ele conta com um sistema vital, que é o corpo de conhecimento, elaborado durante sua construção, devendo ser explícito e organizado. Os SEs têm um poder preditivo para fornecer respostas a um problema mesmo quando diante de novas situações. Sua memória é permanente, então, quando o corpo do conhecimento é construído com os melhores especialistas de uma área, ele será um retrato do conhecimento disponível em uma área, em determinada época.

A preocupação final das empresas é assegurar que o novo conhecimento seja tecnicamente exato e adequado, quando de sua integração.

Os SIGs são sistemas que atendem aos diversos níveis gerenciais de alto escalão das organizações, provendo relatórios gerenciais, em alguns casos com acesso imediato às ocorrências de desempenho e a dados históricos. Seu foco é o ambiente interno, deixando de lado o meio ambiente e variáveis externas, e tem como funções o planejamento, o controle e a tomada de decisão, sendo direcionados para o nível hierárquico tático ou gerencial. O SIG sumariza os dados e emite relatórios consolidados sobre as operações da empresa, em que os relatórios do SE se transformam em relatórios objetivos, condensados e sintéticos, apresentados em gráficos de alta resolução. Ele engloba todas as atividades, menos as diárias. Seu foco está direcionado para questões específicas, não é flexível e apresenta capacidade analítica reduzida; diferente de modelos matemáticos ou das técnicas estatísticas.

Os SADs são sistemas que atendem às necessidades do nível estratégico da organização e auxiliam a direção a tomar decisões semiestruturadas ou com rápidas mudanças. Esses sistemas se integram aos demais, usando as informações internas geradas pelos SITs, SEs, SAs ou pelos SIGs, e oferecem, ainda, a informação das fontes externas, tais como nível de preço dos competidores e oferta existente do produto. Sua estrutura tem caráter analítico, na qual os usuários trabalham em tempo real com seus resultados, incluindo outros que não apenas gerentes. Interativos, os usuários podem modificar as condições assumidas pelo sistema e alterar seu banco de dados secundário. Os SADs são extraídos dos sistemas de processamento de transações e interagem com os outros componentes do sistema de apoio executivo para dar suporte à tomada de decisão dos gerentes e outros administradores na empresa. Os sistemas têm como requisito uma nova combinação de tecnologias de SIs para atenderem a necessidades ainda não satisfeitas. Nas grandes organizações, uma abordagem é dedicada à direção e às altas gerências, e outra, à presidência, que utiliza versão mais potente, sistema de apoio executivo. Quanto à direção, as decisões não estruturadas não apresentam regras fixas de trabalho ou aplicações específicas; as estruturadas, por sua vez, incorporam dados externos, resumem novos dados e incorporam os SIGs ou SITs.

Existem tecnologias e SIs que permitem um intercâmbio entre fornecedores e clientes, facilitando a transferência dos dados de reposição dos estoques e da demanda do ponto de vendas até o fornecedor, não só de produtos, como também dos componentes e materiais. Entretanto, com raras exceções (empresas de ponta), a estrutura produtiva é extremamente arcaica. As empresas enviam para os fornecedores somente informações sobre os pedidos, mas nada sobre os estoques, obrigando-os a tentar prever a demanda. Por causa dessas estruturas arcaicas, quando o pedido é recebido pelos produtores do primeiro nível, para que possam programar sua produção, esses dados podem estar desatualizados. Isso pode levar a uma produção, mesmo em épocas favoráveis, com prioridades erradas pelos produtores do primeiro nível, sendo possível, por exemplo, produzir mais dos itens menos demandados e menos de outros cuja demanda tenha se elevado.

As tecnologias e os SIs são o elo entre todas as atividades e permitem, com técnicas gerenciais e equipes, uma interação entre as atividades logísticas.

As tecnologias e os SIs são o elo entre todas as atividades e permitem, com técnicas gerenciais e equipes, uma interação entre as atividades logísticas. As aplicações hardware de TI, para a logística, resumem-se em:

- microcomputadores;
- *palmtops*;
- códigos de barra;
- coletores de dados;
- radiofrequência;
- transelevadores;

- sistemas GPS;
- computadores de bordo; e
- *picking* automático.

As aplicações software são, normalmente, em roteirizadores, WMS, GIS, DRP, MRP, simuladores, otimizadores de rede, previsões de vendas e EDI (FLEURY, 2000, p. 30). Adicionam-se a essas, principalmente, a identificação por radiofrequência (*Radio Frequency Identification* – RFID), o planejamento de recursos empresariais (*Enterprise Resource Planning* – ERP) e o sistema de gerenciamento de transportes (*Transportation Management System* – TMS).

As aplicações software são, normalmente, em roteirizadores, WMS, GIS, DRP, MRP, simuladores, otimizadores de rede, previsões de vendas e EDI.

Como a logística tem em seu conteúdo a integração, o conceito de Gestão da CSs (GCS) permite à empresa melhor relacionamento com os outros agentes da cadeia (fornecedores e clientes), proporcionando excelentes resultados a montante e a jusante, devendo ser aplicados em suas operações.

Existem três estratégias básicas para a integração.

A estratégia 1 consiste em começar a trabalhar no sistema da rede, e o primeiro passo é a empresa instalar em toda a sua estrutura, nas suas instalações de produção e distribuição, esse tipo de tecnologia (denominada TI). As empresas que têm demanda repetitiva devem substituir seus papéis ou pedidos eletrônicos por programas, mas o mais urgente relaciona-se à simplificação e racionalização da rede física.

A estratégia 2 refere-se à minimização do número de níveis nas redes de distribuição e suprimentos. A melhoria no atendimento da demanda está na eliminação de estoques e na diminuição significativa de custos de transportes, excluindo fontes estrangeiras, pelo estabelecimento de concentrações locais de instalações de distribuição e fábricas fornecedoras.

A estratégia 3 relaciona-se à concentração local, com um programa de fornecedores geograficamente próximos, estabelecendo vínculos permanentes com os mais fortes e persuadindo os fornecedores remotos a construírem uma fábrica perto das existentes.

Muitas vezes, revendedores, distribuidores e estabelecimentos varejistas se interpõem entre fornecedores e clientes, elevando o preço do produto. Há várias razões para que isso ocorra. A primeira consiste na entrega instantânea ao cliente; a segunda, na existência de um local conveniente em que o cliente possa ver e tocar os produtos nos quais estiver interessado; e a terceira se refere a uma loja ou a um distribuidor local que possa fornecer de forma rápida e prática serviços e peças de reposição. Os grandes progressos alcançados pelos distribuidores estão eliminando todas essas justificativas para a continuação das práticas do passado.

As empresas produtoras têm como meta atender às exigências dos consumidores, considerados pelos executivos como "reis" e pela logística como últimos agentes da cadeia produtiva. Entretanto, existe um hiato entre os clientes e seus fornecedores, pois os primeiros desconfiam dos segundos ao pensarem que concederão mais atenção e vantagens para os clientes que mais consumirem; e os fornecedores, por sua vez, acham que os clientes compram de concorrentes que vendem a um menor preço, reclamando de falta de ética por parte dos clientes.

Por exemplo, o *e-procurement* (aquisição eletrônica), que é a compra e venda entre empresas de suprimentos e serviços pela internet, é uma das partes mais importantes da *Supply Chain Management* (SCM). Algumas vezes, há referências ao *e-procurement* como *supplier exchange*. O *e-procurement* é uma ferramenta de um site de *e-business* que permite, aos usuários registrados, acesso às informações sobre interesse de compra ou venda.

## *E-procurement*

No *e-procurement*, uma empresa envia à sua rede de fornecedores uma informação sobre o interesse em comprar algum suprimento. Os fornecedores recebem a informação, que contém o tipo específico do material, a quantidade e quaisquer outras informações relevantes, para que eles possam fazer um orçamento e responder. A empresa que encaminhou a informação pode estipular um prazo de resposta, por exemplo. Ela recebe as várias respostas de seus fornecedores, de maneira organizada e hierarquizada, de acordo com seus interesses. Pode, por exemplo, visualizar as respostas por preço, prazo de entrega etc. O *e-procurement* é um meio de reduzir custos, tornando a empresa mais competitiva e hábil a controlar melhor seus estoques e otimizar o ciclo de produção.

> O *e-procurement* é uma maneira de reduzir custos, tornando a empresa mais competitiva e hábil a controlar melhor seus estoques e otimizar o ciclo de produção.

A vantagem do *e-procurement* está em retirar custos desnecessários da operação de obtenção de recursos, combinando a melhor forma de comprar com as tecnologias da internet. O *e-procurement* traz velocidade, agilidade, controle e eficiência, viabilizando as ações a seguir.

- **Diminuir ciclos:** resume o fluxo de pedidos e aprovações enquanto reforça as diretrizes da empresa (a qual se preocupa mais com a qualidade dos produtos que compra e com suas regras de negócios do que com análises de preços ou condições).

- **Reduzir custos administrativos:** torna automáticos processos que antes eram manuais. Os orçamentos chegam padronizados e não precisam ser redigitados para serem inseridos no sistema. Os custos de transmissão e recepção são nulos, em comparação a um fax ou telefone.
- **Melhorar o aproveitamento estratégico:** permite que os profissionais de compras redirecionem seu tempo para elaborações estratégicas, como negociar contratos com fornecedores.
- **Baixar os preços de compras:** conseguem ganhos por trazer mais compras sob o contrato, por pesquisar melhores preços e condições de todo o rol de fornecedores, e ainda por descontos por volume.
- **Reduzir custos de estoque:** elimina ou diminui ao máximo a necessidade de estoque de matérias-primas, cobrindo todas as ineficiências do processo manual.

## 4.2 Comércio Eletrônico (CE)

Segundo pesquisa do Ibope Media, existiam 94,2 milhões de internautas em dezembro de 2012, sendo o Brasil o quinto país mais conectado do mundo. De acordo com a Fecomércio-RJ/Ipsos, o percentual de brasileiros conectados à internet aumentou de 27% para 48%, entre 2007 e 2011. O principal local de acesso é a *lan house* (31%), seguido da própria residência (27%) e da casa de parente e de amigos, com 25% (abril/2010). Em 2012, no Brasil, um total de 50,7 milhões de usuários acessavam regularmente a internet, sendo que 38% das pessoas a acessavam diariamente; 10% de quatro a seis vezes por semana; 21% de duas a três vezes por semana; 18% uma vez por semana. Somando, 87% dos internautas brasileiros navegavam na rede semanalmente.

Em 2008, no Brasil, foram despendidos R$ 8,2 bilhões em compras on-line. Em 2009, mesmo com crise, foram R$ 10,6 bilhões; em 2010, fechou com R$ 14,8 bilhões, atingindo um terço de todas as vendas de varejo feitas no Brasil; e, em 2011, R$ 18,7 bilhões. Em 2012, o faturamento do setor chegou a R$ 22 bilhões. Ainda assim, apenas 20% dos internautas brasileiros faziam compras na internet; aqueles que ainda não compravam não o faziam por não considerar a operação segura (69%) ou porque não confiavam na qualidade do produto (26%).

O número de usuários de computador em 2012, no mundo, foi estimado em 2 bilhões. A cada dia, 500 mil pessoas entram pela primeira vez na internet, a cada minuto são disponibilizadas 48 horas de vídeo no YouTube, e a cada segundo um novo blog é criado. Atualmente, 70% das pessoas consideram a internet indispensável. Em 1982, havia 315 sites na internet; em 2012, existiam 174 milhões.

De acordo com Turban, Rainer e Potter (2004), os sistemas baseados em web são bastante utilizados pelas empresas. Esses são aplicações ou serviços localizados em um servidor que pode ser acessado por meio de um navegador, de qualquer local. Oferecem como funcionalidades conteúdos produzidos em tempo real e acesso global pelos usuários via internet (dependerá do direito de acesso predefinido). Algumas tecnologias são a seguir comentadas a seguir de maneira detalhada.

- Internet ➔ entidade pública, cooperativa e autossustentável, distingue-se pelo uso do conjunto de protocolo denominado TCP/IP (*Transmission Control Protocol/Internet Protocol*).
- Intranet ➔ é o uso da tecnologia *World Wide Web* (WWW) para criar uma rede privada, geralmente dentro de uma empresa. Utiliza o *firewall* (dispositivo de segurança) para separar internet da intranet e estabelecer uma seleção de quem, fora da intranet, pode ter acesso a ela.
- Extranet ➔ refinamento adicional do conceito de intranet, extensão; pode ligar duas ou mais intranets; utiliza software de acesso remoto para autenticar e criptografar dados que trafegam entre o usuário remoto e a intranet (interna); desempenha papel importante no desenvolvimento do Comércio Eletrônico (CE), ou *e-commerce*.
- CE e loja virtual ➔ permitem que as transações empresariais e de estoque sejam conduzidas continuamente pela internet. Alcançam milhões de pessoas em qualquer lugar e a qualquer hora.
- Portais corporativos ➔ são desenvolvidos com aplicações intranet das empresas, fornecem informação agregada aos membros da empresa considerando um único ponto de acesso.
- Mercados eletrônicos ➔ rede de interações e relacionamentos na qual se intercambiam informações, produtos, serviços e pagamentos.

A internet surgiu da Arpanet, rede de segurança elaborada pelos Estados Unidos para fins militares, na década de 1970. O sucesso de seu uso para troca de dados levou a sua disseminação, alcançando outras áreas governamentais e, em seguida, áreas de ensino e pesquisa. A internet é formada basicamente por redes elementares que congregam computadores a ela conectados 24 horas por dia. Os demais usuários estão conectados imediatamente à rede, obtendo seu acesso por meio de um provedor.

O CE é a realização de toda a cadeia de valor dos processos de negócios em um ambiente eletrônico, por meio da aplicação intensa de tecnologias de comunicação e de informação, atendendo aos objetivos de negócios.

O CE é a realização de toda a cadeia de valor dos processos de negócios em um ambiente eletrônico, por meio da aplicação intensa de tecnologias de comunicação e de informação, atendendo aos objetivos de negócios. Também é definido como qualquer negócio ou insumos transacionados por meio eletrônico. É a compra e venda de informações, produtos e serviços por meio de rede eletrônica. O CE é o termo usado para a compra e venda de bens e serviços pela internet, especialmente pela rede mundial de computadores – *World Wide Web* (WWW).

O conceito de CE engloba a realização de toda a cadeia de valor dos processos de negócio em um ambiente eletrônico, não se restringindo simplesmente a transações comerciais de compra e venda de produtos e serviços. Inclui todos os tipos de esforços de pré e pós-vendas, assim como um conjunto de atividades auxiliares. Sob certo ponto de vista, o CE engloba também a SCM; em outra visão, apenas usa parte dela.

O CE tem estes principais aspectos:

- necessita ter massa crítica de organizações e consumidores para utilizar mecanismos eletrônicos;
- permite a negociação; e
- integra o comércio.

## Tipos de CE

a) Transações entre empresa e consumidor – B2C – *Business-to-Consumer*, ou venda ao consumidor (por exemplo, Amazon). Podem incluir serviços. São os varejos virtuais, representados por sites, também chamados lojas virtuais, muitas vezes agrupados em um "shopping virtual". Esses sites oferecem catálogos eletrônicos de empresas, nos quais o consumidor pode escolher um produto, e permitem que seja feito um pagamento por meios eletrônicos. Nessa forma de comércio, as empresas precisam desenvolver praças de mercados eletrônicos atraentes para seduzir e vender serviços e produtos para os consumidores. Como um lugar para vendas diretas, disponível 24 horas por dia, com alcance global, interatividade e oferecendo informações e pedidos personalizados, a internet rapidamente tornou-se uma fonte bilionária de negócios. Foi essa a causa principal do verdadeiro *boom* que tomou conta da Nasdaq, a bolsa eletrônica norte-americana, valorizando qualquer papel que terminasse em "pontocom". Um grande desafio para uma loja virtual é o planejamento logístico. A facilidade e a comodidade de comprar sem sair de casa desaparecem se o pedido não chega na hora certa. A

> O *Business-to-Consumer* são os varejos virtuais, representados por lojas virtuais, muitas vezes agrupadas em um "shopping virtual". Podem incluir serviços.

segurança e a proteção antifraudes também são pontos importantes e a incerteza do consumidor quanto à garantia do site pode significar muitas vendas a menos. Desde o início de 1999, várias discussões acerca da privacidade on-line têm-se alastrado pelo mundo afora. A tecnologia permite que um site, ou uma rede deles, monitore seus visitantes e obtenha uma quantidade incrível de informações e dados que podem ser usados para traçar um perfil de cada consumidor.

b) Transações entre duas empresas – B2B – *Business-to-Business*. Atacado virtual. Representa o comércio feito entre empresas, podendo para isso usar o *Electronic Data Interchange* (EDI). O comércio entre empresas representa uma fatia ainda maior do CE. É o lado atacadista do processo comercial. A estrutura do CE no B2B tem, de certa forma, uma implementação mais simples, pois, em geral, as partes da transação são bem conhecidas. Se por um lado o varejo eletrônico requer uma mudança de hábitos das pessoas (comprar em casa, em vez de passear no shopping), por outro, comprar e vender pela internet tornou-se obrigatório para as empresas, sob o sério risco de verem seus concorrentes economizando fortunas com o CE, bem como seus clientes. Em todos os setores, as empresas estão passando por um grande impacto no custo de aquisição de clientes, e, para se conseguir um cliente usando a internet, gasta-se geralmente menos da metade do custo dos canais tradicionais. Além disso, os custos variáveis das interações de acompanhamento do cliente são significativamente reduzidos ou eliminados. Dependendo dos objetivos da empresa, os aspectos-chave para o retorno incluem redução de tempo para processamento de pedidos, economia nos custos, precisão e fluxo aprimorado de informações. A venda não é o único aspecto a ser considerado. Os líderes em CE estão percebendo um grande avanço na área de marketing e nos custos de suporte ao cliente.

> O *business-to-business* é o comércio entre empresas. Representa uma fatia ainda maior do CE.

De acordo com a empresa, há um ganho significativo no valor da marca, muitas vezes atraindo clientes para os canais convencionais. Do ponto de vista do B2B, o CE é fundamental para manter as empresas competitivas no terceiro milênio. E ainda permite:

- aumentar as margens usando o canal on-line;
- reduzir os custos associados a processos de papéis: impressão, manuseio e postagem; e
- fornecer aos clientes serviços mais rápidos e eficazes.

Isso se traduz em margens superiores de lucro, nas quais, por exemplo, o custo do processamento de uma passagem de avião normalmente é de US$ 8, e o de uma passagem aérea eletrônica (*e-ticket*) é de apenas US$ 1. O B2B reduz os chamados custos de transação entre 20% e 50%. Esse tipo de transação passa pelo trinômio: consolidação, integração e relacionamento, refletindo a otimização e eficiência nos processos.

c) Transações entre consumidores – C2C – *consumer-to-consumer* (por exemplo, leilões de produtos de clientes).

O *consumer-to-consumer* ocorre entre consumidores.

## Características do CE

O CE enfrenta os seguintes desafios:

- atender dentro dos prazos esperados;
- gerenciar expectativas;
- administrar devoluções; e
- operar com custos mínimos.

O CE foi facilitado por três principais efeitos das evoluções de mercado e tecnológicas, a saber:

- transferência instantânea de capital para qualquer lugar;
- disponibilidade de informação em tempo real; e
- maior conhecimento de mercado e clientes.

O CE viabiliza uma concepção mais eficiente entre compradores e vendedores e, dispondo da internet, expande fronteiras e tem entrada fácil em vários mercados, o que é definido como "erosão de fronteiras geográficas", possibilitando a substituição de produtos e a eliminação de intermediários (por exemplo, comprar um livro direto na editora, em vez de ir a uma livraria). As parcerias são baseadas em meios eletrônicos com clientes e fornecedores (melhoram a eficiência e reduzem os custos). O CE também possibilita:

O CE possibilita uma concepção mais eficiente entre compradores e vendedores. Com a internet, expande fronteiras e tem entrada fácil em vários mercados.

- compartilhar plataformas e mercados com os concorrentes; e
- eliminar os limites de espaço e tempo.

O modelo integrado no qual o CE se baseia depende de:

- políticas e regras públicas: relacionadas com aspectos legais, regulamentações e normas oficiais;

- políticas e padrões técnicos: vinculados a padronizações, comunicações e interfaces; e
- infovia e provedores – infovia: linha telefônica, televisão a cabo, transmissão por radiofrequência, cabo submarino, fibra óptica etc.

O CE tem como problemas mais comuns:

- impontualidade, atrasos por causa de erros de comunicação, estocagem e distribuição deficientes, entregas superiores a 48 horas e escassez do produto;
- insegurança das transações on-line;
- falta de assistência após a venda;
- o fato de nem todo produto anunciado (na internet) ter sucesso;
- não atendimento da comodidade que o cliente exige (todas as informações sobre o produto em até 20 segundos); e
- identificação incorreta dos clientes (*cookies*).

**OBSERVAÇÃO:**

Os *cookies* são pequenos arquivos de texto (.TXT) gravados no disco rígido do internauta por alguns servidores de sites visitados. Na maioria dos casos, servem apenas para identificar quem acessa.

As empresas buscam permanecer competitivas no CE, mas não apenas nele. Na verdade, elas têm como objetivos:

- redução de tempos e custos (produtividade, eficiência); e
- melhora de padrões de qualidade.

No CE entre as empresas, o ideal é não esperar pelo momento ideal, pois todo negócio deve: permanecer competitivo; buscar um aumento contínuo de produtividade; e entregar produtos e/ou serviços com qualidade.

A única fonte de vantagem competitiva permanente é a criação de uma infraestrutura técnica e organizacional que permita inovação contínua, para estar sempre à frente do concorrente.

Pontos básicos para se obter vantagem competitiva no CE:

- satisfação do cliente: resposta automática de e-mails;
- redução de custos: diminuição do número de operadores por meio de chats; e
- aumento de vendas: orientação dos usuários por operadores on-line.

A obsolescência está ocorrendo em uma velocidade crescente. Os problemas para os gerentes residem em como saber o que vem pela frente e fazer, de forma correta, com que os sistemas sejam compatíveis.

As estratégias para conquistar o cliente no CE são:

- necessidade de *cookies* (arquivos que contêm dados dos clientes);
- obrigatoriedade de atendimento on-line (e-mail, chat ou fóruns) e/ou real; e
- atendimento do cliente em até 48 horas; com a logística, preparar-se para os períodos de demanda (Natal, por exemplo), pois o consumidor do CE quer a comodidade de fazer compras pelo computador e a certeza de entrega.

**OBSERVAÇÃO:**

Gerenciamento de conteúdo: ferramentas que criam, organizam e gerenciam a publicação de conteúdo no site. Análise de tráfego: ferramentas que permitem armazenar e analisar o perfil de navegação.

A lealdade do cliente é objeto do passado. O cliente atual observa a tecnologia como um diferenciador, não o nome da marca/banco. Essa tecnologia, que permite às empresas serem mais competitivas por meio de grandes investimentos, possibilita que novos concorrentes nasçam de empresas com capacidade de rápida movimentação.

O surgimento de produtos de alta tecnologia e a sua demanda crescente levaram a mudanças no mercado financeiro, consolidando a nova economia. Houve uma divisão na bolsa de valores, uma parte com ações de empresas de setores "tradicionais" da economia e a outra com ações de empresas do setor de "novas tecnologias".

Os custos da nova economia são:

- de comunicação entre fornecedores e compradores;
- de preparação de proposta para os vendedores;
- interno de produção; e
- de coordenação interna.

Os princípios da nova economia são:

- processar a informação de forma rápida e econômica;
- reduzir as distâncias com o uso de infovias;
- incrementar os investimentos em comunicação; e
- ampliar os mercados pelo uso da internet.

A Internet é a rede mundial de computadores conectados, usando um padrão de protocolo de tal forma que qualquer computador na rede possa enviar e receber mensagem de qualquer outro.

## Web

A internet (*intercontinental networks*) é a rede mundial de computadores conectados, usando um padrão de protocolo de tal forma que qualquer computador na rede possa enviar e receber mensagem de qualquer outro. Em 1993, a internet foi aberta aos negócios, com as vantagens de fácil publicação de informações, custo reduzido e facilidade de uso, bem como a desvantagem de risco no curto prazo. A *World Wide Web* (WWW) foi criada em 1990, e o navegador, em 1993.

A internet hoje depende destes cinco fatores:

- linha/cabo de conexão físico ou eletromagnético;
- disponibilidade de computadores;
- conteúdo;
- custo acessível nas conexões; e
- educação – não basta saber ler e escrever; é necessário conhecer a tecnologia.

A internet é interativa e possibilita interface com multimídia, com acesso global, promovendo produtos e tornando-se um canal de negócios.

Intranet é a utilização da tecnologia de Internet dentro de uma organização.

O conceito de intranet, por sua vez, difere do conceito de internet. A intranet é uma rede interna que funciona como uma internet de acesso restrito, que traz informações e serviços para os funcionários e também dá acesso aos sistemas corporativos, como sistemas de gestão de RH.

Intranet é a utilização da tecnologia de internet dentro de uma organização. Seus benefícios imediatos são facilmente enumeráveis, como se observam a seguir.

- Comunicação universal – a padronização proporcionada pela tecnologia da internet permite que qualquer indivíduo da organização tenha acesso a informações internas e externas, podendo interagir com qualquer outro indivíduo.
- Tecnologia aberta – a tecnologia está livremente disponível e qualquer um pode obter a documentação necessária para desenvolver produtos e aplicativos.
- Desempenho – o tratamento, a distribuição e o armazenamento eletrônicos da informação não têm rival quanto a eficiência e velocidade.

Mais que isso, tecnologias emergentes permitem que essa informação esteja em diferentes formatos, como vídeo e áudio, aumentando substancialmente a velocidade e a facilidade com que ela pode ser absorvida pelos seres humanos.

- Confiabilidade – a tecnologia da internet é confiável e robusta, tendo sido aprovada nos testes de utilização do dia a dia.
- Baixo custo – comparando-se a tecnologia da internet com outras tecnologias proprietárias de rede, percebe-se que seu custo é surpreendentemente baixo. Na verdade, utilizando-se software de domínio público, é possível implementar toda a intranetização de uma empresa. Pode-se observar que o hardware necessário normalmente está disponível nas organizações, tornando, em alguns casos, próximo de zero o custo de implantação.
- Segurança – um dos aspectos mais questionados da tecnologia da internet é quanto à segurança de informações sigilosas. Pode-se afirmar que os meios eletrônicos permitem o mais alto grau de sigilo das informações, caso os cuidados necessários sejam tomados. O desenvolvimento das técnicas de criptografia e a facilidade de sua utilização amparam essa afirmação.
- Fácil utilização – a interface padrão proporcionada pelos navegadores WWW é de fácil utilização e está se tornando mundialmente conhecida.
- Economia – avanço significativo para abolir a forma escrita como principal meio de armazenamento e transmissão da informação. Relatos têm mostrado que o custo da implantação de intranets é amortizado em poucos meses pela economia proporcionada em relação aos meios tradicionais de tratamento da informação.
- Garantia de desenvolvimento – a internet constitui o maior laboratório do planeta, no qual novas tecnologias e sistemas são constantemente desenvolvidos e testados por milhões de usuários. Como exemplo da eficiência desse modelo, a qualidade do software de domínio público produzido nesse contexto tem surpreendido os mais céticos.

> Correio eletrônico é o mesmo que e-mail e caixa postal eletrônica; um sistema de comunicação eficiente e rápido entre computadores da rede, que se baseia no envio e recebimento de mensagens.

O correio eletrônico é o mesmo que e-mail e caixa postal eletrônica; um sistema de comunicação eficiente e rápido entre computadores da rede, que se baseia no envio e recebimento de mensagens.

A videoconferência é o recurso que possibilita o encontro entre pessoas ou grupos sem o custo extra e a inconveniência de viagens. Permite aos seus participantes a utilização de imagens de vídeo, comunicação com áudio, imagens "escaneadas" e trocas de arquivos.

> Videoconferência evita custos extras e a inconveniência de viagens. Permite a utilização de imagens de vídeo, comunicação com áudio, imagens "escaneadas" e trocas de arquivos.

Site não é sinônimo de CE. Um site é apenas o ponto de partida que permite a uma empresa realizar transações comerciais eletrônicas na internet; o relacionamento que a empresa estabelece com seu ambiente de negócios que fundamenta sua expansão. A web, em paralelo, é uma interface de homens e empresas com outros homens e empresas; é uma facilitadora de transações. A homepage, por sua vez, tem por finalidade explicar ao visitante tudo o que oferece quanto a serviços e/ou mercadorias à venda.

> Um site é apenas o ponto de partida que permite a uma empresa realizar transações comerciais eletrônicas na internet.

Para avaliar seu sucesso na web, é necessário verificar o que faz seu concorrente, o que faria seus clientes comprarem seus produtos na web e quais produtos vendidos em catálogo podem ser nela comercializados.

Além dos impactos da internet, as características de atuação do portal impõem à logística um desafio ainda maior de desenvolver e gerenciar soluções para atender a necessidades, tais como:

- múltiplos setores;
- catálogo de produtos sem todas as informações necessárias à logística;
- níveis de serviço diferenciados;
- múltiplos OLs;
- práticas de transporte usuais das indústrias; e
- integração com parceiros.

Veja a seguir alguns tipos de empresas na internet.

- Pontocom: portas de entrada na rede; tentam inaugurar um negócio virtual como extensão da infraestrutura física; usam a web para criar relacionamentos, sócios, clientes e fornecedores.
- Híbridas: concorrem com as tradicionais e com as pontocom; usam a web como complemento da estratégia de negócio.
- *Market makers*: constroem novo mercado e fazem da web uma ferramenta de intermediação on-line ou para estreitamento do relacionamento com um grupo bem definido de consumidores e clientes; ao mesmo tempo, preservam os relacionamentos existentes e os modelos de formação de preço.

- *Market breakers*: ingressam na web com o claro objetivo de destruir o paradigma de negócios existentes para, em seguida, criar um novo modelo de geração de lucro. São empresas que adotam estratégias de destruir os concorrentes. Praticam *dumping* e se sustentam por outras atividades.

O CE na internet oferece capacidades únicas e eficientes, uma vez que é:

> O CE oferece capacidades únicas e eficientes. É ubíquo, contínuo, expansível, veloz, interativo e de multimídia digital.

- *ubíquo*: onipresente (mercados eletrônicos estão abertos durante 24 horas, todos os dias);
- *contínuo*: trabalha sem intervalos;
- *expansível*: maneja infinitos usuários;
- *veloz*: fornece resposta rápida;
- *interativo*: permite interação; e
- *de multimídia digital*: dados, áudio, vídeo.

Para Souza et al. (2007), prioriza-se a velocidade das informações para que os primeiros a dominarem o conhecimento consigam maior lucratividade em vista da valorização do novo, ou seja, da mudança do conhecimento, do mercado, entre outras modificações. Diante disso, o papel principal da TI consiste em ampliar o alcance e acelerar a velocidade de transferência do conhecimento. Assim, os programas de Gestão do Conhecimento (GC) pretendem auxiliar na captura e estruturação do conhecimento de grupos de indivíduos, disponibilizando-o em uma base compartilhada por toda a organização. Nesse processo de GC, observa-se que as possibilidades de conhecer melhor cada colaborador, assim como mensurar adequadamente o valor de seu capital humano, contribuem para que a organização se torne competitiva.

Para alcançar tal resultado, os referidos autores afirmam que, dentre as muitas ferramentas que podem ser utilizadas pelas organizações nesse contexto, podem-se destacar algumas mais gerais, como: ferramentas voltadas para intranet, sistemas de Gerenciamento Eletrônico de Documentos (GED), sistemas de *groupware*, sistemas de *workflow, business intelligence,* ferramentas de inteligência competitiva e portais corporativos, descritos mais adiante.

O sistema de GED é uma ferramenta utilizada para a gestão do conhecimento da empresa (*knowledge management*). Detém o sentido de organizar, preservar e compartilhar o conhecimento de qualquer natureza existente dentro da empresa, seja ele relacionado com tecnologia, produtos, serviços, gestão da qualidade, processos produtivos e de gestão da organização ou qualquer outro que possa agregar valor e diferenciar a empresa. Como principais características dessa ferramenta, pode-se citar: gerenciamento de grande número de documentos; possibilidade de tratamento de imagens; definição de acesso aos documentos, ou seja, quem e quando; gestão da vida útil de cada documento; integração com sistemas legados; distribuição de informações e documentos por e-mail, SMS ou por meio do sistema; e integração com intranets e portais (RIOS, 2002).

No que tange aos sistemas de *groupware*, trata-se de um software colaborativo, que apoia o trabalho em grupo e constitui-se de um sistema que, baseado no computador, auxilia grupos de pessoas envolvidas com objetivos comuns (SOUZA et al., 2007).

Os sistemas de *workflow* são um conjunto de ferramentas que auxiliam o projeto e implementam esquemas de definição de fluxos de trabalho, sua instanciação e execução controlada, bem como a coordenação e integração das diferentes ferramentas disponíveis dentro de um mesmo fluxo de trabalho (PEREIRA DA SILVA; PINHEIRO, 2003). Algumas de suas aplicações são: correio eletrônico, agenda eletrônica em grupo, videoconferência, sistema de apoio à decisão em grupo, sistemas de gerenciamento de documentos e gerenciadores de fluxo de trabalho (SOUZA et al., 2007).

Com relação ao *business intelligence*, esse surgiu na década de 1980, e descreve as habilidades das corporações para acessar dados e explorar as informações (normalmente contidas em um *data warehouse/data mart*), analisando-as e desenvolvendo percepções e entendimentos a seu respeito, o que permite incrementar a tomada de decisão e torná-la mais pautada em informações (SOUZA et al., 2007). Essa TI será apresentada adiante.

A inteligência competitiva, por sua vez, é um sistema de monitoramento (*environmental scanning*) com um conjunto de procedimentos para coleta e análise de informação sobre o macroambiente, que possibilitariam à organização um processo de aprendizagem contínuo, voltado ao planejamento e a decisões estratégicas. Pode ser considerado, também, um programa sistemático e ético de reunir, analisar e gerenciar informação externa, que pode afetar os planos, decisões e operações de uma organização (sociedade dos profissionais de inteligência competitiva – SCIP – *Society of Competitive Intelligence Professionals*). É o processo que permite o aumento da competitividade da organização no mercado, por meio de um entendimento maior, mas inequivocamente ético, de seus competidores e ambiente competitivo. A Inteligência Competitiva (IC) pode ser considerada, também, uma estratégia para a empresa descobrir o que se passa em seu ambiente de negócios, alimentando os executivos com o conhecimento das condições para empreender ações que forneçam à empresa uma vantagem sobre seus competidores (RODRIGUES e TOLEDO, 2011).

Por fim, o portal corporativo é uma evolução das atuais intranets; além disso, é o elemento central para a Gestão de Conteúdos (PEREIRA et al., 2007). Entre suas principais características, destacam-se: ser uma ferramenta totalmente baseada na tecnologia para a web; permitir fácil integração de sistemas web e acesso a bancos de dados (relatórios e gráficos, por exemplo); possibilitar acesso personalizado a conteúdo e serviços; e oferecer interface dinâmica e personalizável. Como benefícios, fornece: redução dos custos; aumento da produtividade; aperfeiçoamento na comunicação; melhoria no atendimento a clientes; aumento na segurança das informações; e incremento e valorização do capital intelectual (SOUZA et al., 2007).

Essas ferramentas são TIs utilizadas para trabalho em grupo, a fim de integrar os departamentos e unidades de negócio das empresas. Dessa forma, elas podem auxiliar na integração das operações de armazenagem, de produção e nos aspectos administrativos e fiscais.

### 4.2.1 Intercâmbio eletrônico de dados

> O EDI, criado pelo ANSI, é um formato padrão para trocar dados de negócios.

A mensagem eletrônica é a informação gerada, enviada, recebida ou arquivada eletronicamente, por meio óptico ou por similares, incluindo o "intercâmbio eletrônico de dados".

O intercâmbio eletrônico de dados (*Electronic Data Interchange* – EDI) é um formato padrão para trocar dados de negócios criado pelo American National Standard Institute (ANSI). Uma mensagem EDI contém uma sequência de "elementos de dados", cada qual representando um fato singular, como um preço, um número de série ou quantidade. As mensagens EDI podem ser criptografadas.

Uma característica importante do EDI é que as mensagens não precisam de ação humana para serem enviadas, tampouco manipuladas. O sistema é programado de forma a enviar uma mensagem sempre que determinada situação ocorra. Usualmente, o EDI é adotado entre duas empresas que fazem sempre o mesmo tipo de transação, que é o caso de uma relação entre fornecedor e comprador. Outro exemplo é um controle de estoque: cada vez que o estoque chega a certo nível predeterminado, o sistema envia automaticamente um pedido para o fornecedor, sem truques e sem precisar de ninguém para acionar o comando. Por essas características, o EDI é geralmente implantado entre duas empresas mediante contrato. Assim, cada uma das partes (chamadas de *trade partners*) pode preparar seus sistemas e fluxo de mercadorias de acordo com o ritmo dos negócios. O EDI é uma ferramenta típica da quarta geração do *e-business* (várias empresas dentro de um processo, automação). Utiliza canais físicos específicos contratados junto às operadoras de telecomunicações e padrão próprio, as redes de valor agregado (WAN) ou via internet, que seria o WebEDI.

Para implantar o EDI, são necessários os passos cruciais a seguir.

- O EDI é uma forma automática de transação de informações. Portanto, é fundamental que essa transação fique restrita apenas às empresas interessadas. O primeiro passo é um acordo ou contrato formal entre as partes (as *trade partners*).
- O EDI é um conceito muito amplo, que pode ser entendido como uma parte da GCS ou como uma ferramenta do CE. Por esse motivo, é preciso definir a situação específica em que o EDI será aplicado e seus parâmetros. O sistema também deve ser programado de forma a se comunicar com esses fornecedores e escolher – de acordo com parâmetros como prazo de entrega, preços e condições de faturamento – o fornecedor para determinado pedido.
- Como mensagem, o EDI consiste em campos, cada qual contendo um tipo específico de informação (uma imagem, um preço, uma quantidade, um código de produto, uma data etc.). É preciso definir esse formato, a ordem e a especificação de cada campo. Todas as empresas que farão parte do sistema precisam decidir, juntas, esse padrão. Pode ser que, para cada empresa, haja um padrão diferente.
- É preciso escolher a tecnologia e o hardware que farão esse trabalho. A empresa pode optar por uma solução de ASP, em que ela aluga essa tecnologia, que tem de ser compatível com os sistemas de todas as envolvidas. A solução mais comum hoje em dia, para o EDI, é baseada na linguagem XML (de ***eX****tensible* ***M****arkup* ***L****anguage*, uma linguagem derivada do HTML e compatível com todos os tipos de computadores atuais).
- O sistema precisa ser implantado e testado. A partir desse ponto, o controle de estoque de matérias-primas será automático.

O EDI automatiza de forma inteligente certos processos comerciais. Permite que a empresa ou seus funcionários aproveitem o tempo elaborando estratégias, em vez de se preocuparem com processos repetitivos.

Com o EDI, a empresa pode:

- **Automatizar a produção:** busca-se uma linha de montagem que só entre em ação quando um produto for vendido. Ela só produz o que for preciso. Essa empresa não precisa ter estoque de produtos nem de matérias-primas. Isso já existe e é possível com a automação proporcionada com o EDI.
- **Introduzir o *just in time*:** conceito vedete do início dos anos 1990; é muito mais fácil de ser implantado quando integrado com o sistema de EDI.

- **Reforçar parcerias de negócios:** estratégia típica da nova economia; é muito mais eficaz se for implementada em conjunto com a filosofia de *trade partner*.
- **Reduzir os preços de compras:** consegue ganhos por trazer mais compras sob contrato, por pesquisar melhor os preços e condições de todo o rol de fornecedores e, ainda, pelos descontos por volume.
- **Reduzir custos de estoque:** elimina ou reduz ao máximo a necessidade de estoque de matérias-primas, cobrindo todas as ineficiências do processo manual.

Os dados trafegam na internet, utilizada como rede que integra as empresas, independentemente de porte, estrutura de TI ou nível de conhecimento de funcionários. Com isso, não há mais necessidade de software e treinamentos específicos para usar o sistema, que funciona em ambiente web.

O EDI tem como benefícios:

- a eliminação da necessidade de os funcionários imprimirem, postarem, verificarem e manusearem inúmeros formulários de múltiplas cópias de documentos comerciais;
- a redução de atrasos pela utilização de formatos padrão (*time to market*: hora certa de oferecer o produto ao consumidor, no exato momento de seu pedido, ou tempo que um produto leva para chegar ao mercado); e
- a redução de custos com a redução do uso de papel, postagem e mão de obra.

O EDI é significativo na troca de informações entre empresas que se relacionam com frequência. Ele consiste na troca eletrônica de dados por canais físicos específicos, contratados junto às operadoras de telecomunicações. Os sistemas de EDI (outra ferramenta do CE) que permitem a transferência eletrônica, de computador para computador, de informações estruturadas de acordo com um padrão, utilizam critérios próprios para seu tráfego. Essa tecnologia permite troca de informações (com *modem* e software adequados) diretamente de computadores para computadores, dispensando digitação e manipulação de dados, e permite automatizar documentos como ordens de compras, faturas, notas fiscais etc., transmitindo e recebendo por via eletrônica, independentemente de horários, distância e sistemas de computação utilizados.

## 4.3 Outras tecnologias

A nova economia baseia-se em informação, inovação e conhecimento e na conscientização da concorrência globalizada, em que o concorrente pode estar em qualquer lugar. Nesta era do conhecimento, sobreviverão somente as empresas que conseguirem atrair talentos, obter lealdade de seus funcionários e preparar as pessoas para as mudanças constantes.

**OBSERVAÇÃO:**

Os três principais efeitos das evoluções de mercado e tecnológicas são:

- transferência instantânea de capital para qualquer lugar;
- disponibilidade de informação em tempo real; e
- maior conhecimento de mercado e clientes.

### 4.3.1 *E-learning*

> O *e-learning* é uma forma inovadora de aprendizagem otimizada mediante o uso de novas tecnologias e capaz de fornecer conhecimentos rápidos com qualidade a um grande número de pessoas.

O *e-learning* é uma forma inovadora de aprendizagem otimizada mediante o uso de novas tecnologias e capaz de fornecer conhecimentos rápidos com qualidade a um grande número de pessoas. A internet é uma facilitadora, pois distribui a informação em larga escala e a baixo custo. Encorajar o *e-learning* permite atrair os melhores profissionais e manter os melhores funcionários. O *e-learning* usa tecnologia para apoiar, orientar e ensinar a distância. Um treinamento baseado nos conceitos do *e-learning* promove a utilização de recursos da colaboração fora do curso comum, como boletins, grupos de discussão e utilização maciça de e-mails, a qual é a maneira mais comum de se comunicar com o instrutor. Há também a possibilidade de comunicação simultânea entre alunos e professores, seja por softwares específicos, seja por chats. Existem os programas que permitem a visualização do instrutor, para conversar ou para "assistir" a uma aula e/ou palestra. Os arquivos para estudos podem ser enviados por diversos formatos pelos e-mails.

O ensino a distância não é uma novidade trazida pelo *e-learning*. Temos exemplos desde 1920, quando a Universidade Estadual de Iowa utilizou o rádio para ministrar cursos e, a partir de 1951, a televisão.

Pode-se, então, historicamente, definir os seguintes períodos:

- até 1980 – treinamentos presenciais, uso da televisão, rádio e sistema postal;
- de 1980 a 1985 – era da multimídia, flexibilidade do treinamento, redução de custos, uso dos softwares;
- de 1995 a 1999 – início da utilização da web (e-mails, navegador da web e html); e

- a partir de 1999 – uso intensivo da web, com tráfego de dados, áudio, vídeo. Computadores e redes com altas velocidades, sofisticação de sites e portais.

O *e-learning*, segundo as empresas que o adotaram, apresenta as seguintes vantagens:

- redução de custos (quando associado a viagens dos professores e/ou dos alunos);
- maior rapidez de aprendizagem (considerando a quantidade de alunos por turma);
- flexibilidade no agendamento das aulas; e
- facilidade na abertura de novos negócios.

O *e-learning* busca, assim, minimizar estes três obstáculos:

- dificuldade de utilizar a tecnologia;
- dificuldade de disponibilizar recursos no tempo e no espaço; e
- dificuldade de agrupar pessoas.

O *t-commerce* é definido como todo o faturamento vindo dos serviços disponibilizados na televisão interativa.

## 4.3.2 *T-commerce*

O CE via televisão tem o objetivo de fazer as empresas mergulharem definitivamente na internet. A televisão interativa permite a navegação pelos sites com o uso do controle remoto da televisão. O *t-commerce* é definido como todo o faturamento vindo dos serviços disponibilizados na televisão interativa.

O *c-commerce* é definido como os negócios que utilizam a rede de colaboração que uma empresa é capaz de articular com parceiros, clientes, fornecedores e até mesmo concorrentes.

## 4.3.3 *C-commerce*

É definido como os negócios que utilizam a rede de colaboração que uma empresa é capaz de articular com parceiros, clientes, fornecedores e até mesmo concorrentes.

O LBS é uma comunicação via celular que permite às operadoras localizar os portadores de celulares onde quer que eles estejam e, a partir daí, enviar-lhes mensagens de serviço ou comerciais.

## 4.3.4 *Location Based Service* (LBS)

Consiste na comunicação via celular que permite às operadoras localizar os portadores de celulares onde quer que eles estejam e, a partir daí, enviar-lhes mensagens de serviço ou comerciais.

*E-marketplace* são os portais e mercados digitais que aproximam compradores e vendedores em ambiente neutro.

### 4.3.5 *E-marketplace*

São os portais e mercados digitais que aproximam compradores e vendedores em ambiente neutro. Oferecem um ponto central para que as empresas comprem e vendam e são canais de comunicação em que empresas do mesmo segmento se unem para negociar preços e estratégias com fornecedores e revendedores. É o modelo em que várias empresas se juntam para fundar outra que congregue objetivos comuns para fazer o comércio cooperativo. O *e-marketplace* pode ser:

- por catálogo: o vendedor oferece a usuários seu catálogo on-line;
- *request for quotations*: permite ao comprador avaliar ofertas de vários vendedores;
- leilões: padrão, com compradores competindo entre si, ou reverso, com vendedores competindo entre si; e
- leilão reverso: processo em que o comprador informa o produto que quer e o valor máximo que paga; diversos fornecedores fazem seus lances on-line e o vencedor é o que faz a melhor oferta.

Problemas que podem causar o desaparecimento de um *e-marketplace*:

- escassez de usuários (empresas não migram imediatamente para o modelo eletrônico) e ausência de confiança nos parceiros eletrônicos;
- pouca abrangência geográfica;
- falta de integração; e
- o fato de empresas não costumarem abrir lista de fornecedores estratégicos.

Uma solução simples que evita esses problemas é gerenciar um *marketplace* de *marketplaces*.

*E-procurement*, por sua vez, é um *marketplace* fechado para algumas empresas, com as seguintes vantagens:

- redução de arquivos impressos e de erros de *inputs* pela automação do processo;
- aumento do alcance de negociação e da agilidade processual;
- economia de tempo; e
- melhoria no relacionamento comercial, sendo estabelecido um novo canal entre compradores e fornecedores.

***F-Commerce – Facebook Commerce*:** o crescimento vertiginoso do número de usuários de redes sociais, em especial, o Facebook, despertou o interesse das empresas em estarem presentes nesse canal. É possível criar uma loja virtual dentro do Facebook usando aplicativos de *e-commerce*, que funcionam como uma vitrine de produtos. Quando alguém clica no botão comprar, é direcionado para a página do produto, ou seja, para a loja virtual.

***S-Commerce* – *Social Commerce*:** redes sociais – As empresas estão buscando usar as redes sociais como ferramenta de atendimento, uma vez que a voz dos consumidores ganha cada vez mais força com as redes sociais. Consumidores insatisfeitos podem desgastar a imagem de empresas que não resolverem seu problema, compartilhando suas experiências negativas com suas redes de amigos e parentes, e até mesmo postando vídeos com depoimentos.

## Sistema de gerenciamento de armazéns (*Warehouse Management System* – WMS)

O WMS surgiu da necessidade de se melhorarem os fluxos de informação e de materiais dentro de um depósito, armazém ou Centro de Distribuição (CD), tendo como resultados principais: a redução de custos, a melhoria na operação e o aumento do nível de serviço prestado aos clientes. A utilização do WMS permite uma precisão maior das informações de estoque, da velocidade e qualidade das operações do CD e da produtividade do pessoal e equipamentos. Isso se tornou possível dado o surgimento de novas TIs, tanto em hardware quanto em software.

Além disso, os sistemas de gerenciamento de armazéns surgiram da evolução dos antigos sistemas de controle de armazéns ou *Warehouse Control Systems* (WCS). Algumas funções adicionais foram sendo agregadas à medida que o WCS evoluía de um simples sistema de controle para um sistema mais complexo, capaz de emitir sugestões ou realizar cálculos.

A principal diferença entre o WMS e o WCS é que este último não é um gerenciador de armazéns, diferenciando-se, assim, do WMS em alguns aspectos. O WCS não oferece uma variedade de relatórios para auxiliar no gerenciamento das atividades; não tem flexibilidade de hardware; a customização é limitada à mudança de campos e nomes; e sua instalação não pode ser feita de forma modular, somente integral. A contrapartida de todos esses aspectos negativos é que ele oferece um ótimo acompanhamento e controle das atividades (limitando-se ao controle) com custo reduzido de software e hardware requeridos para sua implementação.

De acordo com Banzato (2010), o WMS é um sistema de gestão (software), que melhora a operacionalidade da armazenagem, mediante o eficiente gerenciamento de informações e de seus recursos. As informações utilizadas podem ser provenientes de empresas transportadoras, da produção, do ERP, dos clientes e fornecedores, entre outros. O WMS utiliza essas informações para receber, inspecionar, estocar, separar, embalar e expedir mercadorias da melhor forma possível.

Dentre os vários benefícios de um WMS, tem-se: aperfeiçoamentos na precisão do inventário e na ocupação do espaço, redução de erros, aumento da produtividade, menor necessidade de papéis, eliminação de inventários físicos, melhoria no controle da carga de trabalho e no gerenciamento operacional, e apoio ao processo de aumento de valor agregado ao cliente.

Por último, têm-se as desvantagens da utilização do WMS, as quais se referem ao alto custo de sua implantação. Adicionado a isso, há uma abundância de fatores envolvidos, tais como o porte, a complexidade e a falta de estruturação dos projetos. Assim, para não haver questionamentos relativos ao desempenho do WMS, é importante ressaltar que, antes de sua efetiva implantação, é necessário realizar uma avaliação da TI, a fim de se verificar como o WMS pode contribuir para o negócio.

Sabe-se que todo armazém executa cinco funções básicas: o recebimento, a movimentação, a armazenagem, a separação e a expedição de produtos. A partir disso, para Sucupira (2002), as principais funcionalidades do WMS são: rastreabilidade das operações; inventários físicos rotativos e gerais; planejamento e controle de capacidades; definição de características de uso de cada local de armazenagem; sistema de classificação dos itens; controle de lotes, datas de liberação de quarentenas e situações de controle de qualidade; separação de pedidos (*picking*); interface com clientes e fornecedores; cálculo de embalagens de despacho e listas de conteúdo; e controle de rotas e carregamento de veículos.

Em relação à interface com clientes e fornecedores, o WMS deve permitir a fácil comunicação, por meios como a internet, de maneira a receber dos fornecedores os documentos de remessa de mercadoria, notas fiscais, antecipadamente, possibilitando a programação das operações de recebimento com antecedência. Da mesma forma, deve permitir o recebimento de informações da empresa cliente, quanto aos pedidos dos fornecedores e das notas fiscais de venda para impressão no local do CD.

O WMS também deve ter algoritmos para calcular as embalagens necessárias para acondicionar as diversas mercadorias a serem enviadas para um cliente, possibilitando a emissão de listagem do conteúdo e de pesos bruto e líquido de cada embalagem.

Por fim, o sistema WMS deve permitir o cadastramento de rotas e controlar os volumes carregados em cada veículo. Documentos de transporte como conhecimentos e manifestos podem ser transmitidos às transportadoras, visando agilizar o tempo de liberação dos veículos. Essa integração com transportadoras deve permitir, também, a transmissão de dados de recebimento pelos clientes (canhoto da nota fiscal), para viabilizar a avaliação de desempenho do transportador e informações de rastreabilidade de encomendas para os clientes.

Diante dessas funções, verifica-se que o sistema WMS busca aumentar a precisão das informações de estoque; aumentar a velocidade e qualidade das operações do centro de distribuição; e aumentar a produtividade do pessoal e dos equipamentos do depósito.

## Sistema de gerenciamento de transportes (*Transportation Management Systems* – TMS)

A incorporação de conceitos como *just in time* e *just in sequence* nos processos produtivos das empresas brasileiras e o aumento no número de roubo de cargas resultaram no desenvolvimento de um mercado de softwares voltados para o transporte. Diante disso, percebe-se a necessidade de investimentos em TIs que provenham suporte à segurança na função logística que apresenta maior custo, os transportes. Uma das TIs que podem ser implantadas é o sistema de gerenciamento de transporte ou TMS.

Segundo Velho (2010), o TMS pode ser definido como um software que auxilia em: planejamento, execução, monitoramento e controle das atividades relativas à consolidação de carga, expedição, emissão de documentos, entregas e coletas de produtos, rastreamento da frota e de produtos, auditoria de fretes, apoio à negociação, planejamento de rotas e modais, monitoramento de custos e nível de serviço, e planejamento e execução de manutenção da frota.

Com relação aos principais benefícios da solução TMS, destacam-se: ferramentas integradas; informações em tempo real; redução dos custos operacionais; melhor atendimento ao cliente; diminuição do tempo de entrega do produto; e veracidade e segurança das informações. Além desses, acrescenta-se que o sistema pode assegurar a rastreabilidade do pedido e a produtividade em todo o processo de distribuição (BANZATO, 2005). Essa rastreabilidade é muito importante para a confiança dos clientes, dos órgãos de fiscalização e empresas, principalmente nos casos de incidentes envolvendo os produtos.

Para Banzato (2005) as características de uma solução TMS podem mudar de acordo com o ramo de atividade em que é utilizada (industrial, OLs e empresas de transportes de cargas), ou conforme o modal adotado. Diante disso, como as soluções desse sistema estão relacionadas com o transporte e a distribuição, Velho (2010) argumenta que o TMS apresenta os seguintes módulos específicos para apoiar o gerenciamento desses processos: gestão de frotas, gestão de fretes, roteirização, programação de cargas, controle de tráfego ou rastreamento, atendimento ao cliente, entre outros. É importante ressaltar que esses módulos podem ser implantados independentemente uns dos outros, de acordo com as necessidades específicas de cada negócio.

No que tange à implantação do TMS, enfrentam-se dificuldades para treinar a mão de obra para operar o novo sistema, pois esses processos acabam mudando a forma de trabalho, exigindo, portanto, persistência e um bom gerenciamento do projeto de implantação por parte da área de TI.

Dessa forma, verifica-se que o uso do TMS deve ter por base um processo estruturado de seleção, garantindo que os critérios sejam acurados e a solução traga os benefícios desejados para o setor de transportes, pois esse é de grande importância para o gerenciamento logístico justificado pelo seu elevado custo.

## Identificação por radiofrequência (*Radio Frequency Identification* – RFID)

A etiqueta inteligente ou RFID, que também é referenciada como *smart tag* ou *e-tag,* "é um microchip capaz de armazenar grande quantidade de informações, como data de validade, processo de produção, descrição do produto e lote, que podem ser acessados por meio de radiofrequência" (LOGPRO, 2009). Para uso da etiqueta, é necessário um padrão concedido pela EPC Global, uma *joint venture* entre a EAN International (instituição que faz estudos, cursos e concede o padrão a algumas tecnologias de informação) e a *Uniform Code Council* (UCC).

Essa tecnologia é usada em gerenciamento de CSs para rastrear o movimento de mercadorias e para controle do inventário. No varejo, a RFID permite relacionar os produtos com informações pessoais dos consumidores, facilitando seu rastreamento e vigilância. Em outras palavras, se essas informações pudessem ser relacionadas a cartões de crédito, telefone celular ou informações bancárias, seria possível ter um perfil completo sobre os hábitos de compra, preferências, movimentos e gastos pessoais do consumidor (RIBEIRO, 2009).

Ainda segundo a autora, os sistemas RFID possuem três tipos de componentes básicos: a antena, o leitor e a etiqueta (*transponder* ou *tag*). A etiqueta é um *chip* que, ao ser submetido à ação de um campo eletromagnético de dada frequência, é energizado, produzindo um sinal de resposta, ou seja, é um aparelho que transmite informação para o leitor localizado no objeto que está identificado. A antena pode ser construída dentro do leitor e é responsável pela recepção do sinal e pela transmissão dos comandos às etiquetas (por meio de sinais eletromagnéticos). Os tamanhos e formatos são diversos e variam de acordo com o tipo de aplicação. Os leitores são dispositivos que interrogam as etiquetas por seus dados por meio de uma interface de radiofrequência.

Em relação à fonte de energia e à capacidade de leitura e armazenamento, as etiquetas podem ser ativas, passivas ou semipassivas. Quanto à frequência, podem ser de: baixa frequência, 100-500 kHz (no mundo inteiro, o mais comum é 125-134 kHz); alta frequência (HF, 13,56 MHz); ultra-alta frequência (UHF, 400-1.000 MHz, em geral, 850-950 MHz); e *microwave*, 2,4-6,0 GHz (em geral, 2,45 GHz ou 5,8 GHz). As diferenças baseiam-se nas distâncias de leitura entre a etiqueta e o leitor, sendo determinadas por cinco variáveis: frequência usada, poder de rastreamento disponível para o leitor, poder de rastreamento da etiqueta, tamanho do leitor e das antenas da etiqueta, e condições ambientais e estruturais.

Há alguns padrões específicos para determinadas aplicações, como os cartões inteligentes e de identificação animal, que requerem criptografia para manter a transferência de informações segura. Existem alguns padrões nessa forma, como rastreamento de mercadorias com HF ou UHF *transponders*. Os padrões para a tecnologia RFID ainda estão em desenvolvimento pela EPC Global e demais organizações membros que estabelecem esse padrão para as etiquetas.

Para Taillieu (2006), de modo diferente dos códigos de barra que identificam todos os produtos e são lidos por feixe de luz, as etiquetas RFID identificam as embalagens individualmente, em todos os lugares do mundo, como únicas e diferentes, e usam ondas de rádio, que podem ser lidas por etiquetas RFID em uma carteira, bolsos ou até mesmo veículos. Além disso, há outras vantagens: não é necessária mira perfeita para a leitura no caso da etiqueta da RFID; podem ser lidas através de materiais não metálicos (neve, vapor, gelo, tinta, superfícies espessas e outros materiais); muitas podem ser lidas simultaneamente; são resistentes a determinadas temperaturas e outros fatores externos; e podem ser lidas e reprogramadas até 300 mil vezes até serem recolocadas, sem desgaste, ao operar em condições adequadas de uso (LIU e VIJAYARAMAN, 2006). Quando utilizadas em contêineres recicláveis, essas etiquetas podem ser usadas várias vezes. Caso outras tecnologias fossem empregadas, como códigos de barra e leitura óptica, o resultado poderia ser outro bastante inferior (LIU e VIJAYARAMAN, 2006).

A troca de informações entre as várias entidades que compõem a CS pode ser efetivamente implantada, ao se inserirem nas etiquetas eletrônicas de cada produto informações de controle de atributos a serem disponibilizadas de forma global. Além disso, a tecnologia RFID destaca-se entre outros fatores, por proporcionar:

- simplificação dos processos de negócio;
- melhoria nas operações de gerenciamento e controle;
- atualização das informações em tempo real, de forma mais rápida e eficiente que as transações manuais;
- possibilidade de leitura de muitos *tags* simultaneamente;

- código único para cada produto ou peça; e
- alta capacidade de memória.

As desvantagens são relacionadas à questão ética, que podem levar o consumidor a ter difundido seus hábitos de consumo e informações pessoais, uma vez que elas podem ser lidas sem o consentimento do consumidor e captadas a distância por antenas de alto ganho, quando houver a leitura de documentos, por exemplo, passaportes. Adicionado a isso, a utilização da tecnologia RFID em grande escala encontra ainda algumas limitações quanto a largura de banda necessária. Algumas dessas preocupações podem, no entanto, ser ultrapassadas se as etiquetas forem retiradas dos produtos na saída do ponto de venda.

As desvantagens da RFID estão associadas aos custos, à falta de um padrão internacional para as etiquetas e ao volume de dados que essa tecnologia cria, ou seja, a complexidade da integração do sistema e o debate sobre privacidade e segurança.

Ribeiro, Batalha e Scavarda (2011, p. 270), em uma pesquisa no setor de carne bovina, afirmam que

> a resistência à utilização da RFID, segundo os casos estudados, pode ser justificada pelos seguintes aspectos: falta de conhecimento da tecnologia e de seu uso; custo da etiqueta e dos equipamentos que a acompanham; baixa qualidade dos equipamentos; mudança da rotina dos funcionários e do processo produtivo, causados pela implantação da tecnologia e falta de definição do governo brasileiro na definição sobre as demandas do mercado externo para um sistema de rastreabilidade, o que levou as empresas a postergarem seus investimentos na implantação da RFID.

## Planejamento de recursos empresariais (*Enterprise Resource Planning* – ERP)

Essa TI organiza e integra o processo de transação e outras atividades rotineiras de todas as áreas funcionais em toda a empresa. Essa ferramenta abrange todas as transações de rotina de uma empresa, incluindo fornecedores e clientes internos e externos (TURBAN et al., 2005). Com o seu início ao final dos anos 1990, o uso dos ERPs tem crescido em muitas empresas de grande porte e em grandes negócios. O uso amplo do ERP reflete a necessidade de organizações e negócios de substituir os sistemas e softwares antigos e alcançar a integração de funções e processos organizacionais.

Assim, como todas as demais TIs, o ERP tem vantagens e desvantagens. Segundo Maguire, Ojiako e Said (2010), as vantagens estão relacionadas com a integração que a empresa imprime à sua organização, que melhora os processos na CS, tornando os processos mais transparentes. Isso leva a empresa ao desejo de manter a integração, desenvolvendo uma série de capacitações, reduzindo custos com a integração e racionalização dos processos. Essa redução de custos será estendida aos preços menores e mais competitivos ao consumidor. Simultaneamente, a integração dos sistemas pode conduzir o consumidor a uma experiência interessante, em que os serviços são providos sem interrupções, sem problemas.

Pode-se analisar a implantação de um ERP desde o estudo da necessidade até a pós-implantação em seis etapas essenciais, explicitadas a seguir.

- Mediante o planejamento estratégico de uma empresa, é percebida a necessidade de um sistema integrado de gestão, por questões de confiabilidade de dados, gestão da informação, automatização de alguns processos, entre outros fatores possibilitados com a operação de um ERP na organização.
- Em seguida, deve-se definir a estratégia a ser utilizada para a escolha do sistema mais adequado. Algumas empresas contratam consultores especializados e acabam por terceirizar essa tarefa. Entretanto, outras empresas pesquisam e solicitam visitas dos fabricantes com a finalidade de descobrir a melhor solução, normalmente sob aspectos financeiros, tecnológicos/funcionais e de flexibilidade.
- A próxima etapa, a de análise da decisão, tem como objetivo a escolha entre as alternativas pleiteadas nas fases anteriores. Há diversos modelos de decisão multicritério, estudos de viabilidade de projetos, análises de cenários, entretanto, algumas organizações preferem contratar especialistas para essa escolha, e normalmente acabam por incorrer em custos que poderiam ser evitados.
- O planejamento de implantação tem como objetivo principal o estudo para a alocação dos recursos financeiros, temporais e humanos que participarão diretamente durante o processo. Essa etapa inclui a possível contratação de uma consultoria especializada em implantação de sistemas integrados de gestão, mobilização das equipes funcionais, alocação de espaço físico, cronogramas, planejamento de aquisição de hardware e negociação com todos os fornecedores envolvidos. Em muitos casos, os projetos de implantação são divididos em cinco etapas: análise de processos, desenho da solução, construção (configuração) da solução, testes integrados e implantação (*go-live*). E duram, na maioria dos casos, de 6 a 24 meses. Em paralelo, nas últimas etapas, normalmente os usuários finais, que não estão participando diretamente do projeto de implantação, são treinados para o uso da ferramenta em questão.

- As etapas posteriores ao projeto de implantação, a entrada em produção e seus ajustes e a melhoria contínua são muito relacionadas, porém não totalmente. A primeira dá preferência aos ajustes logo após a implantação, que em muitos casos são vinculados à atribuição de funções, ou seja, a maioria dos problemas pós-implantação é ligada ao controle de acesso por parte dos usuários finais.
- A melhoria contínua é o ponto-chave da manutenção otimizada de um sistema integrado de gestão. O constante treinamento dos usuários, o aperfeiçoamento da ferramenta e o uso dos recursos disponibilizados pelo sistema são cruciais para uma posterior avaliação holística da implantação do sistema em uma organização.

**Implantação do ERP:** para implantar um software de gestão, o mais indicado é a compra de um pacote completo, quando não se tem segurança sobre a possibilidade de se fazer a perfeita conexão entre os módulos. Para evitar esse problema, torna-se necessário levar em conta fatores comuns na compra de qualquer software, como:

- compatibilidade com os processos de negócios da empresa;
- grau de integração entre os vários componentes do sistema de ERP;
- flexibilidade e escalabilidade;
- facilidade de uso;
- rápida implantação; período curto de ROI (*return on investment* – retorno do investimento);
- possibilidade de suportar controle e planejamento de muitos sistemas;
- arquitetura cliente/servidor, banco de dados independente, segurança;
- disponibilidade de *upgrades* regulares;
- custo da customização;
- infraestrutura local;
- disponibilidade de um site de referência na interface; e
- custos totais, incluindo custos de licenças, treinamento, implantação, manutenção, customização e hardware.

O sucesso de uma solução de ERP depende da velocidade em que os benefícios podem ser obtidos. Para isso, é preciso uma rápida implantação que leve a uma diminuição do período de ROI. A abordagem tradicional tem sido executada como um exercício de reengenharia, sendo definido um modelo de "vir a ser" antes da implantação do ERP. Isso leva a um desencontro entre o modelo proposto e a real funcionalidade do ERP, tendo como consequências customizações (para adaptar o "real" ao "imaginado"), demora no tempo de implantação, mais custos e perda de confiança pelos usuários. Em outras palavras, no caso do ERP, é preciso ter em mente um processo aberto e se concentrar nos ganhos no médio e no longo prazo, sob o risco de arcar com gastos desnecessários.

Uma abordagem mais aprimorada é executada de forma a fazer uma reengenharia durante o processo de implantação do ERP, voltando suas metas para a diminuição do tempo total. Os dois cenários a seguir podem ser diferenciados.

- Implementação compreensiva: aqui, o foco é mais sobre o aperfeiçoamento dos negócios do que sobre o aperfeiçoamento técnico durante a implementação. Essa abordagem é adequada quando:
  - é preciso um aperfeiçoamento do negócio;
  - existem estratégias alternativas (de negócios) que precisem ser avaliadas;
  - é necessário um alto nível de integração com outros sistemas; e
  - vários módulos precisam ser implementados.
- Implementação compacta: aqui, o foco é na migração técnica durante a implantação, com as melhorias nos processos de negócios vindos mais adiante. Essa abordagem é mais adequada quando:
  - aperfeiçoamentos no negócio não são necessários imediatamente;
  - a organização pretende mudar ou mudou recentemente de direção;
  - a empresa opera de acordo com as práticas normais de negócios; e
  - poucos módulos precisam ser implantados.

A fórmula do *e-business* pode ser resumida por ***e-business* = TI + web**, em que **TI** é Tecnologia da Informação.

A fórmula do *e-business* pode ser resumida por *e-business* = TI + web.

OBSERVAÇÃO:

Intranet é a rede interna das empresas, e extranet é a utilização da tecnologia da internet para conectar a intranet de várias empresas.

De forma sucinta, o ERP permite:

- obter documentação e compatibilização dos processos e regras de negócios bem definidas, permitindo um controle mais rígido sobre os pontos vulneráveis do negócio;
- possibilitar a integração dos departamentos/divisões de uma empresa, facilitando a atualização tecnológica e a redução de custos tecnológicos;

- aumentar a eficiência da empresa, otimizando a capacidade para fazer negócios em qualquer parte do mundo, agilizando oportunidades de negócios e dando suporte à estratégia de *e-business*;
- integrar módulos informatizados que "rodavam" separadamente; e
- acessar a informação em tempo real.

Outros conceitos importantes são descritos a seguir.

- *Peer-to-peer*: troca direta de informações ou arquivos entre computadores, sem intermediários. Para o B2B, o *peer-to-peer* tem como vantagem: a conexão automática entre computadores, sem necessidade de um portal específico ou intermediários.
- *Engineering Change Order* (ECO): mudanças no produto que partem do conceito de engenharia simultânea entre os parceiros de negócio, com iniciativa do fornecedor.
- *Early Supplier Involved* (ESI): envolvimento do fornecedor no desenvolvimento do produto, ou seja, iniciando o processo cooperativo desde o desenho e planejamento do produto; fornecedor e manufatura trabalhando conjuntamente.
- *Engineering change request*: mudança no desenho do produto, partindo do fornecedor, o qual passa a ser uma extensão da manufatura, buscando aumentar a produtividade e eficiência do produto, ou mesmo corrigindo falhas ou criando novas *features* para ele.
- *Upstream* e *downstream*: o *upstream* é o início da cadeia de fornecimento, em que aparecem os fornecedores; o *downstream* é o fim da cadeia, em que aparecem a manufatura, o distribuidor, o varejo ou o cliente, dependendo do tipo de indústria.
- *Customer Relationship Management* (CRM): é a gestão do relacionamento com o cliente. Esse conceito abrange desde a interação entre o cliente e um vendedor, ou a estrutura de serviços de atendimento ao consumidor, até o desenvolvimento de produtos de campanhas de marketing, entre outros elementos, para promover a fidelização de clientes.
- *One-to-one*: estratégia de negócios que se baseia na individualização de serviços e produtos para conseguir maior lucro na relação com cada cliente. Trabalha associada ao CRM.
- *Collaborative commerce*: processos que permitem às empresas colaboração interna, com parceiros e com clientes, pela integração de sistemas de gestão, *supply chain*, CRM e internet. Também denominado *e-collaboration*, é, na prática, um dos grandes subprodutos da GCS, para o ambiente da

internet, permitindo planejar e executar transações comerciais que lidem com produtos e serviços. São operações que envolvem, de forma cooperativa, todos os parceiros da CS. Considerando que a automação logística se divide em fluxo de materiais e fluxo de informações, e neste último está inserido a GCS, o *collaborative commerce* ou *e-collaboration* buscará uma eficiência para que os produtos certos sejam enviados aos locais adequados, com qualidade.

- *Partner Relationship Management* (PRM): filosofia empresarial que advoga que os parceiros são tão importantes quanto os clientes. Os canais de vendas e a competitividade apenas serão possíveis com parcerias. A rede de parcerias tem como propósito fomentar as vendas. Também é definido como gestão de relacionamento com o parceiro e denominado *Channel Relationship Management* (ChRM).
- *Collaborative Planning Forecasting and Replenishment* (CPFR): coordena a troca de informações na CS e sincroniza o status de venda em tempo real. Literalmente, é o planejamento cooperativo de previsão e reabastecimento. Esse procedimento permite a redução dos estoques e custos, possibilitando repor mercadorias com rapidez e prever vendas.
- *Web services*: pequenos programas escritos para internet que tornam disponíveis informações a outros sistemas ou sites, automaticamente.
- *Soap*: protocolo criado para comunicação entre ambientes, utilizando a internet e largamente utilizado na tecnologia *web service*.
- *eXtensible Markup Language* (XML): linguagem padrão de formatação generalizada, estabelecida em 1986, para facilitar a troca de documentos estruturados via internet.
- *E-fulfillment*: busca do desempenho das atividades físicas igual ao do mundo virtual. Deve-se buscar atualizar e organizar as práticas do mundo físico e, posteriormente, transportá-las para a internet, bem como selecionar parceiros que respondam às nossas expectativas, para, assim, diminuir o tempo médio de atendimento e reduzir riscos do CE.

## 4.4 *E-business*

Quando o termo *e-business* tornou-se mundialmente conhecido (na campanha publicitária da IBM, em 1997), surgiu também o conceito de "ciclo do *e-business*", definido como uma sequência de atitudes que configuram o roteiro de como as empresas devem agir para conseguir o máximo do *e-business*.

O *e-business* engloba o CE e inclui muitas outras aplicações para garantir que os negócios ocorram de modo mais eficiente.

O CE baseia-se na compra e venda (na internet) e em todos os processos que suportem essas compras e vendas, como a propaganda, o marketing, o atendimento ao cliente, as atividades com cartões de crédito etc.

O *e-business*, para alguns autores, engloba o CE e inclui muitas outras aplicações para garantir que os negócios ocorram de modo mais eficiente. Estende-se a mais aplicações internas, conectando funcionários para a realização de seus trabalhos de modo mais produtivo. O *e-business* também envolve a publicação e o acesso a informações.

Os dez mandamentos do marketing por e-mail são os a seguir.

1. Capriche na linha do assunto. Ela define se a mensagem será lida ou irá para o lixo.
2. Seja simples e direto na comunicação. Não tente recriar seu site em uma mensagem.
3. Ofereça alternativas, como um número de telefone e fax. O cliente deve se sentir no controle.
4. Enfatize todos os benefícios associados à mensagem, como descontos ou brindes.
5. Inclua sempre uma opção para que o cliente retire seu nome da lista de postagem.
6. Dê preferências às mensagens de texto. Muitos programas não leem imagens.
7. Limite o tamanho das mensagens a duas páginas.
8. Apresente em destaque os links no corpo do texto.
9. Lembre o usuário de que esse é um e-mail autorizado.
10. Envie o e-mail de um endereço eletrônico que também possa receber respostas dos clientes.

Implantando o *e-business*, existem os cinco fatores críticos descritos a seguir que devem ser levados em consideração para se obter êxito no CE, seja qual for a empresa, seja qual for o tamanho.

- **Estratégia de negócios sensata e com apoio da gerência executiva:** devem ser definidos objetivos claros, com prazos. A empresa inteira deve saber da importância do projeto e estar preparada para mudanças.
- **Foco no relacionamento com o cliente em longo prazo e na excelência:** o relacionamento com o cliente ganha impulso por meio de um site de CE. É importante também levar em consideração todos os detalhes do projeto, sob o risco de perder clientes, em vez de conquistar.

- **Consideração de todos os aspectos do ciclo normal de vendas (percepção, interesse, desejo, ação, suporte):** não adianta criar um site de CE e mantê-lo incógnito. Estratégias normais de mídia funcionam e muito. Da mesma forma, dentro do site, esse ciclo tem de ser levado em conta, na navegação e no design.
- **Compreensão e exploração dos aspectos únicos da internet e das tecnologias associadas a ela:** várias formas únicas de relacionamento são possíveis com a web. A internet muda muito rapidamente e é importante saber acompanhar seu ritmo.
- **Infraestrutura e processos de negócios sólidos, escaláveis e integrados:** é preciso escolher bem como o negócio será conduzido – de forma independente ou com o suporte de especialistas terceirizados. O equipamento e a solução de software também precisam ser perfeitos.

O *e-business* é a grande estratégia, e o CE é a sua atividade extremamente importante. O *e-business* é uma evolução do modo tradicional de fazer negócios. Portanto, ele não subverte nem se contrapõe à maneira habitual de negociar. Ao contrário, o verdadeiro *e-business* considera a natureza e a cultura de cada empresa, transportando seus métodos usuais de negócios para a web, ganhando com isso produtividade, controle e *performance*. Por meio da tecnologia, o *e-business* transforma as empresas em entidades digitais. Um verdadeiro *e-business* é aquele que utiliza todo o poder da internet para fazer com que suas operações sejam extremamente mais eficientes, menos dispendiosas e mais flexíveis do que nunca. Para tanto, há um uso excessivo de tecnologia.

## Áreas do *e-business*

O *e-business* atua nas áreas a seguir.

- *Customer Relationship Management* (CRM): gestão de relacionamento com o cliente.
- *Enterprise Resource Planning* (ERP) ou planejamento de recursos da empresa: serviço de gestão de processos administrativos e financeiros que se conectam aos sistemas de *supply chain*. É um conjunto de aplicativos que automatiza os departamentos e processos de uma organização; gestão de relacionamento com funcionários ou conjuntos de aplicações para autosserviços dos empregados direcionados ao ciclo de vida de cada profissional dentro da empresa, incluindo processos como contratação, desenvolvimento, compensação/benefícios e aposentadoria. O ERP trabalha de forma conjugada (além da SCM e do CRM) com a EAI (*Enterprise Application Integration* ou integração de aplicativos empresariais).

## 4.4.1 Ciclos e gerações do *e-business*

O *e-business* é o processo contínuo que permite às empresas avançarem em direção a uma nova forma de promover negócios, tornando-as aptas a concorrer em um ambiente global altamente competitivo. O primeiro passo é transformar os processos de negócios. É preciso uma iniciativa da própria empresa com o intuito de mudar (*transformar*). Uma vez definida essa nova forma de fazer negócios, é preciso *construir* as aplicações que serão os agentes dessa modificação. Essas aplicações devem rodar (*executar*) em um ambiente seguro e capaz de promover evolução. Como resultado, a empresa terá acesso a um novo patamar de informações e de conhecimento (*promover*). Isso levará a uma nova transformação dos processos de negócios, em um infinito processo de aperfeiçoamento e evolução.

O *e-business* é o processo contínuo que permite às empresas avançarem em direção a uma nova forma de promover negócios, tornando-as aptas a concorrer em um ambiente global altamente competitivo.

Fonte: Elaborada pelos autores.

**Figura 4.1** – Processo do *e-business*.

Pode-se comparar esse ciclo com as "gerações" do *e-business*, que representam as etapas de seu desenvolvimento ao longo do tempo, tanto em relação à tecnologia e à infraestrutura como em relação aos processos envolvidos.

Tabela 4.1 – Gerações do *e-business*

| Geração | Objetivos | Foco | Época |
|---|---|---|---|
| Primeira | Estabelecer presença na web | Fornecedor | 1993-1995 |
| Segunda | Oferecer serviços e produtos | Fornecedor | 1995-1998 |
| Terceira | Fazer uso de dados | Cliente | 1998-2001 |
| Quarta | Promover a automação | Cliente | 2001-dias atuais |

Fonte: Elaborada pelos autores.

Para ajudar a formar uma imagem melhor do *e-business*, segue uma pequena análise de processos diferentes de compra pela web. Em seguida, será diferenciado o que configura um *e-business* e o que é apenas uma "maquiagem".

**Vendas pela internet:** muitas empresas propagam que fazem *e-business* quando, na verdade, apenas recebem e-mails de pedidos.

O CE, ou as vendas pela internet, é apenas uma parte do *e-business*. Os erros mais comuns encontrados nas empresas que tentam fazer CE são os enumerados a seguir.

- O e-mail é um dos serviços menos seguros da internet. A mensagem passa por vários servidores antes de chegar ao destino. Somente usuários com identidade digital podem criptografar suas mensagens. Qualquer informação sigilosa está altamente exposta.
- O ato de fazer o controle manual de uma loja na internet está muito longe de ser chamado de "uso da tecnologia da informação", pois a informação não é tratada automaticamente. Os erros humanos são mais fáceis de acontecer que erros de programas. Normalmente, há uma perda considerável de tempo entre o momento do pedido e a embalagem do produto. A informação do pedido é manipulada por várias pessoas, o que complica até mesmo o controle eficaz de custos.
- A transportadora é avisada também manualmente. Não conta com nenhum plano de logística ou roteiro de entregas adequado. E se um vizinho do comprador também tiver um produto a receber? Será feita mais uma viagem, diminuindo a lucratividade.
- O cliente tem de se deslocar até o banco para pagar, e, se tivesse ligado para a loja, ou feito o pedido por catálogo, seria a mesma coisa. O administrador da loja perde seu tempo executando os processos de vendas e não pensando em como melhorá-los. Se o cliente fizer mais alguma compra, será tratado como se fosse novamente a primeira vez. Não se guarda nenhuma informação a seu respeito.

Em um modelo clássico de *e-business*, as informações são tratadas eletronicamente (tecnologia da informação) e a estrutura da internet é usada para transmitir e receber dados. Nenhuma pessoa tem acesso às informações do cliente. Os contatos com terceiros (o banco e a transportadora) são feitos eletrônica e automaticamente. Apesar de toda essa "frieza" eletrônica, o cliente fica "conhecido" pelo sistema. Quando voltar, será tratado pelo nome. Com o tempo, o sistema poderá traçar o perfil desse consumidor, que será uma base importante para ofertas e sugestões de compras.

Em uma utopia, o ideal seria que, a cada ciclo completo do *e-business*, a empresa entrasse em uma nova geração. O início do século XXI vivencia o auge da terceira geração do *e-business* e o início da quarta geração. No entanto, nem todas as empresas estão sincronizadas: algumas apenas começam a aparecer na web e outras já estão automatizando todos os processos de negócios. Da mesma forma, existem empresas que, em um único ciclo do *e-business*, já chegaram à terceira geração, enquanto outras, mesmo depois de várias voltas no ciclo de desenvolvimento, não conseguiram ir além da segunda geração.

Inicialmente, existe uma estratégia com foco "fornecedor", que significa que a empresa deseja oferecer seus serviços. A grande questão é disponibilizar serviços e "aguardar" que os clientes, ou internautas, apareçam. É quase uma extensão dos processos tradicionais, em que a mira da empresa se concentra na venda, na oferta de mercadorias. No segundo momento, o foco "cliente" significa que a empresa, em vez de oferecer produtos a possíveis compradores, vai ouvir o que o cliente deseja e, em seguida, oferecer-lhe um produto. A mira da empresa é direcionada para o processo de negócios, a satisfação do cliente e o conhecimento do mercado. É uma transição de um modelo baseado no vendedor para um modelo focado no comprador. Muitos consideram que essa é a verdadeira revolução que a internet vem a causar nos modelos de negócios pelo mundo afora. No mercado convencional, que tem como foco o fornecedor, o vendedor estipula os preços e as mercadorias. O comprador decide se o valor é aceitável e se o produto vai mesmo lhe ser útil. O comprador é quem se desloca até o vendedor. Na internet, começa a acontecer o contrário. O vendedor é quem "vai" até o comprador (afinal, é possível comprar qualquer coisa dentro do próprio quarto – um verdadeiro shopping dentro de casa). Surge a possibilidade da existência de um site de leilões, no qual quem decide quanto pagar é o comprador. O vendedor é que deve escolher se a oferta vale a pena ou não. A quarta geração do *e-business* é precisamente isto: os compradores escolhem os produtos que desejarem comprar e os preços que pagarão e, em seguida, vendedores do mundo todo oferecerão seus produtos e suas condições. O comprador será o centro dos processos.

Esse processo contínuo de aperfeiçoamento por si só representa uma mudança extrema em relação à maneira de trabalho da "velha economia". Antes, as empresas evoluíam tendo como objetivo um estado de equilíbrio em que o crescimento fosse sempre quantitativo. Agora, a qualidade torna-se mais importante que a quantidade, pois o desafio das empresas é aumentar a rentabilidade e a lucratividade.

Assim, a estratégia do *e-business* baseia-se em:

- informação: empresa estabelece uma estratégia de comunicação corporativa e oferece informações sobre a instituição, produtos e serviços;
- interação: procura a eficiência na identificação e na interação com o internauta;
- transação: incorpora a internet nos processos da empresa; e
- transformação: amadurecimento da empresa na internet; criação de novos produtos.

Quanto às características de um *e-business*:

- todos na empresa estão conectados e compartilham as informações;
- permite "melhor" visão dos clientes;
- busca a redução de custos e uma melhora da exatidão dos dados pelo fornecimento de aplicativos de autoatendimento a clientes e funcionários;
- trabalha on-line com os fornecedores, facilita o gerenciamento de estoques e aumenta a rapidez do fornecimento de produtos e serviços, com menor custo;
- expande o mercado em escala global; e
- faz com que a organização seja integrada e funcione com agilidade.

## 4.5 *M-commerce* ou *Mobile Commerce* (MC)

*M-commerce* ou *Mobile Commerce*, comércio por dispositivos portáteis sem fio, é o termo usado para a compra e venda de bens e serviços por meio de dispositivos portáteis sem fio (*wireless*), como telefones celulares e PDAs (*personal digital assistants* – assistentes pessoais digitais). Conhecido como a nova geração do CE, o *m-commerce* permite que usuários acessem a internet sem precisar de um local fixo para conectarem-se. A nova tecnologia na qual se baseia o *m-commerce* é chamada de *Wireless Application Protocol* (WAP) –

> *M-commerce*, ou *Mobile Commerce* (conhecido como a nova geração do CE), é a compra e venda de bens e serviços por dispositivos portáteis sem fio.

protocolo para aplicações sem fio, desenvolvida por grandes *players* dos mercados de telefonia, celular e eletrônica. Para explorar o potencial do *m-commerce*, grandes empresas fabricantes de dispositivos sem fio se uniram a grandes provedores de telefonia para desenvolver aparelhos WAP cada vez mais funcionais.

Uma das tecnologias mais promissoras é a *Bluetooth*, que permite que telefones celulares tenham capacidades de fax e e-mail. A tecnologia *Bluetooth* é um padrão de comunicação sem fio que usa radiofrequência para promover a ligação entre os aparelhos, possibilitando que o caminho para o *m-commerce* seja cada vez mais curto. Enquanto a transmissão de informações para dispositivos sem fio fica mais rápida, segura e continuamente escalável, muitas empresas se perguntam se o *m-commerce* realmente seria o método preferido para as transações de CE. Operações de CE por aparelhos móveis permitem o envio de texto, dados, som (voz) e imagens. O conceito de *m-commerce* permite convidar um executivo que passeia no shopping a conhecer uma loja. A combinação do acesso móvel à rede mundial com tecnologia de localização abre uma infinidade de possibilidades no que se refere a serviços personalizados em *m-commerce*. O *m-commerce* é o somatório dos conceitos do *e-commerce* e do *m-commerce*.

Para viabilizar o modelo de estratégia, deve-se ter:

- fidelidade ao objetivo;
- marketing do produto da empresa;
- capacitação de pessoal e de material (gerência da tecnologia); e
- parcerias.

Veja a seguir alguns dos vários tipos de serviços que estão disponíveis no momento ou se tornarão em breve.

- Serviços financeiros, que incluem *m-banking* (quando os clientes usam dispositivos sem fio para acessar suas contas), e também serviços de corretagem, nos quais ações e cotações podem ser manuseadas pelos mesmos meios.
- Telecomunicações, em que as informações sobre serviços e contas podem ser acessadas.
- Varejo eletrônico, com os clientes fazendo pedidos e pagamentos *on the fly* (ao mesmo tempo).
- Serviços de informações, que incluem notícias, dados sobre trânsito e clima e ainda serviços baseados na localização do usuário, que oferecem informações sobre locais próximos a ele. A IBM, por exemplo, investe em pesquisas sobre tecnologias de reconhecimento de voz que tornem os aparelhos sem fio mais funcionais e seguros.

Em 1983, o padrão de telefone celular analógico chamado *Advanced Mobile Phone System* (AMPS), sistema de telefone móvel avançado), que foi aprovado pela *Federal Communications Commission* (FCC) e primeiramente usado em Chicago, nos Estados Unidos. O AMPS utilizava uma variação de frequências entre 824 MHz e 894 MHz para telefones celulares analógicos. A primeira geração de telefonia móvel era analógica (só transmitia voz) e utilizava a comutação por circuito (canal dedicado). Além disso, fazia uso da tecnologia FDMA (*Frequency Division Multiple Access*), tendo como padrão o AMPS.

Com o sistema analógico chegando a seu limite de capacidade, veio a necessidade de sistemas digitais. Os telefones celulares digitais são a segunda geração (2G) de tecnologia celular. Utilizam a mesma tecnologia de rádio, como os telefones analógicos. (Sistemas analógicos não utilizam totalmente o sinal entre o telefone e a rede celular – sinais analógicos não podem ser facilmente comprimidos e manipulados como um verdadeiro sinal digital.) Os telefones digitais convertem sua voz em informação do código binário, ou seja, zeros e uns (0s e 1s) e depois a comprimem. Essa compressão permite que entre três e dez chamadas do telefone digital ocupem o espaço de uma única chamada analógica. O sinal passa a ser digital, mas a tecnologia de rede ainda é a comutação de circuitos, assim como na primeira geração. A primeira tecnologia 2G implantada no Brasil foi o TDMA (*Time-Division Multiple Access*); logo em seguida o CDMA, que evoluiu para o GSM.

O TDMA: consiste no acesso múltiplo por divisão de tempo. É um padrão digital de telefonia celular que permite a vários usuários compartilharem o mesmo canal (um de cada vez), podendo ser usado por três assinantes. É a mais antiga tecnologia digital e designa uma única frequência para o usuário. Utilizado pelo GSM, tem como características: a operação na frequência de 800 MHz; a divisão dos canais de frequência em até seis intervalos de tempo diferentes; e o controle de interferências, com cada usuário usando um espaço específico. Cada portadora TDMA tem uma largura de 30 KHz.

As tecnologias são as a seguir.

- **ADSL:** *Assymetric Digital Subscriber Line* – linha de assinante digital assimétrica. Essa tecnologia permite o tráfego, via cabos telefônicos, de dados em alta velocidade.
- **GPRS:** *General Packet Radio Service* – serviço geral de rádio para pacotes. Padrão para comunicação sem fio que suporta várias larguras de banda.
- **GSM:** *Global System for Mobile Communications* – sistema global para comunicações móveis. Sistema digital de telefonia celular que permite oito ligações simultâneas na mesma frequência. Foi introduzido em 1991 e está disponível em mais de cem países. Definido como de segunda

geração (2G), é uma tecnologia aberta. Podem ser utilizados vários fabricantes. Opera nas faixas de 850, 900, 1.800 e 1.900 MHz e utiliza uma combinação das técnicas de acesso FDMA e TDMA, em que uma portadora de radiofrequência do GSM (ARFCN) tem uma largura de banda de 200 kHz, que, por meio da técnica TDMA, é subdividida em oito intervalos de tempo. Dessa forma, até oito conversações simultâneas compartilham uma única portadora ou um canal de duas vezes 200 kHz. Essa tecnologia, desenvolvida na Europa e adotada em boa parte do mundo, tem como diferencial o uso de cartões de memória SIM (*Subscriber Identity Module*) nos aparelhos, o que possibilita mobilidade terminal, ou seja, levar as características do assinante para outro aparelho ou rede GSM.

- **MMS:** *Multimedia Messaging Service* – serviço de envio de mensagens multimídia.
- **SMS:** *Short Messages Service* – serviço de mensagens curtas. É um sistema usado para enviar mensagens de texto via telefones celulares.

## Geração 2,5G

Na maioria dos casos, os sistemas 2,5G são implementados diretamente sobre as redes 2G existentes. Como resultado, um sistema 2,5G não é uma rede comutada a pacotes "pura". Na verdade, pacotes de dados são transmitidos sobre redes de circuitos comutados. Redes *wireless* comutadas puras a pacotes são disponibilizadas apenas com a geração 3G. A mais importante transição do 2G para o 3G é definida como a transição da voz para os serviços de dados que defendia a técnica de espalhamento espectral (*spread spectrum*), na qual, para determinado canal, seria usada toda a largura de banda disponível (1,23 MHz), muitas vezes maior que o necessário, a princípio, para a transmissão de um único sinal.

As tecnologias são as a seguir.

- **GPRS:** é um serviço fornecido pelas operadoras que promove transmissão de pacotes. Essa tecnologia oferece velocidades máximas de dados de 115 Kbps e um *throughput* (taxa de transferência) médio de 30 a 40 Kbps. Os dados são divididos em pacotes para transmissão, o que favorece os usuários, pois fornece uma conexão permanente de dados, e assim não há necessidade de se entrar no sistema cada vez que se deseje ter acesso a serviços de dados. Os usuários só pagam pelos dados e não pagam pelo tempo de permanência na conexão, nem pelo tempo de carregamento. O funcionamento do GRPS consiste no uso de canais TDMA inutilizados para transmissão de dados. Por empregar comutação de pacotes, vários usuários podem fazer uso do mesmo canal. Para multiplexação, utilizam-se, para atribuição do canal: as técnicas FDMA e Frequency Division Duplex (FDD); para a comutação de pacotes, uma multiplexação estatística no domínio do tempo. Cada pacote tem tamanho constante (correspondente ao *slot* GSM). Para acesso ao meio, utiliza-se *downlink*, um protocolo que distribui os pacotes na ordem em que chegam à estação base, para *uplink*. O padrão suporta conexões IPv4 e PPP. O GPRS permite a conexão dos *smartphones* e celulares à internet, e, em 2012, era o padrão que oferecia a maior cobertura móvel para aparelhos de mão com acesso à internet.

- **EDGE (*Enhanced Data Rates for GSM Evolution*):** utiliza esquemas de modulação e correção de erros diferentes, possibilitando uma taxa de transmissão de dados maior (com limite teórico de 473,6 Kbps, utilizando 8 *slots*) e uma conexão mais confiável e robusta. EDGE possibilita a comutação de pacotes e prover conexão à internet. Permite-se a implantação do sistema EDGE em infraestrutura GSM e GRPS. O subsistema de rede não precisa de alteração de software ou hardware; a estação base requer algumas atualizações e a instalação de *transceivers* compatíveis com o padrão.
- **CDMA2000 1X:** é a evolução do cdmaOne, e apresenta taxas de transmissão superiores a 144 Kbps. O CDMA2000 1X abriu mercado para as altas taxas de velocidade de dados disponíveis em todo o mundo e oferece aos consumidores e profissionais total conectividade sem fio. Sua velocidade teórica é de 153,6 Kbps. A nomenclatura CDMA contida na sigla diz respeito apenas à técnica de modulação usada na interface aérea de sistemas celulares e não quer dizer que sejam totalmente compatíveis entre si.

  O CDMA (*Code Division Multiple Access*) consiste no acesso múltiplo por divisão de código. É uma tecnologia que não designa uma única frequência a cada usuário: todos podem usar toda a banda. As conversas são codificadas por uma sequência digital, e as ligações são feitas via Estação Radiobase (ERB). É utilizada na terceira geração de celulares (3G), nas modalidades CDMA2000 e W-CDMA (na Europa, chamada UMTS). Permite um acesso à internet de 2,4 Mbps. O CDMA 1XRTT permite o acesso à internet com 144 Kbps. O CDMA EVDO permite transmissão de vídeo e/ou dados em 2,4 Mbps. O CDMA é uma tecnologia fechada; qualquer nova expansão da rede acarreta a compra de novos produtos pelo fabricante.

## 3G

Os sistemas 3G (terceira geração) fornecem serviços de telefonia e comunicação de dados a velocidades maiores que seus antecessores. O padrão 3G especifica, mais exatamente, 144 Kbps em ambientes móveis, 384 Kbps em ambientes de pedestres e 2 Mbps em ambientes fixos.

- **UMTS (*Universal Mobile Telecommunications Service*):** baseia-se em IP e suporta voz e dados em pacotes oferecendo taxas máximas de transmissão de dados de até 2 Mbps e velocidades médias de 220-320 Kbps em movimento. É uma tecnologia desenvolvida para prover serviços com altos níveis de consumo de banda, como *streaming*, transferência de grandes arquivos e videoconferências para uma grande variedade de aparelhos, como telefones celulares, PDAs e *laptops*. A UMTS é compatível com a EDGE e a GPRS, permitindo ao usuário sair de uma área de cobertura UMTS e ser automaticamente transferido para uma rede EDGE ou GPRS, dependendo de fatores como disponibilidade de rede e o consumo de banda de seu aplicativo.
- **CDMA 1xEV-DO (*Evolution, Data-Optimized*):** é a tecnologia 3G do CDMA, que apresenta alta *performance* para transmissão de dados com picos de até 2,4 Mbps. (A taxa de transmissão de dados teórica é de 24 Mbps, e a taxa de transmissão média de 300 a 500 Kbps.) Opera em 800 e 1.900 MHz. Portadoras distintas são necessárias para dados e voz nesse sistema. O enlace de subida permanece praticamente inalterado em comparação com o CDMA2000, mas, no enlace de descida, os usuários são multiplexados em tempo.
- **CDMA 1xEV-DV (*Evolution, Data and Voice*):** é a segunda etapa na evolução do CDMA 1xEV, na qual uma mesma portadora pode ser utilizada para voz e dados. A primeira, o 1xEV-DO, uma portadora de 1,25 MHZ, é dedicada apenas para dados.
- **HSDPA (*High Speed Downlink Packet Access*)/HSUPA (*High Speed Uplink Packet Access*):** permite que as pessoas enviem e recebam e-mails com grandes anexos, joguem interativamente em tempo real, recebam e enviem imagens e vídeos de alta resolução, façam *download* de conteúdos de vídeo e de música ou permaneçam conectados sem fio a seus PCs no escritório – tudo usando o mesmo dispositivo móvel. HSDPA refere-se à velocidade com a qual as pessoas podem receber arquivos de dados, o *downlink*. HSUPA refere-se à velocidade com a qual as pessoas podem enviar arquivos de dados, o *uplink*.
- **WCDMA (*Wideband Code Division Multiple Access*):** é uma tecnologia de terceira geração, com velocidades de transmissão de dados em grande largura de banda.
- **UMTS (*Universal Mobile Telecommunications System*):** sistema de telecomunicações móveis. Esse sistema de telefonia de terceira geração visa à troca de voz e de dados a altas velocidades.

- **WAP:** é a tecnologia padrão no Ocidente para acesso sem fio, desenvolvida por grandes *players* fabricantes de aparelhos celulares. A explosão da internet sem fio é realidade na Europa, no Japão e nos Estados Unidos. No Brasil, onde existiam, no ano de 2004, cerca de 20 milhões de telefones celulares, pode-se ter uma ideia do potencial da migração para o WAP-*Bluetooth*. É uma especificação da indústria de telecomunicações e de computadores que descreve como aparelhos portáteis sem fio, celulares e assistentes pessoais digitais podem facilmente se interconectar com outros aparelhos sem fio e com aparelhos "fixos". Isso é feito por uma conexão de curto alcance. Com essa tecnologia, é possível que usuários de celulares, *pagers* e PDAs fiquem aptos a se conectar com seus PCs, telefones fixos, fax, impressoras e outros dispositivos, sincronizando informações facilmente, iniciando uma impressão, o envio ou recebimento de um fax etc. Essa tecnologia requer um *chip* de baixo custo em cada um dos dispositivos *I-mode*. É um serviço baseado em pacotes de informação (como o WAP), oferecido no Japão pela empresa NTT DoCoMo. Diferente do resto dos *players* da "arena *wireless*", o *I-mode* despreza o protocolo WAP e usa uma versão simplificada do HTML, chamada *Compact Wireless Markup Language* (CWML). A NTT DoCoMo afirma que, eventualmente, o *I-mode* pode se tornar compatível com o WAP, mas não disse, na época, quando isso pode acontecer. Introduzido em 1999, o *I-mode* foi o primeiro serviço web disponível para aparelhos celulares. Seu sistema de transmissão permite cores e vídeo (dependendo do aparelho); no início do ano 2000, contava com 5,6 milhões de usuários – em meados de novembro do mesmo ano, o número chegou a 13 milhões. O *I-mode* permite a conexão contínua com a internet por celulares.

## 4G

A sigla 4G diz respeito à quarta geração de telefonia móvel. A 4G é baseada totalmente em IP, sendo um sistema de sistemas e uma rede de redes, alcançando a convergência entre as redes de cabo e sem fio, assim como computadores, dispositivos eletrônicos e tecnologias da informação para prover velocidades de acesso entre 100 Mbps em movimento e 5 Gbps em repouso, mantendo uma qualidade de serviço (QoS) de ponta a ponta (ponto a ponto) de alta segurança, para permitir oferecer serviços de qualquer tipo, a qualquer momento e em qualquer lugar.

## 4.6 Gerenciamento Eletrônico de Documentos (GED)

Ao contrário dos outros termos que são citados em inglês pelo mercado e pelos profissionais, o termo Gerenciamento Eletrônico de Documentos (GED) é usado em português e refere-se à tradução de *Electronic Document Management* (EDM). Trata-se do manejo e controle de diferentes tipos de documentos usando softwares e armazenamento digital. Um sistema GED permite que a empresa e seus funcionários criem documentos ou capturem (obtenham) uma cópia em formato digital, podendo, assim, armazenar, editar, imprimir, processar e fazer qualquer tipo de manuseio, seja de uma imagem, um vídeo, seja de um texto ou um documento em papel. Esse sistema GED normalmente oferece uma vista simples de um banco de dados múltiplo e pode incluir um *scanner* para capturar documentos impressos, impressoras para (re)criar documentos em papel, além de sistemas de *backup*, um computador e softwares para serem usados como servidor e gerenciar as bases que contêm os documentos.

GED é o manejo e o controle de diferentes tipos de documentos usando softwares e armazenamento digital.

O GED é necessário em empresas que criam e mantêm uma quantidade grande de documentos, como faturas, pedidos, fotografias, entrevistas por telefone ou clipes de vídeo. O GED pode ser combinado com outras tecnologias e integrado em outras aplicações, como o *Business Intelligence* (BI) ou o *Knowledge Management* (KM) ou Gestão do Conhecimento (GC).

## 4.7 *Business Intelligence* (BI) ou inteligência de negócios

É um termo que descreve uma ampla categoria de aplicações e tecnologias para recolher, guardar, analisar e prover acesso a dados que ajudem administradores a tomar melhores decisões de negócios.

BI diz respeito a uma ampla categoria de aplicações e tecnologias para recolher, guardar, analisar e prover acesso a dados que ajudem administradores a tomar melhores decisões de negócios.

Aplicações de BI incluem um sistema de suporte a decisões, perguntas e relatórios, análises on-line, análises estatísticas, previsões e *data mining*, e podem ser:

- em problemas que envolvam missão crítica e essencial para as operações de uma empresa; ou
- ocasionais, para resolver um problema específico.

A BI pode ser aplicada a uma empresa inteira ou a apenas uma divisão, um departamento ou projeto. Pode ser iniciada centralmente ou conforme a demanda dos usuários. Usualmente, a BI pode ser sintetizada em um sistema de recolhimento e armazenagem de dados, em que esses podem ser cruzados e relacionados (*data warehouse*), e em um sistema de análise e pesquisa desses dados (*data mining*). O termo BI foi usado pela primeira vez em setembro de 1996, em um relatório do Gartner Group.

A BI também pode ser definida como o processo de coleta, transformação, análise e distribuição de dados, obtidos em informações estratégicas, para tomada de decisões nas empresas, incorporando o conceito de gerenciamento de dados e permitindo extrair dados arquivados em vários sistemas, identificá-los, definir padrões, detectar tendências e fazer previsões. A BI, também chamada de *inteligência de negócios*, tem como objetivo disseminar as análises de dados para um número cada vez maior de funcionários das empresas. É um processo de coleta, análise e distribuição de dados para melhorar a decisão dos negócios, levando as informações para um número bem maior de usuários dentro da organização. A BI deve extrair informações de múltiplas fontes e integrá-las. Em outras palavras, é o conjunto de metodologias, técnicas e ferramentas para extrair, organizar, analisar, apresentar e distribuir informações para dar suporte às decisões de negócios.

Essa tecnologia utiliza como recursos o *data warehouse*, o *data mining*, o *knowledge discovery* e o *workflow*. Aplica-se ao *back-office* (serviços de apoio não relacionados com o negócio central da empresa) e ao *front-office* (linha de frente ou setor de vendas, por exemplo).

## 4.7.1 *Data warehouse* (armazém de dados)

É um repositório central para todos os tipos significativos de dados que vários sistemas de negócios de uma empresa coletam. O termo foi criado por W. H. Inmon, no início da década de 1990. Segundo Inmom (1996), *data warehouse* é uma "coleção de dados orientada por assuntos, integrada, variante no tempo e não volátil, cujo objetivo é dar suporte aos processos de tomada de decisão". Em geral, um *data warehouse* localiza-se em um servidor *mainframe* e reúne informações de todos os processos de negócios e de outras fontes. Suas informações são continuamente selecionadas e distribuídas no banco de dados *data warehouse*, para serem usadas por aplicações de análises de dados e requisições dos usuários que organizam o banco de dados; além dis-

> *Data warehouse* é um repositório central para todos os tipos significantes de dados que vários sistemas de negócios de uma empresa coletam.

so, o *data warehouse* armazena dados não voláteis (fora do ambiente transacional da empresa); é um repositório único de dados extraídos de múltiplas origens (vários bancos de dados e aplicações existentes na empresa); e deve permitir pesquisas e visão intuitiva dos negócios. O *data mart*, por sua vez, contém um *data warehouse* confeccionado sob medida para suportar os requisitos de análise específicos de uma unidade de negócio.

Em resumo, um *data warehouse* é um banco de dados construído de forma especial, permitindo que os dados se relacionem e sejam analisados de maneira mais contundente. Um *data warehouse* é:

- orientado a objetos: essa maneira de lidar com dados contrasta com a forma mais clássica, na qual acontecia uma orientação funcional/processual das aplicações;
- integrado: todos os seus dados podem ser relacionados, sempre;
- *time-variant*: os dados são precisos para certo intervalo de tempo, diferentemente do modelo tradicional, no qual os dados são precisos no momento em que são acessados. Isso significa que os dados do *data warehouse* permitem uma análise temporal mais precisa do que em um modelo tradicional de banco de dados; e
- não volátil: enquanto no modelo normal os dados podem ser criados, acessados e mudados, no *data warehouse* eles só podem ser criados e acessados.

Seus elementos formam: um conjunto de programas que extraem dados dos diversos ambientes operacionais da empresa; um banco de dados com a finalidade de manter os dados extraídos dos diversos sistemas; informações agregadas a esses bancos de dados, provenientes de outras fontes e em diversos formatos; e sistemas capazes de manipular os dados residentes nos bancos de dados e fornecer informações de acordo com as necessidades de seus usuários.

## 4.7.2 *Data mining* (mineração de dados)

É a análise de dados em busca de relações que não eram previamente conhecidas. Um caso para ilustrar: o recorde de vendas de determinada marca de relógios náuticos pode, se for suficientemente analisado e relacionado com outros dados de marketing, revelar uma correlação sazonal com a compra de equipamentos de mergulho (por exemplo, pessoas que compram relógios daquela marca em novembro tendem a adquirir também pés de pato), uma vez que trata os dados mediante o cruzamento de geração de relatórios. Permite, assim, a extração de conhecimento de bancos de dados e compreender o comportamento dos dados.

> *Data mining* é a análise de dados em busca de relações que não eram previamente conhecidas.

Os resultados do *data mining* incluem:

- **associações**, ou quando um evento pode ser correlacionado com outro (compradores de cerveja compram amendoins em certo intervalo de tempo);
- **sequências**, ou um evento que leva a outros eventos em seguida (comprar tapetes e, em seguida, cortinas);
- **classificação**, ou reconhecimento de padrões que resultam em nova classificação de dados (por exemplo, dados de clientes que fizeram compras nos últimos seis meses);
- **aglomeração**, ou encontrar e visualizar grupos ou fatos que não eram previamente conhecidos; e
- **previsão**, ou simplesmente descobrir padrões nos dados que podem conduzir a previsões sobre o futuro.

Para que o *data mining* funcione, é importante que os dados estejam guardados em um *data warehouse*.

## 4.8 *Knowledge Management* (KM) ou gestão do conhecimento (GC)

> *Knowledge Management* é um conceito no qual uma empresa adota uma atitude consciente direcionada a captar, organizar, distribuir e analisar seu conhecimento, para atingir seus objetivos.

É um conceito no qual uma empresa adota uma atitude consciente direcionada a captar, organizar, distribuir e analisar seu conhecimento, para atingir seus objetivos. No início de 1998, acreditava-se que, no ano 2000, poucas empresas teriam alguma atividade de KM em prática (mesmo que chamada por outros nomes). Em vez disso, várias empresas concentraram seus processos existentes, buscando coaduná-los em um projeto consistente de KM. Alguns aspectos da KM, como *data mining* e *data warehouse*, são familiares à BI, mas outros, como *push* e *Optical Recognition Character* (OCR) ou reconhecimento óptico de caracteres (tecnologia para obter um arquivo de texto de um original em papel, que é "escaneado"), são derivados de conceitos diversos.

Como o processo todo é muito complexo e envolve muitos estágios e muitas necessidades diferentes, não existe ainda um pacote de produtos de tecnologia específico para KM. O consenso é que um plano de KM pode ser implementado apenas por meio de uma combinação de diferentes tecnologias.

O conhecimento pode ser dividido em três tipos: por documentos textuais estruturados (relatórios, apresentações etc.); semiestruturado (por e-mails, mensagens de voz, troca de ideias em salas de bate-papo, vídeos, fotos digitais, folhetos, murais etc.); e tácito. A abrangência da KM envolve a empresa inteira. Esses sistemas coletam, armazenam, distribuem e aplicam conteúdo e conhecimento digitais. Utilizam-se tecnologias de apoio, como portais, mecanismos de busca, ferramentas de colaboração (e-mails, *groupware* etc.) e sistemas de gestão de aprendizado.

De maneira geral, a KM pode ser entendida nos quatro processos a seguir.

- **Recolhimento ou captação:** consiste na entrada de dados. Pode ser feita com OCR, gravação de voz, importação de dados etc.
- **Organização:** envolve a catalogação dos dados, indexação, filtragem e links entre os dados.
- **Refino:** consiste na contextualização dos dados, compactação e projeção, bem como *data mining*.
- **Disseminação:** envolve o fluxo de dados e compartilhamento de informações, e, ainda, a tecnologia *push* (que significa que, em um ambiente cliente-servidor, no qual normalmente o servidor atende às requisições do cliente, é feito o contrário, ou seja, o servidor envia requisições ao cliente).

**Quadro 4.1** – Ferramentas associadas à BI e à KM

| ***Business Intelligence* e *Knowledge Management*** | | |
|---|---|---|
| ***Data warehouse*** | ***Data mining*** | **Suporte à decisão** |
| - Manutenção<br>- Consolidação<br>- Distribuição<br>- Arquitetura | - Visualização<br>- Perguntas gerais<br>- Reconhecimento de padrões<br>- Análise estatística<br>- Análise multidimensional | - Geração de relatórios<br>- Interpretação de resultados<br>- Visualização dos resultados<br>- Perguntas fechadas |

Fonte: Elaborado pelos autores.

**Quadro 4.2** – Conceitos associados à KM

| Geração | Objetivos | Foco | Época |
|---|---|---|---|
| Coleta: o sistema de *data warehouse* é usado para coletar e armazenar dados. | Organização: as informações são organizadas pelo tipo de dados. | Refino: o sistema de *data mining* ou a requisição dos usuários refina as informações ou solicita os dados necessários. | Disseminação: palestras, cursos e *e-learning* são usados para transmitir o conhecimento. |

Fonte: Elaborado pelos autores.

## 4.9 *Customer Relationship Management* (CRM) ou gestão de relacionamento com o cliente

A CRM é uma filosofia empresarial, um processo contínuo de evolução, de conhecimento e de comunicação com os clientes. Busca aumentar lucros e garantir a lealdade dos clientes. Para implantar uma boa solução, é preciso começar pela definição da política de relacionamento e pelo planejamento das ações.

A visão imediatista enxerga a CRM apenas como ferramenta de vendas, razão pela qual, muitas vezes, passa-se direto à última fase, que é a compra de equipamento. Enxerga também que um hardware e um software com certeza resolvem tudo. A CRM deve começar pela elaboração de um modelo que defina as políticas de relacionamento, o que se deve extrair dessa relação e qual será o plano de comunicação.

> A gestão de relacionamento com o cliente é uma filosofia empresarial, um processo contínuo de evolução, de conhecimento e de comunicação com os clientes.

Como o objetivo é conquistar e manter o cliente, é necessário transformar as estratégias em ações concretas. Por exemplo: como o cliente será tratado, quais eventos terão resposta obrigatória (tempo de resposta etc.) e o que deverá ser registrado na ficha do cliente. A partir desse ponto, deve-se ir ao mercado buscar o equipamento necessário para a empresa, que deverá, posteriormente, treinar seu pessoal e utilizar a internet como forma de estar durante 24 horas por dia à disposição de seu cliente.

A CRM é um termo de TI que abrange a metodologia, softwares e capacidades da internet para ajudar uma empresa a gerenciar suas relações com clientes de maneira organizada. Por exemplo, uma empresa pode construir um banco de dados sobre seus consumidores para descrever suas relações, de forma que os gerentes, a força de vendas, a assistência técnica e os próprios clientes possam acessar essas informações. Dados podem ser cruzados para identificar necessidades, viabilidade de produtos e ofertas, saber quais outros produtos o cliente comprou, e assim por diante.

> A CRM é um termo de TI que abrange a metodologia, softwares e capacidades da internet para ajudar uma empresa a gerenciar suas relações com clientes de maneira organizada.

A CRM existe para:

- auxiliar uma empresa a capacitar seu departamento de marketing a identificar seus melhores clientes, gerenciar campanhas de marketing com objetivos claros e produzir informações de qualidade para a equipe de vendas;
- ajudar a organização a aperfeiçoar vendas diretas, contas e a gerência de vendas em geral, otimizando informações que são acessadas por várias

pessoas dentro da empresa e simplificando os processos existentes (por exemplo, o CE);

- permitir a formação de relações individualizadas com os clientes, tendo como metas aumentar sua satisfação e maximizar os lucros, identificar os clientes mais lucrativos e oferecer-lhes o melhor nível de serviços; e
- fornecer aos empregados informações e táticas necessárias para que conheçam seus clientes, entendam suas necessidades e efetivamente construam relações entre a empresa, seu banco de clientes e seus parceiros de negócios.

O processo de implantação obedece aos passos a seguir.

- Elaborar um sistema que permita um contato eficiente com os clientes, que podem entrar em contato com a empresa de diversas formas: pela linha direta 0800, por fax, por e-mail ou por site institucional.
- Criar um *call center*, que centralize todas as formas de contato com o cliente e alimente o *data warehouse* da empresa com essas informações. Com o *call center*, é possível saber, por exemplo, se o mesmo cliente enviou uma mensagem por e-mail e depois telefonou para o serviço de atendimento ao cliente. Com isso, ganham-se tempo e qualidade no relacionamento. Ao mesmo tempo, a interligação com o sistema interno da empresa permite que sejam criados "prontuários", com arquivos personalizados de cada cliente que entra em contato com a empresa. Essas informações são cruciais para o sistema de BI da empresa, bem como para a GC. Evita-se que o mesmo problema tenha de ser resolvido mais de uma vez.
- Produzir os dados que serão aproveitados pelo departamento de produção. Por exemplo: descobre-se que certos materiais causam alergias em alguns clientes. A produção pode providenciar a troca desse material pelo departamento de vendas, que pode saber o perfil dos clientes mais rentáveis, e, pela logística, pode saber quais áreas geográficas têm mais clientes. O inverso também acontece, pois muitas vezes são esses departamentos que devem explicações ao consumidor.

As respostas vão diretamente para cada cliente, personalizadas. Podem ser enviadas pelo canal preferido do cliente: carta, telefonema, fax ou e-mail.

## 4.10 Aspectos jurídicos do CE

O CE é uma operação que consiste em comprar e vender mercadorias e/ou prestar serviços por meio eletrônico.

A Norma nº 004, de 1995, do Ministério das Comunicações, define internet como o "nome genérico que designa o conjunto de redes, ou meios de transmissão e comutação, roteadores, equipamentos e protocolos necessários à comunicação entre computadores, bem como o software e os dados contidos nesses computadores".

O CE, dependendo do caso, está relacionado com o direito das comunicações, o direito comercial internacional, o direito comercial e o direito civil.

**OBSERVAÇÃO:**

Dois computadores podem se comunicar sem utilizar a internet como ela é entendida no início do século XXI.

O CE, pela internet, e sendo um meio de comunicação a distância, está vinculado ao direito das comunicações. No entanto, quando é feito entre países, torna-se necessária a consulta ao direito comercial internacional. Porém, como é um comércio de mercadorias, também é regido no Brasil pelo direito comercial, e, quando envolver serviços, estará nos preceitos do direito civil.

Além da norma anteriormente citada, o CE é regido pela:

- Nota conjunta dos ministérios das Comunicações e da Ciência e Tecnologia, de junho de 1995, que, entre outros detalhes, estabelece a Rede Nacional de Pesquisas. Essa nota define internet como "conjunto de redes interligadas, de abrangência mundial. Na internet, estão disponíveis serviços como correio eletrônico, transferência de arquivos, acesso remoto a computadores, acesso a banco de dados e diversos tipos de serviços de informação, cobrindo praticamente todas as áreas de interesse da sociedade". Essa nota também cria o Comitê Gestor da Internet.
- Resolução nº 001, de 15 de abril de 1998, que estabelece as normas do Registro de Nome de Domínio.
- Resolução nº 002, de 15 de abril de 1998, do Comitê Gestor da Internet, que delega competência para a Fundação de Amparo à Pesquisa do Estado de São Paulo (Fapesp) para realizar as atividades de registro de nomes de domínio.
- Decreto nº 3.587, de 5 de setembro de 2000, que estabelece normas para a infraestrutura de chaves públicas do Poder Executivo Federal – ICP-Gov – e dá outras providências.
- Decreto nº 3.714, de 3 de janeiro de 2001, que dispõe sobre a remessa, por meio eletrônico, de documentos a que se refere o artigo 57-A do Decreto nº 2.954, de 29 de janeiro de 1999.

## 4.11 Cobit e ITIL

### Governança de TI – Cobit

O padrão *Control Objectives for Information and Related Technology* (Cobit) ou, na tradução em português, objetivos de controle para informação e tecnologia relacionada, foi criado em 1994 por pesquisadores das universidades de Amsterdã, Califórnia e Austrália, sendo mantido por um órgão internacional denominado Information System Audit and Control Association (Isaca). Esse modelo pressupõe o uso das melhores práticas e indicadores para a gestão da TI, e é composto de quatro grandes grupos de gerenciamento e controle, chamados domínios (planejamento e organização; aquisição e implantação; entrega e suporte; e monitoração), contendo 34 processos e 210 objetivos de controle. Os domínios e os controles serão elencados na sequência:

**Quadro 4.3** – Grupos de Gerenciamento e Controle – Cobit

| **Planejamento e organização** | **Aquisição e implantação** |
|---|---|
| - Definir um plano estratégico de TI e orientações<br>- Definir a arquitetura de informação<br>- Determinar o gerenciamento tecnológico<br>- Definir os processos de TI, organizações e relacionamentos<br>- Gerenciar o investimento em TI<br>- Comunicar os objetivos de gerenciamento e orientar<br>- Gerenciar os recursos humanos de TI<br>- Gerenciar a qualidade<br>- Estimar e gerenciar os riscos de TI<br>- Gerenciar projetos | - Identificar soluções automatizadas<br>- Adquirir e manter software de aplicação<br>- Adquirir e manter a infraestrutura tecnológica<br>- Habilitar operação e uso<br>- Obter recursos de TI<br>- Gerenciar mudanças<br>- Instalar e credenciar soluções e mudanças |
| **Entrega e suporte** | **Monitoração** |
| - Definir e gerenciar níveis de serviço<br>- Gerenciar serviços de terceiros<br>- Gerenciar *performance* e capacidade<br>- Assegurar serviços contínuos<br>- Assegurar segurança do sistema<br>- Identificar e alocar custos<br>- Treinar usuários<br>- Gerenciar serviços de escritório e incidentes<br>- Gerenciar a configuração<br>- Gerenciar problemas<br>- Gerenciar dados<br>- Gerenciar o ambiente físico<br>- Gerenciar operações | - Monitorar e avaliar o desempenho de TI<br>- Monitorar e avaliar controles internos<br>- Assegurar conformidade regulatória<br>- Prover a governança de TI |

Fonte: Cobit.

## Gerenciamento de infraestrutura e serviços – ITIL

*Information Technology Infrastructure Library* (ITIL) ou biblioteca da infraestrutura de TI, traduzido para o português, é um guia de melhores práticas que orienta o gerenciamento de serviços de TI. Foi desenvolvido na Inglaterra pela Central Computer and Telecommunications Agency (CCTA), órgão do governo inglês, na década de 1980, dada a necessidade de o governo ter processos organizados na área de Tecnologia da Informação e Comunicação (TIC).

O ITIL descreve como organizar o gerenciamento de serviços. Os modelos mostram os objetivos, atividades gerais, entradas e saídas dos vários processos, que podem ser incorporados nas organizações de TI. O ITIL não determina cada ação a ser executada no dia a dia porque algumas atividades podem diferir de uma organização para outra. Em vez disso, ele se concentra na melhor prática que pode ser utilizada, de diferentes formas, conforme a necessidade.

O ITIL fornece um método para o planejamento de processos, papéis e atividades comuns, com a referência apropriada de um para outro e de como devem ser as linhas de comunicação entre eles.

O principal propósito do ITIL é sintonizar a gestão da tecnologia com as necessidades de negócios, com foco na qualidade de serviços, assegurando os níveis de serviços acordados.

O modelo tem como propósito proporcionar as seguintes vantagens às organizações:

- melhor qualidade de serviço – suporte mais confiável para os negócios;
- maior disponibilidade e estabilidade dos serviços em TIC;
- visão clara da capacidade das áreas vinculadas à prestação de serviços em TIC;
- melhor informação sobre os serviços atuais;
- aumento da flexibilidade e adaptabilidade dos serviços;
- diminuição dos custos operacionais;
- aumento da eficiência;
- maior satisfação do cliente; e
- melhorias na segurança, precisão, velocidade e disponibilidade dos serviços comercializados.

O modelo ITIL está segmentado em duas estruturas: suporte a serviços e entrega de serviços. A primeira está relacionada a operações do dia a dia, mais precisamente à infraestrutura da TI, enquanto a segunda está ligada diretamente ao planejamento de atividades da TI, isto é, ao negócio da organização.

Cada estrutura é subdividida em processos, conforme se pode verificar a seguir.

**Quadro 4.4** – Estrutura de processos de suporte e entrega de serviços

| Suporte de serviços | Entrega de serviços |
|---|---|
| - Gerenciamento de incidentes<br>- Gerenciamento de problemas<br>- Gerenciamento de configuração<br>- Gerenciamento de mudanças<br>- Gerenciamento de liberações | - Gerenciamento de nível de serviço<br>- Gerenciamento financeiro<br>- Gerenciamento de capacidade<br>- Gerenciamento de continuidade<br>- Gerenciamento de disponibilidade |

Fonte: ITIL.

# Resumo do capítulo

## Tecnologia e Sistema de Informação na logística

- Existem tecnologias e sistemas de informações que permitem um intercâmbio entre fornecedores e clientes, facilitando a transferência dos dados de reposição dos estoques e da demanda do ponto de vendas até o fornecedor, não só de produtos, como também dos componentes e materiais. Existem três estratégias básicas para a integração:
  - A estratégia 1 consiste em começar a trabalhar no sistema da rede e o primeiro passo é a empresa instalar em toda a sua estrutura, em suas instalações de produção e distribuição, esse tipo de tecnologia (denominada TI).
  - A estratégia 2 refere-se à minimização do número de níveis nas redes de distribuição e suprimento. A melhoria no atendimento da demanda está na eliminação de estoques e na diminuição significativa de custos de transportes, excluindo fontes estrangeiras, com o estabelecimento de concentrações locais de instalações de distribuição e fábricas fornecedoras.
  - A estratégia 3 relaciona-se à concentração local, com um programa de fornecedores geograficamente próximos, estabelecendo vínculos permanentes com os mais fortes e persuadindo os fornecedores remotos a construírem uma fábrica perto das existentes.
- O *e-procurement* (aquisição eletrônica) é a compra e venda entre empresas de suprimentos e serviços pela internet. É uma das partes mais importantes da SCM. A empresa que enviou a informação pode estipular um prazo de resposta, por exemplo.
- A vantagem do *e-procurement* está em retirar custos desnecessários da operação de obtenção de recursos, combinando a melhor modalidade de compra com as tecnologias da internet. O *e-procurement* traz velocidade, agilidade, controle e eficiência, que podem diminuir ciclos.

## Comércio Eletrônico

- **Entre empresa e consumidor – B2C – *Business-to-Consumer*, ou venda ao consumidor.** Por exemplo, Amazon. Pode incluir serviços. A segurança e a proteção antifraudes também são pontos importantes. A incerteza do consumidor quanto à garantia do site pode significar a perda de muitas vendas.

- **Entre duas empresas – B2B – *Business-to-Business*, ou negócios entre empresas.** É o lado atacadista do processo comercial. Em todos os setores, as empresas estão passando por grande impacto no custo de aquisição de clientes. O custo para conseguir um cliente usando a internet é geralmente inferior à metade do custo dos canais tradicionais. Além disso, os custos variáveis das interações de acompanhamento do cliente são significativamente reduzidos ou eliminados. Dependendo dos objetivos da empresa, os aspectos-chave para o retorno incluem redução de tempo para processamento de pedidos, economia nos custos, precisão e fluxo aprimorado de informações.

- O CE possui os seguintes desafios: atender dentro dos prazos esperados; gerenciar expectativas; administrar devoluções; e operar com custos mínimos. Na maioria dos casos, os cookies servem apenas para identificar quem acessa.

- Existem pontos básicos para se obter vantagem competitiva no CE. Entre eles, destaca-se a satisfação do cliente, que está relacionada com a resposta automática de e-mails.

### Web

- A internet (*intercontinental networks*) é a rede mundial de computadores conectados usando um padrão de protocolo de tal forma que qualquer computador na rede possa enviar e receber mensagem de qualquer outro.

- Além dos impactos da internet, as características de atuação do portal impõem à logística um desafio ainda maior de desenvolver e gerenciar soluções para atender a necessidades como:

  - diversos setores;
  - catálogo de produtos sem as informações necessárias à logística;
  - níveis de serviço diferenciados;
  - múltiplos OLs;
  - práticas de transporte usuais das indústrias; e
  - integração com parceiros.

## EDI

- O EDI é uma ferramenta típica da quarta geração do *e-business* (várias empresas dentro de um processo, automação). Todas as empresas que farão parte do sistema precisam definir juntas esse padrão. Pode ser que para cada empresa haja um padrão diferente.
- O EDI é significativo na troca de informações entre empresas que se relacionam com frequência. A estrutura do CE no B2B é, de certa forma, mais simples de ser implantada, pois, em geral, as partes da transação são bem conhecidas.
- Os dados trafegam na internet, utilizada como uma rede que integra as empresas, independentemente do porte, estrutura de TI ou nível de conhecimento de funcionários. Com isso, não há mais necessidade de software e treinamentos específicos para usar o sistema, que funciona em ambiente da internet.
- Com o EDI, a empresa pode:
  - Automatizar a produção: busca-se uma linha de montagem que entre em ação apenas quando um produto for vendido. Ela produzirá somente o que for preciso. Essa empresa não precisará ter estoque de produtos nem de matérias-primas. Isso existe atualmente, e é possível com a automação proporcionada pelo EDI.
  - Introduzir o *just in time*: conceito vedete do início dos anos 1990; é muito mais fácil de ser implantado se for integrado com o sistema de EDI.
  - Reforçar parcerias de negócios: estratégia típica da nova economia; é muito mais eficaz se for implantada em conjunto com a filosofia de *trade partner*.
  - Reduzir os preços de compras: consegue ganhos por trazer mais compras sob contrato, por pesquisar melhor os preços e condições de todo o rol de fornecedores e ainda pelos descontos por volume.
  - Reduzir custos de estoque: elimina ou reduz ao máximo a necessidade de estoque de matérias-primas, cobrindo todas as ineficiências do processo manual.

## Novas tecnologias

- A nova economia baseia-se em informação, inovação e conhecimento e na conscientização da concorrência globalizada, na qual o concorrente pode estar em qualquer lugar.
- O *e-learning* busca, assim, minimizar três obstáculos:
  - dificuldade de utilizar a tecnologia;
  - dificuldade de disponibilizar recursos no tempo e no espaço; e
  - dificuldade de agrupar pessoas.

## *T-commerce*

- CE via televisão, que leva as empresas a mergulharem definitivamente na internet.
- Novos conceitos lançados:
  - **Early Supplier Involved (ESI):** envolvimento do fornecedor no desenvolvimento do produto, ou seja, iniciando o processo cooperativo desde o projeto e planejamento do produto, com fornecedor e manufatura trabalhando conjuntamente.
  - **Engineering Change Request:** mudança no delineamento do produto, partindo do fornecedor, o qual passa a ser uma extensão da manufatura. Com isso, o fornecedor busca aumentar a produtividade e a eficiência do produto, ou mesmo corrigir falhas ou criar novas *features* para ele.
  - **One-to-one:** estratégia de negócios que se baseia na individualização de serviços e produtos para conseguir maior lucro na relação com cada cliente – trabalha associada à CRM. Também denominado *e-collaboration*, é, na prática, um dos grandes subprodutos da SCM, para o ambiente web, permitindo planejar e executar as transações comerciais que envolvem produtos e serviços. São operações que envolvem, de forma cooperativa, todos os parceiros da CS.

## *E-business*

- Quando o termo *e-business* tornou-se mundialmente conhecido (na campanha publicitária da IBM, em 1997), surgiu também o conceito do "ciclo do *e-business*", definido como uma sequência de atitudes que configuram o roteiro de como as empresas devem agir para obter o máximo do *e-business*.
- Os principais mandamentos do marketing por e-mail são: capriche na linha do assunto; seja simples e direto na comunicação; e faça o cliente se sentir no controle.
- Há pontos críticos. Dentre os principais, podem-se destacar:
  - **Foco no relacionamento com o cliente no longo prazo e na excelência.** É importante também levar em consideração todos os detalhes do projeto, sob o risco de perder clientes, em vez de conquistar. Da mesma forma, dentro do site, esse ciclo tem de ser levado em consideração, na navegação e no design.
  - **Compreensão e exploração dos aspectos únicos da internet e das tecnologias associadas a ela.** Várias formas únicas de relacionamento são possíveis com a internet. Por meio da tecnologia, o *e-business* transforma as empresas em entidades digitais.
- As áreas do *e-business* são:

  CRM – gestão de relacionamento com o cliente.

  - ERP (*Enterprise Resource Planning* ou planejamento de recursos da empresa) – serviço de gestão de processos administrativos e financeiros que se conectam aos sistemas de *supply chain*; é um conjunto de aplicativos que automatiza os departamentos e processos de uma organização; gestão de relacionamento com funcionários, ou conjuntos de aplicações para autosserviços dos empregados direcionados ao ciclo de vida de cada profissional dentro da empresa, incluindo processos como contratação, desenvolvimento, compensação/benefícios e aposentadoria. O ERP trabalha de forma conjugada (além da SCM e da CRM) com a EAI (*Enterprise Application Integration* ou integração de aplicativos empresariais).

- O objetivo do ERP é ajudar o fabricante ou qualquer empresa a gerenciar partes importantes do negócio, incluindo projeto do produto, compras de matérias-primas ou componentes e controle de estoque, interagindo com fornecedores, oferecendo suporte aos clientes e manejando pedidos. O desenvolvimento e a implantação de um sistema de ERP envolvem a análise de uma parte considerável do processo de negócios da empresa, assim como o treinamento de empregados e novos métodos e procedimentos de trabalho.

- Uma abordagem mais aprimorada é executada de forma a fazer uma reengenharia durante o processo de implantação do ERP, concentrando suas metas na diminuição do tempo total de implementação. Dois cenários podem ser diferenciados:

  - A implantação do ERP pode acontecer em diversos cenários. Uma das formas de colocá-lo em funcionamento é pela **implementação compreensiva**, cujo foco é mais sobre o aperfeiçoamento dos negócios do que sobre o aperfeiçoamento técnico durante o processo.

  - A fórmula do *e-business* pode ser resumida por ***e-business* = TI + web**, em que TI é Tecnologia da Informação. Web é o ambiente da internet e também significa a troca de informações entre computadores, baseada no protocolo TCP/IP.

- Intranet é a rede interna das empresas, e extranet é a utilização da tecnologia da internet para conectar a intranet de várias empresas.

- É preciso uma iniciativa da própria empresa com o intuito de mudar (**transformar**).

- O CE, ou as vendas pela internet, é apenas uma parte do *e-business*. Os erros mais comuns encontrados nas empresas que tentam fazer CE são:

  - o e-mail é um dos serviços menos seguros da internet;

  - os erros humanos são mais fáceis de acontecer que os erros de programas;

  - normalmente, há uma perda considerável de tempo entre o momento do pedido e a embalagem do produto; e

  - a informação do pedido é manipulada por várias pessoas, o que complica até mesmo o controle eficaz de custos.

- Em um modelo clássico de *e-business*, as informações são tratadas eletronicamente (TI) e a estrutura da web é usada para transmitir e receber dados. O início do século XXI vivencia o auge da terceira geração do *e-business* e o início da quarta. Da mesma forma, existem empresas que, em um único ciclo do *e-business*, já chegaram à terceira geração, enquanto outras, mesmo depois de várias voltas no ciclo de desenvolvimento, não conseguiram ir além da segunda. É quase uma extensão dos processos tradicionais, nos quais a mira da empresa se concentra na venda, na oferta de mercadorias. No segundo momento, o foco "cliente" significa que a empresa, em vez de oferecer produtos a possíveis compradores, vai ouvir o que o cliente deseja e, em seguida, oferecer-lhe um produto. A mira da empresa é direcionada para o processo de negócios, a satisfação do cliente e o conhecimento do mercado. É uma transição de um modelo baseado no vendedor, para um modelo focado no comprador. O comprador é o centro dos processos.
  Agora, a qualidade torna-se mais importante do que a quantidade, pois o desafio das empresas é aumentar a rentabilidade e a lucratividade.
- Estratégias do *e-business*:
  - *informação:* a empresa estabelece uma estratégia de comunicação corporativa e oferece informações sobre a instituição, os produtos e os serviços;
  - *transação:* incorpora a internet nos processos da empresa; e
  - *transformação:* amadurecimento da empresa na internet; criação de novos produtos.
- Características de um *e-business*:
  - todos na empresa estão conectados e compartilham as informações;
  - permite "melhor" visão dos clientes;
  - busca a redução de custos e melhora da exatidão dos dados pelo fornecimento de aplicativos de autoatendimento a clientes e funcionários; e
  - trabalha on-line com os fornecedores, facilita o gerenciamento de estoques e aumenta a rapidez do fornecimento de produtos e serviços, com menor custo.

## ME-commerce

- É o somatório dos conceitos de *e-commerce* e *m-commerce*.
- Para viabilizar o modelo de estratégia, é necessário:
  - fidelidade ao objetivo;
  - marketing do produto da empresa;
  - capacitação de pessoal;
  - capacitação de material (gerência da tecnologia); e
  - parcerias.

- Um dos serviços que podem se tornar disponíveis são os serviços de informações, que incluem notícias, dados sobre trânsito e clima, e, ainda, serviços baseados na localização do usuário, que oferecem informações sobre locais próximos a ele. O CDMA é uma tecnologia fechada: qualquer nova expansão da rede acarreta a compra de novos produtos pelo fabricante.
- A explosão da internet sem fio é realidade na Europa, no Japão e nos Estados Unidos. No Brasil, onde existem cerca de 20 milhões de telefones celulares, pode-se ter uma ideia do potencial da migração para o WAP-*Bluetooth*. É um serviço que se baseia em pacotes de informação (como o WAP), oferecido no Japão pela empresa NTT DoCoMo.
- Pode ser iniciado centralmente ou conforme a demanda dos usuários.
- A BI é um processo de coleta, análise e distribuição de dados para melhorar a decisão dos negócios, levando as informações para um número bem maior de usuários dentro da organização.
- A BI se aplica ao *back-office* (serviços de apoio não relacionados com o negócio central da empresa) e ao *front-office* (linha de frente ou setor de vendas, por exemplo).

## *Data warehouse* (armazém dos dados)

- É um repositório central para todos os tipos significativos de dados que vários sistemas de negócios de uma empresa coletam. Organiza o banco de dados e armazena dados não voláteis (fora do ambiente transacional da empresa). É um repositório único de dados extraídos de múltiplas origens (vários bancos de dados e aplicações existentes na empresa). Deve permitir pesquisas e visão intuitiva dos negócios. Isso significa que os dados do *data warehouse* permitem uma análise temporal mais precisa do que em um modelo tradicional de banco de dados.
- Características:
  - **Não volatilidade:** enquanto no modelo normal os dados podem ser criados, acessados e mudados, no *data warehouse* eles podem ser apenas criados e acessados.
  - **Refino:** consiste na contextualização dos dados, compactação e projeção, e também em *data mining*. Para implantar uma boa solução, é preciso começar pela definição da política de relacionamento e pelo planejamento das ações. Devem-se transformar as estratégias em ações concretas. Por exemplo: como o cliente será tratado, quais eventos terão resposta obrigatória, tempo de resposta etc. e também o que dever ser registrado na ficha do cliente. Desse ponto, deve-se ir ao mercado buscar o equipamento necessário para a empresa.

- Uma das etapas do processo de implantação é a criação de um *call center*, que centraliza todas as formas de contato com o cliente e alimenta o *data warehouse* da empresa com essas informações. Ao mesmo tempo, a interligação com o sistema interno da empresa permite que sejam criados "prontuários", com arquivos personalizados de cada cliente que entra em contato com a empresa. Essas informações são cruciais para o sistema de BI da empresa, bem como para a GC. Podem ser enviadas pelo canal preferido do cliente: carta, telefonema, fax ou e-mail.
  *Observação:* Dois computadores podem se comunicar sem utilizar a internet como ela é entendida no início do século XXI.

- Na internet, estão disponíveis serviços como correio eletrônico, transferência de arquivos, acesso remoto a computadores, acesso a banco de dados e diversos tipos de serviços de informação, cobrindo praticamente todas as áreas de interesse da sociedade. É o que diz uma nota conjunta dos ministérios das Comunicações e Ciências e Tecnologia, de junho de 1995, que também cria o Comitê Gestor da Internet.

Capítulo 5

# Criptografia e certificação digital no Comércio Eletrônico (CE)

O uso intensivo da internet no comércio, como apresentado no capítulo anterior, tornou necessária a proteção das empresas e dos clientes, conectados via web, para realizar as transações comerciais. Para isso, foram desenvolvidas normas de segurança – entre elas, a criptografia e a certificação digital. Este capítulo vai familiarizar o leitor com esses procedimentos.

## 5.1 Conceitos

Criptografia (*cryptography*) é a disciplina que trata dos princípios, meios e métodos para a transformação de dados, de forma a proteger a informação contra o acesso não autorizado a seu conteúdo. As definições que estão neste capítulo estão de acordo com o Decreto nº 3.587, de 5 de setembro de 2000, o Decreto nº 3.996, de 31 de outubro de 2001, e o Decreto nº 3.714, de 3 de janeiro de 2001.

A criptografia surgiu em decorrência do perigo resultante das ameaças identificadas de ataques de intrusos que buscavam:

- interrupção – um sistema é destruído ou tornado indisponível;
- interceptação – uma entidade não autorizada ganha acesso a um recurso;
- modificação – uma entidade, além de acessar um dado não autorizado, altera-o; e
- fabricação – um dado é criado de forma indevida no sistema.

As técnicas de criptografia oferecem diversos tipos de serviços básicos: disponibilidade, integridade, cifração (*encryption*), credenciamento (*accreditation*), criptografia (*cryptography*), Declaração de Regras Operacionais – DRO (*Certification*

*Practice Statement* – CPS), autenticidade (controle de acesso, assinatura eletrônica, autenticidade da origem), chave pública (*public key*), chave privada (*private key*), assinatura digital (*digital signature*), irretratabilidade (*nonrepudiation*), privacidade (confidencialidade ou sigilo) e sigilo (*confidentiality*). Sem esses predicados, não é possível realizar CE seguro na internet.

**Disponibilidade:** garante que uma informação estará disponível para acesso no momento desejado.

OBSERVAÇÃO:

Mensagem (*message*) é definida pelo Decreto nº 3.587, de 5 de setembro de 2000, como o registro que contém uma representação digital da informação, como um dado criado, enviado, recebido e guardado em forma eletrônica.

**Autenticação *(authentication)*:** processo utilizado para confirmar a identidade de uma pessoa ou entidade, ou para garantir a fonte de uma mensagem.

**Autoridade Certificadora – AC *(Certification Authority* – CA*)*:** entidade que emite certificados de acordo com as práticas definidas na Declaração de Regras Operacionais (DRO). É comumente conhecida por sua abreviatura – AC.

**Autoridade Registradora – AR (*Registration Authority* – RA*)*:** entidade de registro. Pode estar fisicamente localizada em uma AC ou ser uma entidade de registro remota. É parte integrante de uma AC.

**Autorização *(authorization)*:** obtenção de direitos, incluindo a habilidade de acessar uma informação em especial ou recurso de maneira específica.

**Certificado de chave pública *(certificate)*:** declaração assinada digitalmente por uma AC, contendo, no mínimo:

- o nome distinto (DN – *Distinguished Name*) de uma AC que emitiu o certificado;
- o nome distinto de um assinante para quem o certificado foi emitido;
- a chave pública do assinante;
- o período de validade operacional do certificado;
- o número de série do certificado, único dentro da AC; e
- uma assinatura digital da AC que emitiu o certificado com todas as informações citadas nos itens anteriores.

**Integridade:** garante que o conteúdo da mensagem não foi alterado. Integridade de mensagem é definida pelo Decreto nº 3.587, de 5 de setembro de

2000, como a garantia de que a mensagem não foi alterada durante sua transferência do emissor para o receptor.

**Cifração *(encryption)*:** processo de transformação de um texto original (*plaintext*) em uma forma incompreensível (*ciphertext*) usando um algoritmo criptográfico e uma chave criptográfica.

**Credenciamento *(accreditation)*:** processo de aprovação de políticas e procedimentos de uma AC, de forma que seja autorizada a participar de uma ICP.

**Criptografia *(cryptography)*:** disciplina que trata dos princípios, meios e métodos para a transformação de dados, de modo a proteger a informação contra acesso não autorizado a seu conteúdo.

**Declaração de Regras Operacionais – DRO *(Certification Practice Statement* – CPS*)*:** documento que contém as práticas e atividades que uma AC implementa para emitir certificados. É a declaração da entidade certificadora a respeito dos detalhes de seu sistema de credenciamento e as práticas e políticas que fundamentam a emissão de certificados e outros serviços relacionados.

## Autenticidade

**Controle de acesso:** garante que o conteúdo da mensagem somente será acessado por pessoas autorizadas.

**Assinatura eletrônica:** resultado de um processamento eletrônico de dados que permite comprovar a autoria e integridade de um documento eletrônico.

**Autenticidade da origem:** garante a identidade de quem está enviando a mensagem.

**Chave pública (*public key*):** tipo de criptografia que usa um par de chaves criptográficas matematicamente relacionadas. As chaves públicas podem ficar disponíveis para qualquer um que queira cifrar informações para o dono da chave privada ou para verificação de uma assinatura digital criada com a chave privada correspondente. A chave privada é mantida em segredo por seu dono e pode decifrar informações ou gerar assinaturas digitais.

**Chave privada (*private key*):** uma das chaves de um par mantida secreta pelo seu dono e utilizada para criptografar assinaturas e cifrar/decifrar mensagens com a chave pública correspondente (Decreto nº 3.587, de 5/9/2000).

**Assinatura digital (*digital signature*):** é a transformação matemática de uma mensagem por meio da utilização de uma função matemática e da criptografia assimétrica do resultado desta com a chave privada da entidade assinante (Decreto nº 3.587, de 5/9/2000). Outra definição para assinatura digital, constante no Projeto de Lei nº 1.589, de 1999, é: "Assinatura baseada em sistema criptográfico assimétrico, mediante o qual é gerado um par de chaves distintas e interdependentes, denominadas chaves pública e privada, que permitem ao remetente declarar a autoria de um documento eletrônico e ao destinatário identificar o emissor desse documento, bem como determinar se o documento foi modificado após a sua expedição."

**OBSERVAÇÃO:**

A chave privada é de conhecimento exclusivo de seu titular, que a utiliza para subscrever com assinatura digital um documento eletrônico.

**Irretratabilidade ou não repúdio (*nonrepudiation*):** previne que alguém negue o envio e/ou recebimento de uma mensagem. É definida pelo Decreto nº 3.587, de 5 de setembro de 2000, como a garantia de que o emissor da mensagem não negará posteriormente a autoria de uma mensagem ou participação em uma transação, controlada pela existência da assinatura digital que somente ele pode gerar.

**Privacidade (sigilo ou confidencialidade):** impede que pessoas não autorizadas tenham acesso ao conteúdo da mensagem, garantindo que apenas a origem e o destino tenham dela conhecimento.

**Sigilo (*confidentiality*):** é definido pelo Decreto nº 3.587, de 5 de setembro de 2000, como a condição na qual os dados sensíveis são mantidos secretos e divulgados apenas para as partes autorizadas.

Uma compra pela internet é o exemplo da necessidade de todos os predicados anteriormente definidos. As informações que permitem a transação – tais como valor e descrição do produto adquirido – precisam estar disponíveis no dia e na hora que o cliente desejar efetuá-la (disponibilidade); o valor da transação não pode ser alterado (integridade); somente o cliente que está comprando e o comerciante devem ter acesso à transação (controle de acesso); e o cliente que está comprando deve ser realmente quem diz ser (autenticidade). O cliente tem como comprovar o pagamento, e o comerciante não tem como negar o recebimento (não repúdio). O conhecimento do conteúdo da transação fica restrito aos envolvidos (privacidade).

## 5.2 Criptografia simétrica

O cifincluded de uma mensagem baseia-se em dois componentes básicos: o algoritmo e a chave.

Um algoritmo é definido na criptografia como uma transformação matemática. Logo, o algoritmo converte uma mensagem clara em uma mensagem cifrada e vice-versa. Quando cifra uma mensagem, a origem utiliza um algoritmo de ciframento para transformar o conteúdo claro da mensagem em texto cifrado. Ao decifrar uma mensagem, o destinatário utiliza o algoritmo de deciframento correspondente para converter o texto cifrado de novo em uma mensagem clara.

Um algoritmo é uma transformação matemática que converte uma mensagem clara em uma mensagem cifrada e vice-versa.

OBSERVAÇÃO:

Ciframento (*encryption*) é definido como o processo de transformação de um texto original (*plaintext*) em uma forma incompreensível (*ciphertex*), usando um algoritmo criptográfico e uma chave criptográfica (Decreto nº 3.587, de 5/9/2000).

Nos primórdios da criptografia, a segurança do ciframento baseava-se somente no sigilo do algoritmo criptográfico. Se *um intruso* conhecesse o algoritmo sem chave, poderia decifrar uma mensagem cifrada tão facilmente quanto *o emissor.* O problema apresentado é contornável, utilizando-se o segundo componente básico da criptografia de mensagens: a chave.

O sistema criptográfico assimétrico (*assymetric criptosystem*) é definido pelo Decreto nº 3.587, de 5 de setembro de 2000, como "sistema que gera e usa um par de chaves seguras, consistindo em uma chave privada para criação de assinaturas digitais ou decodificação de mensagens criptografadas, e uma chave pública para verificação de assinaturas digitais ou mensagens codificadas".

OBSERVAÇÃO:

A chave pública é destinada a ser divulgada, utilizada pelo destinatário para verificar a assinatura digital aposta pelo emitente a um documento eletrônico.

Uma chave é uma cadeia aleatória de bits utilizada em conjunto com um algoritmo. Cada chave distinta faz com que o algoritmo trabalhe de forma ligeiramente diferente.

Chave é uma cadeia aleatória de bits utilizada em conjunto com um algoritmo.

Embora existam algoritmos que dispensem o uso de chaves, sua utilização oferece duas importantes vantagens, que são:

- possibilitar a utilização do mesmo algoritmo criptográfico para a comunicação com diferentes receptores, apenas trocando a chave; e
- viabilizar a troca fácil da chave, em caso de violação, mantendo o mesmo algoritmo.

O número possível de chaves depende do tamanho (número de bits) da chave. Uma chave de 8 bits permite uma combinação de, no máximo, 256 chaves ($2^8$). Quanto maior o tamanho da chave, mais difícil quebrá-la, pois aumenta-se o número de combinações.

Quando *uma pessoa* cifra uma mensagem, ela utiliza um algoritmo de ciframento e uma chave secreta para transformar uma mensagem clara em um texto cifrado. *Outra pessoa*, por sua vez, ao decifrar uma mensagem, usa o algoritmo de deciframento correspondente e a mesma chave, para fazer com que o texto cifrado torne-se uma mensagem clara. *O intruso*, por não ter a chave secreta, mesmo conhecendo o algoritmo, não consegue decifrar a mensagem.

A segurança do sistema reside não mais no algoritmo, mas na combinação da chave empregada com o algoritmo.

A segurança do sistema passa a residir não mais no algoritmo, e sim na combinação da chave empregada com o algoritmo. A chave, no lugar do algoritmo, deve ser mantida em segredo por *duas pessoas*. Quando a chave de ciframento é a mesma utilizada para deciframento ou pode facilmente ser obtida pelo conhecimento da primeira, ambas precisam ser compartilhadas previamente entre origem e destinatário, antes de se estabelecer o canal criptográfico desejado, utilizando-se um canal seguro e independente do destinado à comunicação sigilosa. **Esse tipo de ciframento emprega a criptografia conhecida como *simétrica*, ou de chave secreta.**

Veja a seguir a descrição de alguns algoritmos simétricos.

- ***Data Encryption Standard* (DES):** o algoritmo simétrico mais disseminado no mundo. Foi criado pela IBM em 1977 e, apesar de permitir aproximadamente 72 quatrilhões de combinações (256), seu tamanho de chave (56 bits) é considerado pequeno. Apesar de ataques sofisticados recentes (criptoanálise linear, de Biham, e diferencial, de Matsui, ambos de 1993) não identificarem nenhuma fraqueza séria no DES, ele foi quebrado por "força bruta", em junho de 1997, em um desafio lançado na internet. O National Institute of Standards and Technology (Nist), que lançou o desafio mencionado e mais outros dois, quebrados respectivamente em julho de 1998 e janeiro de 1999, recertificou o DES pela última vez em 1993 e, a partir de então, está recomendando o 3DES. Está também propondo um substituto ao DES, que deve: aceitar chaves de 128, 192 e 256 bits; operar com blocos de 128 bits; ser eficiente, flexível; e estar livre de *royalties*. O novo padrão, denominado AES (*Advanced Encryption Standard*), está sendo selecionado desde 1997, com base em vários algoritmos apresentados pela comunidade.

- **3DES (*Triple* DES):** uma simples variação do DES, utilizando-o em três ciframentos sucessivos. Pode empregar uma versão com duas ou com três chaves diferentes. É seguro, porém muito lento para ser um algoritmo padrão (112 ou 168 bits).
- ***International Data Encryption Algorithm* (IDEA):** criado em 1991 por James Massey e Xuejia Lai, tem patente da suíça Ascom Systec. O algoritmo é estruturado seguindo as mesmas linhas gerais do DES. Na maioria dos microprocessadores, no entanto, uma implementação por software do IDEA é mais rápida que por software do DES. O IDEA é utilizado principalmente no mercado financeiro e no PGP, o programa para criptografia de e-mail pessoal mais disseminado no mundo (128 bits).
- ***Blowfish*:** algoritmo desenvolvido por Bruce Schneier, ele oferece a possibilidade de escolha entre maior segurança ou desempenho por meio de chaves de tamanho variável. O autor aperfeiçoou-o no *Twofish*, concorrente do AES (32.448 bits).
- **RC2:** projetado por Ron Rivest (o "R" da empresa RSA Data Security Inc.) e utilizado no protocolo S/MIME, voltado para criptografia de e-mail corporativo. Também apresenta chave de tamanho variável. Rivest também é o autor do RC4, RC5 e RC6, sendo este último concorrente do AES (8 a 1.024 bits).
- **AES:** o *Advanced Encryption Standard* (AES) é uma cifra de bloco, anunciado pelo National Institute of Standards and Technology (Nist) em 2003, fruto de um concurso para a escolha de um novo algoritmo de chave simétrica que protegesse as informações do governo federal, sendo adotado como padrão pelos Estados Unidos. É usado desde 2006, sendo considerado o padrão substituto do DES. O AES tem um tamanho de bloco fixo em 128 bits e uma chave com tamanho de 128, 192 ou 256 bits; ele é rápido tanto em software quanto em hardware, é relativamente fácil de executar e requer pouca memória.
- ***Twofish*:** uma das poucas cifras incluídas no OpenPGP. O *Twofish* é uma chave simétrica que emprega a cifra de bloco de 128 bits, utilizando chaves de tamanhos variáveis, podendo ser de 128, 192 ou 256 bits. Realiza 16 interações durante a criptografia, sendo um algoritmo bastante veloz. A cifra *Twofish* não foi patenteada, estando acessível no domínio público; como resultado, o algoritmo *Twofish* é de uso livre, para qualquer um sem restrição.

- **CAST:** um algoritmo de cifra de bloco, criado em 1996 por Carlisle Adams e Stafford Tavares. O CAST-128 é um algoritmo de Feistel, com 12 a 16 iterações da etapa principal, tamanho de bloco de 64 bits e chave de tamanho variável (40 a 128 bits, com acréscimos de 8 bits). Os 16 *rounds* de iteração são usados quando a chave tem comprimento maior que 80 bits.

Apesar de sua simplicidade, existem alguns problemas na criptografia simétrica, como o fato de cada par necessitar de uma chave para se comunicar de forma segura. Para uma rede de n usuários, seria necessário algo da ordem de $n^2$ chaves, quantidade que dificulta sua gerência. A chave deve ser trocada entre as partes e armazenada de forma segura, o que nem sempre é fácil de ser garantido. A criptografia simétrica não assegura a identidade de quem enviou ou recebeu a mensagem (autenticidade e não repúdio).

## 5.3 Criptografia assimétrica

A maneira de contornar os problemas da criptografia simétrica é utilizar criptografia assimétrica ou de chave pública.

A criptografia assimétrica baseia-se no conceito de par de chaves: uma chave privada e uma chave pública. Qualquer uma delas é utilizada para cifrar uma mensagem, e a outra, para decifrá-la. As mensagens cifradas com uma das chaves do par podem ser decifradas apenas com a outra chave correspondente. A chave privada deve ser mantida secreta, e a pública, disponível livremente para qualquer interessado.

> A criptografia assimétrica baseia-se no conceito de par de chaves. É um meio de contornar os problemas da criptografia simétrica.

As chaves públicas podem ficar disponíveis para qualquer um que deseje cifrar informações para o dono da chave privada ou para a verificação de uma assinatura digital criada com a chave privada correspondente. A chave privada é mantida em segredo por seu dono e pode decifrar informações ou gerar assinaturas digitais (Decreto nº 3.587, de 5/9/2000).

O sistema funciona da seguinte forma: *uma pessoa* e todas as que desejem se comunicar de modo seguro geram uma chave de ciframento e sua correspondente de deciframento. Elas mantêm secreta a chave de deciframento, que é chamada *chave privada*. Além disso, tornam pública a chave de ciframento, que é chamada *chave pública*.

> *Uma pessoa* e todas as que desejem se comunicar de modo seguro geram uma chave de ciframento e sua correspondente de deciframento.

A chave pública realmente condiz com seu nome, pois qualquer pessoa pode obter uma cópia sua. *Uma pessoa*, inclusive, pode incentivar isso, enviando-a para seus amigos ou publicando-a em boletins. Assim, *outra pessoa* não tem nenhuma dificuldade em obtê-la. Quando *uma terceira pessoa* deseja enviar uma mensagem à primeira pessoa, precisa primeiro encontrar sua chave pública. Feito isso, ela cifra sua mensagem utilizando a chave pública da primeira pessoa, despachando-a em seguida. Quando *a primeira pessoa* recebe a mensagem, decifra-a facilmente com sua chave privada. *A segunda pessoa*, que interceptou a mensagem em trânsito, não conhece a chave privada da primeira pessoa, embora conheça sua chave pública. Esse conhecimento, no entanto, não a ajuda a decifrar a mensagem. Mesmo *a terceira pessoa*, que foi quem cifrou a mensagem com a chave pública da primeira, não pode decifrá-la agora.

A grande vantagem desse sistema é permitir que qualquer um possa enviar uma mensagem secreta apenas utilizando a chave pública de quem vai recebê-la. Como a chave pública está amplamente disponível, não há necessidade do envio de chaves, como no modelo simétrico. A confidencialidade da mensagem será garantida enquanto a chave privada estiver segura. Caso contrário, quem tiver acesso à chave privada terá acesso às mensagens.

Veja a seguir descrições de alguns algoritmos assimétricos.

- **RSA:** algoritmo assimétrico que recebeu esse nome por causa de seus inventores: Ron Rivest, Adi Shamir e Len Adleman, que o criaram em 1977, no Massachusetts Institute of Technology (MIT). Atualmente, é o algoritmo de chave pública mais amplamente utilizado, além de ser uma das mais poderosas formas de criptografia de chave pública até o momento conhecidas. O RSA utiliza números primos. A premissa por trás do RSA é a facilidade de multiplicar dois números primos para obter um terceiro número, sendo muito difícil recuperar os dois primos com base naquele terceiro número. Isso é conhecido como *fatoração* (por exemplo, os fatores primos de 3.337 são 47 e 71). Gerar a chave pública envolve multiplicar dois primos grandes; qualquer um pode fazer isso. Derivar a chave privada com base na chave pública envolve fatorar um grande número. Se o número for grande o suficiente e bem escolhido, ninguém pode fazer isso em uma quantidade de tempo razoável. Assim, a segurança do RSA se baseia na dificuldade de fatoração de números grandes. Desse modo, a fatoração representa um limite superior do tempo necessário para quebrar o algoritmo. Uma chave RSA de 512 bits foi quebrada em 1999 pelo Instituto Nacional de Pesquisa da Holanda, com o apoio de cientistas de mais seis países. Levou cerca de sete meses e foram utilizadas 300 estações de trabalho para a quebra. Um fato que gera preocupação é que muitos sites de CE ainda utilizam esse algoritmo.

- **ElGamal:** outro algoritmo de chave pública utilizado para gerenciamento de chaves. Sua matemática difere da utilizada no RSA, mas também é um sistema comutativo. O algoritmo envolve a manipulação matemática de grandes quantidades numéricas. Sua segurança advém de algo denominado *problema do logaritmo discreto*. Assim, o ElGamal obtém sua segurança da dificuldade de calcular logaritmos discretos em um corpo finito, o que lembra bastante o problema da fatoração.
- **Diffie-Hellman:** também baseado no problema do logaritmo discreto, é o criptossistema de chave pública mais antigo ainda em uso. O conceito de chave pública, aliás, foi introduzido pelos autores desse criptossistema, em 1976. Contudo, ele não permite ciframento nem assinatura digital. O sistema foi projetado para permitir a dois indivíduos entrarem em um acordo ao compartilharem um segredo tal como uma chave, embora somente troquem mensagens em público.
- **Curvas elípticas:** propostas de forma independente por Neal Koblitz e V. Miller, em 1985, para sistemas criptográficos de chave pública. Eles não chegaram a inventar um novo algoritmo criptográfico com curvas elípticas sobre corpos finitos, mas implementaram algoritmos de chave pública existentes, como o algoritmo de Diffie e Hellman, usando curvas elípticas. Assim, os sistemas criptográficos de curvas elípticas consistem em modificações de outros sistemas (o ElGamal, por exemplo), que passam a trabalhar no domínio das curvas elípticas, em vez de trabalhar no domínio dos corpos finitos. Esses sistemas têm o potencial de prover sistemas criptográficos de chave pública mais seguros com chaves de menor tamanho.

Muitos algoritmos de chave pública, como o Diffie-Hellman, o ElGamal e o Schnorr, podem ser implementados em curvas elípticas sobre corpos finitos. Assim, fica resolvido um dos maiores problemas dos algoritmos de chave pública: o grande tamanho de suas chaves. Entretanto, os algoritmos de curvas elípticas atuais, embora apresentem o potencial de serem rápidos, são em geral mais demorados que o RSA.

## 5.4 Assinatura digital

Outro benefício da criptografia com chave pública é a assinatura digital, que permite garantir a autenticidade de quem envia a mensagem, associada à integridade de seu conteúdo. Por exemplo, a origem quer comunicar uma mensagem para todos os seus destinatários, mas garantir a eles que a mensagem foi enviada realmente por ela (origem), e, embora não se importe com o sigilo da mensagem, deseja que ela chegue íntegra aos destinatários, sem alterações – como a informação sobre qual o sexo de uma criança que está para nascer.

A assinatura digital permite garantir a autenticidade de quem envia a mensagem, associada à integridade de seu conteúdo.

A origem cifra a mensagem com sua chave privada e a envia, em um processo denominado *assinatura digital*. Cada pessoa que receber a mensagem deve decifrá-la, verificando a validade da assinatura digital, por meio da chave pública da origem. Como esta apenas decifra (ou seja, verifica a validade de) mensagens cifradas com sua chave privada, ficam, assim, garantidas a autenticidade, a integridade e o não repúdio da mensagem. Se alguém modificar 1 bit do conteúdo da mensagem, ou se outra pessoa que não a origem assiná-la, o sistema de verificação não reconhecerá como válida a assinatura digital da origem.

É importante perceber que a assinatura digital, como descrita no exemplo anterior, não garante a confidencialidade da mensagem. Qualquer um poderá acessá-la e verificá-la, mesmo um intruso, apenas utilizando a chave pública da origem. Para obter confidencialidade com assinatura digital, basta combinar os dois métodos. A origem, primeiro, assina a mensagem, utilizando sua chave privada. Em seguida, criptografa a mensagem novamente junto com sua assinatura, utilizando a chave pública do destinatário que, ao recebê-la, deve, primeiramente, decifrá-la com sua chave privada, o que garante sua privacidade. Em seguida, "decifrá-la" novamente, ou seja, deve verificar sua assinatura utilizando a chave pública da origem, garantindo, assim, sua autenticidade.

Veja a seguir a descrição de alguns algoritmos utilizados para assinatura digital.

- **RSA:** como mencionado, o RSA também é comutativo e pode ser utilizado para a geração de assinatura digital. A matemática é a mesma: há uma chave pública e uma chave privada, e a segurança do sistema se baseia na dificuldade da fatoração de números grandes.
- **ElGamal:** como o RSA, o ElGamal também é comutativo, podendo ser utilizado tanto para a assinatura digital como para o gerenciamento de chaves; assim, ele obtém sua segurança da dificuldade do cálculo de logaritmos discretos em um corpo finito.
- **DSA:** o *Digital Signature Algorithm*, unicamente destinado a assinaturas digitais, foi proposto pelo Nist, em agosto de 1991, para utilização em seu padrão *Digital Signature Standard* (DSS). Adotado como padrão final em dezembro de 1994, trata-se de uma variação dos algoritmos de assinatura ElGamal e Schnorr. Foi inventado pela National Security Agency (NSA) dos Estados Unidos e patenteado pelo governo norte-americano.

## 5.5 Função *hashing*

A assinatura digital obtida pelo uso de criptografia assimétrica ou chave pública infelizmente não pode ser empregada na prática de forma isolada, do modo como foi didaticamente descrito no item anterior. Está faltando, portanto, descrever um mecanismo fundamental para o adequado emprego da assinatura digital. Esse mecanismo é a função *hashing*. Sua utilização como componente de assinaturas digitais se faz necessária em razão da lentidão dos algoritmos assimétricos, em geral cerca de mil vezes mais lentos que os simétricos.

> A função *hashing* é fundamental para o adequado emprego da assinatura digital.

Assim, na prática, é inviável e contraproducente utilizar puramente algoritmos de chave pública para assinaturas digitais, principalmente quando se deseja assinar grandes mensagens, que podem levar preciosos minutos ou mesmo horas para serem integralmente "cifradas" com a chave privada de alguém. Em vez disso, é empregada uma função *hashing*, que gera um valor pequeno, de tamanho fixo, derivado da mensagem que se pretende assinar, de qualquer tamanho. Assim, a função *hashing* oferece agilidade nas assinaturas digitais, além de integridade confiável, conforme será descrito a seguir.

Também denominada *message digest*, *one-way hash function*, função de condensação ou função de espalhamento unidirecional, a função *hashing* funciona como uma impressão digital de uma mensagem, produzindo de uma entrada de tamanho variável um valor fixo pequeno: o *digest*, ou valor *hash*.

Esse valor está para o conteúdo da mensagem assim como o dígito verificador de uma conta corrente está para o número da conta, ou o *check sum* está para os valores que valida. Serve, portanto, para garantir a integridade do conteúdo da mensagem que representa. Assim, após o valor *hash* de uma mensagem ter sido calculado pelo emprego de uma função *hashing*, qualquer modificação em seu conteúdo – mesmo em apenas 1 bit da mensagem – será detectada, pois um novo cálculo do valor *hash* sobre o conteúdo modificado resultará em um valor *hash* bastante distinto.

Veja a seguir a descrição de algumas funções *hashing* empregadas em produtos e protocolos criptográficos.

- **MD5:** função de espalhamento unidirecional, inventada por Ron Rivest, do MIT, que também trabalha para a RSA Data Security. A sigla MD significa *Message Digest*. Esse algoritmo produz um valor *hash* de 128 bits, para uma mensagem de entrada de tamanho arbitrário. Foi inicialmente proposto em 1991, depois de descobertos alguns ataques de criptoanálise contra a função *hashing* prévia de Rivest: a MD4. O algoritmo foi projetado para ser rápido, simples e seguro. Seus detalhes são públicos e têm sido analisados pela comunidade de criptografia. Foi descoberta uma fraqueza em parte do MD5, mas até agora ela não afetou a segurança global do algoritmo. Entretanto, o fato de ele produzir um valor *hash* de somente 128 bits é o que causa maior preocupação; é preferível uma função *hashing* que produza um valor maior.

- **SHA-1:** *Secure Hash Algorithm*, uma função de espalhamento unidirecional inventada pela NSA. Gera um valor *hash* de 160 bits, a partir de um tamanho arbitrário de mensagem. O funcionamento interno do SHA-1 é muito parecido com o observado no MD4, indicando que os estudiosos da NSA se basearam no MD4 e fizeram melhorias em sua segurança. De fato, a fraqueza existente em parte do MD5, citada anteriormente, descoberta após o SHA-1 ter sido proposto, não ocorre nele. Atualmente, não há nenhum ataque de criptoanálise conhecido contra o SHA-1. Mesmo o ataque da força bruta torna-se impraticável, por causa de seu valor *hash* de 160 bits. Todavia, não há provas de que, no futuro, alguém não possa descobrir como quebrar o SHA-1.
- **SHA-2:** por outro lado, o *Secure Hash Algorithm* (SHA-2) significativamente difere da função *hashing* SHA-1, projetado pela NSA. É uma família de duas funções *hashing* similares, com diferentes tamanhos de bloco, conhecida como SHA-256 e SHA-512. Eles diferem no tamanho; o SHA-256 utiliza 256 bits, e o SHA-512, 512 bits. Há também versões truncadas de cada padrão, conhecidas como SHA-224 e SHA-384. O ICP-Brasil, em suas mudanças anunciadas adotadas para o novo padrão criptográfico do sistema de certificação digital, implantou, em 2012, o uso do SHA-512 em substituição a seu antecessor, o SHA-1. Um novo padrão proposto de função *hashing* foi escolhido em 2012, a SHA-3.
- **MD2 e MD4:** o MD4 é o precursor do MD5, inventado por Ron Rivest. Depois de descobertas algumas fraquezas no MD4, Rivest escreveu o MD5. O MD4 não é mais utilizado. O MD2 é uma função de espalhamento unidirecional simplificada e produz um *hash* de 128 bits. A segurança do MD2 depende de uma permutação aleatória de bytes. Não é recomendável sua utilização, pois, em geral, é mais lento que as outras funções *hashing* citadas, e acredita-se que seja menos seguro.

## 5.6 Criptografia simétrica *versus* assimétrica: protocolos criptográficos

Qual o modelo de criptografia que devemos utilizar? Simétrico ou assimétrico? A resposta é simples: devem-se utilizar os dois, em um modelo denominado *híbrido*. O algoritmo simétrico, por ser muito mais rápido, é utilizado no ciframento da mensagem em si; o assimétrico, embora lento, permite implementar a distribuição de chaves e a assinatura digital. Além disso, como exposto no item anterior, deve-se empregar também o mecanismo de *hashing* para complemento da assinatura digital.

Devem-se usar o modelo de criptografia simétrico e o assimétrico, em um modelo denominado híbrido.

**Quadro 5.1** – Comparação entre criptografia simétrica e assimétrica

| Criptografia simétrica | Criptografia assimétrica |
|---|---|
| Mais rápida que a assimétrica | Mais lenta que a simétrica |
| Gerencia e distribui as chaves complexas | Gerencia e distribui chaves simples |
| Não oferece assinatura digital | Oferece assinatura digital |

Fonte: Elaborado pelos autores.

Em resumo, os algoritmos criptográficos podem ser combinados para a implementação de três mecanismos criptográficos básicos: o ciframento, a assinatura e o *hashing*. Esses mecanismos são componentes dos protocolos criptográficos, embutidos na arquitetura de segurança dos produtos destinados ao CE, portanto, proveem os serviços associados à criptografia que viabilizam o CE, a saber: disponibilidade, sigilo, controle de acesso, autenticidade, integridade e não repúdio.

**OBSERVAÇÃO:**

Autenticação (*authentication*) é o processo utilizado para confirmar a identidade de uma pessoa ou entidade, ou para garantir a fonte de uma mensagem (Decreto nº 3.587, de 5/9/2000).

Veja a seguir exemplos de protocolos que empregam sistemas criptográficos híbridos.

- **IPSec:** é um padrão de protocolos criptográficos desenvolvidos para IPv6. Realiza também o tunelamento de IP sobre IP. É composto de três mecanismos criptográficos: *authentication header* (define a função *hashing* para assinatura digital), *encapsulation security payload* (define o algoritmo simétrico para ciframento) e ISAKMP (define o algoritmo assimétrico para gerência e troca de chaves de criptografia). Criptografia e tunelamento são independentes. Permite *Virtual Private Network* (VPN) fim a fim. Futuro padrão para todas as formas de VPN.

- **SSL e TLS:** oferecem suporte de segurança criptográfica para os protocolos NTTP, HTTP, SMTP e *telnet*. Permitem utilizar diferentes algoritmos simétricos, *message digest* (*hashing*) e métodos de autenticação e gerência de chaves (assimétricos).
- **SET ou SEI:** é um conjunto de padrões e protocolos para realizar transações financeiras seguras, como as efetuadas com cartão de crédito na internet. Oferece um canal de comunicação seguro entre todos os envolvidos na transação. Garante autenticidade X.509v3 e privacidade entre as partes.
- **PGP:** inventado por Phil Zimmermman em 1991, é um programa criptográfico famoso e bastante difundido na internet, destinado a criptografia de e-mail pessoal. Algoritmos suportados:
  - *hashing*: MD5 e SHA-1;
  - simétricos: CAST-128, IDEA e 3DES; e
  - assimétricos: RSA e Diffie-Hellman/DSS.
- **S/Mime ou *Secure Multipurpose internet Mail Extensions*:** consiste em um esforço de um consórcio de empresas, liderado pela RSADSI e pela Microsoft, para adicionar segurança a mensagens eletrônicas no formato Mime. Apesar de o S/Mime e o PGP serem ambos os padrões internet, o S/Mime deverá se estabelecer no mercado corporativo, e o PGP, no mundo do e-mail pessoal.
- **X.509:** recomendação ITU-T, a especificação X.509 define o relacionamento entre as autoridades de certificação. Faz parte das séries X.500 de recomendações para uma estrutura de diretório global, baseada em nomes distintos para localização. Utilizada por S/Mime, IPSec, SSL/TLS e SEI. Baseia-se em criptografia com chave pública (RSA) e assinatura digital (com *hashing*).

## 5.7 Certificado digital

Com um sistema de chave pública, o gerenciamento de chaves passa a ter dois novos aspectos: primeiro, deve-se previamente localizar a chave pública de qualquer pessoa com quem se deseja comunicar; e, segundo, deve-se obter uma garantia de que a chave pública encontrada seja proveniente dessa pessoa. Sem essa garantia, um intruso pode convencer os interlocutores de que chaves públicas falsas pertencem a eles.

Com um sistema de chave pública, o gerenciamento de chaves passa a ter dois novos aspectos: primeiro, localizar a chave pública de qualquer pessoa com quem se deseja comunicar; e segundo, obter uma garantia de que a chave pública encontrada seja proveniente dessa pessoa.

**OBSERVAÇÃO:**

Pelo Decreto nº 3.587 de 5 de setembro de 2000, a emissão de certificado (*certificate issurance*) é definida como o certificado emitido por uma Autoridade Certificadora (AC – entidade que emite certificados de acordo com as práticas definidas na declaração de regras operacionais), após a validação de seus dados, com a subsequente notificação do requerente sobre o conteúdo do certificado. A AC adota ações com base na Declaração de Regras Operacionais (DRO – documento que contém as práticas e atividades que uma AC implementa para emitir certificados; é a declaração da entidade certificadora a respeito dos detalhes de seu sistema de credenciamento e as práticas e políticas que fundamentam a emissão de certificados e outros serviços relacionados), após a emissão do certificado, como armazenamento, disseminação e a subsequente notificação, publicação e renovação do certificado. Uma AC considera certificados emitidos e aceitos como válidos a contar de sua publicação.

Pelo Projeto de Lei nº 1.589, de 1999, as ACs deverão ter as seguintes responsabilidades:

- emitir certificados conforme solicitado ou acordado com o subscritor da assinatura digital;
- implementar sistemas de segurança para garantir a criação, a emissão e o arquivamento de certificados digitais pelo prazo determinado na lei;
- garantir a proteção e impedir o uso indevido da informação fornecida pelo subscritor da assinatura digital;
- operar sistema de pronta suspensão e revogação de certificados, procedendo à imediata publicação das hipóteses previstas na lei;
- tornar disponível lista de certificados emitidos, suspensos e revogados;
- manter quadro técnico qualificado;
- sustentar a confidencialidade sobre todas as informações obtidas do subscritor da assinatura digital que não constem no certificado; e
- assegurar que os dados pessoais coletados pela entidade certificadora não serão usados para outra finalidade que não a de certificação, salvo se consentido expressamente pela pessoa interessada.

Desse modo, quando um interlocutor enviar uma mensagem ao outro solicitando sua chave pública, o intruso poderá interceptá-la e devolver-lhe uma chave pública forjada. Ele pode agir da mesma forma com o receptor, fazendo com que cada lado pense que está se comunicando com o outro, quando, na verdade, eles estão sendo interceptados pelo intruso, que, então, poderá decifrar todas as mensagens, cifrá-las novamente ou, se preferir, até substituí-las por outras. Com esse ataque, um intruso pode causar tantos danos ou até mais do que causaria se conseguisse quebrar o algoritmo de ciframento empregado pelos interlocutores.

A garantia para evitar esse ataque é representada pelos *certificados de chave pública*. Tais certificados consistem em chaves públicas assinadas por uma pessoa de confiança, geralmente no formato padrão ITU X.509v3. Servem para evitar tentativas de substituição de uma chave pública por outra. O certificado de *uma pessoa* contém algo mais do que sua chave pública: reúne informações sobre *a própria pessoa* – como seu nome, endereço e outros dados pessoais – e é assinado por alguém em quem *o receptor da mensagem* deposita sua confiança: uma AC, que funciona como um cartório eletrônico.

> Certificados de chave pública consistem em chaves públicas assinadas por uma pessoa de confiança, geralmente no formato padrão ITU X.509v3.

Os certificados digitais devem conter, no mínimo, as seguintes informações:

- número de série;
- nome da entidade certificadora e indicação da tecnologia utilizada para certificação;
- data de emissão e prazo de validade;
- nome do titular;
- data de nascimento do titular, se pessoa física;
- assinatura digital da entidade certificadora; e
- indicação de eventuais restrições de utilização e de limites do valor de transações para os quais sejam válidos.

**Quadro 5.2** – Certificação digital

| |
|---|
| Versão |
| Número de série |
| Algoritmo utilizado |
| Nome X.500 da AC |
| Nome X.500 do detentor |
| Validade |
| Extensões |
| Chave pública do detentor |
| Assinatura da AC |

Fonte: Elaborado pelos autores.

**OBSERVAÇÃO:**

Documento eletrônico é a informação gerada, enviada, recebida, armazenada ou comunicada por meios eletrônicos, ópticos, optoeletrônicos ou similares.

Um certificado digital pode ser definido como um documento eletrônico, assinado digitalmente por uma terceira parte confiável, que associa o nome (e atributos) de uma pessoa ou instituição a uma chave criptográfica pública.

Pela assinatura da chave pública e das informações sobre o emissor, a AC garante que a informação sobre ele está correta e que a chave pública em questão realmente lhe pertence. O receptor, por sua vez, confere a assinatura da AC e, então, utiliza a chave pública em pauta, seguro de que pertence ao emissor e a ninguém mais. Certificados desempenham um importante papel em grande número de protocolos e padrões utilizados na proteção de sistemas de comércio.

Autoridades de certificação, como VeriSign, Cybertrust e Nortel, assinam certificados digitais garantindo sua validade. Uma AC também tem a responsabilidade de manter e divulgar uma lista com os certificados revogados (*Certificate Revocation List* – CRL). Certificados constantes nessa lista podem ter sido roubados, perdidos ou, simplesmente, estar sem utilidade. As ACs podem estar encadeadas em hierarquias de certificação, em que a AC de um nível inferior valida sua assinatura com a assinatura de uma AC mais alta na hierarquia.

Há diversos tipos de certificados, conforme descrição feita a seguir.

**Certificados de AC:** utilizados para validar outros certificados; são autoassinados ou assinados por outra AC.

**Certificados de servidor:** usados para identificar um servidor seguro; contêm o nome da organização e o nome DNS do servidor.

**Certificados pessoais:** apresentam o nome do portador e, eventualmente, informações como endereço eletrônico, endereço postal etc.

**Certificados de desenvolvedores de software:** empregados para validar assinaturas associadas a programas.

A infraestrutura para lidar com o gerenciamento de chaves públicas é definida pelo padrão *Public Key Infrastructure* (PKI), que define o local onde os certificados digitais são armazenados e recuperados, de que forma estão armazenados, como um certificado é revogado, entre outras informações.

***Firewall*:** a tradução livre é "parede de fogo". É uma ferramenta de controle de acesso lógico, que se faz mediante o uso de software, barrando a entrada de intrusos, bem como identificando tentativas de invasão. Também utilizada para impedir acesso a sites indesejáveis.

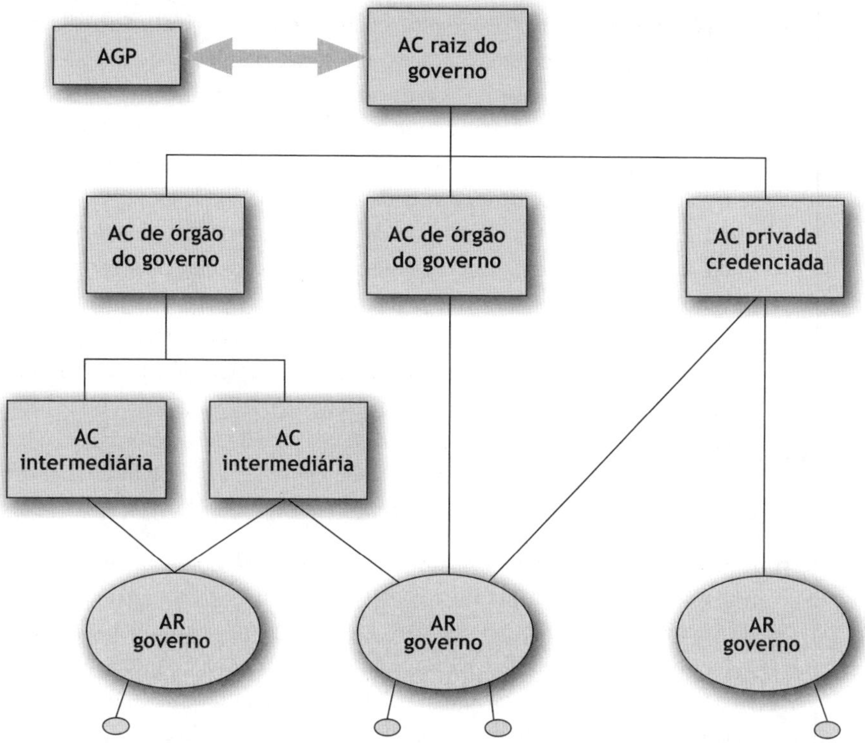


Fonte: Lei n. 1.589 de 1999.

Figura 5.1 – **Arquitetura da ICP-GOV**

Em que:

- Autoridade de Gerência de Políticas = AGP;
- Autoridade Certificadora Raiz = AC Raiz;
- Autoridades de Registro = AR; e
- Autoridade Certificadora = AC.

# Resumo do capítulo

## Criptografia e certificação digital no CE

- O uso intensivo da internet no comércio, como foi apresentado no Capítulo 4, tornou necessária a proteção das empresas e dos clientes conectados via internet para realizar as transações comerciais.
- Controle de acesso: garante que o conteúdo da mensagem somente será acessado por pessoas autorizadas.

- **Assinatura digital** (*digital signature*) é a transformação matemática de uma mensagem pela utilização de uma função matemática e da criptografia assimétrica de seu resultado com a chave privada da entidade assinante (Decreto nº 3.587, de 5/9/2000). As informações que permitem a transação – como valor e descrição do produto adquirido – precisam estar disponíveis no dia e na hora que o cliente desejar efetuá-la (disponibilidade); o valor da transação não pode ser alterado (integridade); somente o cliente que está comprando e o comerciante devem ter acesso à transação (controle de acesso); o cliente que está comprando deve ser realmente quem diz ser (autenticidade). Nos primórdios da criptografia, a segurança do ciframento baseava-se somente no sigilo do algoritmo criptográfico. O problema apresentado é contornável, utilizando-se o segundo componente básico da criptografia de mensagens: a chave. O número de chaves possível depende do tamanho (número de bits) da chave. Uma chave de 8 bits permite uma combinação de, no máximo, 256 chaves ($2^8$). Quanto maior o tamanho da chave, mais difícil quebrá-la, pois aumenta-se o número de combinações.
- A segurança do sistema passa a residir não mais no algoritmo, mas, sim, na combinação da chave empregada com o algoritmo. A chave, no lugar do algoritmo, deve ser mantida em segredo por *duas pessoas*. O algoritmo é estruturado seguindo as mesmas linhas gerais do DES. Na maioria dos microprocessadores, entretanto, uma implementação por software do IDEA é mais rápida que por software do DES. O autor aperfeiçoou-o no *Twofish*, concorrente do AES (32.448 bits).

## Criptografia assimétrica

- A maneira de contornar os problemas da criptografia simétrica é utilizar a criptografia assimétrica ou de chave pública.
- A criptografia assimétrica baseia-se no conceito de par de chaves: uma chave privada e uma chave pública. As mensagens cifradas com uma das chaves do par podem ser decifradas apenas com a outra chave correspondente. A confidencialidade da mensagem será garantida enquanto a chave privada estiver segura. Caso contrário, quem tiver acesso à chave privada terá acesso às mensagens.
- ***Diffie-Hellman***: também baseado no problema do logaritmo discreto, é o criptossistema de chave pública mais antigo ainda em uso.

## Assinatura digital

- Outro benefício da criptografia com chave pública é a assinatura digital, que permite garantir a autenticidade de quem envia a mensagem, associada à integridade de seu conteúdo. Cada pessoa que receber a mensagem deve decifrá-la, verificando a validade da assinatura digital, utilizando para isso a chave pública da origem. Como esta apenas decifra (ou seja, verifica a validade de) mensagens cifradas com sua chave privada, ficam garantidas a autenticidade, a integridade e o não repúdio da mensagem, pois, se alguém modificar 1 bit do conteúdo da mensagem ou se outra pessoa assiná-la no lugar da origem, o sistema de verificação não reconhecerá a assinatura digital da origem como válida.

- É importante perceber que a assinatura digital não garante a confidencialidade da mensagem. A matemática é a mesma: há uma chave pública e uma chave privada, e a segurança do sistema se baseia na dificuldade da fatoração de números grandes.

## Função *hashing*

- A assinatura digital obtida pelo uso de criptografia assimétrica ou de chave pública infelizmente não pode ser empregada, na prática, de forma isolada. Serve, portanto, para garantir a integridade do conteúdo da mensagem que representa. Assim, após o valor *hash* de uma mensagem ter sido calculado pelo emprego de uma função *hashing*, qualquer modificação em seu conteúdo – mesmo em apenas 1 bit da mensagem – será detectada, pois um novo cálculo do valor *hash* sobre o conteúdo modificado resultará em um valor *hash* bastante distinto.
- Foi descoberta uma fraqueza em parte do MD5, mas até o momento a segurança global do algoritmo não foi afetada. O funcionamento interno do SHA-1 é muito parecido com o observado no MD4, indicando que os estudiosos da NSA se basearam no MD4 e fizeram melhorias em sua segurança. O algoritmo simétrico, por ser muito mais rápido, é utilizado no ciframento da mensagem em si. Apesar de o S/Mime e o PGP serem ambos padrões da internet, o S/Mime deverá se estabelecer no mercado corporativo, e o PGP, no mundo do e-mail pessoal.
- Os certificados digitais devem conter, no mínimo, as seguintes informações:
  - número de série;
  - nome da entidade certificadora e indicação da tecnologia utilizada para certificação;
  - data de emissão e prazo de validade;
  - nome do titular;
  - data de nascimento do titular, se pessoa física;
  - assinatura digital da entidade certificadora; e
  - indicação de eventuais restrições de utilização e de limites do valor de transações para os quais sejam válidos.
- Pela assinatura da chave pública e das informações sobre o emissor, a AC garante que a informação sobre ele está correta e que a chave pública em questão realmente lhe pertence.
- Certificados de servidor: utilizados para identificar um servidor seguro; contêm o nome da organização e o nome DNS do servidor.

# Apêndice A

# Análise de investimentos

Para o acionista, a missão básica do executivo é aumentar o valor da empresa e de seus lucros.

A gerência de projeto de investimentos deve ajudar a identificar quais projetos terão melhor rentabilidade e quais não terão, mas a vida é cheia de incertezas (isso também é chamado de não determinismo), e os gerentes de projeto as chamam de risco. A decisão de escolha de um projeto e/ou de uma alternativa é feita com base em lucros, perdas e incertezas no processo de decisão.

O decisor dificilmente terá sob seu controle o estado da natureza, que nesse caso é representado por preferências e ações dos agentes econômicos, bem como disponibilidade de insumos, alterações climáticas e políticas dos governos.

A análise do risco sugere os seguintes cuidados:

- identificar riscos que podem ser controlados;
- não tentar controlar todos os riscos (Teoria dos Sistemas e Diagrama de Pareto);
- utilizar uma programação realista;
- diminuir as incertezas, pois elas amenizam o ritmo de avanço do projeto; e
- lembrar que o entendimento de um problema se altera com o avanço do projeto e, consequentemente, os cronogramas devem ser atualizados.

O custo de fazer algo duas vezes é sempre maior que fazê-lo uma única vez. Essa ideia fez Philip Crosby afirmar: "Qualidade não custa nada".

Um projeto não tem só ganhos tangíveis; tem ganhos intangíveis, que não produzem vantagens imediatas, mas podem gerá-las no longo prazo. Dessa forma, um projeto deve ser avaliado nos longo, médio e curto prazos.

## Risco

Do italiano antigo, *risicare* (= ousar) ➔ Risco. A noção mais simples de risco é de uma associação entre a probabilidade de ocorrência de um fato indesejável e a gravidade das suas consequências, caso aconteçam. Na tecnologia, o risco tem uma imensa importância teórico-prática e é tratado na Análise ou Gestão de Risco. Por seu relacionamento com a noção de probabilidade, a história do risco encontra-se profundamente ligada à evolução da Teoria das Probabilidades.

Alguns momentos importantes da trajetória do risco foram:

- jogos de azar e jogos de dados: os antigos gregos;
- sistema de numeração indo-arábica: concepção moderna de risco e quantificação do risco; e
- no alvorecer do Renascimento: a Teoria das Probabilidades (1654) ➔ o conceito de risco; e alguns dos (vários) nomes importantes: Pascal, Fermat, Jacob e Daniel Bernoulli, de Moivre, Bayes, Galton, von Neumann e Morgenstern, Markowitz, Kahneman e Tversky.

### Tipos de risco

- **Risco de mercado:** incerteza dos retornos esperados de um investimento, decorrentes de taxas de juros, câmbio, liquidez, ações etc.
- **Risco operacional:** perdas quando os sistemas, práticas e medidas de controle não são capazes de resistir a falhas humanas ou situações adversas do mercado (por exemplo, fraudadores de cartão de crédito).
- **Risco de crédito:** perdas quando, em um contrato, uma parte não honra as obrigações. Inadimplência, degradação de crédito e garantias.
- **Risco legal:** perdas pelo fato de os contratos não terem amparo legal. Legislação, Tributário e Contrato.

## Como o administrador cria um valor para a empresa

- Planejando, para avaliar as oportunidades de reestruturação.
- Diagnosticando o desempenho no mercado.
- Revisando o desempenho no mercado.
- Determinando os retornos aos acionistas e comparando com outros investimentos.

- Analisando desempenhos empresariais de empresas semelhantes.
- Desenvolvendo um quadro inicial do desempenho da empresa que suporte o correspondente no mercado.
- Entendendo o fluxo de caixa da empresa.
- Identificando onde a empresa está gerando e investindo o caixa, bem como os retornos obtidos com a estratégia de investimentos.
- Sintetizando a visão do mercado.
- Identificando as premissas que formam a base para o valor corrente de mercado.
- Após as etapas anteriores, criando o plano de negócios a ser seguido em cada unidade da empresa.

## O valor atual da empresa

A mensuração do valor atual da empresa fornece a primeira visão de como tudo está indo. Deve-se valorizar cada área de negócio da empresa, com base nos valores esperados para o fluxo de caixa de cada uma.

Informações necessárias: crescimento de vendas, margens, capital de giro, investimentos, preços praticados, volume do mercado, comportamento dos consumidores etc.

Com essas informações, deve-se estimar o custo de capital para cada área de negócio e criar dois conjuntos de projeções do fluxo de caixa:

- simples extrapolação do fluxo de caixa das operações atuais; e
- fluxo de caixa utilizando as premissas do plano de negócios resultante da etapa anterior.

Após a comparação realizada entre as duas avaliações, estabelecer as principais diferenças e relacionar as necessidades de cada área para cumprir o plano de negócios: elaborar planos de ação.

## Valor potencial com as melhorias internas

O primeiro passo é identificar os principais direcionadores de valor para cada unidade de negócio ou para a empresa como um todo. Simular os impactos, no fluxo de caixa, das variações de preços ao consumidor, do volume de produção, dos preços dos insumos, dos salários, das despesas de marketing, das taxas de juros, do câmbio, dos preços dos concorrentes etc.

O segundo passo consiste em identificar as melhorias internas que podem ser realizadas para maximizar os impactos positivos e minimizar os negativos no fluxo de caixa.

As melhorias internas podem ser um novo sistema de gestão ou controle de estoques, atendimento personalizado pós-venda, treinamento de pessoal de vendas e atendimento, aprimoramento de acordos com fornecedores etc.

## Valor potencial com as melhorias externas

Estabelecer cenários para a empresa e estudar as oportunidades. Muitos cenários podem ser desenvolvidos, mas devemos dedicar esforços aos mais prováveis; trabalhar com um cenário alternativo também é válido.

Podemos enumerar alternativas como fusão com um concorrente ou venda para um comprador estratégico (em ambos os casos, empresas que tenham sinergias operacionais e estratégicas com a empresa), compra alavancada de outras empresas, financiamento de projetos de grande porte, liquidação, desinvestimentos em áreas de baixo retorno e pouca importância estratégica.

Alianças com concorrentes para a criação de produtos ou exploração de novos mercados também devem ser levadas em consideração.

O foco deve estar sempre na criação de valor para os acionistas e os envolvidos/interessados na saúde da empresa (clientes, empregados, credores, fornecedores, governo).

## Valor potencial com a reestruturação financeira

Considerar os benefícios legais e as oportunidades de mercado para a reestruturação das exigibilidades da empresa.

Quais são as vantagens que podem ser obtidas da legislação de impostos e do financiamento de dívidas?

O grau de alavancagem da empresa deve ser condizente com sua capacidade de refinanciamento: a estabilidade e o volume do fluxo de caixa são preponderantes nessa avaliação. Alto grau de liquidez dos ativos também reduz os riscos nos quais a empresa incorre ao incrementar a alavancagem.

A avaliação de risco das empresas, realizada por agências especializadas, influencia de maneira decisiva o nível das taxas de financiamento disponíveis para as empresas.

## O que, então, vai compor o valor da empresa para os acionistas?

(+) Valor líquido das operações atuais.

Preço, volume, custos operacionais, variação do capital de giro, investimentos, impostos, custo-patrimônio: todos esses elementos vão compor o fluxo de caixa.

(+) Valor das opções estratégicas.

Opções de crescimento, opções operacionais, mudanças na carteira de negócios.

(+) Valor terminal dos ativos.

Valor de revenda dos ativos ao término das operações da empresa.

(+) Valor criado pela reestruturação financeira.

Custos da dívida, alavancagem financeira, prêmios aos acionistas, política fiscal.

(–) Custo da administração.

Custos das áreas administrativas em geral.

**Ao tratar de bens intangíveis, recomenda-se:**

- identificar os bens intangíveis e entender de que modo eles contribuem para melhorar o negócio;
- reconhecer quais bens intangíveis da sua empresa são os mais importantes e incluir essa informação em seu planejamento estratégico;
- reexaminar os bens intangíveis sob o foco do *e-business*;
- valorizar sua marca; auditar sua propriedade intelectual;
- verificar o que tem valor e o que não tem;
- valorizar seus clientes; e
- cuidar da reputação de sua empresa e de seu pessoal.

# Deveres da empresa

- Ter processos padronizados por subsidiárias, regiões geográficas e divisões.
- Buscar a ampliação dos negócios.
- Ter aplicações que reflitam a natureza da empresa.
- Manter responsabilidade com os fornecedores.
- Usar de forma eficiente o(s) banco(s) de dados.
- Ter aplicações que atendam ao máximo de usuários.

- Ser capaz de operar em vários idiomas e moedas.
- Saber como substituir ou trocar os fornecedores.
- Ter visão de mercado, antecipar padrões e vislumbrar tendências.
- Saber gerenciar as mudanças.

## Eficácia da empresa

- O lucro, considerado dentro de sua dupla óptica: de retorno dos proprietários e da economia da empresa.
- O crescimento da empresa, seja em relação a ela mesma, seja em relação ao mercado da qual participa.
- A sobrevivência, que corresponde ao desejo de a empresa assegurar seu futuro e sua continuidade.
- O prestígio, objetivo pelo qual a empresa pretende livremente decidir seu destino.

O lucro, o crescimento, a sobrevivência e o prestígio são os quatro objetivos genéricos principais que as empresas procuram alcançar. Até certo ponto, o lucro assegura os outros três. Para sua avaliação, são utilizados alguns indicadores financeiros, como os a seguir.

- Crescimento das vendas: é o crescimento da receita bruta de vendas e serviços em unidades monetárias, descontada a inflação média do exercício social da empresa.
- Endividamento geral: é a soma do passivo circulante, incluindo as duplicatas descontadas, com o exigível em longo prazo, dividida pelo ativo total em porcentagem. É o indicador de risco da empresa.
- Liquidez geral: mede o quanto a empresa tem de recurso não imobilizado em ativos fixos para cada real de dívida.
- Lucro líquido: é o resultado do exercício depois de descontada a provisão para o imposto de renda. Está expresso em dólares.
- Vendas por empregado: é o total das vendas dividido pelo número médio de empregados. É uma medida da produtividade dos trabalhadores da empresa. Quanto maior seu valor, melhor.

Esses indicadores financeiros são utilizados como medida de obtenção dos citados quatro objetivos genéricos.

# RISCO

## Tipos de gerentes

- *Gerentes ativos*: buscam obter retornos que superem o restante do mercado para níveis de risco aceitáveis.
- *Gerentes passivos*: buscam obter retornos que se igualem ao restante do mercado.
- *Gerentes híbridos*: oscilam entre os anteriores.

**OBSERVAÇÃO:**

Ao contrário de muitas profissões, o gerente não tem uma formação regular definida. Esse fato é dificultado pela necessidade de que, em alguns projetos ou empresas, tornam-se necessários alguns conhecimentos específicos que diferenciem um "gerenciamento" de outro.

## Projeto

Veja a seguir algumas definições existentes na literatura para o termo projeto.

- Processo único, consistindo em um grupo de atividades coordenadas e controladas com datas para início e término, empreendido para o alcance de um objetivo conforme requisitos específicos, incluindo limitações de tempo, custo e recursos.
- Empreendimento temporário feito para criar um produto ou serviço único.
- Organização de pessoas dedicadas visando atingir um propósito e um objetivo específicos. Envolve gastos, ações únicas ou empreendimentos de altos riscos, que devem ser completados em certa data por um montante de recursos, dentro de uma expectativa de desempenho.

### Características do sucesso de um projeto

- Cumprir a missão (efetividade): os objetivos foram definidos? Os requisitos foram levantados?
- Suporte gerencial adequado – competência.
- Cumprir prazos – planejamento, monitoramento, realimentação, gerenciar crises. A melhor realimentação é aquela em que as pessoas podem por si só avaliar seu desempenho, em vez de serem avaliadas por outros.

- Comunicação com o cliente – atender às demandas, superar expectativas e ter o aceite do cliente.
- Não ultrapassar custos – administração de recursos humanos e de material.
- Manter a qualidade.
- Manter-se viável.
- Pelo menos manter a rentabilidade e a captação de oportunidades da empresa.

### Gerência do projeto

Estas são perguntas básicas quando se gerencia um projeto:

- Quem necessita das informações?
- Quais informações são necessárias?
- Quando as informações são necessárias?
- Onde as informações serão obtidas?

O projeto será um sucesso, de forma geral, se atender aos critérios de tempo, custo, efetividade, eficácia e satisfação do cliente.

## Projetos na estratégia da empresa

Segundo Rabechini (2002), no cenário competitivo, a sobrevivência depende da interação da empresa com o meio pelo atendimento ideal ao cliente e pelo posicionamento adequado no mercado em face da concorrência.

As organizações devem buscar a inovação, seja nos produtos, seja nos processos ou serviços. A **novidade** deve oferecer algo que outras empresas não ofereçam; a **mudança** deve permitir reescrever as regras do jogo da competição; a **complexidade** deve dificultar que os concorrentes aprendam a tecnologia e possam inová-la; o **projeto robusto** deve viabilizar uma vida útil "longa"; e as **inovações contínuas** devem possibilitar a melhora contínua.

O processo da inovação requer:

- varredura ambiental, que deve identificar as ameaças e as oportunidades que a empresa detém;
- decisão sobre permitir a escolha da "melhor" alternativa dentro do planejamento estratégico e da visão de futuro da empresa;
- recursos que devam permitir a implantação da(s) alternativa(s) escolhida(s); e
- implantação que deve possibilitar o desenvolvimento da tecnologia requerida.

A gerência de inovação é possível apenas com informação, tempo e pessoas. A empresa deve disponibilizar a informação certa para a pessoa certa, na hora certa.

A empresa deve investir em:

- treinamento: um programa de capacitação contínua que acompanhe as mudanças e a evolução do mercado; para tanto, necessita de investimentos contínuos;
- inovação: deve haver tempo e pessoal alocado para descobrir "coisas novas";
- equipes: devem ser eficientes, multidisciplinares e ter sinergia;
- clima criativo: deve ser cercada de um ambiente que busque a criatividade; podem-se criar políticas de recompensas com treinamentos, reconhecimentos, porcentagem nos lucros etc.;
- foco externo: acompanhar o meio ambiente no qual a empresa está inserida; e
- comunicação: a apropriada estrutura organizacional que deve permitir múltiplos canais de comunicação, e a rotação entre projetos ou palestras dos gerentes para os demais, expondo dificuldades e soluções, podem permitir uma sinergia na empresa.

## Custos

Os custos podem ser classificados em fixos e variáveis. Os fixos são os que independem da quantidade produzida. Os variáveis são os diretamente proporcionais às quantidades produzidas.

Os custos de produção são divididos em custos diretos e indiretos. Os diretos consistem principalmente em:

- matérias-primas;
- embalagens;
- fretes;
- mão de obra direta; e
- consumo de energia elétrica, água e combustível.

Os custos indiretos são:

- mão de obra indireta;
- manutenção;

- seguros;
- aluguel e arrendamento; e
- outras despesas:
  - depreciações;
  - amortizações; e
  - imposto de renda.

## Capital

Normalmente, na comparação de projetos de investimentos, somente interessam as diferenças entre custos/retornos das alternativas. No entanto, os retornos não se limitam a lucros: satisfação pessoal, conhecimentos adquiridos e experiência também devem ser considerados.

O investimento pode ser classificado das duas formas a seguir:

- **Fixo:** equipamentos, instalações industriais etc.
- **Giro:** capital de giro adicional, necessário para a operação do equipamento ou da nova fábrica, sendo constituído principalmente pelo estoque de matérias-primas e componentes, e até pelos recursos necessários para sustentar as vendas a prazo e as possíveis inadimplências dos clientes.

O capital de giro representa, em média, 30% a 40% do total dos ativos de uma empresa. O capital permanente tem um peso maior sobre o total dos ativos, atingindo entre 60% e 70%.

Apesar de sua menor participação sobre o total dos ativos da empresa, o capital de giro exige um esforço do administrador financeiro maior que o requerido pelo capital fixo.

O capital de giro precisa de acompanhamento permanente, pois está continuamente sofrendo o impacto das diversas mudanças enfrentadas pela empresa. O capital fixo, por outro lado, não exige atenção constante, uma vez que os fatos capazes de afetá-lo acontecem com uma frequência bem menor.

Na tentativa de suprir a insuficiência de capital de giro, muitas empresas utilizam empréstimos de custo elevado. Como regra, na economia brasileira, qualquer dinheiro captado a um custo maior que 1,17% ao mês (ou 15% ao ano), em termos reais, é incompatível com a rentabilidade normal da empresa, que é de 15% ao ano, também em parâmetros reais. Assim, uma linha de crédito de curto prazo que hoje não custe menos que 2% ao mês, em condições reais, é claramente antieconômica.

O financiamento de capital de giro a uma taxa real maior que 1,17% ao mês pode resolver o problema imediato de caixa da empresa, mas cria um novo: seu pagamento.

A implantação de um programa de redução de custos tem efeito positivo sobre o capital de giro da empresa, desde que não traga restrições a suas vendas ou à execução de suas operações.

A política de substituição de passivos consiste em trocar uma dívida por outra de menor custo financeiro. Por exemplo, uma empresa de grande porte poderia adotar essa solução, pelo lançamento de títulos no exterior ou mesmo com um lançamento de ações. Entretanto, as empresas de pequeno e médio portes não têm essa opção. Um programa tradicional de substituição de passivos, para elas, quase sempre significaria trocar seis por meia dúzia.

A solução definitiva para o problema do capital de giro consiste na recuperação da lucratividade da empresa e na consequente recomposição de seu fluxo de caixa. Essa solução exige a adoção de medidas estratégicas de grande alcance, que vão desde o lançamento de produtos ou serviços e a eliminação de outros à adoção de novos canais de venda ou até mesmo à reconfiguração do negócio como um todo.

Apêndice

# Matemática financeira

## Definições

- *Matemática financeira*: tem como objetivo básico estudar a evolução ou o valor do dinheiro no tempo, e esse tempo de evolução está interligado à existência de juros.
- *Capital, Capital Inicial, Principal, Valor Presente* ou *Principal* (C ou VP): é a quantidade monetária envolvida em uma transação, referenciada geralmente na data focal zero.
- *Juros* (J): são a remuneração exigida na utilização de capital de terceiros; juros recebidos são rendimentos; e juros pagos são custos. Também podem ser definidos como:
  - remuneração pela aplicação de um capital durante certo tempo (t);
  - remuneração do capital empregado;
  - custo do capital ou custo do dinheiro emprestado;
  - pagamento pela oportunidade de dispor de um capital durante determinado tempo; e
  - custo pago pelo uso de capital de terceiros.
- *Taxa de juros* (i): é o coeficiente obtido pela relação estabelecida entre o valor dos juros de um período e o capital emprestado, podendo ser expressa sob forma percentual ou unitária, por exemplo:

  taxa de juros = 12% = 0,12.
- *Prazo* (n ou t) ou número de períodos de uma operação financeira: pode ser visualizado como se envolvesse um único período ou múltiplos ou frações de período.

- *Montante* ou *valor futuro* (M, S ou VF): é a quantidade monetária resultante de uma transação financeira, sendo, portanto, referenciada em uma data futura. É o composto pelo somatório do capital (C) com os juros (J) obtidos no período. S (ou M) = C + J = (capital mais remuneração). Convenções de juros:

  – *a.a. = ao ano;*

  – *a.m. = ao mês; e*

  – *a.d. = ao dia.*

- *Juros simples*: têm sua fundamentação conceitual no regime de capitalização simples. $J = C \times i \times n$. A taxa de juros simples é proporcional, por exemplo:

  Taxa mensal = 1%; taxa anual é de 12%.

  No regime de juros simples, os juros são sempre calculados sobre o capital inicial. Apenas o principal rende juros. Juros simples *são fixos e calculados sobre o capital inicial* C – trata-se de uma progressão aritmética (crescimento linear).

  $Y = a \times x + b$; logo, $S = C \times (1 + i \times n)$.

**OBSERVAÇÃO:**

Juro exato é o cálculo feito observando-se o número de dias do calendário (ano de 365 ou 366 dias, e mês de 28, 29, 30 ou 31 dias). Juro comercial é o cálculo com um mês de 30 dias, ano de 360 dias.

- *Juros compostos*: são popularmente denominados juros sobre juros. Após cada período de capitalização, os juros são incorporados ao capital e passam a render novos juros. Os juros são calculados sobre o *montante* do período anterior. Os montantes de juros compostos se apresentarão como uma progressão geométrica. *Os juros são calculados tendo como base o montante* – trata-se de uma progressão geométrica (crescimento exponencial).

  $Y = a^x + b$.

  $S1 = C \times (1 + i^1)$

  $S2 = S1 \times (1 + i^2)$

  Logo: $S2 = C \times (1 + i^1) \times (1 + i^2)$

  $S = C \times (1 + i)^n$, em que $i^1 = i^2 = ... = in$

  A fórmula do capital, ou valor presente, advém da anterior, em que: $C = S \div (1 + i)^n$.

  O valor da taxa de juros provém da mesma fórmula, em que: $i = (S \div C)^{1/n} - 1$.

# Convenções linear e exponencial para juros compostos

As convenções são utilizadas quando é pedida no problema a resolução por uma das convenções e é fornecido o tempo fracionado. Por exemplo: dois meses e cinco dias, ou dois dias para períodos que não são inteiros.

A) *Convenção linear*: para resolver esse tipo de problema, usa-se a fórmula $S = C\,(1 + i)^{ti} \times (1 + i \times tf)$, em que ti é a parte inteira e tf é a fração.

**OBSERVAÇÃO:**

O termo linear se refere ao fator $(1 + i \times tf)$, que nada mais é que uma função linear ou de primeiro grau.

*Exemplo de convenção linear*:

Prazo = 5 anos e 6 meses.

Taxa de juros = 10% a.a.

Capital = R$ 35.600,00.

Então:

Montante (S) = $35.600\,[1 + (10 \div 100)]^5 \times [1 + (10 \div 100) \times (6 \div 12)]$ = $S = 35.600 \times (1{,}61051) \times (1{,}05)$ = R$ 60.200,86.

B) *Convenção exponencial*: a diferença em relação à linear é que se utiliza a seguinte fórmula: $S = C \times (1 + i)^{ti + tf}$

O termo exponencial se refere ao fator $(1 + i)^{ti + tf}$, que é uma função exponencial.

Considerando os mesmos dados do exemplo de convenção linear, tem-se que:

$S = 35.600 \times [1 + (10 \div 100)]^5 + (6, 12)$

$S = 35.600 \times (1{,}689117138)$ = R$ 60.132,57

# Taxas de juros acumuladas, taxa nominal, taxa real, taxas equivalentes, taxa proporcional e taxa *over*

- *Taxa de juros acumulada*: $i - ac = (1 + i^1) \times (1 + i^2) \times \ldots \times (1 + i^n) - 1$.
- *Taxa nominal*: é a taxa usada na linguagem normal em % a.a. Por exemplo, 8% a.a., capitalizado semestralmente.
- *Taxa real ou taxa efetiva*: são as taxas realmente pagas ou recebidas pela aplicação de um capital. Expressas em termos anuais % a.a., são maiores que as taxas nominais que as originaram (em que a frequência de capitalização é diferente da anual, que foi a origem). Quanto menor o período considerado para a contagem de juros, maior a diferença entre taxa efetiva e taxa nominal. Para que uma taxa de juros seja considerada efetiva, é necessário que o período referido na taxa coincida com o período de capitalização.
- *Taxas equivalentes*: são duas taxas que, quando aplicadas sobre um mesmo capital, chegam a um montante igual, com frequências de capitalização diferentes.

  *Exemplo de equivalente*:

  Um empréstimo:

  a) Pago em três anos, com juros de 8% a.a.

  b) Pago em três anos, mas com juros semestrais.

  $Sa = C \times [1 + 0{,}08)]^3 = C \times 1{,}259712$.

  $Sb = C \times [1 + i]^6$. Iguala-se Sa com Sb, corta-se o C e tem-se que:

  $[1 + i]^6 = 1{,}259712$; logo, $1 + i = [1{,}259712]^{1/6}$.

  $1 + i = 1{,}039230485$, assim, $i = 0{,}039230485$.

  Logo, $i \cong 3{,}923$; % ao ano será 7,846%.

  Também é possível definir a equivalência como taxas de juros fornecidas em unidades de tempo diferentes que, ao serem aplicadas a um mesmo capital durante um mesmo prazo, produzem um mesmo montante ao final desse prazo, no regime de juros compostos. Por exemplo:

  $C = 100$; $n = 4$ anos $= 8$ semestres $= 48$ meses

  $i = 12{,}6825\%$ a.a.

  $i = 6{,}1520\%$ ao semestre

  $i = 1\%$ a.m.

  $S = 100 \times (1 + 0{,}126825)^4 = 161{,}222\ldots$

  $S = 100 \times (1 + 0{,}06152)^8 = 161{,}222\ldots$

  $S = 100 \times (1 + 0{,}01)^{48} = 161{,}222\ldots$

- *Taxa proporcional*: são duas ou mais taxas que guardam entre si as mesmas proporções. A taxa proporcional, se aplicada durante um mesmo prazo a um mesmo capital, produz um mesmo montante ao final do prazo, no regime de juros simples.

  Por exemplo: 12% a.a., 6% ao bimestre, 4% ao trimestre, 3% ao quadrimestre, 6% ao semestre ou 1% a.m.

**OBSERVAÇÃO:**

**No juro composto, ser equivalente é diferente de ser proporcional. Da mesma forma, a taxa efetiva é diferente da taxa nominal.**

Equivalência (outro exemplo):

Taxa efetiva de 12% a.a. é equivalente a 0,94% a.m. (taxa nominal de $0,94 \times 12 = 11,28\%$ a.a.).

Na equivalência, consideram-se os "juros sobre juros", ou seja, $(1+ i)^n$.

Então: $(1 + 0,0094)^{12} = (1 + i)^1$. Com essa igualdade, pergunta-se à equação qual o fator que, elevado a 12 (meses), é igual a outro fator elevado a um (ano).

Assim, se $(1,0094)^{12} = 1,12$, então, $1,12 = 1 + i$ indica que $i = 1,12 - 1$, ou $i = 0,12$, logo, $i = 12\%$ a.a.

Nesse caso, 12% é taxa efetiva, maior que a taxa nominal que a originou, de 11,28% a.a.

- *Taxa* over: é uma taxa ao mês por dia útil. É uma forma de expressão da taxa de juros generalizada no mercado financeiro. Por convenção, a taxa do dia é multiplicada por 30, embora haja, no máximo, 23 dias úteis por mês.

  Taxa *over* – fórmula:

  - TOE: taxa *over* equivalente;
  - i: taxa de juros informada;
  - ndc-período: número de dias corridos do período da operação;
  - ndc-taxa: número de dias corridos do período, contidos no prazo da taxa informada (nada sendo dito, é 360); e
  - ndu: número de dias úteis corridos do período da operação.

$$\text{TOE: } \{[(1 + i)^{(\text{ndc} - \text{período} \div \text{ndc} - \text{taxa})}]^{(1/\text{ndu})} - 1\} \times (3.000)$$

Por exemplo:

Número de dias corridos = 30; dias úteis = 19; taxa de juros informada = 80%.

$$\text{TOE: } \{[(1 + i)^{(\text{ndc} - \text{período} \div \text{ndc} - \text{taxa})}]^{(1/\text{ndu})} - 1\} \times (3.000)$$

$$\text{TOE: } \{[(1 + 0,8)^{(30 \div 360)}]^{(1/19)} - 1\} \times (3.000) = 7,744\%$$

# Taxa bruta, taxa líquida, taxa de desvalorização monetária, taxa média de juros, taxa média de inflação, taxa real de juros e taxa nominal

- *Taxa bruta*: não houve desconto do imposto de renda.
- *Taxa líquida*: houve desconto do imposto de renda.
- *Taxa de desvalorização monetária* (TDM):

  TDM = (j) ÷ (1 + j), ou seja, para dado período, a inflação foi de 25%. Logo:

  TDM = (0,25) ÷ (1 + 0,25) = 0,2, ou 20%. O poder aquisitivo é reduzido em 20%.
- *Taxa média de juros*:

  $J = [(1 + j^1) \times (1 + j^2) \times ... (1 + j^n)]^{(1/n)} - 1.$
- *Taxa média de inflação*: é calculada da mesma forma que a taxa média de juros (média geométrica):

  $j = [(1 + j^1) \times (1 + j^2) \times ... (1 + j^n)]^{(1/n)} - 1.$
- *Taxa real de juros*: é a remuneração que se aufere ou se paga acima da correção monetária. É obtida depois de eliminado o efeito da inflação.

  Fórmula de Irving Fisher:

  Taxa de juros (i) ao mês = 1,756% = 0,01756

  Taxa de inflação (j) = 1,5% ao mês = 0,015 r = [(1 + i) ÷ (1 + j)] – 1.

  Por exemplo:

  r = [(1 + 0,01756) ÷ (1 + 0,015)] – 1 = 0,002522, ou 0,2522% ao mês.
- *Taxa nominal*: é a taxa de juros que inclui a inflação. É sempre maior que a taxa real.

# Descontos

## Descontos (simples e composto)

Diferença básica entre juros e descontos:

- Juros: recebidos após o decurso do prazo da operação.

- Descontos: recebidos ou pagos antecipadamente, no ato de fechamento de uma operação. Os descontos são a diferença entre o valor nominal (S) de um título na data de seu vencimento e seu valor atual (C) na data em que é efetuado o desconto.

## Descontos simples

Existem dois tipos de descontos simples:

- racional, racional simples ou desconto por dentro; e
- comercial, comercial simples, bancário ou desconto por fora.

Os descontos (D) são simples se seus cálculos forem em regime de juros simples, e são compostos se os cálculos forem em regime de juros compostos. Assim: $D = S - C$.

A) *Racional simples por dentro ou racional*

Pouco usado no Brasil e praticamente não utilizado no sistema financeiro.

Dr ou Dd = valor do desconto = $C \times i \times n$.

S ou N = valor do título na data do vencimento. C ou V = valor pago; i = taxa de juros simples.

t = período a decorrer até o vencimento do título. $Dd = C \times i \times n = (S \times i \times n) \div (1 + i \times n)$

$C = S \div (1 + i \times n)$; $D = S - C$; juros simples; $S = C \times (1 + i \times n)$; $i = [(S \div C) - 1] \div (n)$

Exemplo:

Determinar o valor da taxa mensal de desconto "por dentro" usada em uma operação de desconto de 60 dias de um título de valor de resgate de R$ 10.000,00, cujo valor do principal é de R$ 9.750,00.

$S = 10.000$; $C = 9.750$; $n = 60$, ou 2 meses; $i = ?$

$i = [(S \div C) - 1] \div (n) = [(10.000 \div 9.750) - 1] \div (2) = 0{,}01282$

B) *Comercial simples, por fora, comercial ou bancário*

Uso generalizado no Brasil. Df = desconto = $S \times i \times t$; i ou d = taxa de juros (simples); t ou n = tempo.

$Df = S \times i \times t$; S é o montante.

Como $C = S - D = S - S \times i \times t$, tem-se que $C = S \times (1 - i \times t)$ e $i = (1 - C \div S) \times (1 \div t)$.

Por exemplo:

Determinar o valor da taxa mensal de desconto "por fora" usada em uma operação de desconto de 60 dias de um título de valor de resgate de R$ 10.000,00, cujo valor do principal é de R$ 9.750,00.

$S = 10.000; C = 9.750; n = 60$, ou 2 meses; $i = ?$

$i = (1 - C \div S) \times (1 \div t) = (1 - 9.750 \div 1.000) \times (1 \div 2)$

$i = 0,0125$; por dentro, foi $= 0,01282$

Exemplo:

Um produto é vendido a 30 dias, por R$ 100,00, ou à vista, com desconto de 5%. Qual é a taxa efetiva de juros cobrada no financiamento?

Pr à vista = Pr a prazo − Pr a prazo × 0,05

Pr à vista = 100 − 100 × 0,05 = 100 − 5 = 95 i = 100 ÷ 95 − 1 = 0,0526 ao mês

A taxa de desconto "por fora", de uso generalizado no Brasil, é aplicada em um valor futuro S para produzir um valor presente C, ao passo que a taxa de desconto "por dentro", ou taxa de rentabilidade ou taxa de desconto, é aplicada sobre um valor presente C para produzir um valor futuro S.

Comparação:

Por dentro: $C = S \div (1 + i \times n)$

Por fora: $C = S \times (1 - if \times n)$

$S \div (1 + i \times n) = S \times (1 - if \times n)$

$1 \div (1 + i \times n) = (1 - if \times n)$

$if \times n - 1 = -1 \div (1 + i \times n)$

$if \times n = 1 - 1 \div (1 + i \times n) = (1 + i \times n - 1) \div (1 + i \times n)$

$if \times n = (i \times n) \div (1 + i \times n)$

$if = i \div (1 + i \times n)$

## Desconto composto

São dois os tipos de desconto composto:

A) *Desconto comercial composto*

O desconto composto consiste no valor encontrado pela diferença entre o valor nominal ou valor futuro do título (S ou N) e o valor atual líquido do título (C ou V), utilizando-se a taxa de juros compostos.

Composto ÷ $C = S \times [(1 - d)^n]$ – por fora.

Simples ÷ $C = S \times [1 - i(\text{ou } d) \times t\ (\text{ou } n)]$.

Exemplo:

Produto valor = 100.

Dois descontos de 20%.

20% em 100 gera 80, 20% em 80 gera 64, na fórmula anterior.

$C = S \times [(1 - d)^n]$

$C = 100 \times (1 - 0{,}2)^2 = 64$

$d = 100 - 64 = 36$, que em 100 = 36%

$d = 1 - [1 \div (1 + i)^n] = 0{,}36 = 1 - [1 \div (1 + 0{,}25)^2]$

B) *Desconto composto racional*

Lembrete: C (capital) é também conhecido como Valor Atual, e M (montante), como Valor Nominal. $S = C \times (1 + i \times n)$ – racional simples.

Composto – por dentro:

$S = C \times (1 + i)n = C = S \div [(1 + i)^n]$

$Dc = S - C = C \times (1 + i)^n - C$ ➔

$Dc = C \times [(1 + i)^n - 1]$

Exemplo:

Produto valor = 100.

Dois descontos de 20%.

20% em 100 gera 80, 20% em 80 gera 64, na fórmula anterior.

$C = S \div [(1 + i)^n]$

$C = 100 \div [(1 + 0{,}2)^2] = 69{,}44$

$d = 100 - 69{,}44 = 30{,}56$, que em 100 = 30,56%

# Séries

Séries uniformes: o termo *uniforme* decorre do fato de o valor dos pagamentos ou dos recebimentos ser constante e de a periodicidade ou intervalo de tempo entre os pagamentos também ser constante. Séries uniformes podem ser postecipadas ou antecipadas.

R ou PMT = valor das prestações

V ou PV ou C = principal

FV ou S = montante acumulado

Taxa de juros = i; número de prestações = n;

$V = R \times \{[(1 + i)^n - 1] \div [(1 + i)^n \times i]\}$

$FV = R \times [(1 + i)^n - 1] \div [i]$

$R = [FV \times i] \div [(1 + i)^n - 1]$

$R = V \times \{[(1 + i)^n \times i] \div [(1 + i)^n - 1]\}$

Exemplo:

Calcular o valor do montante acumulado FV ou S, do fluxo de caixa, em que a taxa de juros é de 10% a.a. (compostos) e são pagas cinco prestações *anuais* de R$ 1.000,00.

$FV = R \times [(1 + i)^n - 1] \div [i]$

$FV = 1.000 \times [(1 + 0,1)^5 - 1] \div [0,1]$

FV = R$ 6.105,10

Exemplo:

Determinar o valor de um financiamento a ser quitado em quatro pagamentos mensais de R$ 5.000,00, vencendo a primeira parcela em 30 dias da liberação dos recursos. A taxa contratual de juros é de 5,5% a.m.

R = 5.000; I = 5,5%, 0,055; n = 4

$V = R - \{[(1 + i)^n - 1] \div [(1 + i)^n \times i]\}$

$V = 5.000 \times \{(1 + 0,055)^4 - [1] \div [(1 + 0,055)^4 \times 0,055]\}$

V = R$ 17.525,75

Exemplo:

Determinar o valor das prestações de um financiamento com taxa efetiva de 8% a.a., no regime de juros compostos, sabendo-se que o valor do principal é R$ 1.000,00 e o prazo de operação é de quatro anos.

$R = V \times \{[(1 + i)^n \times i] \div [(1 + i)^n - 1]\}$

$R = 1.000 \times \{[(1 + 0,08)^4 \times 0,08] \div [(1 + 0,08)4 - 1]\}$

R = R$ 301,92

A) *Série uniforme postecipada*

A fórmula da série postecipada, na qual o valor de R é:

$R = V \times \{[(1 + i)^n \times i] \div [(1 + i)^n - 1]\}$

Exemplo:

Um eletrodoméstico é vendido à vista por R$ 1.500,00. Qual deve ser o valor da prestação na venda em cinco prestações mensais, iguais e sem entrada, se o custo financeiro do lojista é de 6% a.m.?

V = 1.500; i = 0,06; n = 5. Logo:

$R = V \times \{[(1 + i)^n \times i] \div [(1 + i)^n - 1]\}$

$R = 1.500 \times \{[(1 + 0,06)^5 \times 0,06] \div [(1 + 0,06)^5 - 1]\} = 356,0946;$

Total = 6 × 356,10 = R$ 1.780,47.

B) *Série antecipada*

Na série antecipada, haverá um pagamento anterior, muitas vezes denominado entrada. Logo, o valor de V será R da entrada mais o R da fórmula da postecipada, apenas com n diminuído em um.

Exemplo:

Valor à vista = R$ 1.500,00; juros mensais de 6%; entrada de R$ 235,00; cinco prestações mais a entrada. Cálculo V = 1.500 – 235 = 1.265.

R = 1.265 × {[(1 + 0,06)5 ÷ 0,06] ÷ [(1 + 0,06)5 – 1]} = 300,3064.
Total = 235 + 5 × 300,30 = R$ 1.736,50.

## Série uniforme deferida

Nessa série, o valor das prestações (divisão do que será pago) varia ao longo do tempo, de forma definida. Utiliza-se esta fórmula:

$$R = V \times \{[(1 + i)^{n + tc} \div i] \div [(1 + i)^n - 1]\}$$

Essa série será definida pelo exemplo a seguir.

Uma empresa deseja financiar a compra de um equipamento no valor de R$ 100.000,00 em 24 meses, sendo 30% do valor quitado nos 12 primeiros meses, por meio de prestações iguais, e 12 prestações iguais nos últimos 12 meses com taxa de juros de 3,5% a.m.

**Resposta:**

$R = 0{,}3V \times \{[(1 + 0{,}035)^{12} \times 0{,}035] \div [(1 + 0{,}035)^{12} - 1]\}$

$R = 0{,}7V \times \{[(1 + 0{,}035)^{12 + 12} \times 0{,}035] \div [(1 + 0{,}035)^{12} - 1]\}$

R$ 3.104,52

R$ 10.945,99

V = R$ 100.000,00

## Amortização

- *Sistema francês*: o sistema francês de amortização pressupõe um plano de prestações postecipadas fixas. Às vezes, é denominado sistema da tabela Price ou tabela Price; nesse caso, o período de pagamentos dos juros é menor que o período da taxa de juros. O valor da amortização no período t(At) é igual ao valor da amortização no primeiro (A1) período vezes a soma de 1 mais i elevado ao período menos 1.

$At = A1 \times (1 + i)^{(t-1)}$

$287{,}8 = 215{,}0 \times (1 + 0{,}06)^{(6-1)}$

Os juros diminuem a cada ano, e a amortização vai aumentando.

*Tabela Price:* Um empréstimo de R$ 200.000,00 para ser pago em 12 parcelas mensais à taxa de 12% a.a., de acordo com a tabela Price.

Cálculo da taxa mensal proporcional:

$12\% \div 12 = 1\%$, em que $(1{,}01)^{12} = 1{,}126825$

Logo, $(1{,}126825 - 1) \times 100 = 12{,}6825\%$

- *Sistema de amortização constante* (SAC): é também denominado sistema hamburguês.

  Exemplo:

  Empréstimo de R$ 1.500,00 em seis vezes. A amortização será $1.500 \div 6 = 250{,}00$. Juros = 6%.

  No caso, $1.500 \times 0{,}06 = 90$, que somados a $250 = 340$.

- *Sistema de amortização americano* (SAM): o SAM, ou sistema misto, é a média entre o sistema francês e o SAC.

  Média aritmética = [(Valor sistema francês + Valor SAC) ÷ 2] para todos os valores.

## Taxa Mínima de Atratividade (TMA)

Na TMA, ou taxa mínima atrativa de retorno de um investimento, o capital deve ter um mínimo de retorno de investimento – rentabilidade mínima. A subjetividade permite a escolha entre investir ou não e, se investir, em que investir (decisão). A decisão em grupo está na política geral da empresa.

A proposta de atratividade deve render, no mínimo, a taxa de juros equivalente à rentabilidade das aplicações correntes de pouco risco. É a taxa a partir da qual o investidor considera que está obtendo ganhos financeiros.

No Brasil, as pessoas físicas usam a caderneta de poupança como TMA. Essa taxa, normalmente, está associada a baixo risco.

# Valor atual ou valor presente líquido

## Método do valor atual

Fórmula do valor atual:

CF = fluxo de caixa

$V = [CF1 \div (1 + i)^1] + [CF2 \div (1 + i)^2] + ... + [CFn \div (1 + i)^n]$

$V = CF1 \times \{[(1 + i)^n - 1] \div [i \times (1 + i)^n]\}$

Método do valor atual, com atratividade variando com o tempo:

$V = CF1 \div (1 + i1) + CF2 \div [(1 + i1) \times (1 + i2)] + ... + CFn \div [(1 + i1) \times ... \times (1+in)]$

## Valor presente líquido

O valor presente líquido, ou método do valor atual, é igual ao valor presente das parcelas futuras (que são descontadas com determinada taxa de desconto), somado algebricamente com as grandes posicionadas no ponto zero.

Exemplo:

Comparar a atratividade de um investimento com R$ 500,00 de fluxo de caixa, por oito anos, sendo um com atratividade de 12% e outro com atratividade de 20% a.a.Valor: R$ 2.000,00.

0,892 + 0,797 + 0,711 + 0,6355 + 0,5674 + 0,506 + 0,452 + 0,403 = 4,9639 (12%)

0,833 + 0,694 + 0,578 + 0,482 + 0,4 + 0,334 + 0,279 + 0,232 = 3,832 (20%)

## Método de avaliação do fluxo de caixa

Somatório dos recebimentos mais o somatório de valores residuais menos o somatório dos desembolsos.

# Taxa interna de retorno

Busca-se descobrir a taxa de retorno.

Exemplo:

Produto vendido a R$ 7.696,40.

Parcelas mensais de R$ 2.000,00, R$ 3.000,00 e R$ 4.000,00.

Logo: $7.696,40 + [2.000 \div (1 + i)^1] + [3.000 \div (1 + i)2] + [4.000 \div (1 + i)^3] = 0$

O valor presente líquido é igual a zero, quando as grandezas futuras, ao serem descontadas, produzem um valor presente do fluxo de caixa igual ao investimento inicial (desembolso) posicionado no ponto zero.

# Exercícios

1. Um capital é aplicado por 330 dias, a uma taxa de juros simples de 32,5% a.a., produzindo, ao final do período, um montante de R$ 6.800,00. Calcule o capital aplicado para a obtenção do montante. Considere o ano comercial para os cálculos.

2. A quantia de R$ 30.000,00 foi aplicada a juros simples do dia 12 de abril ao dia 5 de setembro do corrente ano. Calcule os juros obtidos, à taxa de 18% a.a., desprezando os centavos. Use o ano comercial.

3. Qual a taxa unitária anual equivalente à taxa de juros simples de 10% ao mês?
   a) O que é taxa real ou efetiva?
   b) O que é taxa proporcional?
   c) O que é taxa nominal?

4. Uma empresa contrata um financiamento de R$ 100.000,00, por 60 dias (mês comercial), à taxa de 5,65% a.m. (juros compostos).
   a) Calcule o montante no final do período.
   b) Calcule o valor da taxa de juros mensal para que o valor do capital inicial de R$ 90.000,00 seja triplicado em um período de 150 dias. Considere o mês comercial.

5. O desconto comercial simples de um título, quatro meses antes de seu vencimento, é de R$ 700,00. Considerando uma taxa de 6% a.m., obtenha o valor correspondente no caso de um desconto racional simples. Qual é o valor de S (**valor do título na data do vencimento**)?

6. Calcule a taxa de juros anual que é equivalente à taxa de juros nominal de 10% a.a., com capitalização semestral (juros compostos). Lembre-se de que taxa nominal é diferente de taxa efetiva.

7. Preencha a tabela a seguir, considerando:
   **SAM = Sistema de Amortização Americano ou Sistema Misto.**
   **SAC = Sistema de Amortização Constante ou Sistema Hamburguês.**
   Calcule o valor das prestações SAM.

| Prestação – SAC | SAM | Francês |
|---|---|---|
| 300,00 | | 300,00 |
| 330,00 | | 300,00 |
| 320,00 | | 300,00 |
| 290,00 | | 300,00 |
| 260,00 | | 300,00 |
| 250,00 | | 300,00 |

Defina capital.

8. Obtenha o Valor Atual (ou capital ou C) de um título de R$ 20.000,00 de valor nominal, que vence ao fim de três meses, a uma taxa de juros de 4% a.m., considerando um desconto racional.
   a) Calcule o valor do desconto.
   b) O que é montante?

9. Responda:
   a) qual a diferença entre juros e desconto?
   b) qual a diferença entre desconto simples e desconto composto?
   c) qual a diferença entre juros e taxa de juros?
   d) a "prestação" denominada entrada existe na série antecipada ou na postecipada?

10. Uma compra no valor de R$ 10.000,00 deve ser paga com uma amortização inicial de 18,5% e o saldo devedor financiado em cinco *prestações mensais iguais*, vencendo a primeira ao fim de um mês (junto com a amortização), a uma taxa de 4% ao mês. Considerando que esse sistema de amortização corresponde a uma anuidade ou renda certa – em que o valor da anuidade corresponde ao saldo devedor, e os termos da anuidade, às prestações –, calcule a prestação mensal, desprezando os centavos.

    O que são taxas equivalentes?

## Respostas

1. $6.800 = C\,[1 + 0{,}325 \times (330 \div 360)]$
   $6.800 = C\,(1 + 0{,}29791666)$
   $C = 6.800 \div 1{,}29791666$
   $C = 5239{,}165329$
   **Resposta:** montante = R$ 5.239,17.

2. t = 146 dias
   **Resposta:** R$ 2.190,00.

**3.** 10% a.m. = 120% a.a. (10 × 12).

**Resposta:** 1,2% a.a.

a) taxa real ou efetiva é a taxa realmente paga ou recebida pela aplicação de um capital. Expressa em termos anuais (% a.a.), é maior que as taxas nominais que a originaram (em que a frequência de capitalização é diferente da anual, que foi a origem).

b) taxa proporcional refere-se a duas ou mais taxas que guardam entre si as mesmas proporções. A taxa proporcional, se aplicada durante um mesmo prazo a um mesmo capital, produz um mesmo montante ao final do prazo, no regime de juros simples.

c) taxa nominal é a taxa usada na linguagem normal, em % a.a.

**4.** a) $M = 100.000 \times (1 + 0{,}0565)^2 = 111.619{,}225$

**Resposta:** R$ 111.619,23.

b) $150 \div 30 = 5$ (número de meses)

$270.000 = 90.000 \times (1 + i)^5$

$270.000 \div 9.000 = 3 = (1 + i)^5$

$1 + i = 3^{1/5}$, ou seja, = 3 elevado a 1/5

$1 + i = 1{,}24573$

$i = 1{,}24573 - 1$

$i = 0{,}24573$

**Resposta:** i = 24,573% a.m.

**5.** t = 4 meses

i = 6% a.m.

Comercial simples = $S \times i \times t = 700$

Racional simples = $Dd = (S \times i \times t) \div (1 + i \times t)$

$Dd = 700 \div (1 + i \times t)$

$Dr = 700 \div [1 + (6 \div 100) \times 4]$

$= 700 \div 1{,}24 = 564{,}516129$

**Resposta:** R$ 564,52.

Qual é o valor de S (valor do título na data do vencimento): $S \times i \times t = 700$

$S = 700 \div (i \times t)$

$S = 700 \div (0{,}06 \times 4)$

$S = 700 \div (0{,}24)$

$S = 2.916{,}6667$

**Resposta:** R$ 2.916,67.

**6.** i = 10% a.a. Portanto: 5%, o semestre.

Agora, podemos calcular a taxa equivalente:

$[(1 + (5 \div 100)]^2 = (1 + i) \rightarrow (1{,}05)^2 = (1 + i) \rightarrow 1{,}1025 = 1 + i \rightarrow$ $i = 1{,}1025 - 1 \rightarrow i = 0{,}1025$, que, em termos percentuais, é 10,25%.

**Resposta:** 10,25% a.a.

**7.**

| Prestação – SAC | SAM | Francês |
|---|---|---|
| 300,00 | 300,00 | 300,00 |
| 330,00 | 315,00 | 300,00 |
| 320,00 | 310,00 | 300,00 |
| 290,00 | 295,00 | 300,00 |
| 260,00 | 280,00 | 300,00 |
| 250,00 | 275,00 | 300,00 |

Defina capital.

**Resposta:** Capital, Capital Inicial, Principal, Valor Presente ou Principal (C ou VP) é a quantidade monetária envolvida em uma transação, referenciada geralmente na data focal zero.

**8.** $C = S \div [(1 + i)^n]$

$C = 20.000 \div [1 + (4 \div 100)]^3 = 20.000 \div 1{,}124864 = 17779{,}92717$

**Resposta:** R$ 17.779,93.

a) Calcule o valor do desconto:

$Dc = C \times [(-1 + i)^n - 1]$

$Dc = 17.779{,}93 \times [(-1{,}04)^3 - 1] = 2.220{,}07318$

**Resposta:** R$ 2.220,07

ou 20.000 – 17.779,93 = 2.220,07.

b) O que é montante?

**Resposta:** montante ou valor futuro (M, S ou VF) é a quantidade monetária resultante de uma transação financeira, sendo, portanto, referenciada em uma data futura. É o composto pelo somatório do capital (C) com os juros (J) obtidos no período.

S (ou M) = C + J = (capital mais remuneração)

**9.** a) **Resposta:** a diferença básica entre juros e desconto é:

- juro: recebido após o decurso do prazo da operação;
- desconto: recebido ou pago antecipadamente no ato de fechamento de uma operação. É a diferença entre o valor nominal (S) de um título na data de seu vencimento e seu valor atual (C) na data em que é efetuado o desconto.

b) **Resposta:** a diferença é que o desconto (D) é simples quando seu cálculo é em regime de juros simples, e é composto quando é em regime de juros compostos.

c) **Resposta:** a diferença é que taxa de juros i é o coeficiente obtido pela relação estabelecida entre o valor dos juros de um período e o capital emprestado, podendo ser expressa sob forma percentual ou unitária. Juros são a remuneração exigida na utilização de capital de terceiros; juros recebidos são rendimentos e juros pagos são custos. Trata-se da remuneração pela aplicação de um capital durante certo tempo (t), a uma taxa de juros; remuneração do capital empregado; custo pago pelo uso de capital de terceiros.

d) **Resposta:** existe na série antecipada.

**10.** Valor da amortização no período t (At) = valor da amortização no primeiro (A1) período vezes a soma de 1 mais i elevado ao período menos 1.

$At = A1 \times (1 + i)^{(t-1)}$

As prestações são iguais, o que indica que se trata do sistema francês.

| R$ 10.000,00 | Amortização | Juros | Prestação |
|---|---|---|---|
| R$ 8.150,00 | R$ 1.850,00 | R$ 400,00 | R$ 2.250,00 |
| R$ 6.226,00 | R$ 1.924,00 | R$ 326,00 | R$ 2.250,00 |
| R$ 4.225,04 | R$ 2.000,96 | R$ 249,04 | R$ 2.250,00 |
| R$ 2.144,04 | R$ 2.081,00 | R$ 169,00 | R$ 2.250,00 |
| R$ 0,00 | R$ 2.164,24 | R$ 85,76 | R$ 2.250,00 |

O que são taxas equivalentes?

**Resposta:** são taxas de juros fornecidas em unidades de tempo diferentes que, ao serem aplicadas a um mesmo capital durante um mesmo prazo, produzem um mesmo montante ao final desse prazo, no regime de juros compostos. *São duas taxas que, quando aplicadas sobre um mesmo capital, chegam a um montante igual, com frequências de capitalização diferentes.*

Apêndice C

# Conceitos básicos de pesquisa operacional

## Grafos

### Definição de grafo

Um grafo é uma estrutura de abstração que representa um conjunto de elementos denominados nós e suas relações de interdependência ou arestas, ou seja, um conjunto não vazio e finito de elementos denominados nós e arestas. Considerando N ou V o número de vértices (também denominados nós, nodos ou pontos), em que N é um conjunto não vazio, e M ou E, o número de arestas, arcos ou ligações, tem-se a representação matemática: $G = (N, M)$.

Um grafo é uma estrutura $G = (V, E)$, em que V é um conjunto finito e não vazio cujos elementos são denominados vértices, e E é um conjunto de subconjuntos a dois elementos de V, os quais são denominados arestas. $|V|$ e $|E|$ indicam, respectivamente, o número de vértices e o número de arestas de G. Quando $G' = (V', E')$ é um grafo satisfazendo $V' \subset V$ e $E' \subset E$, escreve-se $G' \subset G$. Quando V é um conjunto unitário e $E = \varnothing$, diz-se que G é um **grafo trivial**.

Um laço é uma ligação que envolve apenas um vértice, também definido como uma aresta ou um arco que liga um vértice a ele próprio (Figura AC.1).

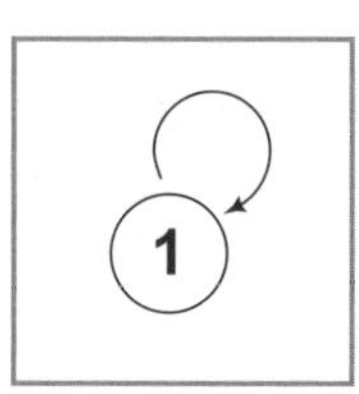


Fonte: Elaborada pelos autores.

**Figura AC.1** – Laço.

Uma rede (ou gráfico linear) é considerada um grafo com um fluxo de algum tipo entre seus ramos. Por exemplo, uma Cadeia de Suprimentos (CS), em que: N = {1,2,3,4} e M = {(1,2),(1,3),(2,3),(3,2),(2,4),(3,4)}.

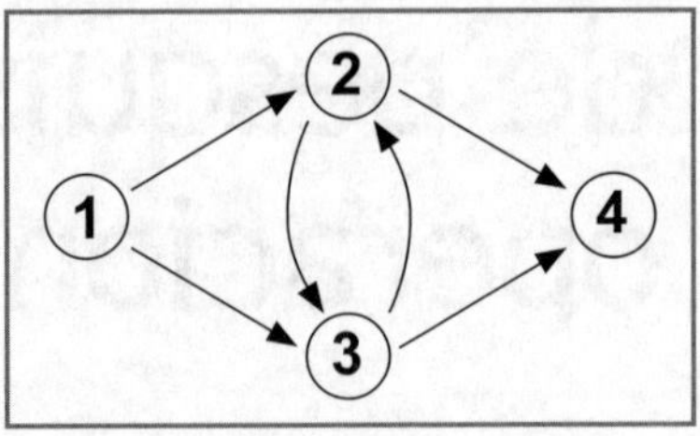


Fonte: Elaborada pelos autores.

**Figura AC.2** – Grafo direcionado.

Na Figura AC.2, existe um sentido nas ligações. A Figura AC.3 apresenta um grafo no qual não é importante o sentido das ligações.

Uma rede (ou gráfico linear) é considerada um grafo com um fluxo de algum tipo entre seus ramos, por exemplo, uma CS, em que: N = {1,2,3,4} e M = {(1,2),(1,3),(2,3),(3,2),(2,4),(3,4)}.

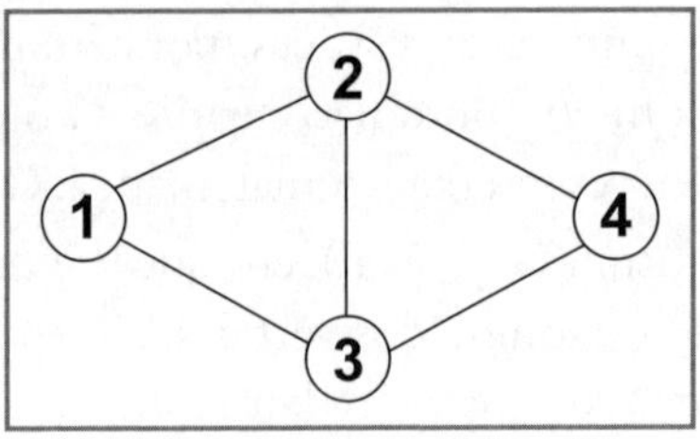


Fonte: Elaborada pelos autores.

**Figura AC.3**

## Classificação dos grafos

O grafo direcionado, dígrafo ou orientado é um grafo em que o sentido das ligações entre os vértices é importante e em que as arestas passam a ser chamadas arcos (Figura AC.2). No grafo orientado, um nó é considerado ponto de origem, e outro nó é considerado ponto de destino. Ainda a Figura AC.2, por exemplo, tem o nó 1 como origem. A orientação dos ramos é a direção viável do fluxo no ramo.

No grafo direcionado, ocorre o par ordenado D = (N, M), em que N(D) é um conjunto finito, não vazio, de vértices, e M(D) é um conjunto de pares-ordenados de vértices distintos, denominados arestas direcionadas ou arcos. Um grafo é chamado de simples se não tem laços, e existe, no máximo, uma aresta entre quaisquer vértices.

Uma rede pode não ser orientada se houver possibilidade de fluxo em ambas as direções no ramo. Um nó de uma rede é chamado fonte se cada um de seus ramos tiver uma orientação tal que o fluxo se mova para fora do nó. Uma rede que tenha fluxo em ambas as direções é uma rede não orientada.

O grafo multigrafo é um grafo em que existe mais de uma aresta ligando um mesmo par de vértices (Figura AC.4).

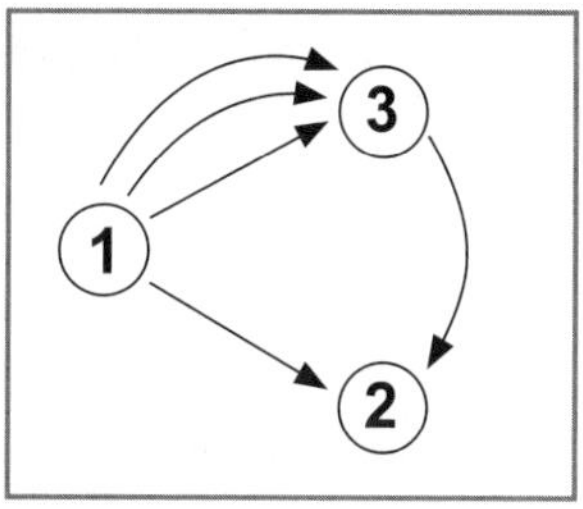


Fonte: Elaborada pelos autores.

**Figura AC.4** – Multigrafo.

O grafo ponderado ou rotulado é um grafo em que existem valores (rótulos) numéricos e/ou atribuições alfabéticas associados a suas arestas ou nós (Figura AC.5).

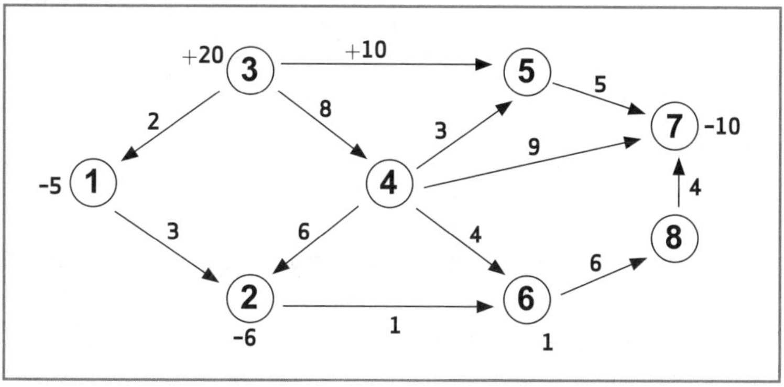


Fonte: Elaborada pelos autores.

**Figura AC.5** – Grafo ponderado.

O grafo *k*-regular G é chamado grafo regular de grau k ou *k*-regular quando todo vértice do grafo G tem o mesmo grau (Figura AC.6).

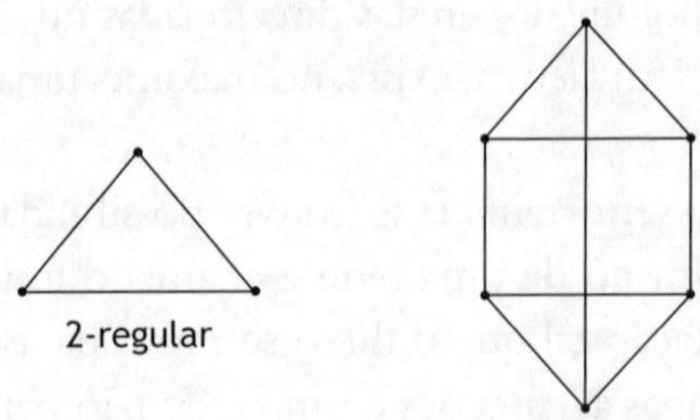


Fonte: Elaborada pelos autores.

**Figura AC.6** – Grafo *k*-regular.

A ordem de um grafo G é fornecida pela cardinalidade do conjunto de arestas. Nos exemplos:

- ordem (G*(Figura AC.2)*) = 6; e
- ordem (G*(Figura AC.3)*) = 5.

Um grafo é planar (ou periplanar) se puder ser representado em um plano sem que suas linhas (arestas) se cruzem, ou seja, existe alguma forma de se dispor dos seus vértices em um plano, de tal modo que nenhum par de arestas se cruze. Um grafo periplanar é maximal quando a adição de uma aresta entre dois vértices não adjacentes resulta em um grafo não periplanar (Figura AC.7).

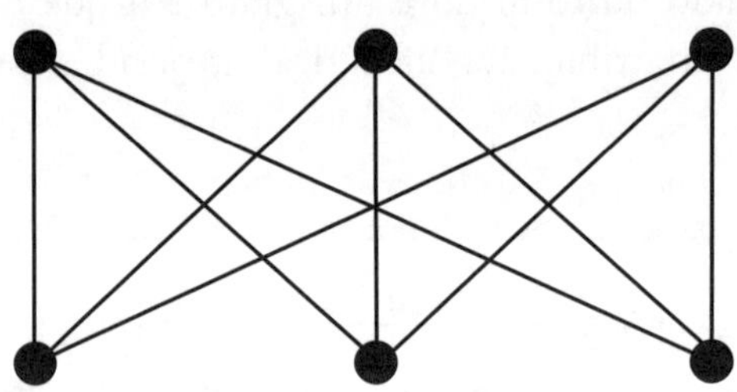

Fonte: Elaborada pelos autores.

**Figura AC.7** – Grafo não planar.

Considerando-se que cadeia (percurso ou itinerário) é a sequência de arestas adjacentes (ou de arcos) que ligam dois vértices.

O grafo convexo, completo, conectado ou conexo é um grafo que, para todo par de vértices, apresenta, no mínimo, uma aresta entre cada par de vértices. Também definido como o grafo, em que todos os nós estão conectados. Esses grafos são designados por K*n*, em que *n* é a ordem do grafo (Figura AC.8).

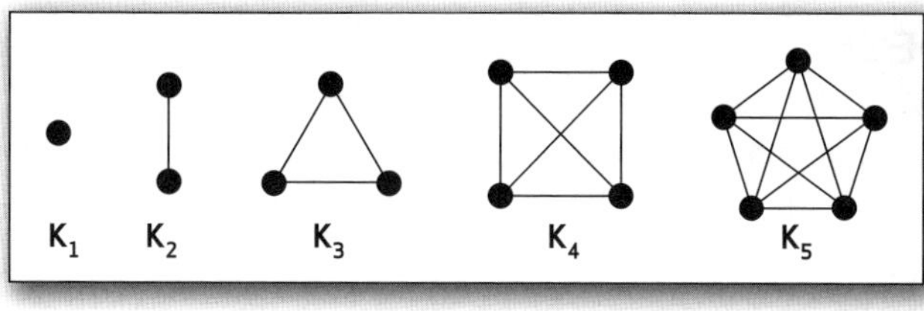


Fonte: Elaborada pelos autores.

**Figura AC.8** – Grafos convexos.

O grafo não conectado, não conexo ou desconexo é aquele em que pelo menos um nó está desconectado (Figura AC.10). Também definido como o grafo com, no mínimo, um par de vértices não unido por alguma cadeia. A conexidade está relacionada com a possibilidade da passagem de um vértice a outro em um grafo pelas ligações existentes (Figura AC.9). Uma aresta é dita ponte se sua remoção provoca uma redução na conexidade do grafo (por exemplo, na Figura AC.15, a retirada da aresta que une os vértices 2 e 3).

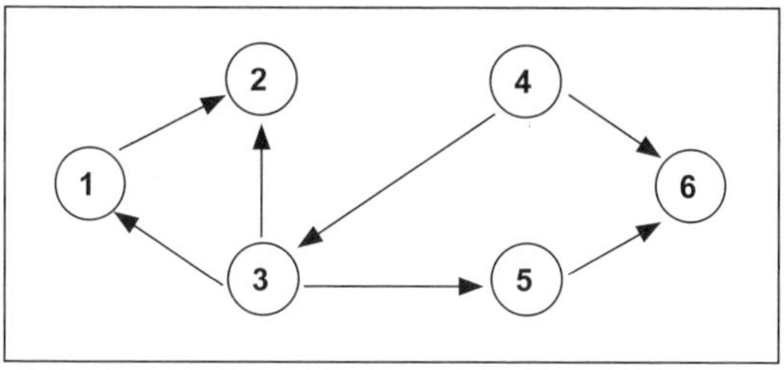


Fonte: Elaborada pelos autores.

**Figura AC.9** – Grafo conectado.

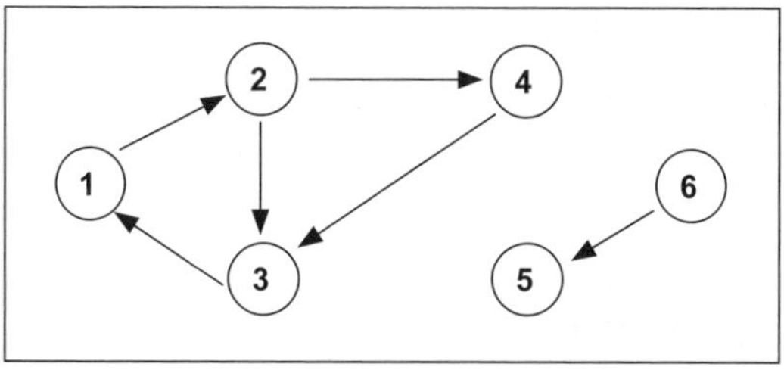


Fonte: Elaborada pelos autores.

**Figura AC.10** – Grafo não conectado.

# Definições

Dois vértices são adjacentes, ou vizinhos, quando existe uma aresta ligando os dois. Um vértice é sucessor se há um arco que parte de um vértice e chega a outro. Por exemplo, na Figura AC.10, o vértice 5 é sucessor do vértice 6; logo, o vértice 6 é antecessor do vértice 5.

Grau de um vértice é o número de arestas incidentes no vértice; grau de emissão é o número de arcos que parte do vértice; e grau de recepção é o número de arcos que chega ao vértice. Na Figura AC.9, por exemplo, o grau do vértice 3 é igual a 3, sendo o grau de emissão 1 e o grau de recepção 2.

Um nó denominado fonte tem grau de recepção igual a zero (por exemplo, na Figura AC.2, o vértice 1). Um nó denominado sumidouro tem grau de emissão igual a zero (por exemplo, na Figura AC.2, o vértice 4).

Grafos regulares são os grafos em que todos os vértices têm o mesmo grau.

O comprimento de um caminho (ou percurso) é o número de arestas (arcos) que o compõe (contando-se as repetições). O percurso (ou uma cadeia) simples é aquele que não repete as ligações, não passa duas vezes pela mesma aresta. É elementar se não repete os vértices, ou seja, todos os vértices são distintos (não passa duas vezes pelo mesmo vértice). Durante um percurso em um grafo não orientado conexo, os vértices assumem três estados possíveis: não examinado, alcançado (quando é atingido pela primeira vez durante o percurso) e explorado (quando todas as arestas incidentes são exploradas); e as arestas assumem os estados: não examinada e explorada.

Dois caminhos são independentes se não tiverem nenhum vértice em comum, exceto o primeiro e o último.

O caminho (ou percurso) *fechado* é aquele em que o vértice inicial coincide com o final, e o *aberto* é o contrário. **Circuito é a denominação para um caminho fechado**.

Ciclo é uma cadeia simples e fechada, o vértice inicial é o mesmo que o final. Na Figura AC.7, por exemplo, um ciclo seria formado pelos vértices 1, 2, 4, 3, 1.

Corda é uma aresta que une dois vértices não consecutivos de um ciclo.

Um grafo é cordal se qualquer ciclo de tamanho maior que quatro não tiver cordas.

## Cadeias, caminhos e ciclos

Uma sequência finita $v_1, v_2 \ldots, v_k$ de vértices de um grafo $G = (V, E)$ é dita uma cadeia (*walk*) de $v_1$ a $v_k$ quando $\{v_i, v_{i+1}\} \in E$ para $1 \leq i \leq k - 1$. Diz-se que $v_1$, $v_2 \ldots, v_k$ é uma **cadeia fechada** (respectivamente, **cadeia aberta**) quando $v_2 = v_k$ (respectivamente, $v_1 \neq v_k$). Um **caminho** (*path*) é uma cadeia em que todos os vértices são distintos. Um caminho fechado é denominado ciclo. O **comprimento de um caminho** ou **ciclo** é o número de arestas que nele ocorre. $P_n$ e $C_n$ denotam, respectivamente, o caminho e o ciclo com n vértices. Em particular, o ciclo $C_3$ é chamado **triângulo**.

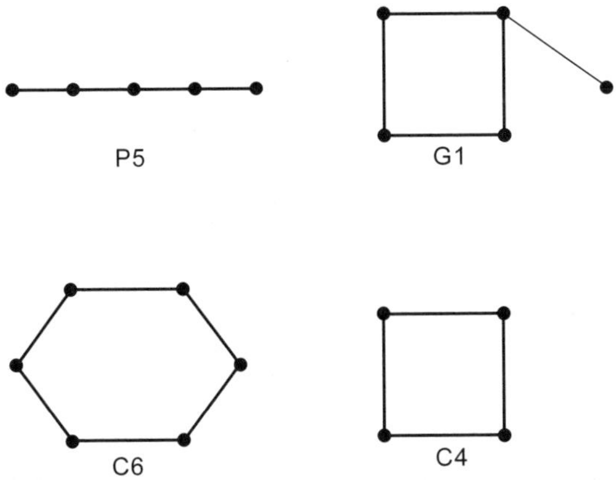


Fonte: Elaborada pelos autores.

**Figura AC.11**

O ciclo ou circuito hamiltoniano (CH) é um ciclo que passa por todos os nós sem repetição. CH é um circuito de comprimento igual ao número de vértices (n) do grafo, sem repetição de vértice; também definido como o caminho elementar que passa por todos os vértices de um grafo. O grafo hamiltoniano, nome em homenagem ao matemático irlandês sir William Rowan Hamilton (1805-1865), que estudou esse problema no grafo determinado pelas arestas de um dodecaedro regular, é o grafo que tem, no mínimo, um CH.

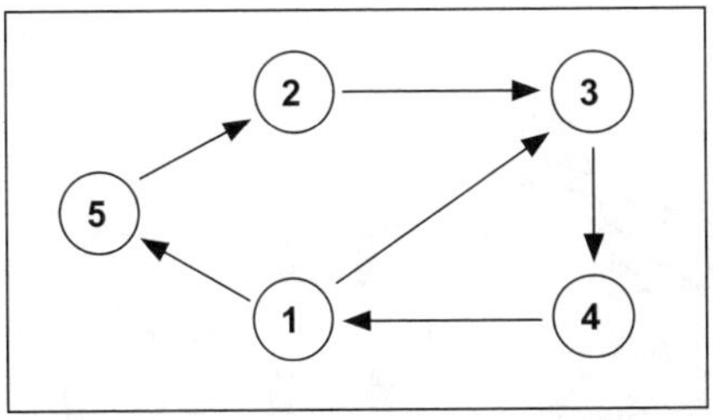


Fonte: Elaborada pelos autores.

**Figura AC.12** – Ciclo hamiltoniano (1, 5, 2, 3, 4, 1).

**Teorema** *(Teorema de Ore)*: uma condição suficiente (mas não necessária) para que um grafo G seja hamiltoniano é que a soma dos graus de cada par de vértices não adjacentes seja no mínimo *n*, em que *n* é o número de vértices em G.

**Teorema** *(Teorema de Dirac)*: uma condição suficiente (mas não necessária) para que um grafo G seja hamiltoniano é que o grau de todo vértice de G seja, no mínimo, $n/2$, em que $n$ é o número de vértices em G.

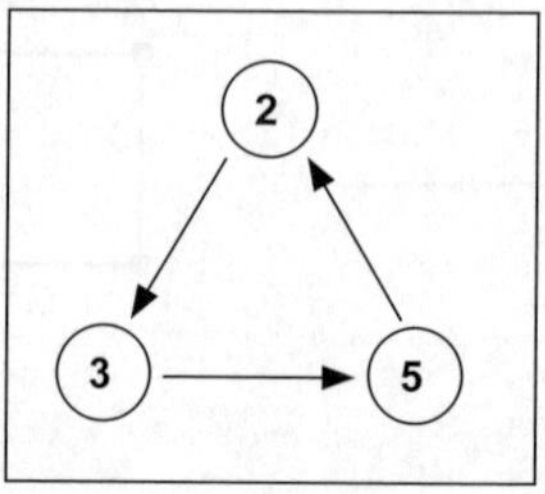


Fonte: Elaborada pelos autores.

Figura AC.13

Uma cadeia ou um caminho é dito elementar se não passar duas vezes pelo mesmo vértice, e simples se não passar duas vezes pelo mesmo arco ou aresta (Figura AC.13).

Um ciclo é uma cadeia conectando um nó a ele mesmo sem retornar a seus passos. Um ciclo também é definido como uma cadeia simples e fechada.

O ciclo euleriano é um ciclo que passa por todas as arestas do grafo uma única vez, partindo de um vértice e retornando a ele mesmo. Por exemplo, na Figura AC.13, o ciclo (3, 5, 2, 3). Um grafo é dito euleriano se tiver um ciclo euleriano. A situação estudada por Euler (1707-1783) ficou imortalizada como o *Problema das pontes de Könisberg* (Figura AC.14). O objetivo é percorrer exatamente uma vez todas as sete pontes da cidade (hoje, Kaliningrado), que conectam as duas ilhas entre si e com as margens do rio, voltando ao ponto de partida.

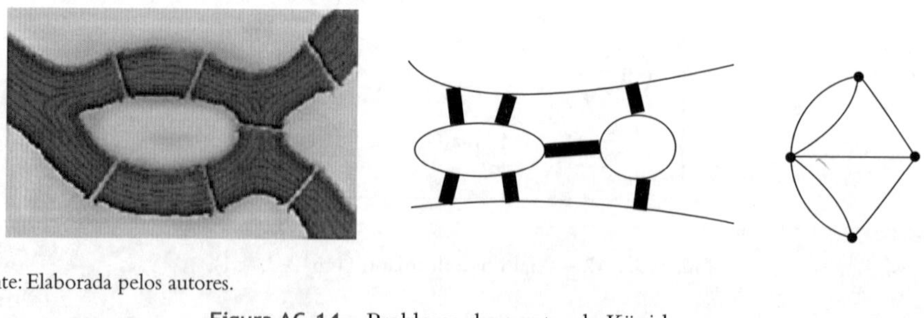

Fonte: Elaborada pelos autores.

Figura AC.14 – Problema das pontes de Könisberg.

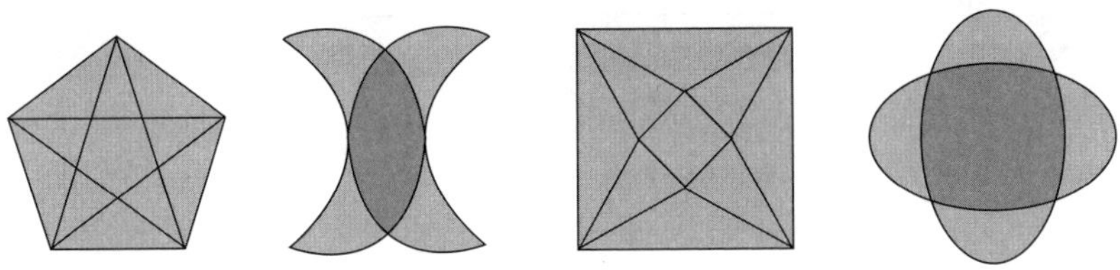

Esses desenhos podem ser feitos com um único traço.

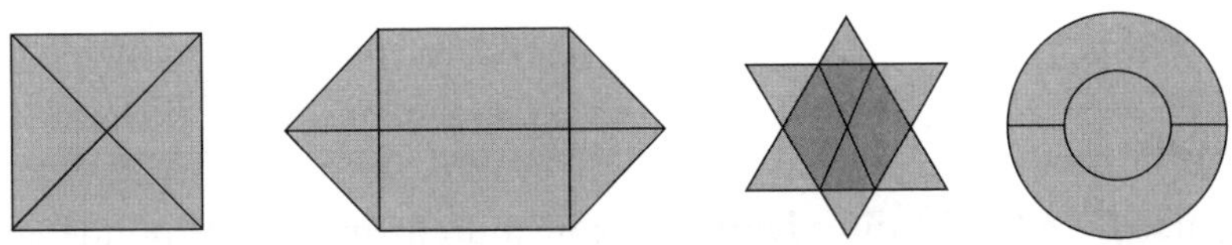

Não é possível fazer esses desenhos com um único traço.

**Teorema**: existe um circuito euleriano em um grafo se e somente se o grafo é **conexo** (isto é, existe um caminho ligando qualquer par de vértices) e cada vértice tem **grau** par (ou seja, o número de arcos que nele incidem é par).

Considerando:

V = número de vértices de G;
A = número de arestas de G; e
F = número de faces de G.

Os grafos planares conexos para serem eulerianos têm de obedecer à fórmula:

$V - A + F = 2.$

Verifica-se na Figura AC.14 que: $V = 4; A = 7, F = 4;$ logo : $4 - 7 + 4 \neq 2.$

Ainda nessa figura, observa-se que o grafo não obedece ao teorema anterior, pois todos os vértices apresentam uma incidência ímpar de arestas.

Adjacência: os vértices são adjacentes se uma aresta unir os dois.

Isomorfismo: ocorre quando dois grafos estabelecem uma correspondência biunívoca entre seus nós e arestas, bem como entre suas relações nos vértices e arestas, preservando as adjacências.

Subgrafo: seja um grafo G = (N,M), G1 = (N1,M1) (Figura AC.15) é um subgrafo de G (Figura AC.16) se e somente se N Í N1 e M Í M1. Grafo G1, $N1 = \{1, 2, 3, 4, 5, 6\}$ e $M1 = \{(1,2),(2,3),(2,4),(3,6)\}$.

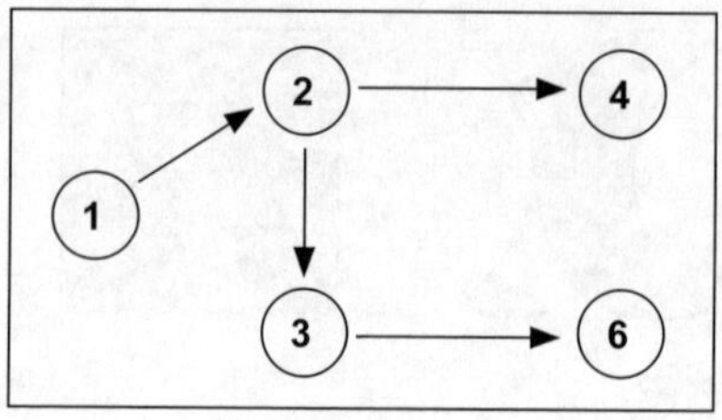


Fonte: Elaborada pelos autores.

Figura AC.15

## Definição

Dois grafos $G_1$ e $G_2$ são ditos **isomorfos** quando há uma correspondência biunívoca entre seus conjuntos de vértices, de modo que as adjacências sejam preservadas. Portanto, dois grafos $G_1$ e $G_2$ são isomorfos quando é possível obter um do outro por uma permutação de vértices. Isso significa que $A(G_1)$ e $A(G_2)$ são matrizes semelhantes, ou seja, que existe uma matriz de permutação *P* tal que $P^T A(G_1) P = A(G_2)$.

Grafo G, N = {1, 2, 3, 4, 5, 6, 7} e M = {(1, 2 ), (2, 3), (2, 4), (3, 6), (4, 5), (3, 5), (4, 7), (5, 7), (6, 7)}.

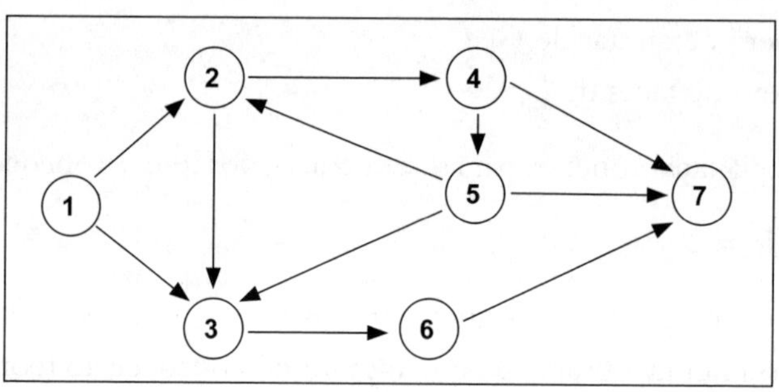


Fonte: Elaborada pelos autores.

Figura AC.16

Subgrafo: seja um grafo G = (N, M), G1 = (N1, M1) (Figura AC.15) é um subgrafo de G (Figura AC.15) se e somente se N $\subseteq$ N1 e M $\subseteq$ M1. Grafo G1, N1 = {1, 2, 3, 4, 5, 6} e M1 = {(1 ,2), (2, 3), (2, 4), (3, 6)}.

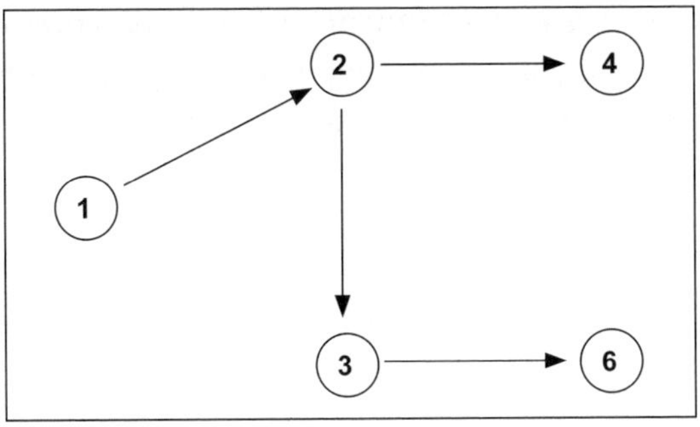


Fonte: Elaborada pelos autores.

Figura AC.17

Grafo (G, N) = {1, 2, 3, 4, 5, 6, 7} e M = {(1,2), (2,3), (2,4), (3,6), (4,5), (3,5), (4,7), (5,7), (6,7)}

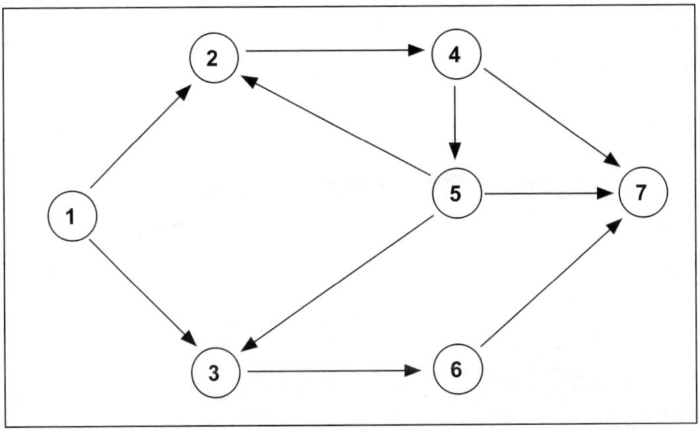


Fonte: Elaborada pelos autores.

Figura AC.18

## Operações:

- Inserção: ocorre quando se acrescenta um vértice ou uma linha a um grafo.
- Retirada: ocorre quando se remove um vértice ou uma linha de um grafo.
- Fusão ou resignação: ocorre quando dois vértices, de um grafo, são reunidos em apenas um. Esse novo nó recebe nova designação.
- Inversão: ocorre quando é invertido o sentido dos arcos de um grafo.

**Numeração cromática:** é o menor número de cores com que se pode pintar os vértices de um grafo, sem que o vértice adjacente tenha a mesma cor. No exemplo da Figura AC.19, são três tons de cinza.

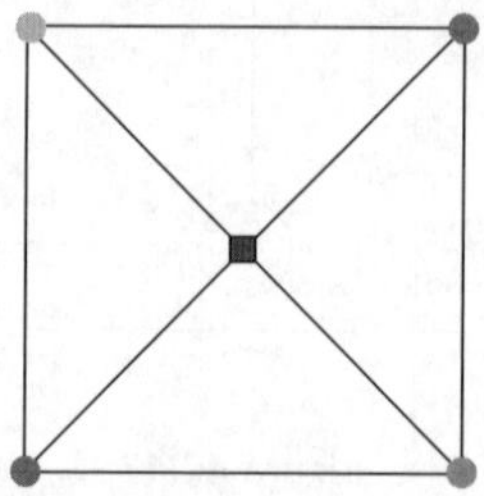

Fonte: Elaborada pelos autores.

Figura AC.19

**Teorema**: quatro tipos de hachura são sempre suficientes para colorir um mapa. Convida-se o leitor a constatar isso verificando os mapas de que dispuser e a Figura AC.20, a seguir.

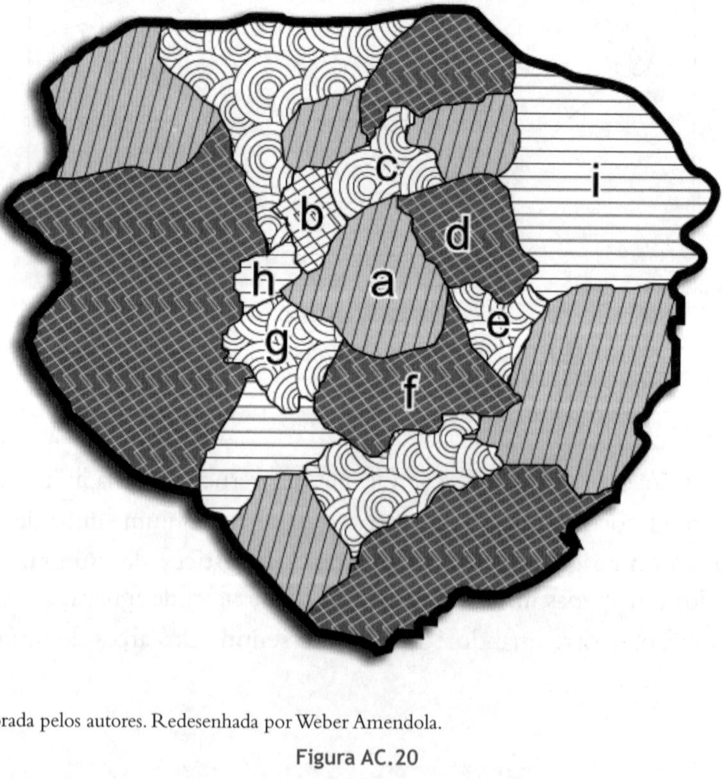


Fonte: Elaborada pelos autores. Redesenhada por Weber Amendola.

Figura AC.20

**Matriz adjacência:** o grafo da Figura AC.16 pode ser representado como uma matriz que associa cada linha e cada coluna a um vértice. A ausência de ligação é representada por um valor nulo, e a ligação, pelo número 1.

**Matriz incidência:** seja G um grafo de *n* vértices v1, v2, ..., vn, *m* arestas a1, a2, ..., am e nenhum laço. A matriz de incidência é uma matriz $n \times m$, em que o valor de cada elemento ejk da matriz é determinado da seguinte maneira: ejk = 1; se a aresta ak é incidente ao vértice aj, o valor é = 0; o valor é = −1, se parte do vértice.

**Tabela AC.1** – Matriz adjacência representando a Figura AC.15

| | 1 | 2 | 3 | 4 | 5 | 6 | 7 |
|---|---|---|---|---|---|---|---|
| 1 | 0 | 1 | 1 | 0 | 0 | 0 | 0 |
| 2 | 0 | 0 | 1 | 1 | 0 | 0 | 0 |
| 3 | 0 | 0 | 0 | 0 | 0 | 1 | 0 |
| 4 | 0 | 0 | 0 | 0 | 1 | 0 | 1 |
| 5 | 0 | 1 | 1 | 0 | 0 | 0 | 1 |
| 6 | 0 | 0 | 0 | 0 | 0 | 0 | 1 |
| 7 | 0 | 0 | 0 | 0 | 0 | 0 | 0 |

Fonte: Elaborada pelos autores.

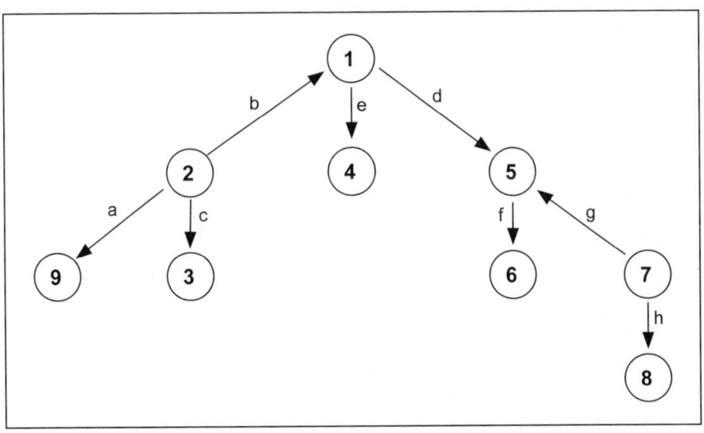


Fonte: Elaborada pelos autores.

**Figura AC.21**

A seguir, um exemplo de matriz incidência considerando o grafo da Figura AC.21.

**Tabela AC.2** – Matriz incidência representando a Figura AC.21

| | a | b | c | d | e | f | g | h |
|---|---|---|---|---|---|---|---|---|
| **1** | 0 | 1 | 0 | -1 | -1 | 0 | 0 | 0 |
| **2** | -1 | -1 | -1 | 0 | 0 | 0 | 0 | 0 |
| **3** | 0 | 0 | 1 | 0 | 0 | 0 | 0 | 0 |
| **4** | 0 | 0 | 0 | 0 | 1 | 0 | 0 | 0 |
| **5** | 0 | 0 | 0 | 1 | 0 | -1 | 1 | 0 |
| **6** | 0 | 0 | 0 | 0 | 0 | 1 | 0 | 0 |
| **7** | 0 | 0 | 0 | 0 | 0 | 0 | -1 | -1 |
| **8** | 0 | 0 | 0 | 0 | 0 | 0 | 0 | 1 |
| **9** | 1 | 0 | 0 | 0 | 0 | 0 | 0 | 0 |

Fonte: Elaborada pelos autores.

## PERT

No planejamento e controle de projetos, usa-se um grafo por meio do *Program Evaluation and Review Technique* (PERT) e do *Critical Path Method* (CPM). Nesse tipo de grafo, os nós representam as tarefas, e os arcos, o tempo para "ir de uma tarefa para a outra" (Figura AC.18). As setas representam as relações de precedência.

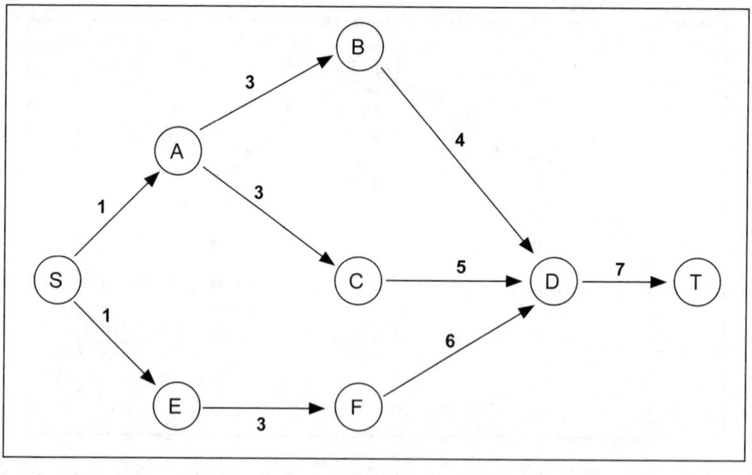


Fonte: Elaborada pelos autores.

**Figura AC.22**

A tabela a seguir representa o grafo da Figura AC.22.

**Tabela AC.3** – Representação do grafo da Figura AC.22

| Atividade | Dependência | Duração |
|---|---|---|
| SA | – | 1 |
| SE | – | 1 |
| AB | SA | 3 |
| AC | SA | 3 |
| EF | SE | 3 |
| BD | AB | 4 |
| CD | AC | 5 |
| FD | EF | 6 |
| DT | BD; CD; FD | 7 |

Fonte: Elaborada pelos autores.

Considera-se que o grafo da Figura AC.21 é ponderado, no qual os valores das arestas são tempos para se deslocar de um nó até outro, e esses tempos são a duração da execução da tarefa em seu planejamento e controle. Os tempos são calculados pela fórmula $t = [t_{máx.} + 4 \times t_{méd.} + t_{mín.}] \div 6$, em que $t_{máx.}$ = tempo máximo (tempo pessimista), $t_{méd.}$ = tempo médio (estimativa mais provável ou "mais realista"), $t_{mín.}$ = tempo mínimo (tempo otimista). A variância s é definida $= |(t_{máx.} - t_{mín.}) \div 6|$.

Cada ramo terá, assim, 50% de sucesso, ou seja, 50% de probabilidade de executar a tarefa em um tempo igual ou menor que o tempo previsto, e 50% de probabilidade de ultrapassar o tempo previsto. O caminho crítico é o maior caminho entre s e t; é o caminho que, se ultrapassar esse tempo, gera, por consequência, o atraso do projeto. Também é definido como caminho sem folga ou com folga zero. No caso anterior, pode-se ir de s até D por: sABD (tempo igual a 8), sACD (tempo igual a 9) ou sEFD (tempo igual a 9). O caminho sEFD é o caminho crítico, por isso, não pode atrasar.

Para se saber quanto cada tarefa pode atrasar, monta-se esta tabela:

**Tabela AC.4** – Tempos de atraso aceitáveis

| Caminho | Duração | Atraso possível |
|---|---|---|
| sEFD | 10 | 0 |
| sACD | 9 | 1 |
| sABD | 8 | 2 |

Fonte: Elaborada pelos autores.

Logo, se a tarefa CD durar seis dias em vez de cinco, o projeto não atrasará; caso a tarefa BD dure seis dias em vez de quatro, também não haverá atraso. Como as tarefas AB e AC duram três dias e a tarefa BD pode atrasar três dias e a CD pode atrasar dois, se a tarefa A for iniciada com dois dias de atraso (menor valor entre 2 e 3), não haverá atraso no projeto.

## Problema da árvore com ramificação mínima

Considere a Figura AC.23.

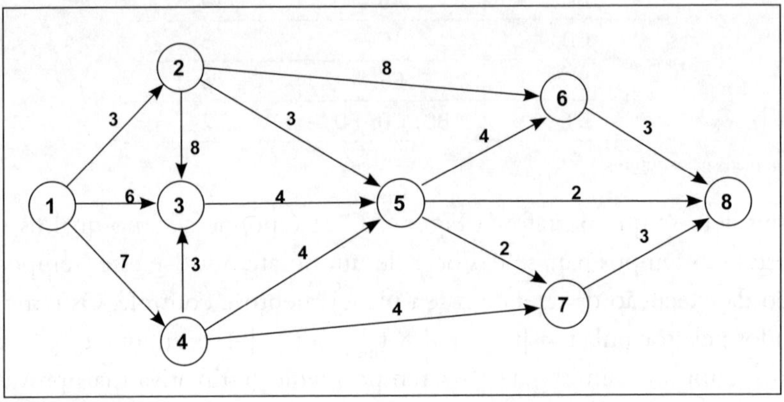


Fonte: Elaborada pelos autores.

Figura AC.23

## Ramificação mínima

A ramificação mínima segue o algoritmo descrito adiante.

Escolha um nó qualquer da Figura AC.22. Por exemplo, o nó 5. O nó mais próximo é o nó 7 ou o nó 8. Escolhe-se o nó 7. Opta-se, assim, pelo arco (5, 7). O nó mais próximo do arco (5, 7) agora é o 8, pois é o mais próximo de 5; logo, têm-se (5, 7) e (5, 8). Nessa situação, têm-se o nó 2 com distância 3 em relação ao nó 5, e o nó 6 com distância 3 em relação ao nó 8. Escolhe-se o nó 6 e, em seguida, o nó 2. Assim, incluem-se (2, 5) e (6, 8). O nó 3 é o mais próximo do nó 2; depois é o nó 1 o mais próximo do nó 2. Incluem-se, assim, (2, 3) e (1, 2), e, por fim, (3, 4). O somatório de (5, 7) mais (5, 8) mais (2, 5) mais (6, 8) mais (2, 3) mais (1, 2) e (3, 4) é $2 + 2 + 3 + 3 + 2 + 3 + 3 = 18$. Se muda-se a opção para começar pelo nó 1, serão escolhidos (1, 2), depois (2, 3), (2, 5), (5, 7), (5, 8), (6, 8), (3, 4), que são os mesmos arcos anteriores.

## Escolha da rota mais curta

É a escolha do caminho mais curto entre a origem e o fim. Considerando a Figura AC.22, em que a origem é o nó 1 e o fim é o nó 8, monta-se a Tabela AC.5.

**Tabela AC.5** – Representação do caminho mais curto do grafo da Figura AC.23

| Nós resolvidos diretamente conectados a nós não resolvidos | Nós destino | Distância total envolvida | Sua distância mínima |
|---|---|---|---|
| 1 | 2 | 3 | 3 |
| 1 | 3 | 6 | |
| 1 | 4 | 7 | |
| 2 | 5 | 3 + 3 = 6 | 6 |
| 2 | 6 | 3 + 8 = 11 | |
| 3 | 5 | 6 + 4 = 10 | |
| 4 | 5 | 7 + 4 = 11 | |
| 4 | 7 | 7 +4 = 11 | |
| 5 | 6 | 3 + 3 + 4 = 10 | 8 |
| 5 | 8 | 3 + 3 + 2 = 8 | |
| 5 | 7 | 3 + 3 + 2 = 8 | |
| 6 | 8 | 10 + 3 = 13 | |
| 7 | 8 | 8 + 3 = 11 | |

Fonte: Elaborada pelos autores.

## Fluxo máximo

Considere-se a Figura AC.24, em que o nó 1 é a fonte do fluxo e o nó 8 é o destino, e busca-se o fluxo máximo. Os números nas arestas indicam o fluxo máximo que nelas pode circular.

O algoritmo inicia-se buscando um caminho da origem ao destino com fluxo positivo.

Por exemplo, 1 – 2 – 5 – 6 – 8, circulando um fluxo 3, gera a Figura AC.24:

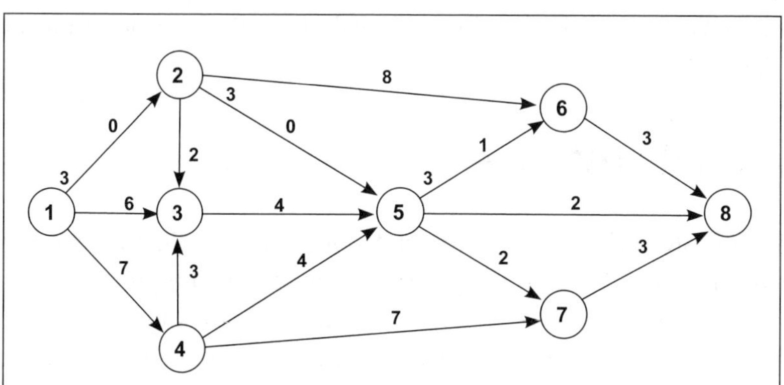


Fonte: Elaborada pelos autores.

**Figura AC.24**

Vê-se agora que a aresta 1-3 está zerada, com um fluxo de 3 saindo de 1 para 2; a aresta 2-3 está zerada com um fluxo 3 indo de 2 para 5; a aresta 5-6 tem valor 1 com um fluxo 3 indo de 5 para 6; e a aresta 6-8 está zerada com um fluxo 3 indo de 6 para 8.

Prosseguindo com o algoritmo, pode-se usar o caminho 1-3-5-8, circulando duas unidades.

Finalmente, 1-4-7-8, circulando três unidades, o que resulta em:

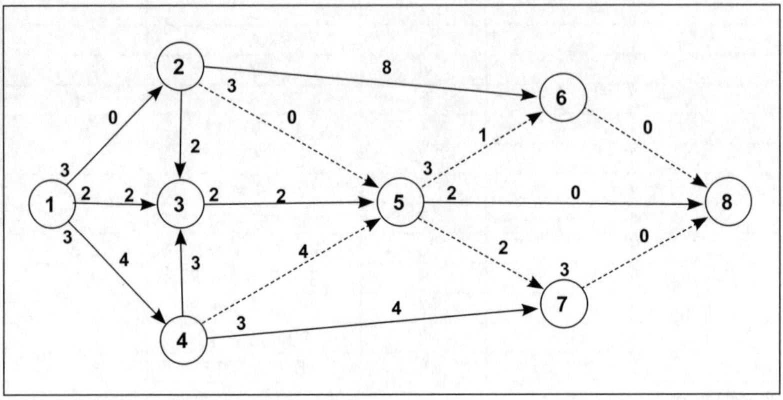

Fonte: Elaborada pelos autores.

Figura AC.25

Como não é possível estabelecer um caminho positivo entre a fonte e o destino, o fluxo é máximo. Logo, o nó 1 produz fluxo 8, enviando 3 para o nó 2; 2 para o nó 3; e 3 para o nó 4. O nó 2 envia fluxo 3 para o nó 5, que envia fluxo 3 para o nó 6, que envia fluxo 3 para o nó 8. O fluxo que chega ao 3 é enviado para o nó 5, que envia o mesmo fluxo para o nó 8. O fluxo recebido pelo nó 4 é reenviado para o nó 7 e, posteriormente, para o nó 8, que recebeu fluxo 3 do nó 6, fluxo 2 do nó 5 e fluxo 3 do nó 7, totalizando 8, o mesmo produzido pelo nó 1 (Figura AC.25).

# Modelos de estoque

O processo estocástico é um fenômeno que varia em algum grau, de modo imprevisível, à medida que o tempo passa. A análise de um processo estocástico envolve a determinação das distribuições conjuntas e sua utilização para rever o comportamento do processo futuro, dado certo comportamento passado.

Um estoque consiste em recursos passíveis de serem usados, mas que se encontram, momentaneamente, sem aplicação.

As empresas mantêm estoques de matérias e de produtos acabados. As matérias-primas são os insumos e os produtos acabados para atender à demanda dos clientes. A otimização do estoque é crucial para a empresa, uma vez que evita o capital inoperante e/ou a estocagem desnecessária.

## Probabilidade

### a) Distribuição de Poisson

Representa a contagem Y do número de sucessos, que podem ser exemplificados pela chegada de clientes a uma caixa de um banco, pelos navios a um porto ou pela ocorrência de falhas na máquina em um intervalo contínuo t (de tempo, ou comprimento, área etc.).

$$P(Y = k) = \frac{e^{-\lambda t}(\lambda t)^k}{k!} \text{ para } k = 0, 1, 2, \ldots$$

em que: l = número médio de sucesso por unidade de t (tempo ou intervalo, ou área) e a distribuição de probabilidade acumulada é:

$$P(Y \leq k) = \sum \frac{e^{-\lambda t}(\lambda t)^k}{k!} \text{ para } k = 0, 1, 2, \ldots$$

Média da distribuição de Poisson: $\mu = \lambda t$.

Desvio padrão da distribuição de Poisson: $\sigma = \sqrt{\lambda t}$.

O processo de Poisson tem as seguintes hipóteses:

- independência entre o número de falhas em intervalos independentes;
- a probabilidade de ocorrer um evento em um pequeno intervalo é aproximadamente proporcional ao intervalo; e
- a possibilidade de mais de um evento em um intervalo pequeno é desprezível, comparada com a probabilidade de ocorrer um evento apenas.

### b) Distribuição uniforme

Representa a ocorrência de valores equiprováveis em um intervalo contínuo (0, 1) de tempo, ou comprimento, ângulo etc. Os valores possíveis da variável X que representa esse fenômeno são, portanto, todos os números reais contidos de 0 e 1, e temos então infinitos valores assumidos por X.

Nesse caso, não há lógica em se definir a probabilidade de ocorrência de um valor particular de X (X = 6, por exemplo), pois, como existem infinitos valores, a possibilidade de um único valor de X seria praticamente nula.

Então, quando a variável aleatória x *assume valores contínuos* em um intervalo, define-se uma probabilidade somente para subintervalos contínuos de X. No caso particular da distribuição uniforme, X assume valores no intervalo contínuo (0, 1) e, então, define-se como distribuição uniforme a função f(x) = constante k = 1 para $0 \leq \times \leq 1$ e f(x) = 0 para demais valores de x.

A distribuição uniforme é muito importante para a obtenção ou geração de *números aleatórios* ou *equiprováveis* utilizados na simulação.

**c) Distribuição exponencial**

Representa o tamanho do intervalo (de tempo, comprimento, área etc.) ocorrido entre dois sucessos – semelhante à definição existente na **Distribuição de Poisson** – consecutivos de um modelo de distribuição de Poisson, com média $\mu = \lambda t$.

Nesse caso, um mesmo fenômeno pode ser analisado segundo estas duas visões:

- por meio do número k de sucessos verificados no intervalo fixo t de tempo (isto é, estudando o fenômeno como distribuição de Poisson);
- pela variação do tamanho t de intervalo entre a ocorrência de dois sucessos consecutivos (isto é, usando a distribuição exponencial).

A distribuição exponencial é definida pela função contínua, a saber:

$f(t) = \lambda e^{-\lambda t}$ para $t \geq 0$

$= 0$ para $t < 0$

## Disponibilidade

A disponibilidade (D) de um equipamento é calculada pela seguinte relação, em que:

MTBF – *Mean Time Between Failures* – tempo médio entre falhas.

MTTR – *Mean Time to Repair* – tempo médio para reparo.

D = MTBF ÷ (MTBF + MTTR).

Nesse modelo, tem-se que o cálculo da taxa de falhas é:

$\lambda = 1 \div \text{MTBF}$.

E a taxa de reparos:

$\mu = 1 \div \text{MTTR}$.

## Modelos de compra e fabricação

### a) Modelo de compra sem carência:

Pressupostos:

- Demanda é constante.
- Substituições são instantâneas.
- Custos são constantes.

Abreviações:

Q = quantidade a ser produzida.

$C_1$ = custo unitário do item.

$C_2$ = custo de fazer uma compra (ou de obtenção ou de preparação).

$Q \div 2$ = estoque médio.

$C_3$ = custo de se manter em estoque por um ano.

t = duração de anos.

D = demanda.

Em que: $t = Q \div D = 1 \div N$ (duração de um período).

Logo, custo total $= C_1 \times D + C_2 \times (D \div Q) + C_3 \times (Q \div 2)$.

$N = D \div Q$ (número de pedidos ou requisições anuais).

$$Q = \sqrt{\frac{2C_2D}{C_3}}$$

*Exemplo numérico*

A demanda de um item é de 20 mil unidades por ano. Logo, D = 20.000 por ano. O custo de manutenção é de 1,50 unidades monetárias, e o custo de obtenção é de 500 unidades monetárias. O custo unitário ($C_1$) é de 1 unidade monetária.

$$\text{Como } Q = \sqrt{\frac{2 \times (500) \times (20.000)}{1,5}}$$

Q = 3651,4, aproximadamente 3.651 unidades.

Custo total $= C_1 \times D + C_2 \times (D \div Q) + C_3 \times (Q \div 2) =$

$1 \times 20.000 + 500 \times (20.000 \div 3.651) + 1,5 \times (3.651 \div 2) = 25.477,22$ unidades monetárias por ano.

O número de requisições anuais é de $D \div Q = 20.000 \div 3.651 = 5,47$.

A duração entre requisições é de $Q \div D = 1 \div N = 0{,}18$ ano ou de aproximadamente 66 dias.

**b) Modelo de fabricação sem carência:**

Pressupostos:

- Demanda é constante.
- Substituições são finitas, porém maiores que a demanda, e os custos são constantes.

Abreviações:

Q – quantidade a ser produzida.
$C_1$ = custo unitário.
$C_2$ = custo de fazer uma compra.
$Im \div 2$ = estoque médio, em que Im é o estoque máximo.
$C_3$ = custo de se manter em estoque por um ano.
t = duração de anos.
R = produção anual.
D = demanda.
$t_1 = Q \div R$ = tempo de manufatura ou duração da produção.
$t_2$ = tempo total (t) menos $t_1$, definido como qualquer tempo exceto o tempo de manufatura.
$t_1 + t_2 = Q \div D$ (duração de um período).
$Im = Q \times (1 - D \div R)$.

Custo anual total $= C_1 \times D + C_2 \times (D \div Q) + [(C_3 \times Q) \times (1 - D \div R)] \times (1 \div 2)$

$$Q = \sqrt{\frac{2C_2D}{C_3(1 - D/R)}}$$

*Exemplo numérico*

A demanda de uma empresa é de 20 mil unidades (D), a produção mensal do item é de 2 mil unidades (R) por mês, com um custo de preparação de 400 ($C_2$), um custo de manutenção, mensal, de valor 1 ($C_3$), e um custo por unidade de valor 4.

$$\text{Cálculo de } Q = \sqrt{\frac{2 \times (400) \times (20.000)}{1 \times (12) \times [1 - 20.000 \div (2.000 \times 12)]}}$$

O valor de 12 é multiplicado pela taxa de produção (R) do mês e ao custo mensal ($C_2$), para o calculo seja anual. Q é igual a 2.828 unidades.

O custo total é de: $C_1D + C_2 \times (D \div Q) + ((C_3 \times Q \times (1 - D \div R)) \div 2$
$4 \times 20.000 + 400 \times (20.000 \div 2.828) + (1 \times 2.828 \times (1\text{-}20.000 \div (12 \times 2.000)) \div 2 = 84.125{,}02$ unidades monetárias.

O tempo da produção ($t_1$) é de $Q \div R = 2.828 \div (12 \times 2.000) = 43$ dias (fazendo a conversão de ano para dias).

O tempo total é $(t_1 + t_2) = Q \div D = 2.828 \div 20.000 = 51$ dias; logo, $t_2 = 51 - 43 = 8$ dias.

## Modelo de compra com faltas

Tem o mesmo pressuposto que o anterior, porém as faltas são permitidas:

Custo total $= C_1 \times Q + C_2 + C_3 \times t_1 \times (Im \div 2) + C_4 \times t_2 \times (S \div 2)$

Em que:

S = faltas.

O estoque máximo $Im = Q - S$.

C4 = custo de falta de uma unidade/ano.

# Exercícios

**1)** Resolva o problema cujos pressupostos são: a demanda é constante, a substituição é instantânea e os custos são constantes. Considere a demanda de um item de 167 unidades por mês, o custo de manutenção de estoque mensal de R$ 2,00, o custo de obtenção de R$ 400,00 e o custo unitário de R$ 82,00. Calcule a quantidade Q que deverá ser produzida em cada pedido, bem como o custo total (por ano), quantas requisições anuais devem ser feitas e a duração dessas requisições em dias.

$Q = (2 \times 400 \times 167 \times 12)/24\ (=12 \times 2) = 66.800$, obtendo-se a raiz $= 258{,}4 = 258$ unidades;

Custo total $= C1 \times D + C2 \times (D \div Q) + C3 \times (Q \div 2)$

Custo total $= 82 \times 167 \times 12 + 400 \times (167 \times 12 \div 258) + 2 \times 12 \times (258 \div 2)$

$164.328 + 3.106{,}97 + 3.096 = 170.530{,}97$ unidades monetárias.

$D \div Q = 167 \times 12/258 = 7{,}7 = 8$, duração igual a 47 dias.

**2)** Resolva o problema cujos pressupostos são: a demanda constante, a substituição é finita, porém maior que a demanda, e os custos são constantes.

Considere a demanda de uma empresa de 5 mil unidades por semestre, a produção mensal do item de 1,5 mil unidades por mês, com um custo de preparação, uma compra, de R$ 200, com um custo de manutenção de estoque, mensal, de valor R$ 2,00, e um custo por unidade de valor R$ 4,00.

Calcule Q (quantidade a ser produzida); o custo total por ano, o tempo de produção (em dias), o tempo total (em dias), o estoque máximo e o estoque médio.

$Q = 2 \times 200 \times 5.000 \times 2 = 4.000.000$ dividido por $24 \times (1 - 5.000 \times 2/1.500 \times 12) = 612$.

$C_1 \times D + C_2 \times (D \div Q) + (C_3 \times Q \times (1 - D \div R)) \div 2$
$= 4 \times 10.000 + 200 \times (10.000/612) + ([2 \times 12] \times 612 \times (1 - 5.000 \times 2/1.500 \times 12))/2 = 46.532$.

$T_1 = Q/R = 612/1.500 \times 12 = 12,41$.

$T_1 + t_2 = q/d = 612/10.000 = 22,38$; $12,41 + t_2 = 22,38$; logo, $t_2 = 9,97$.

$Im = Q \times (1 - D \div R). = 612 \times (1 - 10.000/18.000) = 272$ (máximo) e o médio $= 136$.

Apêndice

# D Competitividade e Tecnologia da Informação (TI)

## Vantagens e desvantagens da implantação da Tecnologia da Informação (TI)

As empresas, ao implantarem os Sistemas de Informação (SIs), podem obter benefícios como: conceder suporte à tomada de decisão profícua; adicionar valor agregado aos bens e serviços por elas ofertados; oferecer produtos de qualidade superior à de suas concorrentes; obter oportunidade de negócios e aumento da rentabilidade; ter mais segurança nas informações, menos erros, mais precisão; aperfeiçoar os sistemas, com eficiência, eficácia, efetividade, produtividade; diminuir a carga de trabalho; reduzir custos e desperdícios; controlar as operações etc. (REZENDE, 2000, p. 64).

Existem fatores, entretanto, que inibem o processo de implantação de TI. Segundo Bakos e Tracy (in NOGUEIRA, 1999, p. 20), são: resistência à inovação e à mudança por parte das organizações, ausência da necessidade de obter vantagens competitivas, desconhecimento das oportunidades em TI, falha na comunicação entre áreas da empresa (como sistema e o restante dela) e falta de instrumentos para quantificar os benefícios de projetos de TI.

Bastos et al. (1995, p. 701), quanto à implantação de TI, afirmam que "a economia de tempo e a possibilidade de integrar diferentes etapas da cadeia produtiva, do fornecedor de insumos ao usuário final, tornaram o processamento e a transmissão das informações ferramentas fundamentais para a aquisição de vantagens competitivas sustentáveis". Além disso, a TI possibilita a redução de níveis hierárquicos, agilizando a disseminação das informações e a reorientação dos processos e das instâncias decisórias, levando a uma reestruturação das atividades administrativas e produtivas das empresas.

Para McKenney et al. (1998, p. 22), essas inovações proporcionaram às empresas uma redução de custos quanto aos computadores, e, para as mais progressistas, a TI tem a função de solucionar as crises do processamento de informações.

Prates (1994, p. 40) destaca que a TI, ao possibilitar um acesso ao banco de dados de desempenho e corporativos, permite a consolidação e a sintetização automática de resultados operacionais de que a alta gerência precisa para administrar a empresa de forma eficiente.

Quanto às desvantagens da implantação de TI, para La Rovere (1995, p. 12), as políticas de telecomunicações, principalmente o monopólio estatal, podem reduzir a velocidade de difusão, e a livre concorrência pode levar a redes superpostas e a uma consequente perda na eficiência de uso.

Diante disso, faz-se necessário buscar novos arranjos institucionais e regulatórios de forma a ampliar os investimentos em infraestrutura de telecomunicações, uma vez que as empresas consideram inadequada a infraestrutura de telecomunicações e elevado o custo dos canais de transmissão (BASTOS et al., 1995, p. 726).

Uma possível solução para esses problemas, segundo La Rovere e Bastos et al., seriam a abertura de mercado para as empresas prestadoras desse serviço e maior controle por parte do governo para que um plano de investimento seja cumprido, aumentando, assim, a oferta desse serviço e reduzindo os custos dos canais.

## Terceirização dos serviços de informação

A prestação de serviços de SIs, para Nogueira (1999, p. 23), pode ocorrer via terceirização desses (inclusive de TI), sendo uma estratégia para as empresas conseguirem uma integração maior entre seus setores, porém sem o trabalho adicional que teriam caso fossem elas mesmas realizar essa atividade.

Segundo o referido autor, pode-se definir a terceirização como "contratar outras empresas para a realização de serviços de processamento, gerenciamento e manutenção dos dados internos de uma empresa, bem como os demais serviços relacionados à informação". Esses serviços podem ser: processamento de dados, acesso a bancos externos de dados, integração de sistemas ou gerenciamento de instalações. Podem ser, ainda, a contratação de todas as atividades de TI de um fornecedor externo ou parte delas. Essa estratégia de terceirizar os serviços de informação tem um impacto de longo prazo, levando a empresa a ter uma agilidade e proatividade ou letargia e reatividade para responder às necessidades e oportunidades de seu mercado.

Quanto aos recursos empregados, para Dué, Sinensky e Wash (in NOGUEIRA, 1999, p. 23), a terceirização pode ser denominada de transferência parcial ou total do processamento de dados, hardware, software, rede de telecomunicações e pessoal de sistemas para uma empresa prestadora de serviços, podendo incluir fornecedores de software, hardware ou empresas de consultoria.

As vantagens desse processo de terceirização de serviços de informação, para Allen, Gupta e Gupta, Keyes, Lowell e Oltman (in NOGUEIRA, 1999, p. 24), são: foco estratégico (definição do negócio, descobrir suas vantagens competitivas e como desenvolvê-las); economia de escala (redução dos custos relacionados com a área de sistemas); forças de mercado (revisão de métodos de produção, diminuição da burocracia).

As desvantagens e riscos são: o fato de nem sempre esse processo levar à redução de custos; a necessidade de se organizar um grupo para gerenciar as atividades da prestadora de serviços, bem como a interação entre as operações dentro e fora da empresa; e a questão de os custos de manutenção desse grupo gerencial nem sempre serem contabilizados.

## Competitividade

De acordo com Bastos et al. (1995, p. 699), "a dificuldade para comprovar o impacto das TIs sobre a produtividade não impediu o amplo reconhecimento de seu papel fundamental como base técnica de um novo paradigma técnico-econômico. Isso quer dizer que as TIs constituem a base de um sistema de inovações e que passaram a ocupar um papel fundamental no processo competitivo, mudando a estrutura da indústria e sua distribuição geográfica, gerando novas lideranças e novos princípios para a prática das atividades produtivas".

Para Porter (1993, p. 154), qualquer empresa envolve inúmeras tecnologias. Tudo o que ela faz implica algum tipo de tecnologia, apesar da possibilidade de parecer que uma ou mais tecnologias dominam o produto ou o processo de produção. A importância de uma tecnologia para a concorrência não é função de seu mérito científico ou de sua proeminência no produto físico. Qualquer uma das tecnologias envolvidas em uma empresa pode ter impacto significativo sobre a concorrência. Uma tecnologia é importante para a concorrência se ela afeta de forma relevante a vantagem competitiva de uma empresa ou a estrutura industrial.

Como afirma Coutinho (1995, p. 135):

> essa revolução tecnológica está afetando, embora de forma desigual, todos os setores, e novos requerimentos têm sido impostos à economia como um todo, envolvendo, além de importantes mudanças tecnológicas, várias mudanças organizacionais e institucionais. Neste processo, a capacidade de rapidamente gerar, introduzir e difundir inovações passou a exercer papel fundamental para a sobrevivência das empresas e até para deslocar rivais de posições aparentemente consolidadas. Tal situação colocou ainda mais clara a importância da inovação como instrumento central da estratégia competitiva das empresas.

Por outro lado, é preciso organizar internamente a empresa para a implantação da TI, ou seja, conciliar esta com estratégia, trabalhando com diferentes níveis como: exploração localizada, integração interna, redelineamento dos processos de negócio e da rede do negócio, e redefinição do escopo do negócio.

Quanto ao impacto da implantação da TI nas organizações durante os anos 1990, Morton (in NOGUEIRA, 1999, p. 21) destaca que a TI está: viabilizando mudanças profundas na forma pela qual o trabalho é realizado; permitindo a integração das funções do negócio em todos os níveis e também entre as organizações; alterando o ambiente competitivo de vários setores; e requerendo, para sua implantação, mudanças no gerenciamento da estrutura organizacional.

Sendo assim, pode-se concluir que, com a implantação cada vez maior de TI nas indústrias, as transformações têm sido muito grandes em decorrência da velocidade de informações que tal tecnologia proporciona. Com isso, um estudo por parte das empresas, quanto a estratégia competitiva, se faz necessário, pois, com o emprego dessas novas tecnologias, elas passam por mudanças e estudos organizacionais que ocasionam transformações em suas estruturas produtivas, tornando-as mais próximas de fornecedores e clientes e, com isso, mais competitivas.

## Estratégia competitiva

### Conceitos básicos

Ao escolher uma estratégia competitiva, a empresa se depara com estas duas questões centrais:

- a atratividade das indústrias quanto a responsabilidade no longo prazo e os fatores que determinam essa atratividade; e
- os determinantes da posição competitiva relativa dentro de uma indústria.

A atratividade e a posição competitiva podem ser modeladas por uma empresa, tornando interessante a escolha da estratégia competitiva. A atratividade da indústria é, em parte, um reflexo de fatores sobre os quais a empresa pouco influencia, no entanto, a estratégia competitiva tem poder considerável para tornar uma indústria mais ou menos atrativa. Por conseguinte, a estratégia competitiva não só responde ao meio ambiente, como também tenta modelar esse meio ambiente em favor de uma empresa.

## A análise estrutural de indústrias

A estratégia competitiva deve surgir de uma compreensão sofisticada das regras da concorrência, que determinam a atratividade de uma indústria. Seja qual for o setor, produza serviços ou produtos, as regras da concorrência estão englobadas em cinco forças competitivas: a entrada de novos concorrentes, a ameaça de substitutos, o poder de negociação dos compradores, o poder de negociação dos fornecedores e a rivalidade entre os concorrentes existentes.

De acordo com o desempenho da indústria em face dessas forças, sua taxa de retorno sobre o investimento será superior ou não ao custo de capital. Entretanto, os setores são diferentes, por isso a rentabilidade de cada um será também diversa. Naqueles em que as cinco forças são favoráveis, muitos concorrentes obtêm retornos atrativos, como o de refrigerantes, o farmacêutico e de publicação de banco de dados. Por outro lado, nos setores em que a pressão de uma ou mais forças é mais intensa, poucas empresas têm retornos atrativos, mesmo com todo o esforço da gerência. Por exemplo: as de siderurgia, as de borracha e as de videogames.

Deve-se lembrar que a rentabilidade da indústria não é uma função da aparência do produto ou do fato de ele englobar alta ou baixa tecnologia, mas da estrutura industrial. As cinco forças não são uma função exclusiva das indústrias. Caso isso ocorresse, a estratégia competitiva dependeria muito da escolha do setor certo e da compreensão das cinco forças melhor que a concorrência. Embora essas forças sejam a essência da estratégia competitiva em algumas indústrias, geralmente uma empresa não é prisioneira da estrutura industrial. Se as empresas podem modelar a estrutura, elas podem modificar fundamentalmente a atratividade para melhor ou para pior. Da mesma forma, essas estratégias podem ser uma faca de dois gumes, pois uma empresa pode destruir a estrutura e a rentabilidade com a mesma facilidade com que pode melhorá-las. Essas empresas destruidoras de indústrias são de segundo escalão e, na busca desesperada por uma fatia de mercado, causam sérios danos à estrutura industrial.

## Estrutura industrial e necessidades do comprador

É necessário que os compradores estejam dispostos a pagar um preço por um produto acima de seu custo de produção, para que uma indústria sobreviva a longo prazo. A satisfação das necessidades do comprador é um pré-requisito para a rentabilidade, mas não é, por si só, suficiente. A questão central na determinação de rentabilidade é se as empresas podem captar o valor por elas criado para os compradores ou se esse valor é capitalizado por outros.

O poder dos fornecedores determina o limite para eles, e não empresas em uma indústria, se apropriarem do valor criado para os compradores. A intensidade da rivalidade age de modo semelhante à ameaça de entrada, determinando até que ponto empresas de um setor conquistarão o valor criado por elas para compradores pertencentes às CSs destas, passando esse valor para compradores na forma de preços mais baixos ou dissipando-os em custos mais elevados de concorrência.

## Estrutura industrial e equilíbrio entre oferta e procura

As flutuações na oferta e na procura no curto prazo podem afetar a rentabilidade no curto prazo, no entanto, a estrutura industrial é a base da rentabilidade no longo prazo. A intensidade da rivalidade desempenha importante papel para determinar se as empresas existentes expandirão agressivamente a capacidade ou optarão por manter a rentabilidade. A estrutura industrial determina com que rapidez os concorrentes retirarão a oferta excedente, assim como a rentabilidade do excesso de demanda. Durante um *boom*, a estrutura favorável permite que as empresas obtenham lucros extraordinários, ao passo que uma estrutura ruim restringe a possibilidade de se ter benefício com ele. Caso haja fornecedores poderosos ou presença de substitutos, os frutos de um *boom* passarão para outros. Sendo assim, a estrutura industrial é básica tanto para a velocidade do ajuste da oferta à demanda como para a relação entre utilização da capacidade e rentabilidade.

## Estratégias competitivas genéricas

A segunda questão central em estratégia competitiva consiste no fato de a posição relativa de uma empresa dentro de sua indústria determinar se a rentabilidade de uma empresa ficará abaixo ou acima da média da indústria. Uma empresa que pode se posicionar bem é capaz de obter altas taxas de retorno, mesmo que a estrutura industrial seja desfavorável e a rentabilidade média da indústria seja modesta.

A base fundamental do desempenho acima da média no longo prazo é a vantagem competitiva sustentável. Assim, embora a empresa possa ter pontos fracos e fortes em relação a seus concorrentes, há dois tipos básicos de vantagem competitiva que ela pode ter: baixo custo ou diferenciação, que se originam da estrutura industrial e resultam da habilidade de uma empresa em lidar com as cinco forças.

Esses dois tipos de vantagem competitiva, combinados com o escopo de atividades para as quais uma empresa procura obtê-los, levam a três estratégias genéricas para alcançar o desempenho acima da média em um setor: liderança de custo, diferenciação e enfoque. Ressalta-se que a estratégia de enfoque tem duas variantes: enfoque no custo e na diferenciação.

As estratégias de liderança no custo e de diferenciação buscam a vantagem competitiva em um limite amplo de segmentos industriais, enquanto a estratégia de enfoque visa a uma vantagem de custo (enfoque no custo) ou uma diferenciação (enfoque na diferenciação) em um segmento estreito. Todavia, a empresa, ao buscar vantagem competitiva, tem de saber qual tipo deseja obter e dentro de qual escopo vai alcançá-la. Empresas com o lema "ser tudo para todos" tendem a ter mediocridade estratégica, com desempenho abaixo da média, pois significa que elas não têm nenhuma vantagem competitiva.

## Liderança no custo

Essa, talvez, seja a mais clara das três estratégias genéricas, uma vez que dela uma empresa parte para se tornar o produtor de baixo custo em sua indústria. A amplitude da empresa é importante na vantagem do custo, por isso, tem um escopo amplo e atende a muitos segmentos industriais, podendo operar em indústrias correlatas.

Se uma empresa puder alcançar e sustentar a liderança no custo total, será um competidor acima da média em seu setor, desde que possa comandar os preços na média ou perto dela. Uma empresa que tenha preços mais baixos que os de suas concorrentes terá uma posição de líder em custos e, consequentemente, retornos mais altos. Esse líder não poderá ignorar as bases da diferenciação, pois, caso seu produto não seja aceito pelos consumidores, terá de reduzir seus preços bem abaixo da concorrência, podendo anular sua posição de custos favoráveis.

## Diferenciação

Uma empresa que opte pela diferenciação deve procurar formas de diferenciação que conduzam a um preço-prêmio superior ao custo da diferenciação e, ao mesmo tempo, não pode ignorar sua posição de custo, porque seus preços-prêmios serão anulados por uma posição de custo muito inferior. Sendo assim, um diferenciador procura uma paridade e uma proximidade de custos em relação a seus concorrentes, reduzindo-os em todas as áreas que não afetam a diferenciação. Ao contrário da liderança no custo, pode haver mais de uma estratégia de diferenciação de sucesso em um setor, se houver uma série de atributos muito valorizados pelos compradores.

## Enfoque

Nessa estratégia, o enfocador escolhe um segmento ou um grupo de segmentos na indústria e a adapta para atendê-los, excluindo outros. Assim, otimizando sua estratégia para os segmentos-alvo, o enfocador procura obter deles uma vantagem competitiva, embora não tenha essa em âmbito geral.

A estratégia tem duas variantes: enfoque no custo, na qual uma empresa procura uma vantagem de custo em seu segmento-alvo; e enfoque na diferenciação, quando a empresa busca a diferenciação em seu segmento-alvo. O enfoque no custo explora diferenças no comportamento dos custos em alguns segmentos, enquanto o enfoque na diferenciação explora as necessidades especiais dos compradores em certos segmentos. A essência do enfoque é a exploração de diferenças de um alvo estreito do restante da indústria. O enfoque estreito, por si só, não é suficiente para um desempenho acima da média.

## Meio-termo

Uma empresa que se engaja em cada estratégia genérica, mas não alcança nenhuma delas, está no "meio-termo" e não apresenta vantagem competitiva, com desempenho abaixo da média. Essa empresa compete em desvantagem porque o líder no custo, os diferenciadores ou os enfocadores estão mais bem posicionados para competirem em qualquer segmento.

Há uma grande tentação para o enfocador ficar no meio-termo, uma vez que tenha dominado seus segmentos-alvo. O enfoque limita o volume de vendas, e o sucesso pode levar o enfocador a esquecer as razões de seu sucesso, comprometendo sua estratégia em troca de crescimento. Em vez disso, a empresa deve procurar novas indústrias com as quais possa crescer, utilizar sua estratégia genérica ou explorar inter-relações.

## Busca de mais de uma estratégia genérica

Essa busca compromete os benefícios da otimização da estratégia da empresa, caso esteja atendendo simultaneamente a uma grande variedade de segmentos (liderança no custo ou diferenciação). A empresa pode, também, criar duas unidades empresariais bastante independentes dentro da mesma entidade corporativa, cada qual com uma estratégia genérica diferente.

Muitas vezes, a empresa resolve reduzir seus custos, mas isso não resulta em prejuízo da diferenciação, na medida em que, para essa estratégia, não são necessários somente grandes investimentos, mas, sim, como utilizá-los da melhor forma na produção. Entretanto, reduzir custos não é igual a obter vantagem em custo, portanto, se a empresa optar pelo último, com certeza terá de esquecer a diferenciação, pois estratégias genéricas, "de fazer tudo ao mesmo tempo", são inconsistentes e a empresa precisa fazer uma escolha.

Há situações "especiais" nas quais uma empresa pode conseguir, simultaneamente, liderança no custo e na diferenciação, a saber: concorrentes estão no meio-termo; o custo é intensamente afetado pela parcela ou por inter-relações e, nesse caso, a posição de custo é afetada pela parcela de mercado, não pelo projeto do produto; uma empresa é pioneira em uma importante inovação; e a introdução de uma inovação tecnológica que pode levar uma empresa a não apenas reduzir seus custos, como também a intensificar sua diferenciação.

## Sustentabilidade

Para haver sustentabilidade de uma estratégia genérica, é preciso que uma empresa conte com algumas barreiras para dificultar a imitação de sua estratégia, uma vez que, se empregar qualquer estratégia genérica, torna-se alvo fácil para suas concorrentes. Assim, caso outra empresa decida entrar nessa disputa utilizando esse tipo de estratégia, será uma batalha prolongada e desvantajosa.

## Estratégias genéricas e estrutura organizacional

Cada estratégia genérica necessita de qualificações e exigências diferentes para o sucesso, que comumente se traduzem em diferenças na cultura e na estrutura organizacionais. Por conseguinte, é importante a combinação da seleção e da motivação dos executivos com a estratégia genérica que está sendo seguida.

As estratégias genéricas diferentes envolvem culturas diferentes. Isso ocorre com a diferenciação e com a liderança nos custos. A primeira pode ser favorecida por uma cultura que estimule a inovação, a individualidade e o ato de assumir riscos (por exemplo, a empresa Hewlett-Packard); a liderança no custo, por sua vez, pode ser facilitada pela frugalidade, disciplina e atenção ao detalhe (por exemplo, a Emerson Electric).

### Estratégias genéricas e processo de planejamento estratégico

As estratégias genéricas de uma unidade empresarial são o caminho para a vantagem competitiva que determinará seu desempenho. Construir, manter e colher são os resultados de uma estratégia genérica ou o reconhecimento da incapacidade de se conseguir qualquer estratégia genérica. Sendo assim, a aquisição e a integração vertical não são estratégias, e sim meios para obtê-las.

# Cadeia de valores e vantagem competitiva

A cadeia de valores divide a empresa em suas atividades estratégicas para que se possa entender o comportamento dos custos e as fontes existentes, bem como os potenciais de diferenciação. Essa cadeia se encaixa no sistema de valores, que engloba desde os fornecedores, passando pelos canais, até os consumidores.

Para cada empresa, há uma cadeia de valores, considerando que elas diferem quanto ao escopo, em relação ao segmento-alvo a ser atendido. Assim como pode haver inter-relações entre indústrias com cadeias de valores coordenadas, podem ocorrer coalizões entre empresas, nas quais compartilharão cadeias de valores, ampliando o escopo efetivo da cadeia da empresa.

## Cadeia de valores

A cadeia de valores de uma empresa e o modo como ela executa atividades individuais são reflexo de sua trajetória, de sua estratégia, de seu método de implementação, de sua estratégia e da economia básica de suas próprias atividades.

Valor é o quanto os compradores estão dispostos a pagar pelo produto ou serviço que uma empresa lhes fornece. O valor é medido pela receita total, ou seja, o preço do produto (unidade) multiplicado por sua quantidade vendida. A meta é criar valor para os compradores acima desse custo.

A cadeia de valores exibe o valor total e consiste em margem e atividades de valor. As atividades de valor são aquelas física e tecnologicamente distintas, pelas quais uma empresa cria um produto valioso para seus compradores. A margem é a diferença entre o valor total (receita) e o custo coletivo das atividades de valor.

As atividades de valor podem ser classificadas em dois tipos gerais: primárias e de apoio. As primárias são as envolvidas na criação física do produto e em sua venda e transferência para o comprador, bem como na assistência após a venda. Podem ser divididas em: logística interna, operações, logística externa, marketing e vendas, e serviço. As atividades de apoio sustentam as primárias e a si mesmas, pois fornecem insumos adquiridos, tecnologia, recursos humanos, além das várias funções ao âmbito da empresa. A gerência de RH, o desenvolvimento de tecnologia e a aquisição podem ser associados a atividades primárias, além de apoiarem a cadeia inteira.

## Tipos de atividades

Dentro de cada categoria de atividades primárias e de apoio, existem estes três tipos de atividades que desempenham um papel diferente na vantagem competitiva:

- diretas: atividades diretamente envolvidas na criação de valor para o comprador, como montagem, fabricação de peças, operação da força de vendas, publicidade, projeto do produto, recrutamento etc.;
- indiretas: tornam possível a execução de atividades diretas em uma base contínua, como manutenção, programação, operação de instalações, gerência da força de vendas, administração de pesquisa, manutenção de registro do vendedor etc.; e
- garantia da qualidade: asseguram a qualidade de outras, como monitoramento, inspeção, testes, revisão, verificação, ajuste e reforma. Vale ressaltar que garantia de qualidade não é sinônimo de gerência de qualidade, pois muitas atividades de valor contribuem para a qualidade.

Toda empresa tem atividades de valor diretas, indiretas e de garantia da qualidade. Todas elas estão presentes não só entre atividades primárias, como também entre atividades de apoio, e seu custo cumulativo pode ser muito alto. A possibilidade de simplificar ou eliminar a necessidade dessas atividades pela execução de outras, de forma melhor, está na raiz da noção de que qualidade está ao alcance de todos.

O princípio básico é que as atividades devem ser isoladas e separadas se tiverem economias diferentes, alto impacto em potencial de diferenciação ou representarem uma proporção significativa ou crescente do custo.

As atividades de valor são os blocos de construção da vantagem competitiva. A cadeia de valores, no entanto, não é uma coleção de atividades independentes, mas, sim, de atividades interdependentes. As atividades de valor estão representadas por meio de elos dentro da cadeia de valores, os quais são as relações entre o modo como uma atividade de valor é executada e o custo ou o desempenho de outra. Eles podem resultar em vantagem competitiva de duas formas: otimização e coordenação. Podem ser numerosos e alguns são comuns a várias empresas.

Os mais visíveis são aqueles entre atividades primárias. Os que envolvem atividades em diferentes categorias ou de tipos diferentes são, geralmente, os mais difíceis de serem reconhecidos. Como é difícil reconhecer e administrar elos, a habilidade para fazê-lo é uma fonte sustentável de vantagem competitiva.

## Elos verticais

Os elos existem não apenas dentro da cadeia de valores de uma empresa, como também entre a cadeia de uma empresa e as cadeias de valores dos fornecedores e dos canais. Esses elos verticais são semelhantes aos elos dentro da cadeia de valores, pois as atividades de um afetam as de outro. As características do produto de um fornecedor, assim como seus outros pontos de contato com a cadeia de valores de uma empresa, podem afetar significativamente o custo e a diferenciação de uma empresa.

São vários os pontos de contato entre as cadeias de valores de uma empresa e dos canais em atividades, como força de vendas, entrada de pedidos e logística externa. Do mesmo modo que acontece com os elos do fornecedor, a coordenação e a otimização conjuntas com os canais podem reduzir o custo ou intensificar a diferenciação. A exploração de elos verticais, por sua vez, exige informação. Nesse caso, SIs modernos criam grande número de novas possibilidades.

## Cadeia de valores do comprador

A diferenciação deriva fundamentalmente da criação de valor para o comprador com o impacto de uma empresa sobre a cadeia de valores do comprador. O valor criado para o comprador deve ser percebido por ele para que haja recompensa com um preço-prêmio, o que significa que as empresas devem comunicar seu valor aos compradores por meios como a propaganda e a força de vendas.

## Escopo competitivo e cadeia de valores

O escopo competitivo pode exercer um efeito poderoso sobre a vantagem competitiva, uma vez que traça a configuração e a economia da cadeia de valores. Existem quatro dimensões do escopo que afetam a cadeia de valores, a saber:

- escopo do segmento: as variedades de produtos produzidos e de compradores atendidos;
- escopo vertical: até que ponto as atividades são executadas internamente, e não por empresas independentes;

- escopo geográfico: a variedade de regiões, países ou grupos de países em que uma empresa compete com uma estratégia coordenada; e
- escopo da indústria: a variedade de indústrias afins em que a empresa compete com uma estratégia coordenada.

Um escopo amplo pode levar uma empresa a explorar os benefícios da execução interna de um maior número de atividades. É possível também que a empresa explore inter-relações entre as cadeias de valores que atendem a diferentes segmentos, áreas geográficas ou indústrias afins.

A vantagem competitiva de um escopo estreito está em diferenças entre variedades de produtos, compradores ou regiões geográficas dentro de uma indústria, no que diz respeito à cadeia de valores mais adequada para atendê-los; ou em diferenças em recursos e qualificações de empresas independentes que lhe permitam executar as atividades de modo mais eficaz.

### Coalizões e escopo

A empresa pode optar por benefícios de um escopo mais amplo internamente ou firmar coalizões com empresas independentes. As coalizões são acordos no longo prazo entre empresas que extrapolam transações de mercado nominal, mas não são fusões totais. São um meio de ampliar escopo sem ampliar empresas. Em outras palavras, trata-se de uma forma de conseguir vantagens em custo e diferenciação sem integração, mas superando as dificuldades da coordenação entre empresas totalmente independentes.

### Cadeia de valores e estrutura industrial

A variedade de cadeias de valores do concorrente é a base para muitos elementos da estrutura industrial, podendo vários deles ser diagnosticados por uma análise das cadeias de valores dos concorrentes em uma indústria. Quanto à estrutura organizacional, se ela corresponder à cadeia de valores, melhorará a habilidade de uma empresa para criar e sustentar uma vantagem competitiva.

## *Benchmarking*

### Conceitos

"É a busca pelas melhores práticas que conduzem uma empresa à maximização da performance empresarial." (Porter, 1993)

Os conceitos podem ser divididos/classificados em formal; processo contínuo; medição; produtos, serviços e práticas; empresas reconhecidas como líderes e operacional, conforme descrição a seguir.

- Formal

  "*Benchmarking* é o *processo contínuo* de *medição de produtos*, *serviços* e *práticas* em relação aos mais fortes concorrentes, ou às *empresas reconhecidas como líderes em suas indústrias*." (David T. Kearns, executivo-chefe da Xerox Corporation)

- Processo contínuo

  É um processo gerencial e de autoaperfeiçoamento, que precisa ser contínuo e eficaz.

- Medição

  O termo *benchmarking* significa medição, qualitativamente (práticas) e quantitativamente (métricas).

- Produtos, serviços e práticas

  O *benchmarking* pode ser aplicado a todas as facetas de uma empresa e aos produtos e serviços básicos, assim como aos processos que entram na fabricação desses produtos.

- Empresas reconhecidas como líderes em suas indústrias

  O *benchmarking* não deve visar somente aos concorrentes diretos dos produtos da empresa, mas sim às melhores e/ou aos líderes das indústrias.

  No sentido formal, o *benchmarking* é uma experiência contínua de investigação e aprendizado que assegura a descoberta, a análise, a adoção e a implementação das melhores práticas.

- Operacional

  "*Benchmarking* é a busca das melhores práticas na indústria que conduzem ao desempenho superior." (Porter, 1993)

  Essa definição é preferida pelo autor porque é compreensível para as unidades de negócios e funções operacionalmente orientadas. A definição cobre todos os empreendimentos empresariais possíveis, sejam produtos e serviços, sejam processos de apoio.

  O foco está nas práticas e em sua compreensão antes de ser derivada uma métrica de *benchmarking*. As métricas do *benchmarking* são consideradas resultado da compreensão das melhores práticas, e não algo que pode ser quantificado *antes* e compreendido *depois*.

## Processo

Ao estabelecer metas operacionais e programas de produtividade com base nas melhores práticas da indústria, a empresa consegue atingir um desempenho superior. Esse processo é conhecido como *benchmarking*, cuja origem está na palavra japonesa *dantotsu*, que significa lutar para ser "o melhor dos melhores", que é a verdadeira essência do *benchmarking*.

O processo é uma mudança nas operações de forma estruturada para a empresa maximizar seu desempenho. Os benefícios do *benchmarking*, dado esse processo que representa em uma empresa, são as pesquisas externas que devem ser realizadas na indústria pelos funcionários da empresa, para depois incorporá-las às suas operações. Isso resulta em empresas lucrativas e de alta utilização de seus ativos que, além de satisfazerem as necessidades dos clientes, demonstram uma vantagem competitiva.

A base do *benchmarking* é não se fechar em si mesma, no caso da empresa, mas, sim, observar e avaliar constantemente o mundo exterior. Para haver sucesso, é preciso que a empresa considere as etapas filosóficas básicas do *benchmarking* descritas a seguir.

- Conheça sua operação: é preciso avaliar as forças e fraquezas da empresa, da operação interna.
- Saiba quem são os líderes da indústria ou concorrentes: é preciso, para diferenciar suas capacidades, estar familiarizado com as forças e fraquezas das concorrentes, estabelecendo uma comparação e compreensão das melhores práticas da indústria ou dos líderes, para assegurar superioridade.
- Incorpore melhor: a empresa deve aprender com os concorrentes e com os líderes como e por que eles são fortes em determinadas áreas, copiando suas práticas ou modificando-as de acordo com as especificidades operacionais da empresa.
- Conquiste superioridade: se a empresa investigou cuidadosamente as melhores práticas e as aplicou em suas operações, com certeza obteve superioridade.

O *benchmarking* é a aplicação formal dessas etapas para a empresa se tornar superior e se aperfeiçoar. Pode ser dividido em duas partes: práticas e métricas. As práticas são definidas como os métodos usados, e as métricas, como o efeito quantificado da instalação dessas práticas. Primeiramente, o *benchmarking* deve ser abordado investigando-se as práticas da indústria. As métricas, que quantificam as práticas, devem ser sintetizadas mais tarde.

Para determinar o local em que se encontram as falhas, somente a métrica não é suficiente. É preciso que se recorra às práticas. O reverso nem sempre é possível e pode desorientar e frustrar as finalidades do *benchmarking*. Assim, o *benchmarking* é uma compreensão de práticas; uma vez compreendidas, elas podem ser quantificadas para mostrar seu efeito numérico.

É preciso que a organização compreenda o processo e as constatações do *benchmarking*. As descobertas precisam ser implementadas e, para isso, são necessários os esforços dos que estão mais próximos do processo de trabalho. É importante observar que a soma das ações principais conduz à maximização da *performance* empresarial.

## Perspectiva gerencial

O *benchmarking* é uma pesquisa industrial ou coleta de informações realizada na empresa e que permite ao gerente comparar o desempenho de sua função com o de outras empresas. Esse processo identifica práticas e métodos gerenciais que a função ou o centro de custos usaria se estivesse em um ambiente competitivo.

O *benchmarking* deve ser um processo permanente e contínuo, porém só é iniciado quando uma empresa está perdendo participação de mercado, seus níveis de lucro estão declinando ou a insatisfação dos clientes está alta.

Ele pode beneficiar uma empresa de diversas maneiras, como:

- possibilitar que as práticas da melhor empresa sejam utilizadas nos processos da função analisada;
- proporcionar estímulo e motivação aos profissionais cuja criatividade é exigida para a execução e implementação das descobertas da investigação;
- vencer a forte relutância do pessoal de operações às mudanças;
- identificar os avanços tecnológicos que não seriam reconhecidos e, portanto, não aplicados na própria indústria; e
- os envolvidos no processo de *benchmarking* muitas vezes constatam que os contatos e interações decorrentes do *benchmarking* têm valor inestimável para o futuro crescimento profissional.

## Passos-chave do processo

O processo do *benchmarking* consiste nestas cinco fases:

- planejamento: o objetivo dessa fase é planejar as investigações de *benchmarking*;

- análise: envolve uma compreensão das práticas correntes em seus processos, bem como das de seus parceiros;
- integração: é o processo que usa as descobertas do *benchmarking* para fixar as metas operacionais das mudanças e incorporar essas novas metas à operação;
- ação: as descobertas do *benchmarking* e os princípios operacionais que nelas se baseiam devem ser convertidos em ações específicas de implementação; e
- maturidade: será alcançada quando as melhores práticas da indústria estiverem incorporadas a todos os processos da empresa, assegurando a superioridade.

## Atendimento às exigências dos clientes

É preciso que cada processo individual atenda às exigências dos clientes internos, até que satisfaça os externos. O processo de trabalho típico, quer seja a entrega de um produto, quer seja a de um serviço ao cliente, compõe-se de três etapas básicas: insumo, processamento e resultado. É necessário haver um foco externo para que se atenda aos clientes, de forma determinada, documentada e finalmente implementada.

O *benchmarking* tem seu foco externo não apenas na direção estratégica, como também em todas as funções e unidades de trabalho, que estão sintonizadas com o mundo exterior. Ele valida e acrescenta credibilidade constantemente ao processo de fixação de metas pela sua concentração nos melhores da indústria. O fato de ter como base os líderes do setor já concede crédito ao processo, satisfazendo não somente os clientes, como também apresentando modelos indiscutíveis para muitos.

## Produtividade

A produtividade real é obtida quando os trabalhadores em todos os níveis estão resolvendo problemas reais da empresa e se concentrando na compreensão dos seus resultados e em como satisfazer os clientes finais ou os usuários seguintes da cadeia.

## Fator de sucesso

O que faz do *benchmarking* um sucesso é o uso pleno de seus processos e o apoio da gerência, pois essa equipe deve ser mantida informada e ter a oportunidade de discutir os resultados do *benchmarking* antes de aceitar suas descobertas. Além disso, é preciso que haja clara compreensão dos muitos processos de trabalho na função.

# Apêndice

# Estudo de casos

## Caso 1: O ESTADO DA ARTE DO WMS EM PSLs E OLs NO BRASIL*

## 1. Metodologia

Esta pesquisa teve como característica uma abordagem qualitativa, com um aspecto descritivo. Pelo fato de o trabalho ser essencialmente de revisão bibliográfica, não se utilizou método algum para a pesquisa de campo (estudo de casos, *survey* ou pesquisa-ação). Para analisar o estado da arte do Warehouse Management System (WMS) em Prestadores de Serviços Logísticos (PSLs) e Operadores Logísticos (OLs) no Brasil, em princípio, realizou-se uma busca pelos OLs por meio da Tabela dos Operadores Logísticos (PORTAL TECNOLOGÍSTICO, 2010) e pelo *ranking* dos melhores OLs disponibilizado no site do Instituto de Logística e Supply Chain (ILOS, 2010). Em seguida, foram enviados e-mails para os responsáveis das empresas encontradas, esclarecendo sobre o projeto e estabelecendo um primeiro contato. Assim, foi possível finalizar o texto para o relatório final do Programa de Iniciação à Pesquisa da UFOP (PIP/UFOP).

Nesse primeiro momento, foram encaminhadas algumas perguntas mais objetivas para os OLs, como nome da empresa, porte (pequeno, médio ou grande), número de funcionários, número de unidades de Centro de Distribuição (CD), atividades desenvolvidas, utilização do WMS, nome, cargo e quanto tempo o respondente (ou entrevistado), que foi contatado, está na empresa. Houve retorno de algumas empresas, no entanto, nem todos os OLs responderam às perguntas. Foram recebidos, em um total de 84 contatos, 12 retornos, ou seja, 14,3% da amostra, entre os quais quatro OLs responderam às perguntas objetivas encaminhadas por e-mail.

*Autoras: Priscilla Cristina Cabral Ribeiro e Raphaela Iannarelli Martino de Freitas.

Em prosseguimento, foram realizadas buscas nos sites das oito empresas restantes, sendo que quatro sugeriram que a pesquisa fosse por esse meio de comunicação e quatro não responderam até o momento da conclusão do projeto. Nos sites, esta pesquisa teve como objetivo apresentar as informações sobre essas organizações sem, no entanto, identificá-las, por isso, as primeiras serão nomeadas de 1 a 4, seguidas das últimas que serão identificadas por números de 5 a 8. É importante ressaltar, ainda, que todo o processo da pesquisa descrito foi executado em, aproximadamente, três meses. Assim, inicialmente, serão apresentadas as empresas que sugeriram as pesquisas no site, depois as que não responderam e, por último, as que responderam e permitiram que se apresentassem suas características e seus nomes.

Como o objetivo do projeto não era realizar uma pesquisa de campo, esses contatos não foram estendidos em tempo e deu-se um maior grau de liberdade aos respondentes. Além disso, uma vez que na revisão bibliográfica não foram encontradas informações sobre o uso do WMS nos OLs brasileiros, optou-se por estabelecer um panorama por e-mail.

## 2. Amostra e suas características

A empresa 1, fundada há mais de 40 anos em São Francisco, nos Estados Unidos, é, atualmente, líder mundial de mercado da indústria de envio expresso e logística. Essa organização trabalha com envio expresso, que pode ser via modal aéreo e marítimo, e ainda com transporte terrestre, contratação de soluções de logística e serviços de correspondência internacional. Esse OL afirma oferecer serviços integrados e personalizados, soluções voltadas ao cliente para gerenciamento e transporte de correspondências, mercadorias e informações. Além disso, relata ter gerado, em 2010, mais de € 51 bilhões. É importante ressaltar que a empresa oferece uma variedade de sistemas automatizados, como as esteiras giratórias e os sistemas de recuperação automáticos, criados para aumentar a eficácia de suas operações e, ainda, informa que utiliza o WMS.

A empresa 2 opera 21.300 quilômetros de malha ferroviária, 1.095 locomotivas, 31.650 vagões, 650 veículos rodoviários, CDs e áreas de armazenamento. As operações da empresa abrangem uma área responsável por aproximadamente 65% do PIB do Mercosul, e são atendidos sete dos portos mais ativos no Brasil e na Argentina, por meio dos quais aproximadamente 78% de todas as exportações de grãos da América do Sul são embarcadas pela empresa anualmente.

Esse OL oferece uma gama de serviços de logística de grande porte, com operações de transportes porta a porta intermodal (*door-to-door*), doméstico e internacional, distribuição urbana, serviços de terminal portuário, frota dedicada, serviços de armazenamento, incluindo a gestão de estoques e CDs.

A empresa 3 foi fundada em 1998, no estado de São Paulo, e, depois de alguns anos, decidiu concentrar-se na gestão integrada de *supply chain* para diversos setores, provendo soluções que buscassem ir além de armazenagem e transportes. A empresa tornou-se um OL integrado líder em segmentos como saúde animal e bancos, e detém 95% de índice de retenção de clientes da indústria de OL. Além disso, esse OL utiliza algumas TIs com sistemas totalmente integrados, como o WMS e o Transportation Management System (TMS). Esses softwares comunicam-se com vários sistemas e são desenvolvidos, implantados e monitorados por um software-*house* instalado nas dependências da empresa matriz, no intuito de atender de maneira rápida e eficiente às necessidades dos clientes.

A empresa 4, fundada em 1985, desenvolve soluções tecnológicas de gestão empresarial e é líder no segmento de varejo, com mais de 5 mil clientes corporativos no Brasil, América Latina e Europa. Especializada em logística interna, desenvolve soluções integradas para otimizar os processos de movimentação e armazenagem de mercadorias em geral, por meio de consultorias, locação, comercialização e implantação de equipamentos. Além disso, atua como OL com foco nos ramos de vestuário, calçados e acessórios, assumindo todos os processos de logística, como recebimento, manipulação, armazenagem de produtos e expedição de pedidos para lojas próprias, franquias e multimarcas, além da gestão de fretes. Também fornece informações que ajudam os clientes na tomada de decisões estratégicas de compra (*open to buy*), fornecimento (*assortment planning*), distribuição e reposição (*allocation*) de mercadorias com o auxílio das mais modernas ferramentas de planejamento de varejo.

A empresa 5 foi fundada em 1970, na cidade gaúcha de Caxias do Sul, e é um dos mais modernos e bem equipados OLs do país. A empresa diversifica seus serviços nos segmentos de atuação, desde o transporte de cargas especiais aos sistemas de operação logística, *Just in Time, Kanban* e *Milk Run*, oferecendo outros serviços, como fluxo contínuo de informações, acompanhamento do atendimento, controle e monitoramento da frota e equipamentos e planos de contingência constantemente atualizados. Quanto às operações internas, esse OL trabalha com: controle dos estoques por meio do sistema WMS, utilização de código de barras e RFID, montagem e empacotamento de kits, sequenciamento de autopeças, projetos de logística integrada, sistema de comunicação EDI, gerenciamento de embalagens – limpeza, rastreamento da frota em 100% dos veículos etc.

A empresa 6 é um grupo internacional com mais de 4.500 pessoas e propõe uma solução global para a *supply chain* que reúne as operações logísticas desde o início da cadeia de suprimentos até a distribuição final. A empresa administra cerca de 1,5 milhão de metros quadrados e 60 CDs no mundo, e, ainda, detém *know-how* em todos os principais ramos de atividades: grande distribuição generalista ou especializada, indústria, automóveis, bricolagem e decoração, alimentos, imprensa e papelaria.

A empresa 7 foi fundada na Alemanha, em 1890, e hoje tem mais de 900 escritórios em mais de 100 países, com aproximadamente 57.500 empregados. Esse OL afirma ter uma ótima interface do WMS com o ERP e possuir serviços integrados, que incluem todos os aspectos da logística do planejamento, controle e execução, ou seja, do ponto de origem até o consumo.

A empresa 8 surgiu da experiência em planejar, gerenciar e operar as melhores soluções para a movimentação de cargas. Ela integra as diversas regiões do Brasil ao Mercosul por meio dos serviços de navegação – trem expresso e terminais – com uma frota própria de carretas para a complementação do serviço porta a porta pelo setor rodoviário. Por meio do planejamento logístico, esse OL faz o diagnóstico estratégico e tático da logística, e tem como proposta a redefinição da malha logística, com foco na racionalização dos custos. A empresa utiliza, ainda, serviços completos de terceirização (3PL), com gerenciamento de transportes, armazenagem e distribuição, oferecendo também a quarteirização total da logística de sua empresa (4PL).

No próximo item, será apresentada uma breve discussão sobre as quatro OLs que responderam às perguntas objetivas por meio de e-mails, sendo omitidas aqui suas identidades, que foram substituídas por uma numeração de 1 a 4.

## 3. Discussão e análise de resultados

A empresa 1 atua no mercado como OL desde 1996 em uma área de mais de 40 mil m$^2$, na qual se administram mais de 14 mil itens. Esse OL tornou-se especialista em recebimento, armazenagem e expedição, oferecendo soluções integradas e personalizadas em logística, incluindo a execução de serviços de alto valor agregado. No recebimento, a empresa trabalha com controle de portaria; cadastro de itens; recebimento físico e fiscal; endereçamento; e armazenagem. Esta última envolve: a produção de inventário diário de itens movimentados; a logística reversa e devoluções; o manuseio de unidades e montagem de kits; e a geração de relatórios gerenciais. Por fim, tem-se a expedição, que abrange o atendimento de solicitações e ocorrências; o processamento de pedidos; a coleta de itens solicitados; a conferência de pedidos; o endereçamento de volumes; a impressão de documentos fiscais; o controle de expedição; a confirmação de entrega e liberação de pagamento; e a gestão de transportes.

A empresa 2 foi fundada em 1854, na Bélgica, e é um OL que trabalha com serviços de alta tecnologia para diversos setores, como: insumos, bens de consumo e varejo, indústria e acessórios, carga geral e *commodities*, operações portuárias, projetos e engenharia, tecnologia de processos, limpeza e reparação, transporte e distribuição. Além disso, a empresa atua como um provedor global de serviços de logística para diversas indústrias-chave, oferecendo soluções de logística integrada. Esse OL utiliza dois sistemas WMS: o Protheus e o WM9. A empresa tem ainda um projeto de implantação de um WMS do próprio grupo, desenvolvido na Bélgica, chamado Plastic Terminal Operations (PLATO).

A empresa 3 integra um grupo maior fundado, em 1885, em Tóquio e desde a sua fundação cresceu e se tornou uma das maiores empresas mundiais de transporte principal. O grupo emprega mais de 55 mil funcionários em 240 localidades de 27 países, tem armazéns próprios nos cinco continentes e operações portuárias na Ásia, América do Norte e Europa. A frota de embarcações inclui navios porta-contêineres, navios graneleiros, para cavacos de madeira, transportes de carros, frigoríficos, navios-tanques, LNG (gás natural liquefeito – GNL) e navios de cruzeiros e, ainda, frotas de aviões, trens e caminhões. Quanto aos serviços logísticos, esses incluem armazenagem e distribuição, agenciamento de carga, soluções de rede internacional, consultoria em *supply chain* e soluções de TI. A empresa afirma que, quando ingressou no negócio de soluções logísticas de armazenagem e distribuição em 1980, a receita do campo de negócios era de US$ 80 milhões. Atualmente, sua receita cresceu para mais de US$ 3 bilhões, incluindo a contribuição da empresa irmã Yusen Logística, a qual oferece fretes marítimos, contratos logísticos, despacho de cargas aéreas e transportes.

A empresa 4 é uma sócia ativa das seguintes associações: Transporte Real Holandês (KNV), EVO e Associação Logística Alemã (BVL) e é membro do Council of Supply Chain Management Professionals (CSCMP), do Warehousing Education and Research Council e da American Trucking Association. A empresa trabalha com soluções de distribuição e logística personalizadas voltadas aos problemas empresariais atuais, entre eles: lançamento de novos produtos; integração de aquisições com fornecedor; ligação de regiões em qualquer lugar do mundo; e soluções de transporte transfronteiriço no Tratado Norte-Americano de Livre Comércio (North American Free Trade Agreement – Nafta).

Além disso, a empresa realiza monitoração de carbono contínua em sua frota e é parceira na iniciativa de eficiência em transporte SmartWay da Agência de Proteção Ambiental (EPA). Seus serviços de CSs podem diminuir custos de combustível e contribuir significativamente com seus esforços para a redução de carbono.

O quadro a seguir tem como objetivo apresentar de forma clara e objetiva os dados obtidos com as respostas encaminhadas pelos OLs da amostra.

**Quadro AE.1** – Informações sobre os OLs em estudo

| Empresa | Porte | Nº de funcionários | Nº de CDs | Atividades desenvolvidas | Utilização do WMS |
|---|---|---|---|---|---|
| Empresa 1 | Médio | 150 | 1 | OL | Sim |
| Empresa 2 | Grande | Aproximadamente 1.200 funcionários no Brasil | 3 próprios, 10 operações em CDs de clientes | OL com foco no setor de petroquímicos | Sim |
| Empresa 3 | Médio | 200 | 5 | Armazenagem, transporte (rodoviário, aéreo, marítimo), operações *in house*, exportação e importação | Sim |
| Empresa 4 | Grande | 2.000 | 13 | Armazenagem, intralogística e transportes | Sim (WMS próprio da Penske) |

Fonte: Elaborado pelas autoras.

Na análise do Quadro AE.1, verifica-se que os OLs são de médio e grande portes, têm CDs e que os operadores logísticos abordados trabalham, de modo geral, com armazenagem, estoque e transporte.

Esses OLs, como todas as empresas, têm o objetivo de aumentar a rapidez das operações de movimentação em seus CDs e reduzir desperdícios. Para isso, procuram implantar softwares de gestão de operações. Nesse caso, para a operação de armazenagem, o WMS é a TI mais indicada, pois pode levar as empresas a obter melhores resultados, assegurando qualidade de seus serviços compatível com a desejada pelos seus clientes. No Quadro AE.1, verifica-se que todas as empresas analisadas utilizam o WMS por causa de suas vantagens e, também, por sua capacidade de otimizar todas as atividades operacionais e administrativas do processo de armazenagem, como: recebimento, inspeção, endereçamento, estocagem, separação, embalagem, carregamento, expedição, emissão de documentos e inventário, entre outras funções.

Na atividade do estoque, os OLs em questão analisam a quantidade e o momento para a realização do pedido, o quanto é necessário manter em estoque de segurança e, ainda, a localização dos produtos em estoque. Se os OLs optarem pela política de estoques reduzidos, sabe-se que os clientes procurarão fazer pedidos cada vez menores e com maior frequência. É importante frisar que a falta de organização quanto a esses aspectos pode gerar custos para as empresas e, consequentemente, a diminuição dos lucros.

Por último, tem-se a atividade do transporte, que, quando bem executado, pode incentivar a concorrência direta, a economia em escala e os preços reduzidos relativos aos produtos.

Algumas empresas preferem compartilhar suas operações logísticas com outras organizações ou contratar atividades logísticas de empresas especializadas para a execução desses serviços, em vez de terem a capacidade logística máxima ou de uma estrutura organizacional logística de grande porte. Isso tudo sugere a terceirização, que é considerada uma inovação, pois, por meio dela, as empresas conseguem reduzir o potencial dos custos de transportes e eliminar investimentos desnecessários, além de outras vantagens discutidas anteriormente nessa pesquisa. Assim, os PSLs e os OLs passaram a ter um nível maior de exigência por parte das empresas que compram seus serviços.

Diante da necessidade das empresas de atender a seus clientes e oferecer produtos de alta qualidade e com maior velocidade de entrega, entende-se que algumas das medidas seguidas pelos PSLs e OLs contêm técnicas inovadoras. Como exemplo dessas técnicas, há a terceirização das atividades, o desenvolvimento de sistemas de gerenciamento como o WMS e a utilização das operações logísticas da melhor forma possível, uma vez que essa é uma medida que se responsabiliza por agregar valor a produtos ou serviços. Constata-se, além disso, que é fundamental um acordo entre as empresas e os PSLs ou OLs para que haja uma integração dos recursos disponíveis e dos esforços para o desenvolvimento de novos produtos, tecnologias e serviços a serem prestados. Por fim, conclui-se que é importante que os provedores de serviços estabeleçam uma adaptação entres os diferentes e independentes sistemas e setores de uma empresa, a fim de melhorar a qualidade do serviço executado.

## 4. Comparação dos casos

A análise da pesquisa voltada para o estado da arte do WMS em PSLs e OLs no Brasil foi de extrema importância para o conhecimento dos OLs por meio da Tabela dos Operadores Logísticos 2010 e pelo *ranking* dos melhores OLs segundo o Ilos (PORTAL TECNOLÓGICO, 2010).

No que tange à pesquisa realizada nos sites dos OLs que não disponibilizaram as informações relativas às perguntas objetivas, observou-se que a maioria das empresas pesquisadas oferece serviços integrados com sistemas automatizados, trabalha com uma grande quantidade de atividades logísticas, atua como integradores logísticos, otimiza processos, oferece diferenciais competitivos, integra regiões geográficas, utiliza serviços de 3PLs e 4PLs, e, ainda, desenvolve soluções tecnológicas por meio de sistemas como o EDI, TMS, ERP e, principalmente, o WMS.

Quanto aos OLs que responderam às perguntas objetivas do e-mail, foi feita uma análise de suas respectivas respostas e da pesquisa complementar nos sites dessas organizações. Diante disso, foi possível realizar o panorama dessas empresas, elaborar a conclusão apresentada no Relatório Final do Programa de Iniciação à Pesquisa da Universidade Federal de Ouro Preto (Ufop) e observar aspectos relativos à proximidade, atual, dos conceitos de OLs e PSLs usados pelas instituições, os quais eram distinguidos de forma significativa no passado.

Quanto ao panorama, obtiveram-se informações importantes relativas às características de atuação dessas organizações, como: se elas utilizam serviços integrados e/ou automatizados, se operam como integradores logísticos, se conseguem otimizar os processos, atuar em competitividade, entre outros aspectos. Além disso, foi possível realizar uma análise com relação ao desenvolvimento tecnológico, ou seja, a utilização de TIs dessas organizações.

A empresa 1 tornou-se especialista em recebimento, armazenagem e expedição, oferecendo soluções integradas e personalizadas em logística, incluindo a realização de serviços de alto valor agregado. Os serviços executados relacionam-se com: controle de portaria, cadastro de itens, recebimento físico e fiscal, endereçamento e armazenagem, produção de inventário diário de itens movimentados, logística reversa e devoluções, manuseio de unidades e montagem de kits, elaboração de relatórios gerenciais, atendimento de solicitações e ocorrências, processamento de pedidos, coleta de itens solicitados, conferência de pedidos, endereçamento de volumes, impressão de documentos fiscais, controle de expedição, confirmação de entrega e liberação de pagamento, gestão de transportes, entre outras atividades.

A empresa 2 trabalha com serviços de alta tecnologia para diversos setores, como: insumos, bens de consumo e varejo, indústria e acessórios, carga geral e *commodities*, operações portuárias, projetos e engenharia, tecnologia de processos, limpeza e reparação, transporte e distribuição. Essa organização atua como um provedor global de serviços de logística para diversas indústrias-chave, oferecendo soluções de logística integrada.

A empresa 3 é uma das maiores empresas mundiais em transporte principal, e seus serviços logísticos incluem a armazenagem, a distribuição, o agenciamento de carga, as soluções de rede internacional, a consultoria em *supply chain* e as soluções de TI.

A empresa 4 trabalha com soluções de distribuição e logística personalizadas voltadas para problemas empresariais atuais, entre eles: lançamento de novos produtos, integração de aquisições com fornecedor, ligação de regiões em qualquer lugar do mundo e soluções de transporte transfronteiriço no Nafta.

Ao examinar o panorama realizado, foi possível afirmar aspectos relacionados com porte da empresa, número de CDs, atividades executadas e utilização de TIs, em especial, o WMS. Verifica-se, em análise geral, que os OLs são de médio e grande portes, têm de 1 a 13 CDs e executam serviços de armazenagem, estoque e transporte. É importante ressaltar que todos os OLs estudados utilizam o sistema WMS, uma vez que esse é fundamental no processo de dinamização das atividades operacionais e administrativas dentro de um armazém.

Por fim, foi possível conceituar os tipos diferentes de PSLs e classificar as empresas participantes do estudo no panorama quanto a seu tipo de PSLs, ou seja, 2PL, 3PL, 4PL ou 5PL. Esses aspectos, no entanto, são abordados na conclusão apresentada no Relatório Final do Programa de Iniciação à Pesquisa da Ufop.

# 5. Conclusão

O projeto foi organizado em três partes elementares, sendo a primeira relacionada com uma abordagem gerencial da logística, do transporte e da armazenagem. A segunda interligou aspectos da logística com a TI, com foco principalmente no WMS. E a última parte discutiu os aspectos da terceirização, com a atenção voltada para os provedores de serviços logísticos no Brasil e a utilização do WMS pelos principais provedores, segundo o *ranking* do ILOS.

A atividade logística não é mais apenas operacional, e sim uma função estratégica para as empresas. Diante disso, seu conceito foi expandido para uma área mais abrangente, denominada gestão das operações logísticas. Verifica-se, assim, que a logística interliga os setores das organizações, auxilia na agregação e criação de valores aos clientes e tem como objetivos reduzir custos e maximizar os lucros das empresas.

A relação entre logística e CS é notável, porém há uma diferença principal entre ambas, que consiste no fato de a segunda englobar as atividades da primeira e, ainda, abranger questões sobre planejamento e gerenciamento das empresas.

As principais funções logísticas podem ser divididas em cinco atividades: estoque, serviço ao cliente, armazenagem, localização e transporte. Com relação ao estoque, existe a preocupação com sua localização, seu nível, seu custo e, principalmente, com o atendimento ao consumidor. Quanto ao serviço ao cliente, é importante que as empresas o atendam com elevados níveis de qualidade e com os menores custos possíveis. A armazenagem desempenha papel fundamental na conexão dos setores de distribuição, de produção e de suprimentos das empresas, enquanto a localização estuda os melhores locais para os produtos e as instalações industriais se alocarem. Por último, há o transporte, que é importante na distribuição de produtos ao tentar atender às expectativas dos clientes na data e na hora especificadas.

Observam-se, ainda, cinco tipos de modais de transporte, que são: ferroviário, rodoviário, hidroviário, dutoviário e aéreo. Para alcançar um serviço de qualidade dos produtos, as empresas necessitam analisar as características dos modais, como: velocidade, disponibilidade, confiabilidade, capacidade e frequência.

Na análise, tendo por base as características de cada modal, conclui-se que a maior velocidade é correspondente ao aéreo, o rodoviário oferece mais disponibilidade, o hidroviário tem maior capacidade, enquanto o dutoviário é o mais frequente e confiável.

Outra classificação de modalidades de transportes analisa a situação legal ou o tipo de autorização operacional das transportadoras, que podem ter quatro classes: comuns, contratadas, privadas ou isentas. A primeira pode transportar qualquer tipo de *commodities*, ou limitá-los, e seu objetivo é a prestação de serviços com valores justos para o seu público-alvo. A segunda trabalha para clientes específicos, com contrato negociado entre a transportadora e o embarcador. A terceira tem suas próprias frotas e transporta produtos para reduzir a capacidade ociosa da empresa. E a última trabalha em várias atividades comerciais e tem restrições de regulamentação para determinados *commodities* ou mercados específicos.

Verifica-se que os modais se vinculam para que o trabalho resultante dessa ligação seja mais eficaz e eficiente que o obtido individualmente por eles. Essa integração é representada pela multimodalidade e pela intermodalidade, cujos objetivos são otimizar o escoamento de produtos ou pessoas, intensificar a produção e a distribuição, entre outros. A intermodalidade demanda um documento de transporte para cada embarque em modais diferentes, ao passo que a multimodalidade necessita de um único documento, nomeado Conhecimento de Transporte em ambos os casos.

Na pesquisa, observaram-se as atuais características da situação de todos os cinco tipos de modais no Brasil. No rodoviário, percebeu-se que a infraestrutura das estradas está debilitada, resultando em acidentes e atrasos nos transportes de cargas e pessoas; no entanto, há uma medida auxiliar para a solução desse problema: a privatização das rodovias com fluxo elevado de veículos. Quanto ao ferroviário, apesar de esse sistema ser o maior no que se refere a cargas transportadas, suas condições ruins podem ser justificadas pelo favoritismo na utilização do rodoviário por parte das organizações.

O transporte hidroviário brasileiro, por sua vez, necessita de mudanças para aumentar sua eficiência; embora o Brasil detenha uma extensão elevada de hidrovias, elas não são exploradas nem utilizadas por completo. Mesmo com esses problemas, observou-se um crescimento no total de cargas movimentadas nos portos em 2010. Quanto ao modal dutoviário, esse é o mais presente no Sudeste do Brasil por causa da concentração industrial nessa região, porém existem perspectivas de aumento da capacidade desse modal, principalmente pelo fato de ele ser o mais confiável quando comparado aos demais. Por fim, há o transporte aéreo, que também tem perspectivas de mudanças, mas com uma preocupação importante quanto a seu preço elevado.

O governo brasileiro tem realizado investimentos relacionados com a atividade de transportes, apesar de ser observada a ausência de mão de obra e de matéria-prima nessa esfera. Assim, conclui-se que o futuro dos modais é favorável, e isso é justificado pelo aumento de investimentos previstos para melhorar as condições de trabalho nesses tipos de transportes.

A armazenagem ganhou importância a partir do momento em que estimulou a economia de espaço, alocando mais produtos com menores custos. O local de armazenagem, denominado CD, armazena todos os produtos acabados, sendo três os tipos gerais de armazenagem: pública, própria e por contrato. A armazenagem pública tem custos operacionais elevados, necessita de investimentos iniciais e trabalha com serviços especializados. A própria é aquela em que as instalações são dos próprios prestadores de serviço. E, por último, tem-se a armazenagem por contrato, que está relacionada com o acordo entre os prestadores de serviços e quem os utiliza. Destaca-se, em especial, outro tipo de armazenagem, cujo nome é caracterizado por arrendada, na qual são cobradas taxas, em períodos regulares, em decorrência do espaço utilizado, o qual é considerado um custo variável de acordo com o rendimento da armazenagem.

As três funções básicas da armazenagem consistem em movimentação, estocagem e transferência de informação, e a última trabalha simultaneamente com as duas primeiras. É importante ressaltar que, quando essas funções são executadas de modo correto, não há a necessidade de se despender muito tempo conferindo os serviços, o que pode levar a uma diminuição nos custos e no *lead time* dos produtos.

Observou-se, ainda, que as estruturas dos sistemas de distribuição ajudam a alcançar as metas das empresas e, também, que se podem utilizar as instalações de armazenagem, classificadas como: *transit point, cross-docking, merge in transit* e *break bulk*. Essas instalações buscam evitar armazenagens desnecessárias, que geram custos para as organizações.

O objetivo do *transit point* é abastecer a região distante dos CDs ou de difícil acesso, enviando cargas consolidadas. O *cross-docking* recebe mercadorias de vários fornecedores nas docas de entrada, faz a separação dos pedidos e os repassa para os clientes por meio das docas de saída. O *merge in transit* reúne próximo ao consumidor os componentes dos produtos que têm valor agregado. E o último, o *break bulk*, trabalha no recebimento de materiais de vários fornecedores na fase de consolidação; e esses materiais são consolidados em um depósito que também separa pedidos individuais e providencia entregas locais. Quando ocorre, todavia, a operação de separação, os materiais são recebidos de apenas um fornecedor, separados e encaminhados para vários clientes.

Em relação aos assuntos tecnológicos, observa-se que a TI trabalha com o uso das informações com o objetivo de evitar gastos e incertezas desnecessárias, e, ainda, aumentar a eficiência, a flexibilidade e a competitividade das empresas. Além disso, busca o aumento da velocidade da transferência e da troca de informações, a fim de elevar o conhecimento da organização.

As oito principais ferramentas de TI são: as voltadas para intranet, Gerenciamento Eletrônico de Documentos (GED), sistemas de *groupware*, sistemas de *workflow*, BI, sistema de mapa de conhecimento, inteligência competitiva e portais corporativos. Elas atuam com o objetivo de conectar as estruturas departamentais e de tomadas de decisão das empresas, auxiliando na união do funcionamento dos aspectos logísticos, por exemplo, a armazenagem e a produção.

Foram criados softwares para que o uso das ferramentas de TI desenvolva resultados, entre eles, citam-se: WMS, *Distribution Resources Planning* (DRP), TMS, EDI, Auto ID, ERP, *Collaborative Planning Forecasting and Replenishment* (CPFR), GIS, GPS, RFID e o Rubee. Esses buscam a maximização da produtividade das empresas, facilitando sempre a comunicação e a interação, diante disso, há dois softwares em análise especial: o WMS e o TMS.

O WMS, que surgiu para melhorar o fluxo de informação e de produtos em um CD, atua na tomada de decisões diárias e operacionais, sendo que essa última pode ser resumida em ações determinadas pelo sistema sobre como receber, estocar e armazenar. O WMS atende com qualidade ao serviço prestado ao cliente, pois fornece precisão de informação, poupa o controle manual, executa a autoverificação, evitando, com esses procedimentos, os erros desnecessários. Além disso, esse software pode se integrar com o EDI e o ERP na busca pela elevação da velocidade das operações de armazenagem, aumentando a produtividade, otimizando espaços e utilizando, ao máximo, os recursos.

Apesar de todas as suas vantagens, o WMS representa um alto custo de implantação e um elevado grau de complexidade. Diante disso, antes de implantá-lo, é fundamental que a empresa analise as contribuições desse software para a organização.

Entre as funções do WMS, podem-se destacar: rastreabilidade das operações de armazenagem, planejamento e controle de capacidade, caracterização do uso de cada CD, organização dos pedidos etc. Essas funções, de modo geral, têm como objetivo produzir informações relacionadas com os clientes, os produtos, os pedidos, entre outros.

Observou-se, também, que o WMS é utilizado para fornecer as atividades a serem realizadas, reduzir o tempo perdido com esperas, visualizar o *status* das mercadorias, orientar o remanejamento das mercadorias no CD, trabalhar com equipamentos de movimentação automatizada, aprimorar as operações logísticas e adotar no CD um gerenciador de depósito com informações mais seguras.

O TMS é uma TI que surgiu em decorrência da otimização dos processos produtivos e pelo aumento do roubo de cargas, além disso, está relacionado com a distribuição e a segurança do setor de transporte por meio da rastreabilidade dos pedidos e do processo de produção.

Esse software traz várias vantagens, sendo as principais: redução dos custos de transporte, melhoria do nível do serviço, diminuição do tempo necessário para o planejamento da distribuição e a montagem de cargas, disponibilização de informações on-line etc. Em decorrência dessas vantagens, foi analisado que os OLs foram os primeiros a adotar o TMS.

É importante ressaltar que o TMS pode receber melhorias e detém a capacidade de implantação de mudanças nos processos – um incentivo para a adoção desse software por parte das empresas. Adicionado a isso, a possibilidade de operar no setor de transportes é outro atrativo dessa TI, uma vez que esse setor é responsável pelos elevados custos logísticos.

Em relação à terceirização, sabe-se que esta surgiu da necessidade das empresas em se reestruturar e transferir atividades que não eram diretamente suas para terceiros, mais especializados.

Foi constatado que, entre 2004 e 2007, a receita média por PSL aumentou, ou seja, os volumes dos serviços terceirizados cresceram. De 2007 até atualmente, há uma perspectiva otimista quanto à terceirização, na medida em que essa é de importância fundamental para o desenvolvimento da logística e que, aproximadamente, 63% dos custos logísticos são direcionados para o pagamento dos prestadores de serviços.

São vários os motivos para terceirizar. Os quatro principais são: redução de custos, enfoque no negócio central do empreendimento, aumento dos níveis de serviço logístico e eficiência elevada na execução das atividades operacionais.

As atividades terceirizadas são o transporte, a armazenagem e a gestão de estoque, porém poucas empresas executam o serviço dessas três atividades simultaneamente. Além disso, sabe-se que o transporte é a atividade mais terceirizada, em decorrência dos seguintes fatos: os provedores de serviços terem começado seus trabalhos como transportadoras, a grande oferta do transporte rodoviário e a existência de muitos caminhoneiros autônomos.

Existe, também, a quarteirização, na qual ocorre a gestão completa da logística e um OL pode contratar outro prestador de serviços para ajudá-lo na execução das atividades.

A diferença principal entre os OLs e os PSLs é que o primeiro executa qualquer função logística independentemente da complexidade, e o segundo atua em maiores quantidades de atividades logísticas que são trabalhadas de forma coordenada.

Os PSLs podem ser de quatro tipos: 2PLs, 3PLs, 4PLs e 5PLs. Os 2PLs são prestadores de serviço logístico mais simples, pois executam somente uma atividade separadamente, por exemplo, apenas a gestão de estoque com a ausência da execução da armazenagem e do transporte. Os 3PLs atingem uma gestão ampla das atividades logísticas, e, atualmente, as organizações procuram 3PLs que façam as funções de 4PLs. Estes últimos trabalham como integradores logísticos por seus próprios meios, sendo a subcontratação um de seus pontos fortes para um trabalho com qualidade, aumento de receitas, redução de custos etc. Os 5PLs, por fim, tentam unir os 3PLs e os 4PLs, e trabalham com todas as partes da CS para servir ao mercado do comércio eletrônico.

Observou-se, ainda, que a diferença entre os 3PLs e os 4PLs está relacionada com o nível de utilização das TIs, e os 4PLs são os prestadores de serviço que mais utilizam essa tecnologia. Além da diferença citada, verifica-se que os 4PLs agregam mais valor às atividades logísticas que os 3PLs, uma vez que o primeiro tem uma atuação maior na cadeia logística.

Os PSLs brasileiros cresceram em função do desenvolvimento de três tipos de empresas, a saber: as que nunca haviam terceirizado nenhum setor, mas contrataram parceiros logísticos; as que utilizavam apenas um OL; e as mais inovadoras, que haviam terceirizado algumas atividades, inclusive as operações logísticas. É importante ressaltar que a maioria dos provedores logísticos brasileiros trabalha no transporte rodoviário de cargas nacionais e encontra-se inserida em um processo inovador, qual seja com a automatização das operações, com o avanço tecnológico, com os objetivos desejados pelos clientes, com o uso de TIs etc.

Conclui-se que os PSLs executam atividades operacionais, serviços integradores e, além desses, métodos para avaliar os serviços prestados. Adicionado a isso, verifica-se que, quando os PSLs atuam nos setores de serviços, sabe-se que são gerados empregos e esse tipo de terceirização participa do PIB e, consequentemente, da economia do país.

É importante ressaltar que o trabalho teve como limitações as empresas que não responderam ao questionário objetivo e as que direcionaram para a busca de informações apenas em seus respectivos sites. Constata-se que esse meio de comunicação é relativamente restrito para extrair conclusões relacionadas ao uso do WMS nesses OLs.

Quanto aos contatos feitos com os OLs que responderam às perguntas objetivas, constatou-se que todas as quatro empresas estudadas são de médio ou grande portes, têm CDs que recebem produtos para atender às necessidades dos clientes, executam atividades realizadas por OLs, sendo que algumas concentram-se na armazenagem, no transporte e até mesmo na logística interna. Outro aspecto importante é que todas as empresas utilizam o WMS e uma em especial tem seu próprio software desenvolvido internamente.

As quatro empresas que foram analisadas com mais detalhes podem ser classificadas quanto ao tipo de PSL com base nas características e informações relacionadas a essas organizações. Assim, observa-se que a empresa 1 é um 4PLs, e as demais são 5PLs.

Com relação ao panorama do uso do WMS nos OLs brasileiros, constatou-se que, atualmente, os provedores de serviços buscam automatizar seus armazéns, adquirindo o sistema WMS e, algumas vezes, como no caso da empresa 2, até mesmo dois sistemas desse software. Além disso, observou-se que mesmo as empresas que têm o WMS procuraram melhorar o sistema, adaptando-os a suas necessidades. Diante disso, conclui-se que o WMS é o sistema mais utilizado pelos PLs, por fazer com que as empresas atinjam seus objetivos de aumentar a rapidez das operações de movimentação nos CDs e diminuir os desperdícios, atendendo à qualidade dos serviços prestados a seus clientes.

O trabalho contribuiu para realizar um estudo que se baseou na utilização do sistema WMS nos OLs e para servir como referência às organizações que pretendam utilizá-lo. Ademais, verifica-se que, com base neste projeto, foi possível elaborar um trabalho voltado à utilização de estruturas de armazenagem existentes e ao uso de TIs e de automação dentro dos armazéns, a ser apresentado no Caso 2, a seguir.

# Caso 2: ESTRUTURAS DE ARMAZENAGEM, AUTOMAÇÃO E USO DE TI EM OPERADORES LOGÍSTICOS NO BRASIL*

## 1. Metodologia

O trabalho de campo foi realizado com três OLs, que responderam às perguntas objetivas e descritivas do questionário, sendo feita uma análise das respectivas respostas e também da pesquisa complementar nos sites dessas organizações. Diante disso, foi possível traçar o panorama dessas empresas, elaborar a conclusão apresentada no Relatório Final do Programa de Iniciação à Pesquisa da Universidade Federal de Ouro Preto (Ufop) e observar aspectos relativos às instalações dos OLs, suas estruturas de armazenagem, a utilização de diferentes TIs, bem como seus serviços ofertados.

Quanto ao panorama, obtiveram-se informações importantes relativas às características de atuação dessas organizações, como elas utilizam serviços integrados e/ou automatizados, se atuam como integradores logísticos, se conseguem otimizar os processos, os sistemas de distribuição e as estruturas de armazenagem utilizados, entre outros aspectos. Será efetuada, portanto, uma análise de cada empresa em separado e, posteriormente, uma comparação entre elas no que diz respeito a seus serviços logísticos.

## 2. Amostra e suas características

A empresa 1, uma multinacional de origem japonesa de médio porte que opera há 40 anos no Brasil e 100 anos no Japão, teve como respondente o gerente do departamento de operações da unidade de Ipatinga. No Brasil, atua principalmente em empresas siderúrgicas, prestando serviços de montagem eletromecânica, manutenção em equipamentos industriais e serviços de logística interna. Suas unidades localizam-se em Minas Gerais (Ipatinga, João Monlevade, Timóteo), no Rio de Janeiro (Volta Redonda), em São Paulo (Santos) e no Espírito Santo (Vitória). Na unidade de Ipatinga, a empresa tem 2.500 funcionários, sendo 1.800 no setor de logística, e conta com uma receita bruta anual, no Brasil, de R$ 300 milhões.

*Autoras: Priscilla Cristina Cabral Ribeiro, Nayara Regina Marques Meyer e Raphaela Iannarelli Martino de Freitas.

A empresa 2, fundada há mais de 40 anos nos Estados Unidos e há 11 anos no Brasil, é de grande porte e integra um grupo que se destaca mundialmente em operações logísticas. Conhecida por seu serviço de entrega rápida de mercadorias, possui quatro divisões: *Express*, *Global Forwarding/Freight*, *Supply Chain* e *Global Mail*. A entrevista foi realizada com o gerente de transportes da *Supply Chain*, que tem aproximadamente 7 mil funcionários em todo o Brasil. Os dados do questionário, por conseguinte, tratam especificamente da divisão *Supply Chain* dessa empresa. O entrevistado não concedeu informações sobre receita bruta.

A empresa 3 atua há cerca de um ano e sete meses no Brasil na área de comércio eletrônico, contando com uma loja on-line, no segmento de varejo não alimentício, e com operações logísticas. Tem CDs de atuação em Jundiaí (SP), no Chile, na Colômbia, na Argentina e no México, além de um escritório em São Paulo, capital. Tem aproximadamente mil funcionários no Brasil, sendo nosso respondente o diretor da empresa. A receita bruta anual é de R$ 400 milhões.

No quadro a seguir são apresentadas as características gerais das empresas da amostra.

Quadro AE.2 – Informações sobre as empresas em estudo

| Dados gerais | Empresa | | |
|---|---|---|---|
| | 1 | 2 | 3 |
| Tempo de atuação no Brasil | 40 anos | 11 anos | 1 ano e 7 meses |
| Número de funcionários | 2.500 | 7.000 | 1.000 |
| Receita bruta anual brasileira (R$) | 300 milhões | NI | 400 milhões |
| Principais tipos de indústria atendidas | Siderúrgica | Tecnológica e automobilística | Varejista de vestuário e calçados |

NI = não informado.

Fonte: Ribeiro, Meyer e Freitas, 2012.

Em relação à classificação das empresas quanto a seu porte, o Banco Nacional do Desenvolvimento (BNDES) utiliza a receita bruta anual para a classificação. Segundo o BNDES (2011), a empresa 1 pode ser classificada entre médio-grande porte e grande porte, pois sua receita bruta anual é maior que R$ 90 milhões e menor ou igual a R$ 300 milhões (média-grande empresa); se fosse superior a R$ 300 milhões, poderia ser classificada como grande empresa. A empresa 2 não informou o valor de sua receita bruta, impossibilitando sua classificação. A empresa 3 tem uma receita bruta anual superior a R$ 300 milhões (sua receita é de R$ 400 milhões), portanto, trata-se de uma empresa de grande porte.

As duas primeiras empresas operam há mais de dez anos no território brasileiro, sendo que a empresa 1 está presente há 40 anos no Brasil; a empresa 3 ainda é recente no mercado, tendo atuação há pouco mais de um ano e meio. Em relação aos clientes atendidos, percebe-se que as três empresas têm os principais tipos de clientes atendidos com atividades em ramos totalmente distintos, portanto não são rivais.

## 3. Discussão e análise de resultados

Os clientes da empresa 1 pertencem à indústria siderúrgica, sendo os principais: Usiminas, Arcelor Mittal e CSN, com contratos de três a cinco anos. É detentora das certificações ISO 9001, ISO 14001 e OHSAS18001. Na área de logística, oferece serviços de armazenagem, controle de estoque, embalagens, monitoramento de desempenho, importação e exportação, e desembaraço aduaneiro. Esses serviços são realizados de forma integrada com os clientes, após a liberação do produto pela produção, sendo de responsabilidade da empresa os processos de embalagem, armazenamento e expedição.

Na empresa 1, no referente à propriedade dos armazéns, percebe-se que são de seus clientes, com estruturas dinâmicas, e utilizam-se os seguintes equipamentos: empilhadeira frontal de contrapeso, esteiras e pontes rolantes. As estruturas dinâmicas permitem grande concentração de carga, o que se adapta perfeitamente aos produtos da indústria siderúrgica. Quanto aos equipamentos, como o peso dos produtos movimentados pelo OL é alto, as empilhadeiras suprem a função do manuseio e movimentação. As esteiras rolantes, como afirmou Bowersox et al. (2007), são eficazes, pois evitam a movimentação exagerada de equipamentos, principalmente se unidas a pontes rolantes, indispensáveis para o transporte interno de produtos da indústria cliente do OL estudado.

Além disso, a empresa 1 não trabalha com sistemas de distribuição. Em relação a SIs, a TI utilizada por ela é o ERP, e atende aos setores administrativos, e a área de TI está subordinada à matriz de BH. A TI empregada nos serviços logísticos da empresa é de propriedade do cliente, e o respondente avaliou-a segundo uma escala de 1 a 5 (1 – muito baixo; 2 – baixo; 3 – médio; 4 – alto; e 5 – muito alto).

Quanto a investimentos em TI e automação, o entrevistado respondeu que "*não satisfatórios, há muito espaço para novos projetos que estão aguardando definições... há concorrente com os processos com níveis melhores de automação*". Nesse caso, a empresa volta-se ao uso de TI/ERP em módulos destinados a gestão da empresa, e não ao processo, contribuindo mais para o ganho de mercado e com um retorno interessante do investimento. Pelas características do armazém da empresa 1, e segundo a literatura (principalmente a classificação de BALLOU, 2006), ela seria particular/privada. Os equipamentos utilizados em seus armazéns terceirizados são: paleteira manual, carrinho hidráulico, empilhadeira frontal de contrapeso, empilhadeira elétrica, empilhadeira pantográfica, empilhadeira lateral, veículo de reboque, empilhadeira trilateral, esteira rolante e empilhadeira a gás. Portanto, por se tratar de uma empresa consolidada há muitos anos no mercado e por pertencer ao grupo líder de logística, o emprego nos armazéns de equipamentos que automatizem o sistema é extremamente adequado. Em relação às estruturas de armazenagem, o entrevistado não respondeu tal item.

A empresa 2 tem mais de cem clientes, atuando em todo território nacional e atendendo a diferentes setores, como empresas automobilísticas, alimentícias, na área de informática, de tecnologia etc. Seus três principais clientes são: Ford, Unilever e HP. Essa empresa tem uma certificação da Transported Asset Protection Association (Tapa); além da ISO9000 e da ISO14001. Cabe ressaltar que a ISO9000 é um conjunto de normas técnicas para um modelo de gestão da qualidade, e a ISO14001, por sua vez, é uma certificação de um sistema de gestão ambiental. Na área de logística, ela oferece os serviços de armazenagem, controle de estoque, transporte, montagem de kits e conjuntos, paletização, logística reversa, suporte fiscal, monitoramento de desempenho, *cross docking* e *Motion Reference Unit* (MRU) um tipo mais sofisticado de VRS (*Vertical Reference Sensor*), que informa o movimento de arfagem do navio. As atividades realizadas por ela para seus clientes são feitas de forma integrada (por exemplo: transporte e armazenagem) ou específica (por exemplo: somente transporte). Essa empresa conta com 46 armazéns, em geral, terceirizados. Além disso, tem interesse em atuar no ramo de consultoria em projetos e no desenvolvimento de 4PL.

A empresa 2 dispõe de 46 armazéns, sendo todos terceirizados. Além disso, foi relatado pelo entrevistado que alguns dos armazéns necessitam de ampliação e/ou modernização. Na empresa 2, portanto, um OL pode ser considerado uma empresa terceirizada cujos armazéns são também terceirizados – processo denominado "quarteirização". Para Bowersox et al. (2007), os armazéns terceirizados podem trazer vantagens como a flexibilidade, a organização e o compartilhamento de recursos, como mão de obra e equipamentos em diversos clientes.

Em relação às estruturas de armazenagem, o entrevistado da empresa 2 não respondeu a esse quesito. Por outro lado, ele informou que os seguintes equipamentos são utilizados nos armazéns: paleteira manual, carrinho hidráulico, empilhadeira frontal de contrapeso, empilhadeira elétrica, empilhadeira pantográfica, empilhadeira lateral, veículo de reboque, empilhadeira trilateral, empilhadeira gás e esteira rolante.

No que se refere a sistemas de distribuição, a empresa 2 opera com: *transit point, cross-docking, merge in transit* e *drop and hook* (sistema no qual os cavalos mecânicos são separados das carrocerias dos caminhões). Além disso, a frota de transportes da empresa é terceirizada.

Quanto à TI, essa é muito importante para a empresa, ainda que em seu papel de usuária e implantadora: não há uma equipe específica para monitorar sua implantação, mas é realizada uma avaliação de acompanhamento. As TIs utilizadas são: software de simulação e otimização, WMS, TMS, ERP, *data warehouse*, consulta pela internet e por celular, e EDI. É, ainda, utilizado o sistema de *picking by voice*. O sistema de *picking by voice* permite aos usuários separar os pedidos por meio de um sistema de voz e opera com o WMS. Esse sistema trouxe grandes ganhos para a empresa, como uma liberdade maior dos operadores, maior rapidez no processo de separação e diminuição de erros na separação. Como o próprio entrevistado relata: "a automação nos processos reduz os tempos nos processos e avarias". Por fim, a empresa utiliza o sistema de rastreamento da frota de transporte terceirizada por meio de satélite.

A empresa 3 trabalha especificamente com revenda de produtos de diferentes marcas, tendo clientes internos (setor de compras, SAC, conteúdo) e externos (clientes finais, consumidores), e por contratos de longo prazo. Seus produtos ofertados são artigos da indústria da moda, como calçados, vestuário e acessórios, atingindo a diferentes públicos (feminino, masculino e infantil). A empresa não detém nenhum tipo de certificação e conta com dois armazéns próprios. Os serviços ofertados são: armazenagem, transporte, controle de estoque, embalagem, montagem de kits e conjuntos, gerenciamento de terceiros, logística reversa, suporte fiscal, monitoramento de desempenho e paletização. Os serviços realizados, em geral, são integrados, exceto no caso de alguns para marcas específicas, como etiquetagem. Por fim, ela tem interesse em realizar procedimentos aduaneiros de importação e exportação e desenvolver o *cross-docking*.

Seus dois armazéns podem ser classificados como particular/privado. O raio de atuação da empresa 3, tanto na área de armazenagem como na de distribuição, é em todo o território nacional; na entrega de seus produtos aos clientes finais não é cobrada taxa de frete. As estruturas de armazenagem utilizadas são: estantes, porta-paletes, cestos e *drive in*, quando se trata de estruturas mais simples.

Os equipamentos empregados nos armazéns da empresa 3 são: empilhadeira elétrica, esteira e carrinho de *picking* manual. As empilhadeiras elétricas, (DIAS, 1985) são muito utilizadas em grandes CDs, elevando cargas em corredores estreitos a até 7 metros de altura e suas baterias suportam até 14 horas. Trata-se, portanto, de um equipamento extremamente funcional para a empresa, suportando muitas horas em funcionamento, e indispensáveis para o transporte de produtos de varejo da indústria da moda.

Em relação a sistemas de distribuição, a empresa 3 utiliza o sistema de *transit point* e *cross-docking*, e foi informado que ela precisa desenvolver o sistema de *cross-docking*. Conforme Silva e Tondolo (2012), o *cross-docking* é muito utilizado para a distribuição de produtos com elevados índices de giro, que é o caso de produtos ligados à moda, e é um sistema que evita a armazenagem.

O papel da TI para a empresa 3 é crucial e existe uma equipe designada para sua implantação, desenvolvimento e aplicação. As TIs utilizadas são: WMS, ERP, *data warehouse,* EDI, código de barras e consulta pela internet e por celular. O código de barras e o WMS exercem um papel indispensável nos armazéns da empresa, na medida em que permitem localizar de forma mais rápida o produto específico (incluindo o tamanho e a cor) que o cliente final solicitou. A TI para essa empresa traz eficiência nos processos, levando-a a uma alta satisfação com os resultados da implantação de algumas ferramentas. Além disso, também é desenvolvedora de TI, para não depender das empresas especializadas, o que pode trazer benefícios para a empresa em relação a custos com TI, além de maior facilidade no desenvolvimento de sistemas, uma vez que ela mesma desenvolve seus sistemas de acordo com suas reais necessidades.

Por fim, a empresa 3 utiliza o sistema de rastreamento de frota por satélite e por celular. O rastreamento permite que a empresa e seus clientes localizem suas mercadorias em tempo real.

No quadro a seguir, são apresentados os serviços oferecidos pelas três empresas da amostra.

**Quadro AE.3** – Serviços oferecidos pelas empresas

| Serviço | Empresa | | |
|---|---|---|---|
| | 1 | 2 | 3 |
| Armazenagem | X | X | X |
| Transporte | | X | X |
| Controle de estoque | X | X | X |
| Embalagem | X | | X |
| JIT | | | |
| Logística reversa | | X | X |
| Suporte fiscal | | X | X |
| Monitoramento de desempenho | X | X | X |
| Montagem de kits e conjuntos | | X | X |
| Importação, exportação e despacho aduaneiro | X | | |
| Paletização | | X | X |
| *Cross-docking* | | X | |
| MRU | | X | |
| Gerenciamento de terceiros | | | X |

Fonte: Ribeiro, Meyer e Freitas, 2012.

Em relação ao Quadro AE.3, conclui-se que as três empresas oferecem serviços integrados, e é comum a todas os serviços de armazenagem, controle de estoque e monitoramento de desempenho, o que leva a inferir que esses três serviços caracterizam os OLs em questão. A empresa 1, em especial, realiza os procedimentos aduaneiros por causa da necessidade de seus clientes, pertencentes principalmente ao ramo siderúrgico. Além disso, ela realiza o despacho aduaneiro dos produtos das empresas siderúrgicas, que estão sendo importados, ou posteriormente serão exportados, por sua empresa cliente, que se encarrega do transporte. A empresa 3 trabalha com terceirização de alguns de seus serviços ofertados; por ter um leque amplo, muitas vezes é melhor terceirizar algum de seus serviços a fim de garantir uma melhor relação custo-benefício e garantir a satisfação de seus clientes. Além disso, as carteiras de serviços das empresas 2 e 3 são mais amplas que a da 1, concluindo-se, assim, que elas sejam OLs que integralizam diferentes processos.

## 4. Comparação dos casos

A empresa 1, em relação aos equipamentos de armazéns, é a que menos os utiliza, resumindo-se a: empilhadeira frontal de contrapeso, esteiras e pontes rolantes. Isso pode ser justificado pelo tipo de indústria a que atende; como seus clientes são somente do ramo siderúrgico, a variedade dos produtos que são movimentados nos armazéns é baixa, sendo, portanto, essas três modalidades de equipamentos suficientes.

Por outro lado, a empresa 2 é a que conta com maior variedade de equipamentos de armazenagem. O que se justifica pelo fato de ela ser uma empresa de grande porte no país, pertencente a um grupo líder mundial em logística, e por atender a clientes de diferentes ramos industriais. Dessa forma, necessita de equipamentos que manuseiem desde os pequenos produtos, ligados à área de informática, até de grande porte, do ramo automobilístico.

A empresa 3 dispõe de menos variedades de equipamentos que a empresa 2, e mais que a 1, tendo cinco distintos equipamentos de armazenagem. Uma questão interessante é que a empresa 3 é a única que opera com empilhadeira a gás, a qual deve permanecer na área externa dos armazéns por causa dos gases liberados na combustão.

O quadro a seguir apresenta um resumo dos equipamentos utilizados nos armazéns pelas três empresas da amostra.

**Quadro AE.4** – Equipamentos utilizados nos armazéns das empresas em estudo

| Equipamentos | Empresa | | |
|---|---|---|---|
| | 1 | 2 | 3 |
| Paleteira manual | | X | X |
| Carrinho hidráulico | | X | X |
| Empilhadeira frontal de contrapeso | X | X | |
| Empilhadeira elétrica | | X | X |
| Empilhadeira pantográfica | | X | |
| Empilhadeira lateral | | X | |
| Carrossel | | | |
| Veículo de reboque | | X | |
| Empilhadeira trilateral | | X | |
| Empilhadeira selecionadora de pedidos | | | |
| *Push pull* | | | |
| Transelevador | | | |
| Cabo de reboque (*towline*) | | | |
| Esteira rolante | X | X | X |
| Robô | | | |
| Veículo guiado automaticamente | | | |
| Ponte rolante | X | | |
| Empilhadeira a gás | | | X |
| Carrinho de *picking* | | | |

Fonte: Ribeiro, Meyer e Freitas, 2012.

O quadro a seguir sintetiza as informações sobre os sistemas de distribuição adotados pelas três empresas. Observa-se que a empresa 1 não informou se adota ou não sistemas de distribuição, e, se adota, quais seriam.

**Quadro AE.5** – Sistemas de distribuição das empresas em estudo

| Sistema de distribuição | Empresa | | |
|---|---|---|---|
| | 1 | 2 | 3 |
| *Transit point* | NI | X | X |
| *Cross-docking* | NI | X | X |
| *Break Bulk* | NI | | |
| *Merge in transit* | NI | X | |
| *Milk run* | NI | | |
| *Drop and hook* | NI | X | |

NI = não informado.

Fonte: Ribeiro, Meyer e Freitas, 2012.

Segundo o Quadro AE.5 percebe-se que a empresa 2 é a que mais adota sistemas de distribuição distintos. Além disso, as empresas 2 e 3 empregam comumente os sistemas de distribuição *transit point* e *cross-docking*. O *transit point* serve para clientes distantes de seus fornecedores e funciona como uma passagem, sendo viável para grandes volumes de distribuição, o que se aplica às empresas 2 e 3, que atendem a clientes distintos e grandes volumes de mercadorias. O *cross-docking*, por sua vez, é o sistema de distribuição mais comumente utilizado, que evita a armazenagem. A empresa 3 relatou que necessita investir mais nas operações de *cross-docking*. Por fim, percebe-se que nenhuma das empresas opera com o sistema *milk run*, que consiste em um sistema de entrega ou coleta em horários programados, e por estar limitado à questão de hora preestabelecida entre a empresa e seus clientes, necessita de maior organização da OL e mais troca de informações entre empresa e cliente.

O quadro a seguir apresenta um resumo das TIs utilizadas pelas empresas da amostra.

Quadro AE.6 – TIs utilizadas pelas empresas em estudo

| TI | Empresa | | |
|---|---|---|---|
| | 1 | 2 | 3 |
| Software de simulação e otimização | | X | |
| WMS | | X | X |
| TMS | | X | |
| ERP | X | X | X |
| RFID | | | |
| *Data warehouse* | | X | X |
| Código de barras | | | X |
| Consulta pela internet | | X | X |
| Consulta por celular | | X | X |
| EDI | | X | X |

Fonte: Ribeiro, Meyer e Freitas, 2012.

Em relação às três empresas apresentadas e às TIs utilizadas, percebe-se que, na empresa 1, o sistema ERP é suficiente para sua operação, por tratar-se de um software com diferentes tipos de plataformas, as quais têm um elo com seus clientes. A empresa 2 é a que mais utiliza TIs, porém ainda falta o desenvolvimento do código de barras e do sistema RFID, que poderiam trazer benefícios, como agilidade nos processos e mais informações sobre as mercadorias (necessidade ou não de uma temperatura ideal de armazenagem e/ou transporte, o cliente designado, a origem do fornecedor, entre outras). A empresa 3 faz uso do código de barras, mas ainda não utiliza a RFID, nem um software para simulação e otimização.

As empresas em questão também relataram os benefícios obtidos com a TI em relação a produtividade, novas oportunidades, mudança, vantagem competitiva, contribuição para a empresa, retorno elevado e risco reduzido. Para tal, esses quesitos foram pontuados em: [1] muito baixo; [2] baixo; [3] médio; [4] alto; e [5] muito alto. A figura a seguir apresenta um resumo dos benefícios obtidos com a TI em relação às três empresas em estudo.

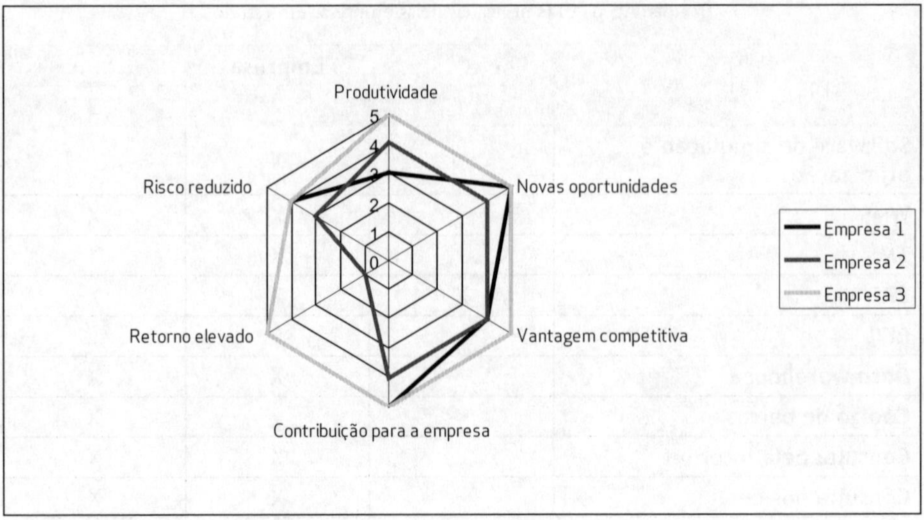


Fonte: Ribeiro, Meyer e Freitas, 2012.

**Figura AE.1** – Benefícios obtidos com a TI.

Ao se analisar a Figura AE.1, percebe-se que, de modo geral, a empresa 3 é a que mais se favorece com o uso da TI; posteriormente, a empresa 1, mas ela acredita que o benefício da TI em relação à produtividade é médio. A empresa 2 é a que menos tem proveito, tendo um retorno baixo em relação à TI e um risco médio ao investir nessa.

Ao examinar os estudos de casos apresentados, foi possível apresentar características básicas das empresas, como receita bruta anual e número de funcionários; número de armazéns; serviços oferecidos; sistemas de distribuição adotados; estruturas de armazenagem; e TIs utilizadas. É importante ressaltar que as empresas em questão estão consolidadas como OLs no mercado brasileiro e que executam em comum os serviços de armazenagem, controle de estoque e monitoramento de desempenho. Além disso, todas elas utilizam o sistema ERP, visto que é um sistema operacional que possibilita ganhos de otimização em toda a cadeia de suprimentos. Conforme Figueiredo et al. (2003), as principais características do ERP são: possibilidade de planejamento integral de toda a cadeia de suprimentos; e real otimização por meio de definição correta de alternativas, objetivos e restrições para os vários problemas de planejamento e com base em métodos de planejamento otimizadores ou de heurísticas exatas.

## 5. Conclusão

O projeto foi organizado em quatro partes, sendo a primeira relacionada com uma abordagem gerencial da logística e da terceirização. A segunda apresentou aspectos da logística de armazenagem, como planejamento de armazéns, estruturas de armazenagem adotadas, sistemas de distribuição e equipamentos utilizados nos armazéns. Na terceira parte, foram discutidas as TIs e a automação adotadas por OLs no Brasil. Na última parte, foram apresentados estudos de casos com três OLs distintos localizados no Brasil.

Na análise das funções logísticas, observa-se a subdivisão em estoque, serviço ao cliente, armazenagem, localização e transporte.

A primeira função é fundamental para o processo produtivo das organizações, as quais devem preocupar-se com a definição do tamanho dos lotes de reposição que será trabalhado, o estabelecimento de modelos que permitam controlar e a análise dos estoques de segurança, a fim de não causar perdas no tempo de entrega dos produtos para os clientes, que são diretamente influenciados pela segunda função da logística, justificando a importância de sua análise.

Com relação à armazenagem, concluiu-se que sua importância reside na administração do fluxo físico e de informações dentro das organizações, representando uma ferramenta gerencial para as empresas. Quanto à localização, constata-se que essa pode se subdividir em interna e externa. A primeira relaciona-se com o *layout* de um armazém, por exemplo, enquanto a segunda compreende a localização do próprio armazém. Além disso, observou-se que essa função, quando executada corretamente, diminui o tempo e os gastos com transporte de matérias-primas e/ou produtos finais.

Quanto à última função da logística, o transporte, sua importância está na distribuição de produtos ao tentar atender às expectativas dos clientes em data e hora especificadas, combinando os diversos modais (ferroviário, rodoviário, hidroviário, dutoviário e aéreo).

O presente trabalho também apresenta os conceitos de estruturas de armazenagem e equipamentos utilizados nos armazéns, os sistemas de distribuição adotados, bem como as TIs e a automação adotadas pelos OLs no Brasil.

Na área da terceirização, foram definidos os conceitos mais importantes sobre os PSLs e OLs, além de serem esclarecidas diferenças e relações existentes entre eles. Foram comparados os PSLs e os OLs e concluiu-se que alguns autores, como Fleury e Ribeiro (2001a), defendem que os dois conceitos são sinônimos, enquanto Lima (2004) e Novaes (2001) afirmam que são distintos. Diante disso, observa-se que a ordem cronológica não é um parâmetro suficiente para a obtenção de informações precisas sobre esses provedores de serviço logístico. Nesse projeto, foi estabelecido que PSLs e OLs são conceitos similares.

No estudo sobre as participações dos PSLs e OLs no Brasil e, mais especificamente na região Sudeste, é importante ressaltar que houve uma restrição de dados com relação à atividade de transporte e uma limitação resultante da ausência de informações sobre o assunto nos meios de comunicação. Pode, porém, concluir que, entre os OLs presentes no território brasileiro, 72,39% atuam no Sudeste executando a atividade de armazenagem e 78,36% deles atuam realizando a distribuição na mesma região. Diante desses dados, conclui-se que a região Sudeste é largamente utilizada pelos OLs para executarem suas atividades de armazenagem e distribuição.

Na segunda parte do trabalho, em relação à logística de armazenagem, foram apresentadas as suas funções, que são: movimentação, estocagem e transferência de informações; sendo a última essencial para a realização das duas primeiras. Além disso, a transferência de informações desempenha o papel de auxiliar a tomada de decisão na GCS e permite harmonizar as três áreas operacionais distintas. Nessa mesma parte, há, também, uma discussão sobre os armazéns ou CDs. Os armazéns podem ser classificados em: público, particular/privado ou terceirizado, mas independentemente disso, podem-se adotar diferentes estruturas de armazenagem (cantiléver, *push back* e *flow rack*). A estrutura cantiléver é utilizada para armazenagem de peças grandes, como perfis trefilados, madeiras e tubos. A estrutura *push back* oferece uma seletividade maior ao permitir acesso a qualquer tipo de armazenagem. A estrutura *flow rack* é empregada na armazenagem de pequenos itens estocados em caixas.

Ainda na segunda parte foram abordados os sistemas de distribuição, que pode ser direta ou indireta. Na distribuição indireta, a empresa conta com um ou mais armazéns centrais e CDs localizados próximos aos clientes. Na direta, a empresa tem um ou mais armazéns centrais, e os produtos são expedidos diretamente para os clientes. Os sistemas de distribuição direta podem usar instalações intermediárias, a saber: *cross-docking, merge in transit, milk run, transit point* e *break bulk*. *Cross-docking* é um sistema de múltiplos fornecedores atendendo a clientes comuns, em que os produtos são selecionados e encaminhados para outros veículos. *Transit point* é um sistema que opera como uma instalação de passagem, não mantendo estoques, e no qual os produtos estão pré-alocados para os clientes. O *merge in transit* é um sistema de coordenação de entrega para clientes previamente definidos e proporciona a postergação. O sistema *milk run* funciona como uma coleta de produtos e entregas em horários pré-programados. No *break bulk*, por sua vez, as cargas são recebidas de diferentes fornecedores, selecionadas e, por fim, entregues aos clientes em seus pedidos individuais.

Na terceira parte, foi apresentada a questão das TIs e da automação adotadas pelos OLs no país. Após essa revisão, observou-se que essas empresas têm utilizado diferentes TIs, como: EDI, ERP, WMS, *data Warehouse*, código de barras, RFID, TMS, GPS e sistema de rastreamento de frotas, sistema *picking by voice* e *picking by light*.

Na última parte, foi apresentado um estudo de caso de três empresas distintas, com sedes na região Sudeste e que atuam em todo o território brasileiro.

No que tange à pesquisa realizada por meio de questionários enviados aos OLs da amostra, percebe-se que essas empresas oferecem serviços integrados com sistemas automatizados, trabalham com uma grande quantidade de atividades logísticas, atuam como integradores logísticos, otimizam processos, oferecem diferenciais competitivos, interligam regiões geográficas e realizam serviços comuns, como armazenagem, controle de estoque e monitoramento de desempenho. Por fim, ainda desenvolvem soluções tecnológicas por meio de sistemas como o EDI, TMS, ERP, WMS, rastreamento da frota, consulta via internet, entre outros.

Conclui-se também que ainda é necessário maior envolvimento da empresa em relação à TI – assunto crítico apenas para a empresa 3 –, portanto, é necessário melhorar o retorno obtido com os benefícios da TI nas três empresas em estudo. Para isso, deve-se reavaliar o método de avaliação, implantação e planejamento das TIs, e, no caso da empresa 2, designar uma unidade de negócio para apoiar sua implantação. Além disso, somente a empresa 3 é desenvolvedora de TIs, cabendo às demais passar a desenvolver suas próprias TIs. Cabe observar que, por serem de grande porte, as empresas 1 e 2 podem começar a desenvolver suas próprias TIs de acordo com suas necessidades.

Das três empresas, a empresa 1 tem um foco mais limitado ao setor siderúrgico. A empresa 3, também com foco mais limitado, ainda tem uma atividade de revenda de produtos, o que a faz se dedicar menos a essa área. A empresa 2, a empresa maior, detém uma carteira de clientes mais diversificada e um foco maior em suas atividades de prestação de serviços logísticos. Pelo fato de a 3 ser maior, ela dispõe de investimentos mais altos e mais voltados a suas atividades, podendo, no futuro, evoluir de uma atividade característica de um perfil 3PL para uma de um 4PL. Pode-se observar isso no Quadro AE.3, em que atividades de importação, exportação e despacho aduaneiro, e de gerenciamento de terceiros não estão em seu portfólio de produtos. O comprometimento em operações e controle de transações comerciais realizadas pela empresa 1 pode reduzir sua dedicação às atividades logísticas, apesar de seus esforços.

No caso da propriedade dos CDs, somente a empresa 3 é proprietária, o que se legitima pelo fato de ser necessário um controle muito maior para monitorar suas operações (dos produtos que revende) e seus clientes.

As estruturas de armazenagem e a automação dependem mais das características dos produtos – assim como nos sistemas de distribuição – que da localização de clientes. Diante disso, a empresa 1, que trabalha com produtos de formatos mais padronizados, tem, portanto, seus riscos de avarias e manuseios menores que os das demais empresas e investe em equipamentos mais simples. A empresa 3 armazena e distribui produtos que exigem um cuidado maior no manuseio, mas são produtos similares, o que torna sua escolha mais diversa que a empresa 1, mas menos sofisticada que a empresa 2. Esta última opera e gerencia uma gama de produtos maior, de valor agregado por unidade maior, o que a leva a utilizar equipamentos mais sofisticados.

Os sistemas de distribuição empregados nas três empresas são todos diretos. No caso das empresas 2 e 3, a opção foi pelo *transit point* e pelo *cross-docking*. (O que é justificável uma vez que as duas empresas distribuem para regiões distantes, nacionalmente, e, no caso da empresa 2, internacionalmente.) O uso do *cross-docking* se justifica porque as duas separam e consolidam cargas para envio a varejistas das indústrias atendidas (vestuário, calçados, alimentos, computadores e periféricos). Além disso, observa-se a afinidade do uso de sistemas de distribuição e de TIs: esses dois sistemas diretos utilizados pelas empresas 2 e 3 são aqueles, principalmente o *cross-docking*, que, segundo a literatura, permitem a implantação de TIs, principalmente o EDI. A empresa 2 ainda utiliza o *merge in transit*, que é uma extensão do *cross-docking*, com o adicional de espaço e tempo para a postergação. Essa estratégia, muito comum na indústria automobilística, de alimentos e de produtos de informática, é muito empregada na montagem de kits e conjuntos, o que é realizado pela empresa. A empresa 2 também faz uso do *drop and hook*, pela característica dos produtos que distribui. O entrevistado da empresa 1 não informou qual seria a escolha da empresa.

Para o controle de operações e de informações, a empresa 4 tem implantadas em seus CDs tecnologias da informação suficientes ao suporte das atividades que desempenha. Ela não utiliza o TMS, que tem sido mais usado por transportadoras, e a RFID, que ainda é considerada no Brasil uma tecnologia muito cara e de difícil retorno. As demais contam com CDs de terceiros; no caso da empresa 1, é dos clientes, situação em que se utilizam muitas TIs, mas a empresa é somente usuária, por não ser a proprietária dos CDs, o que a impede de ter autonomia para implantar as TIs de que necessita para suas atividades logísticas nas instalações. A empresa 2 opera com várias TIs também, o que é justificável pela diversidade de produtos e informações de clientes diferentes e localidades por todo o continente sul-americano.

Diante dessas observações, tem-se que os temas discutidos nesse relatório são todos afins, ou seja, as decisões das empresas em ser proprietárias ou terceirizar os armazéns ou CDs, quais tipos de sistemas de distribuição seguir, quais estruturas de armazenagem escolher, quais tipos de equipamentos adquirir e quais TIs implantar, todas essas resoluções dependem dos tipos de clientes e suas localizações, dos produtos e volumes a serem manuseados. Quando a empresa for proprietária, no caso das TIs, ela ainda pode optar por somente adquirir um pacote tecnológico ou desenvolvê-lo internamente.

## Caso 3: AVALIAÇÃO DOS SISTEMAS DE GERENCIAMENTO DE ARMAZÉNS EM PRESTADORES DE SERVIÇOS LOGÍSTICOS NO BRASIL*

## 1. Metodologia

Para o desenvolvimento deste trabalho de pesquisa – que resultou em um relatório final da Pesquisa do Programa Institucional de Bolsas de Iniciação Científica (PIBIC/CNPq) –, o método escolhido foi o de estudo de caso, segundo Bryman (1989), pode ser entendido como um exame detalhado de uma empresa ou de um número pequeno de casos, com a unidade de análise sendo, geralmente, a organização. Essa unidade, entretanto, pode se estender a departamentos entre redes de organizações ou redes interorganizacionais.

O motivo da escolha desse método deve-se a sua capacidade de convergir informações distintas por meio da troca e vivência de experiências práticas. Além disso, as percepções diferentes em relação a cada um dos participantes da pesquisa, sejam alunos, professores, organizações ou funcionários, proporcionam um entendimento maior da natureza e do fenômeno observado. Diante disso, o método de estudo de caso apresenta como vantagem o fato de identificar processos diversos que interagem no contexto em estudo. Yin (1994), por sua vez, define um estudo de caso particular, denominado explanatório e referente a uma comparação de cada teoria com o curso real dos acontecimentos. Pode-se dizer, então, que os casos a serem apresentados têm caráter explanatório por buscarem o estabelecimento de relações causais; neste texto, especificamente, para a adoção de TIs por parte das empresas.

*Autoras: Priscilla Cristina Cabral Ribeiro e Nayara Louise Alves de Carvalho.

Ao adotar como base o método de Ribeiro (2009) para o desenvolvimento dessa pesquisa, quanto à fase de combinação de teoria e caso, este estudo caracteriza-se pela indução analítica. De acordo com Yin (1994, p. 39): "se utiliza uma teoria previamente desenvolvida como modelo com o qual se deve comparar os resultados empíricos do estudo de caso... Pode-se utilizar a generalização analítica se o estudo de caso proposto envolver um ou vários casos, que mais tarde será denominado como estudos de caso único ou de casos múltiplos". Destaca-se que as questões de pesquisa foram formuladas segundo o estudo de caso múltiplo, cujo objetivo é a replicação da amostragem.

De modo geral, as abordagens de pesquisa podem ser de três tipos, adotados de acordo com os objetivos da pesquisa: qualitativo, quantitativo e quali-quantitativo. Segundo Terence e Escrivão Filho (2006), as divergências entre as abordagens qualitativa e quantitativa refletem diferentes epistemologias, estilos de pesquisa e formas de construção teórica. Os autores afirmam que, no entanto, métodos quantitativos e qualitativos, apesar de suas especificidades, não se excluem. A abordagem quali-quantitativa será aplicada quando em etapas diferentes forem utilizados métodos inerentes a cada uma dessas abordagens.

De acordo com Berto e Nakano (1999), as pesquisas de natureza qualitativa buscam aproximar a teoria e os fatos, com uso da descrição e interpretação de episódios isolados ou únicos, privilegiando o conhecimento da relação entre contexto e ação (método indutivo). Por meio de análises fenomenológicas e da subjetividade do pesquisador, as pesquisas chegam, geralmente, a resultados particularizados que possibilitam, no máximo, a comparação entre casos.

Para Bryman (1989), a principal característica da abordagem qualitativa, em contraste com a quantitativa, é sua ênfase na perspectiva individual de quem está sendo estudado. A forma de coletar dados também pode diferir da quantitativa, e os métodos mais destacados para isso são a observação participativa e a entrevista semiestruturada ou desestruturada. Como destaca o mesmo autor, a abordagem qualitativa não é somente uma abordagem diferente para coleta de dados em relação à quantitativa, mas um meio de saber diferente e uma nova forma de conhecimento. Há outro fator importante a ser realçado: as respostas vêm do objeto de estudo, ou seja, o pesquisador não inicia a pesquisa de campo com todas as questões prontas e respondidas; pelo contrário, ele vem do campo com novos elementos para seu trabalho.

Diante do exposto, a abordagem de pesquisa utilizada neste trabalho será a qualitativa, pois para Lakatos e Marconi (2008), nesse tipo de metodologia faz-se a coleta de dados, a fim de poder elaborar a "teoria base", ou seja, um conjunto de conceitos, princípios e significados. O esquema social pode ser uma teoria elaborada, com um ou mais constructos.

Desse modo, faz-se necessário correlacionar a pesquisa com o universo teórico. Dentro da pesquisa qualitativa, as técnicas de pesquisa a serem utilizadas consistem na pesquisa bibliográfica e no estudo de caso, sendo a primeira utilizada ao longo deste texto. O estudo de caso, por sua vez, será destacado em tópicos seguintes.

A técnica de coleta de dados empregada neste trabalho constitui um método que se baseia em perguntas diretas. Conforme explica Cunha (1992), "o pesquisador que esteja trabalhando com uma teoria rigorosamente elaborada ou mesmo com um conjunto de dúvidas ou curiosidades encontra, em determinado momento, um conjunto de conceitos abstratos com os quais ele acredita que possa explicar um pouco a realidade. Nesse momento o pesquisador deve transformar esses conceitos abstratos em perguntas que proverão dados empíricos que sejam relevantes para a pesquisa". Para isso, utilizou-se o questionário como um recurso de coleta de dados.

O questionário é definido como instrumento constituído por um conjunto de perguntas ordenadas formuladas pelo pesquisador e que são respondidas pelo sujeito pesquisado, que, neste caso, resume-se a OLs e PSLs, cuja localização consiste na região Sudeste do Brasil. Marconi e Lakatos (2010) explicam que o questionário deve ser respondido sem a presença do entrevistador, que, em geral, envia o questionário ao informante pelo correio ou por um portador, para que, depois de preenchido, o pesquisado devolva o questionário do mesmo modo.

Diante desses aspectos, o questionário foi escrito de forma clara e objetiva, visando evitar, ao máximo, qualquer tipo de ambiguidade ou tendência nas respostas fornecidas. Quanto à forma, as perguntas foram distribuídas em: perguntas abertas (resposta livre para emissão de opiniões); perguntas fechadas ou dicotômicas (o entrevistado escolhe sua resposta entre duas opções: sim ou não); e perguntas de múltipla escolha (fechadas, porém são relacionadas várias respostas e o entrevistado deve optar por uma delas ou, então, enumerá-las de acordo com a importância ou com o objetivo da pergunta), conforme explicam Marconi e Lakatos (2010). Destaca-se, ainda, que foram selecionados sujeitos pesquisados – OLs e PSLs – cuja probabilidade de resposta rápida fosse maior, tendo em vista a realização de estudos de casos anteriores nessas mesmas organizações.

Salienta-se que a escolha das perguntas baseou-se no método de avaliação do WMS desenvolvido por Ribeiro e Carvalho (2011), que identificou as variáveis a serem consideradas no processo de implantação de uma TI, em especial: o WMS. Tais variáveis foram divididas em organizacionais, de segurança e técnicas, sendo estas últimas, por sua vez, subdivididas em técnicas e financeiras. Para sua análise, as variáveis (ou suas subvariáveis) foram enquadradas em perguntas de múltipla escolha que incluíam uma escala cuja pontuação variava entre 1 (muito baixo) e 5 (muito alto), além de perguntas que exigiam apenas a enumeração de importância das variáveis.

Ao objetivar a realização de uma avaliação sobre uma TI, mais especificamente o WMS nos OLs, o questionário foi estruturado assim: dados do entrevistado, dados da empresa e perguntas gerais. Estas últimas, por sua vez, foram divididas segundo o assunto abordado, a saber: implantação de tecnologias (pré-implantação, implantação, pós-implantação e avaliação *post mortem*); WMS; variáveis organizacionais; variáveis de segurança; variáveis técnicas. Destaca-se, ainda, que serão apresentados os resultados de respostas obtidas por dois OLs localizados na região Sudeste, entre os meses de março e abril do ano de 2012, definidos por empresa A, empresa B e empresa C.

## 2. Amostra e suas características

Os três estudos de caso a serem apresentados basearam-se nas respostas dos questionários enviados no mês de abril, do ano de 2012, a três OLs distintos e localizados na região Sudeste do Brasil. Destaca-se que os questionários foram enviados via e-mail e as dúvidas surgidas no preenchimento dos questionários também foram solucionadas de forma on-line ou via ligação telefônica.

A empresa A teve como respondente um funcionário formado em Administração de Empresas que trabalha há 11 anos como sócio-diretor na organização. Segundo informações contidas em suas respostas, o OL é considerado uma média empresa (de acordo com a classificação do BNDES) e conta com cerca de 220 funcionários na instalação estudada. Além disso, esse OL não atua fora do país, está há 16 anos no mercado e é especialista nas três atividades principais da logística: recebimento, armazenagem e expedição.

A empresa B teve como respondente um funcionário formado em Engenharia Civil que trabalha há quatro anos na organização, inicialmente no cargo de engenheiro de processos e, atualmente, como gerente de Engenharia Logística. Segundo informações contidas em suas respostas, o OL é classificado como média-grande empresa (no Brasil) e grande empresa em escala mundial, considerando suas atuações fora do país. O OL conta com cerca de 2.300 funcionários no Brasil, está há oito anos no mercado brasileiro e é especialista nas seguintes atividades logísticas: transporte, armazenagem, operações *inhouse*, desenvolvimento de processos logísticos.

A empresa C teve como respondente um funcionário formado em Engenharia da Computação que trabalha há dois anos na organização como gerente de projetos. Segundo suas respostas, o OL é classificado como média empresa com atuação em mais de 20 países e tem cerca de mil funcionários no Brasil. O OL oferece soluções de logística integrada em serviços voltados para armazenagem, embalagem, distribuição, transporte, limpeza, serviços de valor agregado, além de operações portuárias. A empresa C trabalha, ainda, com vários setores, a saber: bens de consumo e da indústria, líquidos, química, automobilística, varejo, carga geral, *commodities*, entre outros.

## 3. Discussão e análise de resultados

Em relação a implantação de tecnologias, na empresa A, antes de implantar uma TI, é realizada, pela diretoria, uma avaliação interna, incluindo gerentes de TI e operacionais, comparando-se o custo estimado e os benefícios esperados. Há diversas reuniões de acompanhamento com a finalidade de manter os objetivos, os prazos e os custos incorridos no processo. No período pós-implantação, o retorno dos custos e benefícios na avaliação estratégica é feito com base na análise de tempos. Em outras palavras, existe um tempo padrão para cada atividade, e as variações então ocorridas – pré e pós-implantação da TI – são medidas, a fim de se comparar produtividades em processos diferentes ou com novos recursos. Por fim, no que tange ao *post mortem* (abandono de projeto de TI), o respondente afirmou que já ocorreu uma situação em que o OL tentou desenvolver um software próprio de gestão de armazéns, entretanto, ocorreram muitas dificuldades relacionadas com a contratação de mão de obra. Além disso, faltou capacidade interna para gerir o projeto e recursos para contratação de uma consultoria que auxiliasse seu desenvolvimento. Não foi realizado, porém, nenhum estudo sobre o abandono da TI, e, segundo o respondente, esse fato serviu apenas como experiência e aprendizado para evitar que o mesmo erro de implantação ocorresse, caso o OL desejasse implantar um novo software.

Ao se referir à satisfação sobre os investimentos em WMS, o respondente identificou como pontos positivos do uso desse software a realização do controle físico e fiscal de forma muito dinâmica e consistente. Paralelamente, ele reforçou vantagens adicionais ao relatar que o uso do WMS permite realizar recebimento, armazenamento e separação de produtos diferentes de várias maneiras, de forma a melhor atender a cada tipo de movimentação. Assim, podem ser criadas regras de separação e armazenagem utilizando parâmetros específicos, como cliente, código do produto, dimensões, tipo de pedido, área de separação, entre outras.

Além dos fatores citados no parágrafo anterior, como benefícios para a empresa advindos da implantação do WMS, aqueles que se destacaram com a pontuação máxima (muito alto) em uma escala de 1 a 5 foram: melhoria nas operações de gerenciamento e controle de armazéns; atualização das informações em tempo real, de forma mais rápida e eficiente que as transações manuais; baixo tempo de resposta; transporte de informação; confiabilidade e precisão; novas oportunidades; mudança e vantagem competitiva. No que tange às desvantagens do WMS, foram citadas a burocratização e a curva de aprendizado lenta para novos usuários.

Na avaliação das variáveis organizacionais, foi definida uma escala de 1 a 5, sendo 1 para "muito baixo" e 5 para "muito alto" referente às próprias variáveis ou às suas subvariáveis representativas. Os dados obtidos mostram que, com o uso do WMS, as pontuações máximas foram para a Qualidade dos resultados de trabalho, Conveniência e prestígio social provido junto à inovação, Qualidade do serviço prestado aos clientes, Visibilidade e Eficiência. Essas pontuações são condizentes com as vantagens citadas pelo respondente, uma vez que o uso do WMS proporcionou o aumento da produtividade e da vantagem competitiva. Confiabilidade e tempo de resposta, Eficácia, Estratégia de mercado, Alcance, Impacto nas organizações e Impacto nas relações humanas são variáveis que receberam pontuação 4. A pontuação média (3) foi concedida para Auxílio nas metas da empresa, Benefício, Participação do usuário e Infraestrutura. A variável Aceitação foi pontuada com 2, e as variáveis que obtiveram a menor pontuação foram Impacto na comunidade e as subvariáveis relacionadas à Compatibilidade (Comunicação em grupo e a influência das experiências com TI).

Quanto às variáveis de segurança, a pontuação máxima foi para as variáveis Conformidade, Previsão e Autenticação. As variáveis que tiveram pontuações média ou alta (3 ou 4, respectivamente) foram: Confidencialidade das informações, Integridade dos dados, Disponibilidade, Controles administrativos, Consistência e Criptografia dos dados. Por fim, a Integridade física e a Digitalização obtiveram as menores pontuações.

Em relação às variáveis técnicas, as variáveis Desempenho, Coerência, Risco Econômico e Custos receberam a pontuação máxima. As duas primeiras pontuações são coerentes com a realidade, pois estão relacionadas às vantagens do WMS citadas pelo respondente quanto ao ambiente competitivo e ao melhor posicionamento dos itens em estoque, refletido pela informação em tempo real. A pontuação das duas últimas variáveis mencionadas reflete uma das maiores desvantagens citadas na literatura quando da implantação do WMS: o alto custo incorrido, que gera, por sua vez, risco econômico por receio de o investimento não produzir retorno financeiro ou resultar em manutenção cara.

As variáveis Rapidez, Infraestrutura, Esforço para uso receberam pontuação 4. Isso demonstra a disponibilidade da informação em tempo adequado para seu uso e a importância de uma infraestrutura adequada para a instalação do software.

Esforço para uso, por sua vez, identifica que o WMS exige dos usuários muito empenho para utilização do sistema. Tal fato foi afirmado quando Facilidade do uso do sistema foi identificada como a variável principal a ser considerada na interface do software.

As variáveis Arquitetura, Risco operacional, Economias geradas e Combinação entre os recursos de TI, e os demais recursos da empresa, como práticas de trabalho, iniciativas de mudanças e estrutura organizacional, tiveram pontuação média. Isso evidencia, mais uma vez, a importância de uma estrutura compartilhada de recursos para se evitarem riscos de erro na utilização do WMS. As economias resultantes do emprego do software receberam destaque. As variáveis Facilidade de uso de aprendizado foram pontuadas em 2, o que demonstra a necessidade de maior acompanhamento e auxílio técnico na implantação do WMS.

Na empresa B, em relação à implantação de tecnologias, antes de se adotar uma TI, é feita uma avaliação pela área de Desenvolvimento de Sistema, comparando-se os investimentos aos possíveis ganhos, em geral, de forma qualitativa. No período de implantação, são realizadas avaliações de desempenho. No período pós-implantação, o retorno dos custos e benefícios na avaliação estratégica é feito, porém de forma não padronizada. Por fim, no que tange ao *post mortem* (abandono de projeto de TI), o respondente afirmou que não ocorreu nenhum caso em que a empresa tenha abandonado um projeto de investimento em TI.

Quanto à satisfação sobre os investimentos em WMS, o respondente identificou como pontos positivos o retorno rápido e de baixo custo que o uso desse software traz. É importante ressaltar que o WMS da empresa B foi desenvolvido por uma equipe interna e, por isso, não houve um fornecedor. Consequentemente, o resultado de seu investimento em WMS é visto como positivo e com retorno rápido e barato, uma vez que envolveu apenas o custo para a equipe interna. Sendo assim, a empresa realizou todos os controles necessários para a implantação de uma TI, a saber: um programa que concede o padrão de interface do software para investimentos em TI; um programa de ação que auxilia na identificação e indicação de benefícios necessários para obtenção dos alvos do investimento em TI; um programa de ação que ajuda na avaliação da proposta de investimento em TI; um programa de treinamento de funcionários e um programa de assistência técnica durante todas as fases de implantação (pré, durante e pós-implantação). Entretanto, foi mencionado que, apesar do treinamento dos funcionários, pela complexidade do WMS e por estar no início da operação, o time operacional ainda não tem a *expertise* necessária para o período de implantação, o que exige, para melhor adaptação ao sistema, o acompanhamento de uma equipe capaz.

Os dados apresentados mostram que, com o uso do WMS, as pontuações máximas foram para a Experiência com TI, Confiabilidade e tempo de resposta,

Serviço ao cliente, Benefício, Visibilidade e Infraestrutura. Isso demonstra que o OL considera importante a existência de experiências com TI e da rede de integração das atividades advinda de uma infraestrutura bem moldada. Essas pontuações mostram o quanto os benefícios do software são visíveis, sua credibilidade e consequente reflexo no melhor atendimento ao cliente.

As subvariáveis Utilidade em atingir metas no trabalho, Qualidade dos resultados, Conveniência, Comunicação em grupo, Aceitação, Alcance e impacto na organização receberam pontuação 4, que reflete a qualidade de resposta do WMS atrelada à maior conveniência da empresa frente à adoção da inovação. Além disso, é notório que os impactos da TI influenciam tanto na estrutura hierárquica da empresa, como na aceitação do usuário. Por fim, impacto na comunidade e nas relações humanas obteve pontuação média.

Quanto às variáveis de segurança, as pontuações máximas foram para: Confidencialidade das informações, Integridade física e de dados, Disponibilidade, Digitalização, Controles administrativos, Consistência e Conformidade. Por outro lado, as variáveis Precisão, Autenticação e Criptografia dos dados obtiveram pontuação 4. Tais números mostram como o software apresenta segurança de uso e aplicação.

Em relação às variáveis técnicas, apenas Coerência obteve pontuação máxima, o que indica que as informações do sistema refletem sempre a realidade. Rapidez, Infraestrutura, Arquitetura, Facilidade de recuperação, Economias geradas e Combinação entre TI e os demais recursos da empresa, bem como Desempenho receberam pontuação 4. Esforço para uso e Risco econômico tiveram nota 3, e Custos, pontuação 1. Este último deve estar relacionado ao fato de, na empresa B, o WMS ter sido desenvolvido por uma equipe interna, o que elimina custos com contratação de um fornecedor.

Quanto à adoção de tecnologias, na etapa de pré-implantação, a empresa C trabalha com uma metodologia de gestão de projetos normalmente passando pelas fases a seguir.

- Proposta: é preenchida uma solicitação de abertura de projeto pela área solicitante, detalhando o objetivo do projeto, justificativa, benefícios esperados e um macroescopo do projeto. A proposta é, então, submetida à aprovação da diretoria.
- Pesquisa de campo: são analisadas e comparadas as funcionalidades do sistema solicitadas com as ferramentas de TI existentes internamente e no mercado, a fim de determinar o melhor conjunto de soluções a ser utilizado.

- Análise operacional: a equipe de planejamento do projeto é envolvida a fim de realizar uma análise detalhada do processo, levantamento de *gaps* do sistema, customizações necessárias etc.
- Desenvolvimento: são realizadas as mudanças, customizações e parametrizações necessárias ao sistema.
- Testes: o fluxo do processo completo deve ser testado no sistema, exatamente como deverá ocorrer em produção, considerando todos os casos de uso e customizações realizadas.
- *Go live*: início de utilização em produção.
- Suporte: acompanhamento aos usuários em produção.

Para isso, existe uma equipe de TI interna responsável pela implantação de novas tecnologias e também pelo investimento no desenvolvimento de softwares próprios. Nessa etapa, a contratação de uma consultoria é eventualmente estudada; caso a empresa não tenha internamente a *expertise* necessária para a implantação. Além disso, é realizado um levantamento de custos e benefícios e é criado um documento denominado Plano de Projeto, que, por sua vez, é encaminhado para a aprovação da diretoria da empresa antes de se iniciar a execução da implantação do software.

Durante o desenvolvimento de TI/SI (implantação), são aplicadas metodologias de gestão de projetos para avaliar os impactos das implantações. Ressalta-se que, apesar de na fase de pré-implantação ser realizada uma estimativa de retorno do investimento pela comparação dos ganhos esperados com o custo envolvido (aplica-se a ferramenta ROI), atualmente, na etapa pós-implantação, a medição real ainda não é conduzida na prática. Por fim, a análise *post mortem* nunca foi realizada, pois não houve nenhum caso de abandono de TI na empresa.

Em relação à satisfação sobre os resultados do investimento em WMS, o respondente declarou que a empresa investiu em software WMS de terceiros e não teve experiência positiva com relação à qualidade dos consultores e à capacidade de implantação. Desse modo, no momento, a empresa no Brasil está investindo apenas nos sistemas próprios, incluindo os sistemas WMS do grupo utilizados em outros países, pelo fato de ter conhecimento desse sistema internamente. Assim, como programa de ação para a avaliação desta TI foram citadas as assistências técnicas pré e pós-implantação.

No que concerne às dificuldades na implantação de um sistema WMS, destaca-se a grande quantidade de mudanças no decorrer do projeto em razão da complexidade de detalhamento do escopo em seu início. Paralelamente, há uma grande velocidade das mudanças solicitadas pelos clientes e pela operação, pois, como um OL é um prestador de serviço (conforme a visão do respondente), necessita sempre de se adequar ao mercado e às mudanças realizadas por seus clientes, buscando continuamente maior produtividade e competitividade. Além dessas, há outras dificuldades que se referem à falta de disponibilidade dos usuários para entrevista, análise e treinamento; à falta de cadastros e dados mestres dos produtos; à dificuldade em adequar o processo operacional ao fluxo dentro do sistema e vice-versa; e ao grande número de customizações necessárias.

Entre as vantagens no uso do software, o respondente destacou o controle eficaz e eficiente da operação e do estoque, a disponibilização das informações no momento e formato necessários, e a capacidade de rastreabilidade dos materiais, além da precisão nas informações.

Quanto aos benefícios, o WMS atende por completo (pontuação máxima: 5) à simplificação dos processos de negócios, à melhoria nas operações de gerenciamento e controle de armazéns e à atualização das informações em tempo real, de forma mais rápida e eficiente que as transações manuais.

Na avaliação das variáveis organizacionais, Eficiência e Confiabilidade e tempo de resposta, a pontuação obtida foi a máxima (5). Tal fato demonstra que o software auxilia na redução de custos, na melhoria do desempenho e no aumento da velocidade na troca de informações. Esse último, por sua vez, está relacionado com o envio de informações, por meio de outras tecnologias, para outros agentes.

A pontuação 4 (alto) foi dada às seguintes variáveis: Utilidade em atingir as metas de trabalho, Qualidade dos resultados de trabalho, Permanência e destaque, Serviço ao cliente, Benefício, Visibilidade, Eficácia, Estratégia de mercado e Impacto nas relações humanas. Essas pontuações evidenciam que o WMS não atende a essas variáveis em sua totalidade, mas está bem próximo disso. Ademais, o sistema apoia o serviço ao cliente, o que pode ser consequência do alinhamento entre estratégia de TI e estratégia de negócio (estratégia de mercado), aliado à maior visibilidade quanto ao uso do software e, principalmente, da conveniência e prestígio social provido junto à implantação do WMS.

A Comunicação em grupo, Experiência com TI, Aceitação, Participação do usuário, Infraestrutura organizacional e Impacto na organização receberam pontuação média (3). Isso demonstra que o software, sob a perspectiva da empresa C, teve aceitação razoável por parte de seus usuários. Essa pontuação será refletida na determinação das variáveis Aceitação e Participação do usuário como principais determinantes no processo de implantação do WMS. Além disso, as experiências com TI e a infraestrutura da organização não influenciam tanto na aquisição de uma nova TI. O impacto na estrutura, supervisão e distribuição de poderes também foi considerado médio. Por fim, a variável Impacto na comunidade foi pontuada com nota 2, demonstrando pouca influência do software nas comunidades reais e virtuais.

Em relação às variáveis de segurança, a pontuação máxima foi concedida para Integridade dos dados e Disponibilidade, revelando que o sistema é capaz de evitar tanto a modificação quanto a retenção proibidas da informação. As variáveis Digitalização, Controles administrativos, Consistência, Conformidade e Autenticação receberam nota 4 (alto); Integridade física e Previsão nota 3; Criptografia dos dados nota 2 (baixo) e, por último, Confidencialidade das informações obteve nota mínima (muito baixo – 1). Esta última evidencia que o WMS não previne, por si só, a divulgação proibida da informação, o que pode ser ocasionado pelo fato de o sistema guardar apenas informações referentes à localização de itens.

No que tange às Variáveis técnicas, a pontuação máxima foi concedida apenas para Facilidade de recuperação dos dados. As variáveis Desempenho, Coerência, Rapidez; Infraestrutura; Economias geradas; Custos e reforço ao poder das empresas líderes obtiveram nota 4 (alto). A pontuação 3 (médio) foi concedida para Arquitetura; Facilidade de uso do sistema, Facilidade de aprendizado, Risco operacional (risco de erro); Esforço para uso do sistema; Combinação contextualizada entre os recursos de TI e os demais recursos da empresa e Influência sobre políticas públicas, cultura e estrutura. Por fim, o Risco econômico foi pontuado com nota 2 (baixo), o que demonstra que, para a empresa C, o inconveniente de a implantação do WMS não gerar retorno financeiro ou sua manutenção ser cara é muito pequeno.

# 4. Comparação dos casos

## 4.1 Perguntas fechadas

### 4.1.1 Em relação à ordem de importância das subvariáveis

Em relação às variáveis organizacionais, para a empresa A, as subvariáveis consideradas mais importantes foram Serviço ao cliente, Qualidade nos resultados e Eficácia, enquanto para a empresa B foram o Serviço ao cliente, Auxílio das metas da empresa e Experiência com TI. No caso da empresa C, foram Eficiência, Qualidade nos resultados e Auxílio nas metas. Isso indica que os OLs A e B preocupam-se, além de suas atividades logísticas tradicionais, com o serviço ao cliente e sua satisfação, o que garante a contínua parceria entre cliente e fornecedor. Além disso, a empresa B concede relevância à subvariável Experiência passada com TI, que pode ser confirmada pela pontuação 5 conferida a ela, demonstrando que o fato de uma empresa ser experiente na implantação de TIs é capaz de facilitar o processo de introdução de uma nova tecnologia. A empresa A não faz essa consideração, e o respondente da empresa C foi coerente em sua resposta, uma vez que pontuou Eficiência com nota máxima e, paralelamente, também considerou essa subvariável como a mais importante.

Quanto aos aspectos organizacionais voltados para o usuário do sistema, as subvariáveis Aceitação e Participação do usuário e a Comunicação em grupo tiveram uma pontuação alta pela empresa A. As duas primeiras demonstram uma preocupação maior com relação ao usuário do software implantado. Isso é verificado porque, na escala apresentada, a subvariável Aceitação do usuário foi considerada baixa, o que representa uma maior necessidade de aumentar o foco sobre as pessoas diretamente envolvidas no uso do sistema. A Comunicação em grupo identifica a necessidade de a tecnologia auxiliar na troca de informações na empresa. Essa mesma consideração pode ser feita para a empresa C, que destacou Comunicação em grupo, Aceitação por parte do usuário e Participação do usuário, nessa ordem de relevância, no processo de implantação do WMS. Na empresa B, diferentemente das empresas A e C, a subvariável Usuário não é considerada como mais importante na escala, uma vez que as assim definidas são Visibilidade, Benefício e Alcance. Essa pontuação demonstra, também, uma preocupação maior com a agilidade, precisão e identificação clara dos resultados (Visibilidade e Benefício) relacionados com ganho e permanência no mercado e, por conseguinte, para um melhor serviço ao cliente (Alcance), pela empresa B.

Com relação às variáveis de segurança, na empresa A, Controles administrativos, Consistência e Precisão foram considerados, respectivamente, nessa ordem de importância. Essa classificação evidencia a necessidade de definição e monitoramento de diretrizes de segurança, bem como de atualização em tempo real dos dados do sistema aliada a bons resultados de operação. Para a empresa B, a Integridade dos dados, Digitalização e Controles administrativos foram consideradas as subvariáveis mais importantes para se avaliar um WMS. Tal fato identifica, mais uma vez, o foco nos agentes externos da empresa, mas pertencentes a sua CS, e, dessa vez, pautado nas transações com fornecedores e clientes. Por outro lado, a Digitalização das transações executadas com fornecedores e clientes e a Confidencialidade foram declaradas, para a empresa A, como as subvariáveis de menor importância na escala – a menor pontuação entre as duas empresas. Pode-se dizer que isso se relaciona com o fato de o WMS ser um sistema voltado à localização e distribuição de itens em um armazém, e não à confidencialidade das informações dos produtos. Para a empresa C, Integridade dos dados, Consistência e Precisão foram selecionadas, nessa ordem, como as mais importantes em relação ao software, em semelhança quase total com a empresa A, excetuando-se o fato de Integridade dos dados ter sido considerada mais relevante que Controles administrativos. Com essa ordem de variáveis, percebe-se que a empresa C está mais concentrada na prevenção da modificação proibida da informação, que na definição/determinação e monitoramento de diretrizes de segurança.

A análise das variáveis de segurança demonstra que, no geral, o WMS apresenta poucos problemas em relação à segurança e, por isso, garante a correta alocação dos estoques em seus respectivos endereços, na quantidade adequada e lote referente. O sistema considera, para isso, a validade dos produtos, tendo por base a realização de inventários físicos e a coleta de amostragens.

Por outro lado, as variáveis técnicas Coerência, Conformidade e Custos foram destacadas, nessa ordem, como as mais relevantes para a empresa A (considerando a classificação apresentada a seguir no Quadro AE.7). Entretanto, de acordo com a análise das respostas obtidas no questionário, o estudo revelou que a implantação de TIs, em particular o WMS, ainda tem seu foco nos aspectos financeiros. As avaliações que analisam a viabilidade econômica dos projetos têm sido muito utilizadas pela empresa, apesar de a variável Custo ter sido evidenciada como a terceira mais importante. Para a empresa B, Coerência, Desempenho e Rapidez foram definidas como as subvariáveis mais importantes. As subvariáveis Economias geradas e Risco econômico foram consideradas menos importantes, em contraste com a empresa A, o que mostra uma perspectiva diferente: direcionar-se ao cliente com o foco nas vantagens advindas do WMS, e não nos custos incorridos. Para a empresa C, Economias geradas, Desempenho e Coerência foram consideradas nessa ordem crescente quanto ao nível de importância das subvariáveis. Nota-se, portanto, que, em todos os casos, Coerência foi citada como uma das subvariáveis mais relevantes na implantação do software, identificando a necessidade de obtenção de informações precisas e em tempo real por parte do WMS.

O quadro a seguir foi elaborado de modo a traçar um *ranking* (de 1 a 10, da melhor subvariável pontuada à que obteve menor pontuação/importância) para simplificar a ordem classificatória das variáveis organizacionais, de segurança e técnicas, obtidas das respostas concedidas pelas empresas A, B e C.

**Quadro AE.7** – Enumeração das variáveis mais importantes por empresa

| VARIÁVEIS ORGANIZACIONAIS | | |
|---|---|---|
| **Empresa** | **Ordem** | **Subvariável** |
| A | 1 | **Serviço ao cliente** |
| | 2 | **Qualidade nos resultados** |
| | 3 | **Eficácia** |
| | 4 | Eficiência |
| | 5 | Auxílio nas metas da empresa |
| | 6 | Experiência com TI |
| | 7 | Infraestrutura organizacional da empresa |
| | 8 | Permanência e destaque para a empresa |
| B | 1 | **Serviço ao cliente** |
| | 2 | **Auxílio nas metas da empresa** |
| | 3 | **Experiência com TI** |
| | 4 | Qualidade nos resultados |
| | 5 | Permanência e destaque para a empresa |
| | 6 | Infraestrutura organizacional da empresa |
| | 7 | Eficiência |
| | 8 | Eficácia |
| C | 1 | **Eficiência** |
| | 2 | **Qualidade nos resultados** |
| | 3 | **Auxílio nas metas da empresa** |
| | 4 | Infraestrutura organizacional da empresa |
| | 5 | Experiência com TI |
| | 6 | Serviço ao cliente |
| | 7 | Eficácia |
| | 8 | Permanência e destaque para a empresa |

*(continua)*

Quadro AE.7 – Enumeração das variáveis mais importantes por empresa *(continuação)*

| VARIÁVEIS ORGANIZACIONAIS VOLTADAS PARA O USUÁRIO | | |
|---|---|---|
| **Empresa** | **Ordem** | **Subvariável** |
| A | 1 | **Aceitação por parte do usuário** |
| | 2 | **Participação do usuário** |
| | 3 | **Comunicação em grupo** |
| | 4 | Benefício |
| | 5 | Visibilidade |
| | 6 | Impacto na organização |
| | 7 | Alcance |
| | 8 | Impacto nas relações humanas |
| | 9 | Impacto na comunidade |
| B | 1 | **Visibilidade** |
| | 2 | **Benefício** |
| | 3 | **Alcance** |
| | 4 | Impacto na organização |
| | 5 | Aceitação por parte do usuário |
| | 6 | Comunicação em grupo |
| | 7 | Participação do usuário |
| | 8 | Impacto nas reações humanas |
| | 9 | Impacto na comunidade |
| C | 1 | **Comunicação em grupo** |
| | 2 | **Aceitação por parte do usuário** |
| | 3 | **Participação do usuário** |
| | 4 | Benefício |
| | 5 | Visibilidade |
| | 6 | Impacto na organização |
| | 7 | Impacto nas reações humanas |
| | 8 | Alcance |
| | 9 | Impacto na comunidade |

*(continua)*

Quadro AE.7 – Enumeração das variáveis mais importantes por empresa *(continuação)*

| VARIÁVEIS DE SEGURANÇA | | |
|---|---|---|
| **Empresa** | **Ordem** | **Subvariável** |
| A | 1 | **Controles administrativos** |
| | 2 | **Consistência** |
| | 3 | **Precisão** |
| | 4 | Disponibilidade |
| | 5 | Integridade dos dados |
| | 6 | Integridade física |
| | 7 | Autenticação |
| | 8 | Confidencialidade |
| | 9 | Digitalização |
| B | 1 | **Integridade dos dados** |
| | 2 | **Digitalização** |
| | 3 | **Controles administrativos** |
| | 4 | Consistência |
| | 5 | Precisão |
| | 6 | Confidencialidade |
| | 7 | Integridade física |
| | 8 | Disponibilidade |
| | 9 | Autenticação |
| C | 1 | **Integridade dos dados** |
| | 2 | **Consistência** |
| | 3 | **Precisão** |
| | 4 | Controles administrativos |
| | 5 | Disponibilidade |
| | 6 | Integridade física |
| | 7 | Confidencialidade |
| | 8 | Autenticação |
| | 9 | Digitalização |

*(continua)*

Quadro AE.7 – Enumeração das variáveis mais importantes por empresa *(continuação)*

| VARIÁVEIS TÉCNICAS | | |
|---|---|---|
| **Empresa** | **Ordem** | **Subvariável** |
| A | 1 | **Coerência** |
| | 2 | **Conformidade** |
| | 3 | **Custos** |
| | 4 | Confiabilidade e tempo de resposta |
| | 5 | Rapidez |
| | 6 | Infraestrutura |
| | 7 | Arquitetura |
| | 8 | Economias geradas |
| | 9 | Risco econômico |
| | 10 | Desempenho |
| B | 1 | **Coerência** |
| | 2 | **Desempenho** |
| | 3 | **Rapidez** |
| | 4 | Confiabilidade e tempo de resposta |
| | 5 | Custos |
| | 6 | Infraestrutura |
| | 7 | Arquitetura |
| | 8 | Conformidade |
| | 9 | Economias geradas |
| | 10 | Risco econômico |
| C | 1 | **Economias geradas** |
| | 2 | **Desempenho** |
| | 3 | **Coerência** |
| | 4 | Confiabilidade e tempo de resposta |
| | 5 | Conformidade |
| | 6 | Rapidez |
| | 7 | Custos |
| | 8 | Risco econômico |
| | 9 | Infraestrutura |
| | 10 | Arquitetura |

*(continua)*

Quadro AE.7 – Enumeração das variáveis mais importantes por empresa *(continuação)*

| VARIÁVEIS TÉCNICAS RELACIONADAS COM A MANIPULAÇÃO DO SISTEMA | | |
|---|---|---|
| **Empresa** | **Ordem** | **Subvariável** |
| A | 1 | Facilidade do uso do sistema |
| | 2 | Facilidade de recuperação dos dados |
| | 3 | Facilidade do aprendizado do sistema |
| | 4 | Esforço para uso do sistema |
| B | 1 | Facilidade do uso do sistema |
| | 2 | Facilidade do aprendizado do sistema |
| | 3 | Facilidade de recuperação dos dados |
| | 4 | Esforço para uso do sistema |
| C | 1 | Facilidade do uso do sistema |
| | 2 | Esforço para uso do sistema |
| | 3 | Facilidade do aprendizado do sistema |
| | 4 | Facilidade de recuperação dos dados |

Fonte: Ribeiro e Carvalho, 2012.

### 4.1.2 Em relação à pontuação concedida a cada subvariável

A análise adicional do resultado das pontuações referentes às subvariáveis pode ser feita com base no Quadro AE.7. Para isso, as subvariáveis de cunho negativo foram tratadas da seguinte forma na escala de 1 a 5: aquelas que obtiveram pontuação 1 (muito baixo) referem-se a uma característica positiva e, por isso, as suas notas foram substituídas por 5. No lado oposto, as que foram pontuadas com nota 5 tiveram suas notas trocadas por 1. De forma análoga, a pontuação 4 tornou-se 2, e vice-versa e, por fim, a nota 3 manteve-se inalterada. Em outras palavras, foi trabalhada a escala invertida. Essas subvariáveis foram definidas como negativas, porque, quanto maior a pontuação a elas concedida, maior o impacto negativo sobre o desempenho do software. Assim, no método, as variáveis organizacionais (representadas por Impacto nas organizações, nas relações humanas e na comunidade), a de segurança (Digitalização) e as técnicas (Risco operacional, Esforço para uso, Risco econômico e Custos) foram identificadas como variáveis negativas. Essas variáveis cujas pontuações foram alteradas estão destacadas no quadro a seguir.

Quadro AE.8 – Pontuação concedida às variáveis do método por empresa

| Variável organizacional | Atributo | Empresa | | |
|---|---|---|---|---|
| | | A | B | C |
| Vantagem relativa | Auxílio nas metas | 3 | 4 | 4 |
| | Qualidade nos resultados | 5 | 4 | 4 |
| | Permanência e destaque | 5 | 4 | 4 |
| Compatibilidade | Comunicação em grupo | 1 | 4 | 3 |
| | Experiência com TI | 1 | 5 | 3 |
| | Confiabilidade e tempo de resposta | 4 | 5 | 5 |
| Satisfação do usuário | Aceitação | 2 | 4 | 3 |
| | Serviço ao cliente | 5 | 5 | 4 |
| | Benefício | 3 | 5 | 4 |
| | Participação do usuário | 3 | 3 | 3 |
| Observação | Visibilidade | 5 | 5 | 4 |
| Objetivos-chave do negócio | Eficiência | 5 | 4 | 5 |
| | Eficácia | 3 | 4 | 4 |
| | Estratégia de mercado | 4 | 4 | 4 |
| | Infraestrutura | 3 | 5 | 3 |
| | Alcance | 4 | 4 | 4 |
| Impacto | Impacto na organização | 2 | 2 | 3 |
| | Impacto nas relações humanas | 2 | 3 | 2 |
| | Impacto na comunidade | 5 | 3 | 4 |
| **SOMA** | | **65** | **77** | **70** |
| Segurança | Confidencialidade | 4 | 5 | 1 |
| | Integridade física | 1 | 5 | 3 |
| | Integridade dos dados | 4 | 5 | 5 |
| | Disponibilidade | 4 | 5 | 5 |
| | Digitalização | 5 | 1 | 2 |
| | Controles administrativos | 4 | 5 | 4 |
| | Consistência | 4 | 5 | 4 |
| | Conformidade | 5 | 5 | 4 |
| | Previsão | 5 | 4 | 3 |
| | Autenticação | 5 | 4 | 4 |
| | Criptografia dos dados | 4 | 4 | 2 |
| **SOMA** | | **45** | **48** | **37** |

*(continua)*

**Quadro AE.8** – Pontuação concedida às variáveis do método por empresa *(continuação)*

| Variável organizacional | Atributo | Empresa | | |
|---|---|---|---|---|
| | | A | B | C |
| Aspectos técnicos | Desempenho | 5 | 4 | 4 |
| | Coerência | 5 | 5 | 4 |
| | Rapidez | 4 | 4 | 4 |
| | Infraestrutura | 4 | 4 | 4 |
| | Arquitetura | 3 | 4 | 3 |
| Complexidade | Facilidade do uso do sistema | 2 | 3 | 3 |
| | Facilidade de aprendizado do sistema | 2 | 3 | 3 |
| | Risco operacional | 3 | 4 | 3 |
| Experimentação | Facilidade de recuperação dos dados | 3 | 4 | 5 |
| | Esforço para uso do sistema | 2 | 3 | 3 |
| Aspectos econômicos | Economias geradas | 3 | 4 | 4 |
| | Risco econômico | 1 | 3 | 4 |
| | Custos | 1 | 4 | 2 |
| **SOMA** | | **38** | **49** | 46 |

Fonte: Ribeiro e Carvalho, 2012.

Pela análise do Quadro AE. 8, ao se adotarem como base as variáveis citadas, conclui-se que o WMS atende melhor à empresa B, uma vez que as somas referentes às variáveis organizacionais, de segurança e técnicas (apresentada na última linha de cada grupo de variáveis) são todas maiores que as somas das empresas A e C. Essa conclusão pode ser decorrente do fato de a empresa B ter desenvolvido seu próprio software, com requisitos criados para melhor atender às necessidades do OL com um perfil e, dessa forma, ainda mais customizado.

A Figura AE.2 ilustra as pontuações concedidas às variáveis organizacionais pelas empresas A, B e C.

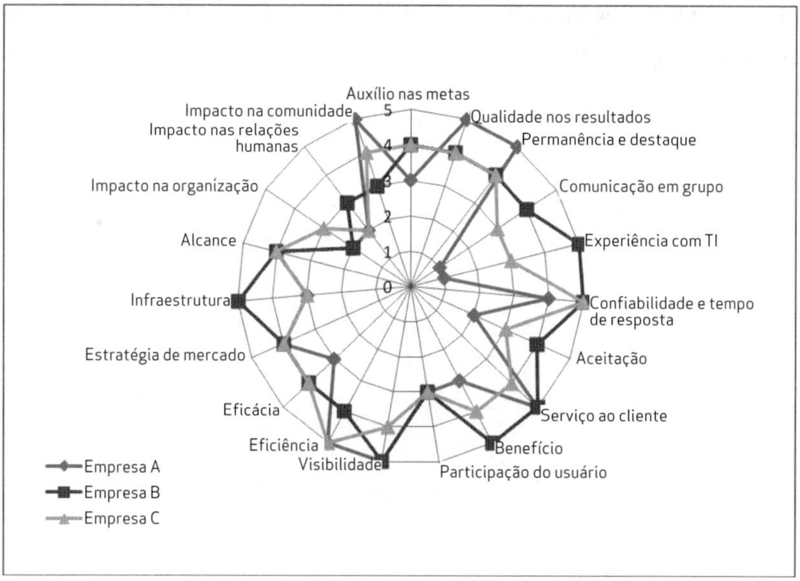


Fonte: Ribeiro e Carvalho, 2012.

**Figura AE.2** – Comparação das variáveis organizacionais para as empresas A, B e C.

A Figura AE.3 ilustra as pontuações concedidas aos atributos das variáveis de segurança pelas empresas A, B e C.

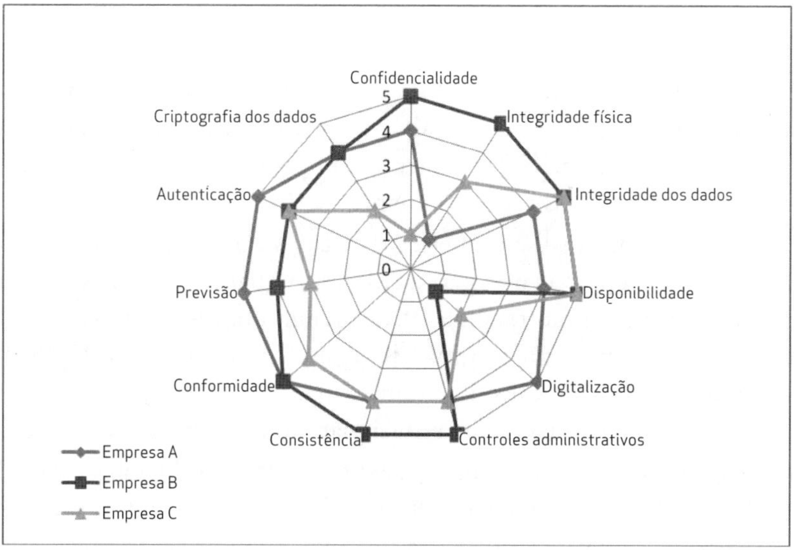


Fonte: Ribeiro e Carvalho, 2012.

**Figura AE.3** – Comparação das variáveis de segurança para as empresas A, B e C.

A Figura AE.4 ilustra as pontuações concedidas aos atributos das variáveis técnicas pelas empresas A, B e C.

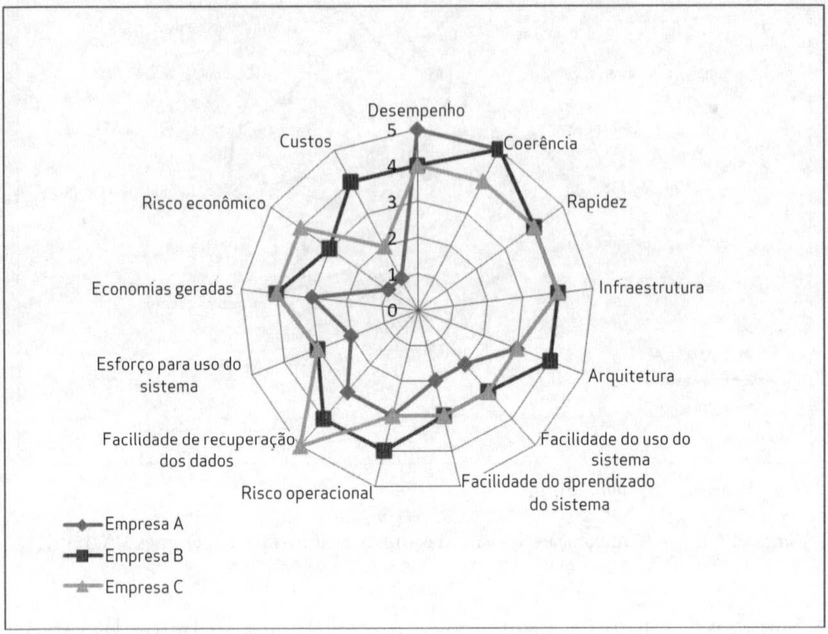


Fonte: Ribeiro e Carvalho, 2012.

**Figura AE.4** – Comparação das variáveis técnicas para as empresas A, B e C.

As figuras demonstram, de modo mais visual, as pontuações concedidas às variáveis do método apresentadas no Quadro AE.7. Portanto, a conclusão acerca das figuras, por tipo de variável, confirma a apresentada anteriormente: o WMS atende melhor, em todas as variáveis, à empresa B.

Ao se realizar uma análise numérica dos dados obtidos na pesquisa, pode-se observar que, considerando tanto para a empresa A quanto para a B, seis das variáveis organizacionais, em um total de 19, obtiveram pontuação máxima (valor 5), concluindo-se que, em 31,6%, as variáveis organizacionais fazem o WMS atender perfeitamente a ambos os OLs. Por outro lado, o WMS atende plenamente à empresa C, segundo as variáveis organizacionais do método, em torno de 10,5%.

Em relação às variáveis de segurança, existe um total de 11 subvariáveis. Para a empresa A, o WMS atende perfeitamente a 36,4% dessas, enquanto, para a empresa B, esse número se eleva para 63,6%. Para a empresa C, por sua vez, esse número cai para 18,2%. Por fim, ao todo, há 13 variáveis técnicas que são atendidas em 15,4%, no caso da empresa A, e em 7,7% para as empresas B e C. Ao se considerar a amostra em estudo, estes últimos números revelam a importância da alta customização do WMS para um funcionamento adequado às características de cada empresa.

Além dessa comparação, considerando-se que há 19 variáveis organizacionais e que a pontuação máxima que poderia ser atribuída a cada uma é 5, a maior "Soma" a ser obtida por um WMS que atenda perfeitamente a todas essas variáveis é 95. Pode-se observar, utilizando-se o total de pontuações máximas (5), que o software atende às variáveis organizacionais da empresa A em cerca de 68,4%, da empresa B em 81,1% e da empresa C em 73,7%.

Por analogia, infere-se que, aproximadamente, 81,8% (empresa A), 87,3% (empresa B) e 67,3% (empresa C) do WMS atende plenamente às necessidades de segurança. Em relação às variáveis técnicas, aproximadamente 58,5% para a empresa A, 75,4% para a empresa B e 70,8% para a empresa C dão suporte técnico suficiente aos OLs.

Por fim, o WMS atende às empresas A, B e C, em média, em 74,4% das variáveis organizacionais, 78,7% das variáveis de segurança e 68,2% das variáveis técnicas. Diante desses resultados, ao reunir os três tipos de variáveis, o WMS atende às empresas em torno de 73,8%.

### 4.1.3 Em relação às pontuações comuns concedidas a cada subvariável

Pelo quadro a seguir, podem-se identificar as variáveis cujas pontuações foram idênticas para duas ou três empresas.

**Quadro AE.9** – Pontuação concedida às variáveis do método por empresa

| | | **Empresas** | | | |
|---|---|---|---|---|---|
| | | **A e B** | **A e C** | **B e C** | **A, B e C** |
| **Variáveis organizacionais** | | | | | |
| **Atributo** | **Subvariável organizacional** | **Nota comum** | | | |
| Vantagem relativa | Auxílio nas metas | | | X | |
| | Qualidade nos resultados | | | X | |
| | Permanência e destaque | | | X | |
| Compatibilidade | Comunicação em grupo | | | | |
| | Experiência com TI | | | | |
| | Confiabilidade e tempo de resposta | | | X | |

*(continua)*

**Quadro AE.9** – Pontuação concedida às variáveis do método por empresa *(continuação)*

| | | Empresas | | | |
|---|---|---|---|---|---|
| | | A e B | A e C | B e C | A, B e C |
| **Variáveis organizacionais** | | | | | |
| **Atributo** | **Subvariável organizacional** | **Nota comum** | | | |
| Satisfação do usuário | Aceitação | | | | |
| | Serviço ao cliente | X | | | |
| | Benefício | | | | |
| | Participação do usuário | | | | X |
| Observação | Visibilidade | X | | | |
| Objetivos-chave do negócio | Eficiência | | X | | |
| | Eficácia | | | X | |
| | Estratégia de mercado | | | | X |
| | Infraestrutura | | X | | |
| | Alcance | | | | X |
| Impacto | Impacto na organização | X | | | |
| | Impacto nas relações humanas | | X | | |
| | Impacto na comunidade | | | | |
| **PONTUAÇÕES COMUNS** | | 3 | 3 | 5 | 3,0 |
| **Variáveis de segurança** | | | | | |
| **Atributo** | **Subvariável de segurança** | **Nota comum** | | | |
| Segurança | Confidencialidade | | | | |
| | Integridade física | | | | |
| | Integridade dos dados | | | X | |
| | Disponibilidade | | | X | |
| | Digitalização | | | | |
| | Controles administrativos | | X | | |
| | Consistência | | X | | |
| | Conformidade | X | | | |
| | Previsão | | | | |
| | Autenticação | | | X | |
| | Criptografia dos dados | X | | | |
| **PONTUAÇÕES COMUNS** | | 2 | 2 | 3 | 0 |

*(continua)*

Quadro AE.9 – Pontuação concedida às variáveis do método por empresa *(continuação)*

| **Variáveis técnicas** | | | | | |
|---|---|---|---|---|---|
| **Atributo** | **Subvariável técnica** | **Nota comum** | | | |
| Aspectos técnicos | Desempenho | | | X | |
| | Coerência | X | | | |
| | Rapidez | | | | X |
| | Infraestrutura | | | | X |
| | Arquitetura | | X | | |
| Complexidade | Facilidade do uso do sistema | | | X | |
| | Facilidade de aprendizado do sistema | | | X | |
| | Risco operacional | | X | | |
| Experimentação | Facilidade de recuperação dos dados | | | | |
| | Esforço para uso do sistema | | | X | |
| Aspectos econômicos | Economias geradas | | | X | |
| | Risco econômico | | | | |
| | Custos | | | | |
| **PONTUAÇÕES COMUNS** | | 1 | 2 | 5 | 2 |

Fonte: Ribeiro e Carvalho, 2012.

A análise do Quadro AE.9 permite concluir que as empresas B e C foram as que apresentaram maior quantidade de pontuações equivalentes nos três grupos de variáveis: organizacionais, de segurança e técnicas. Tal semelhança pode ser justificada pelo fato de a empresa B ter desenvolvido seu próprio software WMS, enquanto a empresa C, por não obter sucesso com o WMS de terceiros, optou por investir em sistemas próprios. Isso gerou maior customização, fazendo com que o software atenda mais especificamente às necessidades daquela empresa.

## 4.2 Perguntas abertas

O quadro a seguir identifica, de forma resumida, as respostas obtidas nas principais perguntas abertas feitas às empresas A, B e C. Considerando que foram explicitadas no tópico anterior, nesse item, serão destacados apenas os aspectos conceituais obtidos nas respostas dessas questões: inovação e OL/PSL.

**Quadro AE.10** – Resumo das respostas das questões abertas.

| Questão | | Empresa | | |
|---|---|---|---|---|
| | | A | B | C |
| Porte da empresa | | Média | Média | Média |
| Atuação no exterior | | Não | Sim | Sim |
| Quantidade de funcionários | | 220 | 2.300 (no Brasil) | 1.000 (no Brasil) |
| Implantação de tecnologias | Pré-implantação | Sim | Sim | Sim |
| | Implantação | Sim | Sim | Sim |
| | Pós-implantação | Sim | Sim | Sim |
| | *Post mortem* | Não | Não | Não |
| Responsável pela implantação de TIs | | Gerente de TI | Gerente de desen-volvimento de sistemas | Gerente de TI e Gerente de projetos |
| Satisfação com os resultados do WMS | | Sim | Sim | Não |
| Existência de um programa que conceda o padrão de interface do software para investimentos em TI | | Não | Sim | Sim |
| Existência de um programa de ação que auxilie com a identificação e indicação de benefícios necessários para conseguir os alvos do investimento em TI | | Não | Sim | Não |
| Existência de um programa de ação que auxilie a avaliação da proposta de investimento em TI | | Não | Sim | Sim |
| Existência de um programa de treinamento de funcionários | | Não | Sim | Sim |
| Existência de um programa de assistência técnica pré-implantação | | Não | Sim | Sim |
| Existência de um programa de assistência técnica durante a implantação | | Não | Sim | Sim |
| Existência de um programa de assistência técnica pós-implantação | | Sim | Sim | Sim |
| Existência de alguma dificuldade relevante para a implantação do WMS | | Sim | Sim | Sim |
| Existência de identificação e avaliação dos investimentos e os benefícios dessa TI (ROI, ABC, DFC, NPV, ROA) | | Não existe | Não existe | ROI |
| Regulamentações e aspecto legal | | ISO 9000 | ISO 9000 e ITIL | ISO 9000 |
| Implantação do WMS vista como inovação | | Sim | Não | Não |

Fonte: Ribeiro e Carvalho, 2012.

Para as empresas A e C, não há diferença entre os conceitos de PSL e OL, por isso, ambos são considerados sinônimos. Por outro lado, para o respondente da empresa B, o OL é capaz de atender a diversas atividades dentro da CS, enquanto o PSL, geralmente, atua em apenas um de seus pilares. Assim, uma transportadora não seria vista como um OL, e sim um PSL.

Conforme resposta da empresa A, a implantação do WMS pode ser tida como uma inovação simplesmente pelo fato de o software ser eficaz em operações de controle físico e fiscal, interferindo positivamente na produtividade. Entretanto, para as empresas B e C, isso não acontece. A empresa B relata que o fato de muitas empresas terem o software faz com que ele não seja considerado uma inovação. Para a empresa C, no entanto, o WMS não é, atualmente, mais um diferencial, mas, sim, um pré-requisito para as empresas se manterem competitivas no mercado, o que explica sua posição com relação à inovação.

# 5. Conclusão

A logística compreende diversas atividades executadas dentro de ou para uma organização, envolvendo armazenagem, estoque, transporte, distribuição, entre outras. Tais atividades incorrem em um dos maiores elementos de custo de uma empresa, e, por isso, as organizações têm utilizado, em grande escala, os OLs e PSLs, e as empresas terceirizadas e especializadas na execução de uma ou mais atividades logísticas.

Além do fato de as atividades logísticas serem um dos maiores custos envolvidos no processo produtivo das empresas, a maior especialização e a rápida evolução tecnológica proporcionada pelo uso de OLs e PSLs representam as principais causas da disseminação da contratação desses terceiros. Em especial, quando determinada empresa terceiriza suas atividades logísticas para um OL ou PSL, ela passa a cargo destes últimos todas ou parte das atividades. Uma vez que o OL ou PSL tenha como competência central a atividade logística, ele se especializará na execução dessa atividade por meio da implantação de TIs voltadas, principalmente, para o aperfeiçoamento da oferta de seu serviço. Entre essas TIs, o WMS, software voltado para o auxílio às atividades de armazenagem em armazéns, CDs e depósitos, foi o discutido ao longo deste texto.

O WMS concede muitos benefícios às empresas que o implantam e, no caso desta pesquisa, o foco foi dirigido ao uso dessa TI em OLs e PSLs. Entre as vantagens do uso do software, estão a realização do controle físico e fiscal e a possibilidade de realizar as atividades de um armazém. Essas atividades de recebimento, armazenamento e separação de produtos podem ser avaliadas de várias maneiras, considerando regras como validade, peso, volume, tipo de movimentação, código de produto, datas de entrada e saída etc. Por outro lado, o WMS também apresenta algumas desvantagens e, entre elas, está o alto custo de implantação.

Posto isso, a fim de avaliar como é feita a implantação do WMS por OLs e PSLs, foi desenvolvido neste trabalho um método de avaliação pautado em variáveis divididas em três categorias: organizacionais, de segurança e técnicas. Estas últimas, por sua vez, foram subdivididas em técnicas e econômicas, para demonstrar a maior amplitude de fatores determinantes na implantação do WMS (ou de qualquer outra TI), não voltadas apenas para a análise financeira. Dessa forma, além da análise de custo, o método propõe considerar, na implantação do WMS, as pessoas direta ou indiretamente envolvidas no uso da TI (denominadas usuários), que constam nas variáveis organizacionais; os fatores relacionados com a segurança da informação, que estão no grupo das variáveis de segurança, e as características intrínsecas do software, que estão incluídas e comentadas nas variáveis técnicas.

A pesquisa realizada com OLs localizados na região Sudeste do Brasil, em especial em São Paulo, levou à conclusão de que a avaliação do aspecto organizacional voltado para o usuário de um sistema deve ser considerada um dos pontos-chave na implantação de uma TI, uma vez que reflete um efeito indireto dos benefícios percebidos. Além disso, a aceitação do usuário é uma variável própria e característica do sucesso da implantação de uma TI, em uma organização. Tal representação garante o uso continuado da tecnologia ou ferramenta tecnológica inserida na empresa por meio da determinação do retorno ou não do investimento realizado no desenvolvimento ou na aquisição da tecnologia. Isso demonstra que as análises tradicionais concentradas apenas em aspectos financeiros são consideradas insuficientes para realizar a avaliação dos ganhos advindos da implantação de tecnologias diferentes. Assim, a satisfação do usuário torna-se essencial para avaliar o sistema em si, além dos investimentos a serem feitos em TIs e SIs, pois, como afirmado, os usuários estão diretamente vinculados ao retorno do investimento em relação à produtividade individual e da organização em que atuam.

Rogers (1995) contribuiu em duas instâncias para o desenvolvimento dessa pesquisa. Na primeira, o autor identificou os atributos iniciais do método; na segunda, foi responsável por definir os tipos de adotantes de inovação e suas características inerentes. Com base nessa afirmação, serão relacionadas a seguir as principais conclusões acerca das variáveis do método e a classificação final das empresas quanto à adoção de tecnologias.

Diante das análises constantes no tópico das comparações, foram obtidas as conclusões a seguir com a aplicação do método.

- No que se refere aos três grupos de variáveis (organizacionais, de segurança e técnicas), o WMS foi mais bem avaliado quanto aos aspectos de segurança, considerando o valor obtido na média de cada variável e levando em conta as três empresas conjuntamente.
- A empresa B concedeu a melhor avaliação do WMS nas variáveis organizacionais, de segurança e técnicas, o que pode ser explicado pelo fato de ter sido utilizada uma equipe interna para desenvolvimento do software.
- Na maioria das comparações, a empresa C obteve baixa pontuação em relação às variáveis e subvariáveis, o que pode ser consequência de a empresa ter, inicialmente, optado pela implantação do WMS de um fornecedor e não ter obtido sucesso, necessitando, portanto, adaptar-se e integrar o WMS do grupo (considerando suas outras filiais localizadas fora do país). Observa-se que essa transição pode ter influenciado negativamente o desempenho do software em decorrência das intensas customizações e adaptações realizadas.
- Considerando as três variáveis em conjunto, o WMS também teve melhor avaliação na empresa B, o que pode ser em decorrência de a empresa ser de porte médio e de o software ter sido desenvolvido com maior customização, ou seja, adequado às necessidades e operações realizadas pela empresa.
- As subvariáveis Comunicação em grupo e Experiência com TI (no grupo das variáveis organizacionais) foram as com maiores discrepâncias nas avaliações. Essa classificação pode ser porque essas subvariáveis são derivadas de características intrínsecas a cada uma das empresas: auxílio na troca de informações dentro da empresa e experiência dessa mesma empresa com TIs.
- As subvariáveis Confidencialidade, Integração física e Digitalização (no grupo das variáveis de segurança) obtiveram disparidade nas avaliações. Essa diferença deve ter sido causada pelas particularidades do software para atender aos objetivos das empresas.
- As subvariáveis Risco econômico e Custos receberam pontuações discrepantes por estarem diretamente relacionadas com o processo de implantação em si do WMS e com o fato de ele ter sido feito via terceiro ou desenvolvido pela própria empresa.
- Apesar do alto custo de implantação e da necessidade de customização, o WMS apresenta uma percentagem elevada de atendimento às variáveis propostas no método (todas superiores a 50%). Assim, para elevar ainda mais esse valor, é necessário investir em uma análise mais profunda, que incluiria análise pré, durante e pós-implantação do WMS, evitando, dessa

maneira, o abandono da TI e o retorno negativo (ou insuficiente) consequente de seu uso.

Em relação à análise quanto ao tipo de adotante, pode-se concluir que a:

- empresa A foi classificada como adotante meio-termo;
- empresa B foi classificada como adotante inicial; e
- empresa C foi classificada como adotante inicial.

Por conseguinte, pode-se entender que, quanto mais próximas forem as características da empresa para ser classificada como adotante inicial, maior a necessidade de uma avaliação minuciosa da TI a ser implantada. Isso decorre das particularidades desse tipo de inovador, que aprecia a exploração de tecnologias novas e os processos, equipamentos, metodologias que se resumem a inovação. Por outro lado, os adotantes tardios tendem a atrasar, sempre que possível, a adoção de uma TI. Logo, ao decidirem pela implantação de determinada tecnologia, o fato de ela estar disseminada no mercado contribuirá para que esse tipo de adotante tenha acesso às características positivas e negativas da TI para as empresas que a implantaram. Assim, por meio de um processo de *benchmarking*, a avaliação de uma TI por parte dos adotantes tardios tende a ser um pouco mais simples que a realizada pelos adotantes iniciais.

Portanto, ao reunir as características dos adotantes e estudar a necessidade (no caso dos adotantes tardios) ou vantagem competitiva (para os adotantes iniciais e tardios) da empresa frente a uma TI (nova no mercado para adotantes iniciais), um meio de avaliar a implantação consiste na utilização do método de Ribeiro e Carvalho (2011). A definição das variáveis, atributos e subvariáveis servirá como auxílio na identificação dos fatores a serem considerados no processo de implantação, além de contribuir como um guia na identificação de falha no processo de adoção da TI.

A pesquisa teve como limitação o fato de que, em algumas empresas, as respostas não foram completas, inviabilizando uma análise que abrangesse todos os 24 pontos destacados por Rogers (1995) e especificados nos quadros. Logo, existiram, ao longo do texto, algumas dúvidas provenientes das lacunas no preenchimento do questionário.

Pesquisas futuras poderão ser feitas em relação a outra TI, diferente do WMS, servindo como mais uma validação do método de Ribeiro e Carvalho (2011).

# Referências bibliográficas


AAR. *Class I Railroad Statistics*. Disponível em: <www.aar.org>. Acesso em: 15 dez. 2011.

ABBASI, M. Storage, Warehousing, and Inventory Management. In: FARAHANI, R. Z.; REZAPOUR, S.; KARDAR, L. (Eds.) *Logistics Operations and Management*: concepts and models. Londres: Elsevier, 2011.

ALBERTIN, A. L. *Comércio eletrônico*. São Paulo: Atlas, 2009.

ALECRIM, E. (2008). *Tecnologia Wi-Fi (IEEE 802.11)*. Publicação Web. Disponível em: <http://www.infowester.com/wifi.php>. Acesso em: 5 mar. 2012.

ALECRIM, E. O que é tecnologia da informação, 2004. *InfoWester – Coluna*. Disponível em: <http://www.infowester.com/col150804.php>. Acesso em: 5 out. 2007.

ALVARENGA, A. C.; NOVAES, A. G. N. *Logística aplicada*: suprimento e distribuição física. 3. ed. São Paulo: Edgar Blücher, 2000.

AMARAL, D. C. *Colaboração cliente-fornecedor no processo de desenvolvimento de produto*: integração, escopo e qualidade do projeto do produto – Estudos de caso na indústria automobilística brasileira. Dissertação (Mestrado). São Carlos: Universidade Federal de São Carlos, 1997.

AMATO NETO, J. *Desintegração vertical/"verticalização" e o novo padrão de relacionamento entre empresas*: o caso do complexo automobilístico brasileiro. Tese (Doutorado). São Paulo: Escola Politécnica da Universidade de São Paulo, 1993.

______. *Globalsourcing e padrões de fornecimento no complexo automobilístico brasileiro*. 16º ENEGEP, Anais. Piracicaba, outubro de 1996.

AMBROGI, M. S. M. *Identificação de falhas de uso de WMS em armazenagem*: um estudo de caso. Ouro Preto: EdUFOP, 2011.

ANDREU, R. et al. *Estrategias y sistemas de información*. 2. ed. IESE. Barcelona: McGraw-Hill, 1996.

ANTT, *Anuário Estatístico dos Transportes Terrestres, 2006*. ANTT, Evolução do Transporte Ferroviário, 2011. Disponível em: <appweb2.antt.gov.br/InformacoesTecnicas/aett_2006/principal.asp>. Acesso em: 27 ago. 2013.

ASSAF NETO, A. *Finanças corporativas e valor*. 4. ed. São Paulo: Atlas, 2009.

AZARMAND, Z.; JAMI, E. N. Location allocation problem. In: FARAHANI, R.Z.; HEKMATFAR, M. (Eds.) *Facility location*: concepts, models, algorithms and case studies. Berlim: Physica-Verlag, 2009.

AZZONI, C. R. *Teoria da localização*: uma análise crítica. A experiência de empresas instaladas no Estado de São Paulo. Série Ensaios Econômicos, n. 19. São Paulo: Instituto de Pesquisas Econômicas, FEA-USP, 1982.

BADRI, M. A. Combining the analytic hierarchy process and goal programming for global facility location-allocation problem. *International Journal of Production Economics*. v. 62, p. 237-248, 1999.

BALLOU, R. H. Business logistics: importance and some research opportunities. *Revista Gestão & Produção*, v. 4, n. 2, 1997.

______. *Gerenciamento da cadeia de suprimentos*: planejamento, organização e logística empresarial. 4. ed. Porto Alegre: Bookman, 2001.

______. *Gerenciamento da cadeia de suprimentos*: planejamento, organização e logística empresarial. 5. ed. Porto Alegre: Bookman, 2006.

______. *Logística empresarial, transportes, administração de materiais, distribuição física*. São Paulo: Atlas, 2007.

______. *Logística empresarial*. São Paulo: Atlas, 1999.

BANZATO, E. *Sistemas de controle e gerenciamento do armazém (WMS)*. Artigos de Logística. 2010. Disponível em: <http://www.portaldomarketing.com.br>. Acesso em: 21 mai. 2010.

______. *Tecnologia da informação aplicada à logística*. São Paulo: IMAM, 2005.

BARROS, L. A global view of industrial logistics. *Revista Gestão & Produção*, v. 4, n. 2, ago. 1997.

BARROS, M. *Terceirização logística no Brasil*. jun., 2009. Disponível em: <http://www.ilos.com.br/site/index.php?option=com_content&task=view&id=738&Itemid=74>. Acesso em: 24 out. 2012.

BASTANI, S.; KAZEMDAZEH, N. Hierarchical location problem. In: FARAHANI, R. Z.; HEKMATFAR, M. (Eds.) *Facility location*: concepts, models, algorithms and case studies. Berlim: Physica-Verlag, 2009.

BASTOS, P. T. *et al. Tecnologias de informação e desenvolvimento*: novas evidências sobre sua difusão e impactos econômicos. RBE (Rio de Janeiro), 49 (4), p. 647-732, out./dez. 1995.

BAYAT, M.; SEDGHI, M. Quadratic Assignment Problem. In: FARAHANI, R. Z.; HEKMATFAR, M. (Eds.) *Facility location*: concepts, models, algorithms and case studies. Berlim: Physica-Verlag, 2009.

BERTO, R. M. V. S.; NAKANO, D. N. A produção científica nos Anais do Encontro nacional de engenharia de produção: um levantamento de métodos e tipos de pesquisa. *Produção*, v. 9, n. 2, 1999, p. 65-76.

BIAZARAN, M.; SEYEDI NEZHAD, B. Center Problem. In: FARAHANI, R.Z.; HEKMATFAR, M. (Eds.) *Facility location*: concepts, models, algorithms and case studies. Berlim: Physica-Verlag, 2009.

BIDAULT, F.; BUTLER, C. Buye-supplier cooperation for effective innovation. *M2000 Executive Report*, n. 17, set. 1995.

BIO, Sérgio R. *Sistemas de informação*: um enfoque gerencial. São Paulo: Atlas, 1996.

BOWERSOX, D. J. *Logistical management*: a system's integration of physical distribution management and materials management. 2. ed. Estados Unidos: Macmillan, 1978.

______. *Logistical management*: the integrated suplly chain process. New York: McGraw Hill, 1996.

______; CLOSS, D. J. *Logística empresarial*: o processo de integração da cadeia de suprimento. 1. ed. São Paulo: Atlas, 2001.

______; CLOSS, D. J.; COOPER, M. B. *Gestão da cadeia de suprimentos e logística*. Rio de Janeiro: Elsevier, 2007.

______; CLOSS, D. Brazilian logistics: a time for transition. *Revista Gestão & Produção*, v. 4, n. 2, 1997.

BOYSON, S. et al. Managing effective third party logistics relationships: what does it take? *Journal of Business Logistics*, v. 20, n.1, p.73, 1999.

______; CORSI, T. *Logistics and the extended enterprise*: benchmarks and best practices for the manufacturing professional. New York: John Wiley and Sons, 1999.

BRAGA, L. M., PIMENTA, C. M. Gestão de armazenagem em um supermercado de pequeno porte. *Revista P&D em Engenharia de Produção*, Itajubá, n. 08, p. 57-77, 2008. Disponível em:<www.revista-ped.unifei.edu.br/documentos/V06N02/n08_art04.pdf>. Acesso em: 21 abr. 2012.

BRASIL. Ministério dos Transportes. 2011. Disponível em: <http://www.transportes.gov.br/conteudo/42088>. Acesso em: 10 set. 2012.

BRASIL. Políticas de infraestrutura. PPA. Ministério do Planejamento. 2012. Disponível em: <http://www.planejamento.gov.br/secretarias/upload/Arquivos/spi/PPA/2012/mp_005_dimensao_tatico_infra.pdf>. Acesso em: 10 nov. 2012.

BRITO, T. L. *Aplicação de modelos de gestão de estoques para controle de ressuprimento em uma pequena empresa industrial*: um estudo de caso. Tese (Monografia) – Universidade Federal de Juiz de Fora, 2010.

BRYMAN, A. *Quality and Quality in Social Research*. Londres: Routledge, 1989.

CAMPELO, R. *Programação dinâmica determinística e estocástica*. Minicurso do Simpósio Brasileiro de Pesquisa Operacional. Rio de Janeiro, 2002.

CARMO, L. F. R. R. Scarva do. *Análise e perspectivas da aplicação da* supply chain management *na indústria automobilística no Brasil*. Dissertação (Mestrado), Pontifícia Universidade Católica do Rio de Janeiro, Rio de Janeiro, 1999.

CARVALHO, J. C.; ENCANTADO, L. *Logística e negócio eletrônico*. SPI – Sociedade Portuguesa de Inovação. Porto: Principia, 2006. Disponível em: <http://www.spi.pt/negocio_electronico/manual6.htm>. Acesso em: 12 de fev. 2011.

CAUTELA, A. L.; POLLONI, E. F. *Sistema de informação na administração*. 4. ed. São Paulo: Atlas, 1991.

CHAPMAN, P. T. Logistics networks modeling. In: ROBESON, J. F.; COPACINO, W. C. (editores-chefes); HOWE, R. E. *The logistic handbook*. New York: The Free Press, 1994.

CHOPRA, S.; MEINDL, P. *Gerenciamento da Cadeia de Suprimentos*: estratégia, planejamento e operações. 4. ed. São Paulo: Prentice Hall, 2003.

CHRISTOPHER, M. *Logística e gerenciamento da cadeia de suprimentos*: estratégias para redução de custos e melhoria de serviços. São Paulo: Pioneira, 1997.

CHURCH, R.; ReVELLE, C. The maximal covering location problem. *Papers of the Regional Science Association*, v. 32, p. 101-118, 1974.

CIA, *World FactBook*. Disponível em: <https://www.cia. gov/library/publications/the-world-factbook/>. Acesso em: 14 dez. 2011.

COLLINS, R. S.; BECHLER, K.; PIRES, S. R. I. Outsourcing in the automotive industry: From JIT to modular consortia. *European Management Journal*, v. 15, n. 5, 1997.

CONCEIÇÃO, S. V.; PEDROSA, L. H. P.; NETO, A. S. C.; VINAGRE, M.; WOLFF, E. The facility location problem in the steel industry: a case study in Latin America, Production Planning & Control. *The Management of Operations*, v. 23, n. 1, p. 26-46, 2012.

COOPER, L. Location-Allocation problems. *Operations Research*, v.11, n. 3, p.331-343, 1963.

CORRÊA, H. L. *Gestão de redes de suprimento*: integrando cadeias de suprimento no mundo globalizado. São Paulo: Atlas, 2010.

CORREIA, I.; GOUVEIA, L.; SALDANHA-DA-GAMA, F. Discretized formulations for capacitated location problems with modular distribution costs. *European Journal of Operational Research*, v. 204, p. 237-244, 2010.

COSTA, R. B. F. *Considerações sobre a terceirização da logística e uma metodologia de classificação para os Party Logistics*. 2007. Dissertação (Mestrado em Engenharia) – Departamento de Engenharia Industrial. Pontifícia Universidade Católica do Rio de Janeiro. Rio de Janeiro, 2007.

COUNCIL OF SUPPLY CHAIN MANAGEMENT PROFESSIONALS (CSCMP) CSCMP c. *CSCMP's definition of Supply Chain Management*. Supply Chain Management Definitions. 2013. Disponível em <http://cscmp.org/aboutcscmp/definitions.asp>. Acesso em: 21 fev. 2013.

COUNCIL OF SUPPLY CHAIN MANAGEMENT PROFESSIONALS (CSCMP) CSCMP d. *Supply Chain Management – boundaries and relationships*. Supply Chain Management Definitions. 2013. Disponível em http://cscmp.org/aboutcscmp/definitions.asp. Acesso em: 21 fev. 2013.

COUTINHO, L. G.; FERRAZ, J. C. *Estudo da competitividade da indústria siderúrgica brasileira*. 3. ed. São Paulo: Papirus, 1995.

COYLE, J. J.; NOVACK, R. A.; GIBSON, B. J.; BARDI, E. J. *Transportation*: a supply chain perspective. 7. ed. Ohio: South Western Cengage Learning, 2011.

DA CUNHA, Murilo Bastos. Metodologias para estudo dos usuários de informação científica e tecnológica. *Revista de Biblioteconomia de Brasília*, v. 10, n. 2, 1982.

DA SILVA JR., R. F. O transporte rodoviário de cargas em cidades médias no contexto atual: o caso do estado de São Paulo – Brasil e de Portugal. *Revista Formação*, n. 13, p. 295-326.

DANESHZAND, F.; SCHOELEH, R. Multifacility Location Problem. In: FARAHANI, R.Z.; HEKMATFAR, M. (Eds.) *Facility location*: concepts, models, algorithms and case studies. Berlim: Physica-Verlag, 2009.

DANTAS, M. *Sistemas de informação*: A evolução dos enfoques (Brasília), 21 (3): 192-196, set./dez. 1992.

DASKIN, M. S. *Network and discrete location*: models, algorithms, and applications. New York: Wiley, 1995.

DIAS, M. A. *Logística, transporte e infraestrutura*: armazenagem/operador logístico/gestão via TI. 1. ed. São Paulo: Atlas, 2012.

______. P. *Administração de materiais*: uma abordagem logística. 4. ed. São Paulo: Atlas, 1985.

DIB, S. Efficient Consumer Response (ECR): uma estratégia para bens de consumo de massa. *Revista de Administração*, São Paulo, v. 32, n. 2, p. 14-22, abr./jun., 1997.

DI SERIO, L. C.; SAMPAIO, M.; PEREIRA, S. C. F. A evolução dos conceitos de logística: um estudo na cadeia automobilística no Brasil. *Revista de Administração e Inovação (RAI)*, São Paulo, v. 4, n. 1, p. 125-141, 2007.

DYER, J. How Chrysler created an American Keiretsu. *Harvard Business Review*, jul./ago. 1996.

ECR BRASIL. Saiba tudo sobre a ECR. 2013. Disponível em: <http://www.ecrbrasil.com.br/ecrbrasil/page/saibatudosobreecr.asp>. Acesso em: 18 fev. 2013.

EMMET, S. *The customer service toolkit*. Cirencester: Management Books 2000, 2007.

FALLAH, H.; SADIGH, A. N.; ASLANZADEH, M. Covering Problem. In: FARAHANI, R. Z.; HEKMATFAR, M. (Eds.) *Facility location*: concepts, models, algorithms and case studies. Berlim: Physica-Verlag, 2009.

FARAHANI, R. Z.; HEKMATFAR, M. (Eds.) *Facility location*: concepts, models, algorithms and case studies. Berlim: Physica-Verlag, 2009.

FARAHANI, S. *ZigBee Wireless Networks and Transceivers*. Oxford: Newnes, 2011.

FERREIRA, K. A. *Tecnologia da informação e logística*: os impactos do EDI nas operações logísticas de uma empresa do setor automobilístico. Monografia. Curso de Engenharia de Produção. Universidade Federal de Ouro Preto, 2003.

FIGUEIREDO, K. F.; FLEURY, P. F.; WANKE, P. *Logística e gerenciamento da cadeia de suprimentos*: planejamento do fluxo de produtos e dos recursos. 1. ed. Rio de Janeiro: Atlas, 2003.

______; ARKADER, R. *Da distribuição física ao* supply chain management: o pensamento, o ensino e as necessidades de capacitação em logística. Publicações CEL, Coppead, UFRJ, 2001.

FLEURY, P. B. A evolução do desempenho das ferrovias brasileiras privatizadas – 1997 a 2010 – parte 2. Ago. 2012. Disponível em: <http://www.ilos.com.br/web/index.php?option=com_content&task=view&id=1909&Itemid=74&lang=br>. Acesso em: 18 fev. 2013.

______. A evolução do desempenho das ferrovias brasileiras privatizadas – 1997 a 2010 – parte 1. Ago. 2012. Disponível em: <http://www.ilos.com.br/web/index.php?option=com_content&task=view&id=1917&Itemid=74&lang=br>. Acesso em: 18 fev. 2013.

FLEURY, P. *Evolução do desempenho das ferrovias brasileiras privatizadas:* 1997 a 2010 – parte 2. 15/09/2012. ILOS. Disponível em: <http://www.ilos.com.br/web/index.php?option=com_content&task=view&id=1909&Itemid=74&lang=br>. Acesso em: 27 fev. 2013.

______. *Perspectivas para a logística brasileira*. CEL. Coppead/UFRJ, 2001.

______. *Logística empresarial* – A perspectiva brasileira. São Paulo: Atlas, 2000.

______. Vantagens competitivas e estratégicas no uso de operadores logísticos. Disponível em: <http://www.cel.coppead.ufrj.br>. Acesso em: 11 abr. 2001.

______; RIBEIRO, A. A indústria de operadores logísticos no exterior. Jul. 2001a. Disponível em: <http://www.ilos.com.br/site/index.php?option=com_content&task=view&id=1077&Itemid=74>. Acesso em: 19 nov. 2011.

FOUARD, C.; MALANDAIN, G. 3-D chamfer distances and norms in anisotropic grids. *Image Vision Comput*, v. 23, p. 143-158, 2005.

FRANCIS, R. L.; MCGINNIS, L. F.; WHITE, J. A. *Facility layout and location*: An analytical approach. New Jersey: Prentice Hall, 1992.

FREI, F. X.; Breaking the trade-off between efficiency and service. *Harvard Business Review*, v. 84, n. 11, p. 92-101, 2006.

FREITAS, R. I. M. de; RIBEIRO, P. C. C. *Estado da arte do sistema de gerenciamento de armazéns (WMS) no Brasil*: atualidade e desafios. Relatório Final de Pesquisa. Programa de Iniciação Científica. Ouro Preto, Ufop, 2011.

FUNDAÇÃO DOM CABRAL (FDC). Custos Logísticos no Brasil. 2012. Apresentação. Disponível em: <http://www.fdc.org.br/pt/PublishingImages/noticias/2012/pesquisa_custo_logistico.pdf>. Acesso em: 21 fev. 2013.

FURLAN, J. D. *Megatendências da tecnologia da informação*. São Paulo: Makron Books, 1992.

FURTADO, A. L. *Teoria dos grafos e algoritmos*. Série Interciência. Editora Livros Técnicos e Científicos, 1973.

GEOFFRION, A. M. Generalized Benders decomposition. *Journal of Optimization Theory and Applications*, v. 10, issue 4, p. 237-260, out. 1972.

______; GRAVES, G. W.; LEE, S. J. A management support system for distribution planning. *Informs*, v. 20, n. 4, p. 287-314, 1982.

______; GRAVES, G. W. Multicommodity Distribution System Design by Benders Decomposition. *Management Science*, v. 20, n. 5, p. 822-844, jan. 1974.

GIANESI, I. G. N.; BIAZZI, J. L. Gestão estratégica dos estoques. *Revista Administração*, São Paulo. v. 46, n. 3, p. 290-304, 2011.

GIS da questão. *Revista Tecnologista*, São Paulo, ano II, n. 13, p. 24-29, 1996. Seção: Geoprocessamento.

GOBBO JÚNIOR, J. A.; PIRES, S. R. I. Gestão da cadeia de suprimentos: um estudo de caso no setor de máquinas rodoviárias. 17º ENEGEP, Anais, Gramado, out. 1997.

GODINHO FILHO, M.; FERNANDES, F. C. F. Redução da instabilidade e melhoria de desempenho do sistema MRP. *Revista Produção*, v. 16, n. 1, p. 64-79, 2006.

GODINHO, W. B. *Gestão de materiais e logística*. Curitiba: IBPEX, 2004.

GOLDBARG, M. C.; LUNA, H. P. L. *Otimização combinatória e programação linear, modelos e algoritmos*. Rio de Janeiro: Campus, 2000.

GOMES, L. F. A.; GOMES, C. F. S. *Tomada de decisão gerencial*: enfoque multicritério. 4. ed. São Paulo: Atlas, 2012.

GUARNIERI, P.; HATAKEYAMA, K. Formalização da logística de suprimentos: caso das montadoras e fornecedores da indústria automotiva brasileira. *Revista Produção*, São Paulo, v. 20, n. 2, p. 186-199, abr./jun. 2010. Disponível em: <www.scielo.br/pdf/prod/2010nahead/aop_200804034.pdf >. Acesso em: 9 mai. 2012.

HAKIMI, S. Optimum distribution of switching centers in a communication network and some related graph theoretic problems. *Operation Research*, v. 13, p. 462-475, 1964.

HAMACHER, H. W.; NICKEL, S. Classification of location models. *Location Science*, v. 6, p. 229-242, 1998.

HAMMOND, J. S.; KEENEY, R. L.; RAIFFA, H. *Somos movidos a decisões inteligentes*. Rio de Janeiro: Campus, 1999.

HARTLEY, J. L.; ZIRGER, B. J.; KAMATH, R. R. Managing the buyer-supplier interface for on-time performance in product development. *Journal of Operations Management*, v. 15, n. 1, 1997, p. 57-70.

HEKMATFAR, M. (Eds.) *Facility location*: concepts, models, algorithms and case studies. Berlim: Physica-Verlag, 2009.

HERAGU, S.S. *Facilities design*. Boston: PWS Publishing Company, 1997.

HESKETT, J. L.; SASSER, W. E. The service profit chain: From satisfaction to ownership. In: MAGLIO, P.; KIELISZEWSKI, C.; SPOHRER, J. (Eds.) *Handbook of service sciences*. New York: Springer Science e Business Media, 2010.

HILLIER, F. S.; LIBERMAN, G. J. *Introdução à pesquisa operacional*. 3. ed., 1. ed. em português. São Paulo: Campus/EDUSP, 1988.

HOFSTEDE, G. J. Experimental learning in sand networks. *Production Planning&Control*, setembro, 2007, v. 17, n. 6, p. 543-546.

ILOS – INSTITUTO DE LOGÍSTICA E SUPPLY CHAIN. *Panorama ILOS:* Custos Logísticos no Brasil. 2012. Disponível em: <http://ilos.com.br/web/>. Acesso em: 17 nov. 2012.

ILOS – INSTITUTO DE LOGÍSTICA E SUPPLY CHAIN. *Prêmio ILOS de Logística,* 2010. Disponível em: <www.ilos.com.br>. Acesso em: 25 nov. 2011.

INMON, W. H. *Building the Data Warehouse*. Indianápolis: Wiley Publishing Inc., 2005. Disponível em: <www.producaoonline.inf.br>. Acesso em: 5 dez. 2011.

JAMSHIDI, M. Median Location Problem. In: FARAHANI, R. Z.; HEKMATFAR, M. (Eds.) *Facility location*: concepts, models, algorithms and case studies. Berlim: Physica-Verlag, 2009.

KANTER, R. M. Collaborative advantage: The art of alliances. *Harvard Business Review*, p. 96-108, jul./ago. 1994.

KOBAYASHI, S. *Renovação da logística*. São Paulo: Atlas, 2000.

KOSIUR, D. *Security and electronic commerce*. Microsoft Press, 1997.

LA ROVERE, R. L. *Tecnologia da informação no Brasil*: o caso do setor de serviços. Rio de Janeiro: UFRJ/IEI, 1995. (Série Documento. IEI/UFRJ, n. 15.)

LAKATOS, E. M.; MARCONI, M. A. *Metodologia científica*. 5. ed. São Paulo: Atlas, 2008.

LAMBERT, D. M. et al. *Administração estratégica da logística*. São Paulo: Vantine Consultoria, 1998.

______; STOCK, J. R. *Strategic logistic management*. 3. ed. Estados Unidos: Richard D. Irwin, 1992.

LAMMING, R. *Beyond partnership*: strategies for innovation and lean supply. Reino Unido: Prentice-Hall, 1993.

LAU, R.; HURLEY, C. Outsourcing through strategic alliances. *Production and Inventory Management Journal*, segundo trimestre, 1997.

LAUDON, K. C.; LAUDON, J. P. *Sistemas de informação gerenciais*. São Paulo: Pearson, Prentice Hall, 2007.

LAZZARINI, S. G.; CHADDAD, F. R.; COOK, M. L. Integrating Supply Chain and Network Analysis: The Study of Netchains. *Journal of Chain and Network Science*, Wageningen (Holanda), 2001, v. 1, n. 1, p. 13-22.

LEME, R. A. da S. *Contribuições à teoria da localização industrial*. São Paulo: Instituto de Pesquisas Econômicas, USP, 1982.

______. Contribuições à teoria da localização industrial: sequências e consequências. *Revista Análise Econômica*, v. 8, n. 13, 1990.

LIMA, R. R. S. *Estágio atual e tendências de evolução da atuação dos operadores logísticos como integradores logísticos*. 2004. 196 f. Dissertação (Mestrado) – Instituto Coppead de Administração. Universidade Federal do Rio de Janeiro. Rio de Janeiro, 2004.

LIU, L.; VIJAYARAMAN, B. S. Information integration: a review of emerging *e-business* technology. Cap. 1. In: SALAZAR, A. J.; SAWYER, S. *Handbook of Information Technology in Organizations and Electronic Markets*. Londres: World Scientific Publishing Co., 2006. p. 13-37.

LOGPRO. *Etiquetas inteligentes*. Guia de Produtos, Serviços e Tecnologia. Disponível em: <http://www.logpro.com.br/logpro/EtiquetaInteligente.asp>. Acesso em: set. 2009.

LOPES, A. S. *Desenvolvimento regional*: problemática, teoria, modelos. Lisboa: Fundação Calouste Gulbenkian, 2001.

MACHADO, A. M.; SELLITTO, M. A. Benefícios da implantação e utilização de um Sistema de Gerenciamento de Armazéns em um centro de distribuição. *Revista Produção Online*, Florianópolis, v. 12, n. 1, p. 46-72, jan./mar. 2012.

MACHADO, N. C. de A. *Fatores locacionais da agroindústria alimentar do Rio Grande do Sul*. Dissertação (Pós-graduação). Faculdade de Ciências Econômicas, Centro de Estudos e Pesquisas Econômicas – IEPE. Porto Alegre: UFRGS, dez. 1990.

MAGUIRE, S.; OJIAKO, U.; SAID, A. ERP implementation in Omantel: a case study. *Industrial Management & Data Systems*, Shreveport, v. 110, n. 1, 2010, p.78-92.

MAIA, M. D. da S. Classificação de prestadores de serviços logísticos: o caso da empresa XYZ Logística Ltda. Trabalho de Conclusão de Curso de Especialização. Universidade Federal do Rio Grande do Sul. Escola de Administração. Curso de Especialização em Gestão das Operações Logísticas, 2009.

MARCONI, M. A. e LAKATOS E. M. *Fundamentos de metodologia científica*. 7. ed. São Paulo: Atlas, 2010.

MARIETTO, M. das G. B. *Um modelo de localização industrial: estudo de potencialidade de agroindústrias no Estado de Mato Grosso do Sul*. Dissertação (Mestrado). Coordenação dos Programas de Pós-graduação em Engenharia. Rio de Janeiro: Universidade Federal do Rio de Janeiro, 1990.

MASTERS, J. M.; POHLEN, T. L. Evolution of the logistics profession. In: ROBERSON, J. F; COPACINO, Willian C. (Eds.). *Logistics handbook*. Nova York: The Free Pass, 1994.

McKENNEY, J. L. et al. *Ondas de transformações*: a evolução das empresas através da tecnologia da informação. Rio de Janeiro: Qualitymark, 1998.

MELO, M.T.; NICKEL, S.; SALDANHA-DA-GAMA, F. Facility location and supply chain management – a review. *European Journal of Operational Research*, v. 196, p. 401-412, 2009.

MERLI, G. *Comakership – A nova estratégia para os suprimentos*. Rio de Janeiro: Qualitymark, 1994.

MINISTÉRIO DAS FERROVIAS DA CHINA, Boletim Estatístico. Disponível em: <www. china-mor.gov.cn/zwzc/ tjxx/tjgb/201105/t20110511_23696.html>. Acesso em: 15 jul. 2013.

MIRANDA, N. G.; CORRÊA, H. L. Uma análise parcial da rede de suprimentos da indústria automobilística brasileira. *Revista de Administração – USP*, v. 31, n. 1, 1996.

MOLLER, K. K.; HALINEN, A. Business relationship and network: managerial challenge of the network era. *Industrial Marketing Management*, v. 8, n. 5, p. 413-427, set. 1999.

MORADI, E.; BIDKHORI, M. Single Facility Location Problem. In: FARAHANI, R. Z.; HEKMATFAR, M. *Facility Location*: Concepts, Models, Algorithms and Case Studies. Heidelberg: Physica-Verlag, 2009. p. 37-68.

MORADI, Esmaeel; BIDKHORI, Morteza. Single Facility Location Problem. *Facility Location*, p. 37-68, 2009.

NAZÁRIO, P. Intermodalidade: importância para a logística e estágio atual no Brasil. 10 abr. 2000. Disponível em: <http://www.cel.coppead.ufrj.br>. Acesso em: 11 abr. 2001.

NBSC, *China Statistical Yearbook*, 2011. Disponível em: <www. stats.gov.cn>. Acesso em: 14 dez. 2011.

NETO, M. S. N.; SACOMANO, J. B. O fluxo de informações em cadeia de suprimentos: prospecção em dois grupos de empresas. *Revista de Administração da UNIMEP*, São Paulo, v. 8, n.1, p. 200-225, 2010. Disponível em: <www.regen.com.br/ojs/index.php/regen/article)view/210>. Acesso em: 10 mai. 2012.

NETTO, P. O. B. *Grafos, teoria, modelos e algoritmos*. Rio de Janeiro: Edgard Blucher, 1996.

______. *Teoria e modelos de grafos*. Rio de Janeiro: Edgard Blucher Ltda., 1979.

NEVES, M. A. O. *Gestão de contratos de prestadores de serviços logísticos. Portal do Marketing*, set., 2009. Disponível em: <http://www.portaldomarketing.com.br/Artigos_de_logistica/Gestao_de_contratos_de_prestadores_de_servicos_logisticos.htm>. Acesso em: 24 fev. 2011.

NISHIGUSHI, T. *Strategic industrial sourcing*: the japanese advantage. Nova York: Oxford University Press, 1994.

NOGUEIRA, A. R. R. *O alinhamento estratégico, a construção do futuro e a gestão da tecnologia da informação: um estudo em bancos operando no Brasil*. São Paulo. Tese (Doutorado) – FEA/USP, 1999.

______. O alinhamento estratégico, a construção do futuro e a gestão da tecnologia da informação: um estudo em bancos operando no Brasil. São Paulo. 162 f. Tese (Doutorado) – Faculdade de Economia, Administração e Contabilidade, Universidade de São Paulo, 1999.

NOVAES, A. G. *Logística e gerenciamento da cadeia de distribuição*: Estratégia, operação e avaliação. Rio de Janeiro: Campus, 2001.

______. *Logística e Gerenciamento da Cadeia de Distribuição:* estratégia, operação e avaliação. Rio de Janeiro: Campus, 2007.

OGRYCZAK, W. Inequality measures and equitable approaches to location problems. *European Journal of Operational Research*, v. 122, p. 347-391, 2000.

OLIVEIRA, L. S.; HATAKEYAMA, K. Um estudo sobre a implantação de sistemas ERP: pesquisa realizada em grandes empresas industriais. *Revista Produção*, v. 22, n. 3, p. 596-611, 2012.

OMTA, S.W.F. (Onno); TRIENEKENS, J.; BEERS, G. A Research and Management Agenda for Chain and Network Science. Editorial. *The Journal on Chain and Network Science*, Wageningen (Holanda), v. 2, n.1, p. 1-5, jun. 2002.

ORNELLAS, A.; CAMPOS, R. Jogo de empresas: criando e implementando um modelo para a simulação de operações logísticas. *Revista Produção Online*, Florianópolis, v. 8, n. 2, jul. 2008. Disponível em: <www.producaoonline.org.br/rpo/article/view/125>. Acesso em: 10 maio 2012.

OSARENKHOE, A. A study of inter-firm dynamics between competition and cooperation – A coopetition strategy. *Journal of Database Marketing & Customer Strategy Management*, 2010, v. 17, p. 201–221.

OSTRESH L. M. The multifacility location problem: applications and descent theorems. *Journal of Regional Science*, v. 17, p. 409-419, 1977.

PAGLIUSI, P. S. *Introdução de mecanismos de segurança em sistemas de correio eletrônico*. Campinas. Tese (Mestrado), 1998, Unicamp.

PAIVA, L. de. *A cadeia de suprimentos é maior que a logística*. 2007. Disponível em: <http://ogerente.com/>. Acesso em: 20 dez. 2010.

PAOLESCHI, B. *Logística industrial integrada*: do planejamento, produção, custo e qualidade à satisfação do cliente. 2. ed. São Paulo: Érica, 2009.

PELLEGRINOTTI, Cristina Cury. *Gestão colaborativa*: um estudo no setor automobilístico brasileiro. 2011. Dissertação (Mestrado em Processos e Gestão de Operações) – Escola de Engenharia de São Carlos, Universidade de São Paulo, São Carlos, 2011. Disponível em: <http://www.teses.usp.br/teses/disponiveis/18/18156/tde-16082011-102050/>. Acesso em: 22 jul. 2013.

PEREIRA, N. A. Sistemas de informações gerenciais: conceitos e aplicações ao agronegócio. Cap. 3. In: GEPAI – Grupos de Estudos e Pesquisas Agroindustriais. BATALHA, M. O. (coord.). *Gestão agroindustrial*. 4. ed. São Paulo: Atlas, 2007. p. 131-204.

PEREIRA, N. N.; LAURINDO, F. J. B. A importância da tecnologia da informação na indústria de construção naval: um estudo de caso. *Revista Produção*, São Paulo, v. 17, n. 2, p. 354-367, mai./ago. 2007.

PEREIRA, Susana Carla Farias; DI SERIO, Luiz Carlos; SAMPAIO, Mauro. A evolução dos conceitos de logística: um estudo na cadeia automobilística no Brasil. *RAI – Revista de Administração e Inovação*, São Paulo, v. 4, n. 1, p. 125-141, 2007.

PEREIRA DA SILVA, L; PINHEIRO, F. A. C. *Uma proposta para mapeamento de estruturas organizacionais clássicas em categorias de workflow*. Brasília – DF. Dissertação (Mestrado), Ciência da Computação. Universidade de Brasília – UnB, 2003.

PICK, V. L.; DIESEL, L.; SELLITO, M. A. Influência dos sistemas de informação na gestão de estoques em pequenos e médios supermercados. *Revista Produção Online*, Florianópolis, v. 11, n. 2, p. 319-343, abr./jun., 2011. Disponível em: <producaoonline.org.br/rpo/article/view/638>. Acesso em: 9 maio 2012.

PIRES, S. R. I. *Gestão da Cadeia de Suprimentos (Supply Chain Management):* conceitos, estratégias, práticas e casos. 1. ed. São Paulo: Atlas, 2004.

______. Gestão da cadeia de suprimentos e o modelo de consórcio modular. *Revista de Administração – USP*, v. 33, n. 3, 1998a.

______. Managerial implications of the modular consortium model in a Brazilian automotive plant. *International Journal of Operations & Production Management*, v. 18, n. 3, 1998b.

PORTAL TECNOLOGÍSTICA. Tabela dos operadores logísticos, 2010. Disponível em: <http:// tecnologistica.com.br/site/especial.asp>. Acesso em: 20 mar. 2011.

PORTER, M. E. *Estratégia competitiva*: técnicas para análise de indústrias e da concorrência. Rio de Janeiro: Campus, 1986.

______. *A vantagem competitiva das nações*. Rio de Janeiro: Campus, 1993. 879 p.

POWELL, W. W. Neither market nor hierarchy: network forms of organization. *Research in Organizational Behavior*, v. 12, p. 295-336, 1990.

PRATES, M. de C. Filho. Os sistemas de informação e as modernas tendências da tecnologia e dos negócios. *Revista de Administração de Empresas*, São Paulo, v. 34, p. 33-45, nov./dez. 1994.

RABECHINI, R.; CARVALHO, M. M.; LAURINDO, F. J. B. Fatores para implementação de gerenciamento de projetos: o caso de uma organização de pesquisa. *Revista Produção*, v. 12, n. 2, 2002, p. 28-41.

RAMALHO, A.; DIEHL, C. A.; SOUZA, M. A.; ANDRIOLI, R. F. Avaliação de desempenho do processo de terceirização da logística de distribuição: um estudo de caso. *Revista Produto & Produção*, v. 12, n. 3, p. 7-17, out. 2011.

REGO, J. R.; MESQUITA, M. A. Controle de estoque de peças de reposição: uma revisão da literatura. *Revista Produção*, São Paulo, v. 21, n. 4, p. 645-655, out./dez. 2011. Disponível em: <www.scielo.br/pdf/prod/2011nahead/AOP_T6_0001_0308.pdf>. Acesso em: 7 maio 2012.

REICHHELD, F. F. The one number you need to grow. *Harvard Business Review*, v. 81, n. 12, p. 46-55, 2003.

REZENDE, D. A. *Tecnologia da informação aplicada a sistemas de informação empresariais*: o papel estratégico da informação e dos sistemas de informação nas empresas. São Paulo: Atlas, 2000.

______. *Planejamento de sistemas de informação e informática*: guia prático para planejar a tecnologia da informação integrada ao planejamento estratégico das organizações. 4. ed. São Paulo: Atlas, 2011.

RIBEIRO, P. C. C. *Proposição de um método de avaliação de tecnologia de identificação*: o caso RFID na cadeia de carne bovina no Brasil e nos EUA. 2009. 244 f. Tese (Doutorado em Engenharia de Produção) – Universidade Federal de São Carlos, São Carlos, 2009.

______; BATALHA, Mario Otavio; SCAVARDA, A. J. (Orgs.). Implementando RFID na cadeia de negócios: tecnologia a serviço da excelência. 2. ed. Porto Alegre : EDIPUCRS, 2011, v. 1. p. 261-270.

______; CARVALHO, N. L. A. de. Avaliação de Tecnologia de Informação: a ferramenta WMS e a logística. In: Simpósio de Engenharia de Produção, XVIII, Bauru. Anais do..., 2011. Disponível em: <http://www.simpep.feb.unesp.br/anais_simpep.php?e=6>. Acesso em: 2 fev. 2012.

______; MEYER, N. R. M.; FREITAS, R. I. M. de. *Estruturas de armazenagem e uso de TI: estudos de caso em operadores logísticos no Brasil*. Relatório Final de Pesquisa. Programa de Iniciação Científica. Ufop, Ouro Preto, 2012, 96 p.

______; SILVA, L. A. F.; BENVENUTO, S. R. dos S. Uso da tecnologia da informação em serviços de armazenagem. *Revista Produção*, v. 16, n.3, p.526-537, set./dez. 2006.

______;VIEIRA, L. da S. Tecnologia da informação e competitividade na indústria siderúrgica brasileira: um estudo de caso da CSN. *Revista Cadernos de Economia*/Unoesc. Santa Catarina, n. 9, ano 5, 2001.

______;VIEIRA, L. da S.; SILVA, L. A. F.; BENVENUTO, S.R. Uso de tecnologia da informação em serviços armazenagem, *Revista Produção*, v. 16, n. 3, p. 526-537, set./dez. 2006.

RIOS, L. R.; MAÇADA, A. C. G. Seleção de variáveis para medir a capacidade de um terminal de container. Anais IX Simpósio de Engenharia de Produção – Simpep, 2002. Disponível em: <http://www.simpep.feb.unesp.br/anais.php>. Acesso em: 8 ago. 2013.

ROBESON, J. F.; COPACINO, W. C.; HOWE, R. E. *The logistics handbook*. Estados Unidos: Andersen Consulting, 1994.

ROCHA, T. P. *A avaliação de desempenho de sistemas de informação*: dois estudos de caso de implantação e uso dos sistemas ERP. Monografia. Curso de Engenharia de Produção. Universidade Federal de Ouro Preto, 2003.

RODRIGUES, Leonel Cezar; TOLEDO, Luiz Alberto. Alinhamento entre sistema de inteligência competitiva e gerenciamento da tecnologia de informação. *Revista Inteligência Competitiva*, São Paulo, v. 1, n. 1, p. 40-62, 2011.

RODRIGUES, S. A. Gestão da cadeia de suprimentos: conceitos, inovações e um estudo empírico. Santa Bárbara d'Oeste. Dissertação (Mestrado), Faculdade de Engenharia Mecânica e de Produção, Universidade Metodista de Piracicaba, 1998. 152 p.

______; PIRES, S. R. I. Gestão da cadeia de suprimentos como um novo modelo competitivo: um estudo empírico. 17º ENEGEP. Anais, Gramado, out., 1997. Disponível em: <http://www.numa.org.br/artigos_visualizacao/supply _chain/ Enegep_97/Enegep97-01.html>. Acesso em: 10 abr. 2001.

ROGERS, E. M. *Diffusion of innovations*. 4. ed. Nova York: The Free Press, 1995.

ROSINI, A.M.; PALMISANO, A. Administração de sistemas de informação e a gestão do conhecimento. 2. ed. São Paulo: Cengage Learning, 2011.

SADJADY, H. Physical flows. In: FARAHANI, R. L.; REZAPOUR, S.; KARDAR, L. *Logistics operations and management*: concepts and models. Londres: Elsevier, 2011.

SALERMO, *et al.* Mudanças e persistências no padrão de relações entre montadoras e autopeças no Brasil. *Revista de Administração* – USP, v. 33, n. 3, 1998.

SCHNEIER, B. *Applied cryptography*. Estados Unidos: John Wiley & Sons, mc., 1996.

______. *E-mail security*: how to keep your electronic messages private. Estados Unidos: John Wiley & Sons, mc., 1995.

SCOTT, C.; LUNDGREN, H.; THOMPSON, P. *Guide to supply chain management*. Berlim: Springer Berlin Heidelberg, 2011.

SHAMBLIN, J. E.; STEVENS, G. T. *Pesquisa operacional* – Uma abordagem básica. São Paulo: Atlas, 1989.

SILVA, T. G.; BARBOZA, F.; MARUJO, L. G. Análise dos impactos das diferentes políticas de gestão dos estoques de suprimentos em uma empresa do setor de bebidas através de simulação. *Revista Gestão Industrial*, Paraná, v. 4, n. 2, p. 34-75, 2008. Disponível em: <revistas.utfpr.edu.br/pg/index.php/revistagi/article/view/190>. Acesso em: 9 maio 2012.

SILVA, V. As vantagens da gestão automatizada em centros de distribuição. *Revista Logística no Brasil*, São Paulo, ano 4, n. 4, 2008/2009.

SILVA, V. D. *Logística e transportes na indústria brasileira de laticínios*: estudo de casos. Monografia. Curso de Engenharia de Produção. Universidade Federal de Ouro Preto, 2003.

SIMCHI LEVI, D.; KAMINSKY, P.; SIMCHI-LEVI, E. *Designing and managing the supply chain*: concepts, strategies, and case studies. Nova York: McGrawHill, 2003.

SOUZA, S. F.; MARTINS JUNIOR, W. ; FRANCISCO, A. C.; SCANDELARI, L. Ferramentas da Tecnologia da Informação (TI) que auxiliam no levantamento de competências nas empresas. *Terceiro Encontro de Engenharia e Tecnologia dos Campos gerais*. 27 a 31 de agosto 2007. Disponível em: <http://www.aeapg.org.br>. Acesso em: 6 set. 2010.

STALLINGS, W. *Cryptography and network security*. 2. ed. Prentice Hall, 1998.

SUCUPIRA, C. *Gestão de depósitos e centros de distribuição através dos softwares WMS*. 2002. Disponível em: <http://webcache.googleusercontent.com>. Acesso em: 25 set. 2010.

TAILLIEU, M. Radio Frequency Identification and the need to protect personal information. *Canadian Parliamentary Review*, v. 29, n. 4, 2006, p. 2-5. Disponível em: <http://www.parl.gc.ca/Infoparl/english/issue.htm?param=179&art=1213>. Acesso em: 16 jan. 2007.

TERENCE, A. C. F.; ESCRIVÃO FILHO, E. Abordagem quantitativa, qualitativa e a utilização da pesquisa-ação nos estudos organizacionais. In: ENEGEP, 24, 2006, Fortaleza. Anais... Fortaleza: ABEPRO, 9 a 11 de out., 2006. Disponível em: <http://www.abepro.org.br/biblioteca/ENEGEP2006_TR540368_8017.pdf>. Acesso em: 17 de out. 2012.

THORSTEN, B.; FRIEDRICH, G.; HVAM, L.; EDWARDS, K. Customer Interaction and customer integration. Proceedings of the joint conference of the international mass customization meeting 2006 (IMCM'06) and the International Conference on Economic, Technical and Organizational Aspects of Product Configuration Systems, Hamburgo, Alemanha. Berlim: Gito Verlag, 2006.

TURBAN, E.; MCLEAN, E.; WETHERBE, J. *Tecnologia da Informação para a gestão*: transformando os negócios na economia digital. 3. ed. São Paulo: Bookman, 2004.

______; RAINER, R. K. R., POTTER, R. E. *Administração da tecnologia da informação*: teoria e prática. Rio de Janeiro: Elsevier, 2005.

TWIGG, D. A typology of supplier involvement in automotive industry. Coventry-UK Warwick Business School, 1997. (Research Paper, 271.)

VALOR SETORIAL. Alicerce da eficiência – operação integrada aumenta a competitividade. Suplemento: Logística. Abr. 2012. Disponível em: <http://www.revistavalor.com.br/home.aspx?pub=42&edicao=3>. Acesso em: 11 jan. 2013.

VENETIANER, T. *E-commerce na corda bamba*. São Paulo: Campus, 2000.

VIEIRA, Cilane; ALBERT, Carla; BAGOLIN, Izete P. A produção vitivinícola da Serra Gaúcha-Brasil e de Mendonza-Argentina: uma análise comparativa à luz das teorias de Desenvolvimento Regional. *Estudos do CEPE*, n. 26, jul./dez. 2007, p. 30-56.

VIEIRA, J. G. V.; MACHADO, V. R. Colaboração logística: um estudo entre supermercados de pequeno e médio porte e seus fornecedores. *Revista GEPROS*, ano 3, n. 2, abr.-jun./2008, p. 89-103.

______; YOSHIZAKI, H. T. Y.; LUSTOSA, L. J. Um estudo exploratório sobre colaboração logística em um grande varejo supermercadista. *Produção*, v. 20, n. 1, p. 135-147, 2010.

VIVALDINI, M. Diferenciação para prestadores de serviço logístico (PSLs): uma análise sobre fatores operacionais. *Revista Gestão Industrial*, Ponta Grossa, v. 4, n. 3, p. 34-49, 2008.

VOLLMANN, T. E.; CORDON, C. Making supply chain relationships work. *M2000Business Briefing*, n. 8, IMD, Lausanne, 1996.

WANKE, P. *Gestão de estoques na cadeia de suprimentos*: decisões e modelos quantitativos. 2. ed. São Paulo: Atlas, 2008.

YANG, J.; LEE, H. An AHP decision model for facility location selection. *Facilities*, v. 15. n. 9-10, p. 241-254, 1997.

YIN, R. K. *Applications of Case Study Research*. NewburyPark: Sage, 1994.

ZARINBAL, M. Distance functions in location problems. In: FARAHANI, R. Z.; HEKMATFAR, M. (Eds.) *Facility location*: concepts, models, algorithms and case studies. Berlim: Physica-Verlag, 2009.

# Webgrafia

www.anti-hackers.com.br
www.csn.com.br
www.infomet.com.br
www.modulo.com.br
www.rsa.com
www.pgpi.com
www.terravista.pt/Ancora/6984/email.html
www.usp.br/geral/infousp/onofre.htm

*As editoras não se responsabilizam pelo funcionamento dos links contidos neste livro que possam estar suspensos.*

Impressão e Acabamento
Bartira
Gráfica
(011) 4393-2911